生命与言辞

〔印〕微依那·达斯 著
侯俊丹 译

北京大学出版社
PEKING UNIVERSITY PRESS

北京市版权局著作权合同登记号图字：01－2006－5148

图书在版编目(CIP)数据

生命与言辞/(印)达斯著;侯俊丹译.—北京:北京大学出版社，2008.8

(未名·身体政治丛书)

ISBN 978－7－301－13981－3

Ⅰ.生… Ⅱ.①达… ②侯… Ⅲ.暴力－社会问题－研究－印度

Ⅳ.D735.188

中国版本图书馆 CIP 数据核字(2008)第 091552 号

书　　名：生命与言辞

著作责任者：〔印〕微依那·达斯　著　侯俊丹　译

责 任 编 辑：魏冬峰

标 准 书 号：ISBN 978－7－301－13981－3/B·0736

出 版 发 行：北京大学出版社

地　　址：北京市海淀区成府路 205 号　100871

网　　址：http://www.pup.cn

电　　话：邮购部 62752015　发行部 62750672　编辑部 62752824

出版部 62754962

电 子 邮 箱：weidf@pup.pku.edu.cn

印　刷　者：三河市新世纪印务有限公司

经　销　者：新华书店

650 毫米×980 毫米　16 开本　20.5 印张　303 千字

2008 年 8 月第 1 版　2008 年 8 月第 1 次印刷

定　　价：40.00 元

献给

萨乌梅，基苏，桑迈，为了他们给我的爱

以及

拉楠，为了他的慷慨的精神滋养了我们在一起的生活

序　言

微依那·达斯说她“一再,甚至强迫自己以维特根斯坦为基础”,为此,她和我在哲学研究的道路上结下了不解之缘。有明显的证据可以证明这一点,此外,从我这方面来看,在我早期和晚期的思想中,还有一些证据可以证明这一评论的真实性,可能没有那么有力。虽然我每一阶段的思想都以维特根斯坦式的敏感来理解人类学语域,不过,众所周知,维特根斯坦在后期哲学中(或者按照法文的说法,他的第二哲学)总是要回到与“我们”迥然不同的、想象的“部族”,而我的思想却未经过这样的反思。为此,我很荣幸为达斯出色的论著《生命与言辞》作序,将这些易逝的思想付诸文字,以飨读者。

直接引发我早期思考的是《哲学研究》中的一段话,在我看来,这段话大致折射出早期人类学研究的原始寓言:“设想你来到一个陌生的国度进行考察,完全不通那里的语言。在什么情况下你会说那里的人在下达命令,理解命令,服从命令,抗拒命令,等等?共同的行为方式是我们借以对自己解释一种未知语言的参照系。"*

这段话可能和维特根斯坦其他文本片段一样，要么让人疑惑，要么过于平淡，不能给我们什么知性启发。当"共同的行为方式"是指鲑鱼、绿头鸭以及类人猿的行为，而不是指人类的行为时，似乎是无须争论的。但是，让我们换个角度想一想。假定寓言式的气氛更多来自一个事实：我们的日常语词由于其有限性不会去表达它们本来不能表达的意思，但是，我们受到了而且必然受到各种诱惑，迫使我们的日常语词那么做，此时我们就是哲学家，而追问"在什么情况下你会说……"的形式，是维特根斯坦最常见的（日常语言）程序，这一程序指向并**指涉我们**，指涉作为哲学家的我们。**我们的**语言与我们是陌生的，或者说我们不断让语言与我们陌生。当一个探索者进入一个陌生的国度进行考察，语言不通，那他就是一个哲学家的形象，他周围的人的陌生性，他们之间的陌生性，因而也是他与自己的陌生性，可能无处不在的拘束，也可能是没有任何拘束，这一切都会让他产生哲学的惊奇，这就是寓言的关键之处。（我曾经把《哲学研究》当成是一幅肖像，它细致入微地刻画了现代主体。）

《哲学研究》经常要求我们探求自己的行为是陌生的，还是不陌生的。很多思想家也有这样的要求，如柏拉图提出，日常生活的"相"是一个洞穴；卢梭想象，第一语词（叫他人的名字）是一次非凡的时间；以及梭罗在《瓦尔登湖》开篇把他的市民同胞看做自我折磨的婆罗门（梭罗用了 Bramins 这个拼法）。熟悉和陌生的交汇是一段离奇的经验，因此，人类学家、精神分析学家以及维特根斯坦式（还有苏格拉底式、卢梭式、梭罗式的等等）的哲学家都有这种经验。（这里，人类学的视角与所谓的人文主义视角相悖，并且它也不赞同这种观点，人文主义以人性应当是什么的知识为满足。我所谓的维特根斯坦式的人类学视角在原则上受困于人类的一切言说与行为，因而，在某一时刻它不受困于任何东西。）

于是，我进入到第二个，也就是后期思想阶段，进一步理解了维特根斯

---

* 见《哲学研究》，陈嘉映译，上海人民出版社 2005 年版，第 95 页。——译者注

坦探索未知文化的视角。我曾和一位朋友在一次会议中讨论,或者说是辩论维特根斯坦后期的观点,他被公认是我们这代最有成就的哲学家之一。实际上,他在评论性的介绍中提出了这样一个问题:维特根斯坦为什么乐于将一种文化状态,或者说将一个假想的部族,赋予所有群体,这些群体是由陌生的造物构成的,但显然唯有哲学家不在其中?轮到我发表意见时,我回应道:对于维特根斯坦来说,哲学不是一种文化,也不属于任何一种文化。哲学没有一套长期公认的、不断演进的语言(不论哲学如何刻意想要),它只留下了一些圈内术语,其他哲学家就这些术语进行辩论、辩驳;维特根斯坦会称这些辩论盛会是"无稽之谈"。哲学源初的生命形式在于人很奇怪地对自身不满,这是任何一个文明的人类社会的一种内在的命运,或者自然命运。我们(现代人,哲学家)很可能同意一种观念,即,过去250年的时间里,哲学已并入到西方大学课程之中,自那时起它就已经成为一种职业,与其他职业无甚差别。但是,维特根斯坦很清楚地看到,这些现象既是那么的熟悉,又是那么的陌生。

我认为,达斯感到自己身不由己地喜欢上了维特根斯坦后期作品,是因为她认识到维特根斯坦关于人的他者的讨论就和她的讨论一样,可以说她的讨论以别具一格的方式反复研究了痛苦。我听说,有人批评维特根斯坦的这一取向实际上过于简化了问题,因为认识论已经给痛苦的标准下好了定义,痛苦的感觉人尽皆知。这种说法只不过是为自己争辩的无数方式之一,它反对维特根斯坦揭穿了哲学的辩护词,也就是说,它反对日常生活,反对有限性。在维特根斯坦的文本中,对痛苦压力的理解是一个好问题。很长时间以来,我一贯用维特根斯坦的研究来理解怀疑论,我可能更倾向于认为,恰恰对于维特根斯坦而言,"痛苦"这一问题特别适合做一个哲学范例,因为痛苦具有共性(commonness)和可认识性(recognizability),也是他者身上可以认识的东西。我还要强调这一现象的其他两个事实,第一,发生大规模痛苦事件时,或多或少都显示出压抑和伪装(悖谬的是,痛苦要比喜悦、淡淡的惊讶、激动的狂笑更容易显现出来),所以,在这类情况下,可以说无论我们是否关心,我们都不得不去理解究竟发生了什么;第二,与喜悦、惊讶和笑不同，我们对痛苦的表达做出回应这是一项道德要求（扫兴的事颇令人不快，但不是不道德的）。我发现达斯的研究最值得称道的一点是，她与维特根斯坦在关注他者这一问题上志同道合。

研究社会苦难是一桩什么样的任务呢？在一些事件中，社会动乱会暴露出一个问题，这就是一个社会有权利有意志去生存，去为自己命名，为自己增加荣耀，跟随达斯进入这些事件，我们就会不断感受到，了解一个社会就是要了解它忍受自己身上苦难的能力。达斯主要研究的案例一是扩大后的整个印巴分治事件，二是相对局限的英迪拉·甘地遇刺之后发生的事件，仿佛是有人要求用这些混乱的状态作为镜子直接映射出社会要求的秩序。这里，这个哲学图像，或者说锁链的神话，这些锁链束缚着我们，它们无处不在，却又隐而不彰，然而，这个图像随处可见，如柏拉图（我们每个人都被锁在洞穴之中）、卢梭（我们生而自由，却无往不在枷锁之中）、梭罗（我们被囚禁在森林之中）以及马克思（我们失去的只是锁链）——它们似乎发生了一次剧变，在这一刻这些镣铐匪夷所思般地被粉碎了。达斯呈现给我们的案例，解放了痛苦的真实性，她发现，没有任何语词能表达这种真实性。

然而，她还是发现了一条路径，邂逅了哲学传统，通过转译或再度栖居等概念来表述这一混乱的状态——除此之外，针对有关我们普遍生活的两个尽人皆知的观点，一是社会契约建立起对政治秩序的同意，二是我们共有的语言似乎天生靠不住，达斯向我们展现了这两种观点在结果上的关联。她提出了这样一个观点：社会契约被性化了，在印巴分治一系列事件中，男女角色被系统性地对立起来，这里，被绑架女性的形象象征了对政治秩序的同意，社会契约由此被宣称出来，并得以强制执行（因此，这是一种可怕的、拙劣的模仿），同时，这种侵害使女人沉默哑言，也使男人无法顺畅地表达出他们所见所做的一切行径。达斯认为，男性的言语呈现了谣言的语域，好像他们描述的这些事件不是他们自己制造似的，这些男人似乎把自己建构成为既缺乏欲望又缺少责任感的造物。这场精神灾难生动地讽刺了哲学想要在怀疑论肖像中捕捉到的某种东西，怀疑论使我们觉得，正是语言本身，而不是自我和语词的距离（self-distancing），或自我对语词的漠视（self-blinding)，导致人对自身的无知，以及对自身在世界所扮演的角色的无知。

好像有什么东西驱使我回到怀疑论这一主题，自我完成博士论文伊始——我当时全面深入地分析了维特根斯坦的《哲学研究》，这本书最先回应了怀疑论的威胁——无论我是在课堂还是在研讨会上听到这一问题，我都有一种感觉：有关他者心灵的怀疑论大多源于或者模仿了笛卡儿提出的现代怀疑论的最初形态，它还描摹了休谟对这一提法的继承以及康德对此所持的反驳意见，这三位思想家完全用怀疑论来处理物质对象，或者所谓的对象体系，很多哲学家称之为外部世界。因此，有关他者的哲学问题被塑造成为这样一个判断：我们能否知道，或者说，我们如何知道我们宣称自己知道的那个他者。我决定转向研究怀疑论是因为我开始意识到，对他者(other human being)的怀疑(他者如己，笛卡儿语)不是造成了“我”对他者存在的无知，而是“我”对他者存在的否定，“我”拒绝承认这种存在，“我”在精神上彻底消灭了他者。达斯向我们描述的这场暴力既没有维护自我的整全，也没有提出正当的平等、自由的要求，相反，它表达的却是对他者存在的拒绝，这一点深深触动了我，并使我心悦诚服地接受达斯的洞见：“治疗(暴力的后果)是与死亡之间的某种关系。”

我提醒自己这样一个问题：达斯的案例极端地呈现了社会内在的，也可以说是固有的、绝对的暴力，我们能否把它们理解为极端状态，或者说，它们突然引发了社会结构中普遍的事实，这些事实可能隐而不现，也可能在日常情境中表达了自身。这一问题的背景具有双重含义，其一源于达斯自己的深刻洞见，其二源于我近些年来接受了维特根斯坦的观点，他描绘的图景虽然不被承认，但却是无法回避的：人类的焦虑和不安是普遍的，难以克服的。好像人类根本没有能力获得平和，他们只是不断地拒绝平和(维特根斯坦特别把这幅图景当成现代主体的特征，他形容这个主体备受折磨、执迷不悟、神情沮丧、极具毁灭性、压抑窒息等等)，人们时时刻刻谋划着暴力，这使我不得不谈一谈我们究竟赋予了自己什么：“日常生活毫无意义的死亡”，微不足道、心怀积怨、粗笨拙劣、缺乏耐心、满腹牢骚、自我陶醉、乏味无聊……(种族主义、性别歧视、精英主义等社会仇恨的根源，滋养、扩大并点燃了这些东西)。难怪有一名哲学家(此刻我想到了梭罗)时不时要克服这样一种情绪:人的生命需要证明,却又缺乏证明,就像梭罗结算维持一年生存的花销后说:“我是不会这样不害臊地公开我的罪过的。”*

达斯还有一点洞见我要谈一谈:她意识到,追悼暴力中死去的人要进行哀悼工作,而哀悼工作的分工是由性别决定的,其中,女性的角色是要进入到这个千疮百孔的世界,进入到琐碎的日常生活中,只有这样,一个家庭才能运作下去:采购、做饭、洗涮、清理、看孩子等等,从而使生命恢复生长韵律。达斯的目的是要我们思考这样一个问题:这类明显微不足道的事情(它们在骚乱状态下却蔚为壮观),而不是别的什么东西怎么会成为那场莫可名状的惨剧的必然结果。(亚里士多德曾提出,怜悯和恐惧使悲剧具有净化作用,这里,怜悯和恐惧似乎在日常生活中为大灾难后的疗伤者提供了治疗方案。)

维特根斯坦《笔记》(*Journals*)中的一段评述后来被汇编为一卷,冠名为《文化与价值》(*Culture and Value*),我对上述问题的理解便源于这段评述,我知道,我对它的理解还不够透彻,或者说是断章取义,但我确信自己得到了一点启发——很难想象,伤害和治疗之间几乎完全不对称:“整个星球没有任何痛苦能比单个灵魂所遭受的痛苦更为巨大。”道德哲学一边估价财产,一边宣扬责任和契约,令我们触动的是,这些问题促使道德哲学远远跨越了它的传统路径。

最后做几句小结。刚才我谈到,明显微不足道的小事回应了骚乱,达斯的早期研究是对维特根斯坦的献礼,后者最先处理了他者的日常生活这一问题,他修正了“日常”这一概念,要求我们关注利益、欲望、需求流变的特征(然而,这些通常总是为人们所忽视)。我一直怀藏着一种哲学观念,或者说哲学图景,也就是这里呈现的哲学和人类学研究之间的沟通,我想,在晦暗不详的年代,哲学首要的德性是要做出回应。有时也可以这样讲,哲学不先开口说话。我总是感到很惊异,哲学在现代复兴的当口,获得了力量将

* 见《瓦尔登湖》,徐迟译,上海译文出版社 2006 年版,第 50 页。——译者注

知性一笔勾销，同时，它要求为我们知道一切存在这件事证明——最具讽刺意味的是，它想要弄明白这样一点：在这个世界上，我是否孤独——我必须说，笛卡儿在有限性的邻域（the finite neighbor）中为我们找到了答案。我衷心感激达斯的这本《生命与言辞》。

哈佛大学荣休教授　斯坦利·卡维尔

目　录

一

事件和日常

多年以来我致力于思考和撰写有关暴力的问题，并且追问这样一个问题：在塑造我们称之为"暴力"的这一对象上，人类学起了哪些作用？我在本书中勾勒的图像好比某种地图（或者像一个整体的某个片断），记录了我的思想历程，起点始于我第一次意识到自己的思想历程纠结了各种围绕暴力而产生出的问题：我的这一思想旅行并非要向前开辟，而是返身回溯，收集语词和思想，我认为，正是这二者在田野中把"我"和对话者维系在一起。有两类主要事件扎根于我的民族志和人类学反思中，但是，本书并非在历史学或精神分析学（它们也可以给出诠释[①]）的意义上来讨论它们。相反，这

---

① 我以简单的"事件"概念为开始，把它当成某种制造断裂的历史建构（historical construct）。12 世纪六七十年代，在对这一概念的含义的争论中，很多历史学家都认为它具有"事件中心"历史（event-centered history）价值，与日常历史（history of everyday life）相对。概览全篇，我希望证明：当"事件"这一概念和"语言"、"日常"关联起来时，它在分析意义上变得更为复杂。有关历史结构意义上的"事件"概念，可参阅 Thomas Flynn，"Michel Foucault and the Career of the Historical Event，" in *At the Nexus of Philosophy and History*, ed：B. P. Dauenhaeur（Athens：University of Georgia Press，1987），178—200。（转下页）

本书叙述了深深嵌入这些事件之中的那些特定的个人和共同体(communities)的生活,由此,也叙述了事件如何触及了日常生活,并且如何将自己隐蔽在平常之中。在现象的较大可能性和生活的独特性这两个方面上,它记录了我的关注点。

经过学科训练,我通过人类学的术语,用所谓的"访谈人"来追问这类问题——不过这本书是对他们的回应——如果说有人把访谈人勾画成为自己事先想好的问题提供答案,那么,我并不是这样。本书的任务并非为了使他们的创伤得以昭示天下,我们熟知的对战后退伍老兵,或重大灾难受害者的很多优秀研究就采用这种思路。虽然我也扼要地考察了那些论战,但我把注意力放在了集体和个体之间、体裁和个体对故事情节构筑之间含糊不清的关系上。因此,我考察以下问题:栖居在世界中是什么意思?如何使世界成为自己的?如何解释主体的面貌?失去一个世界是什么意思?我们尝试去找到某种中介来勾勒重大事件之间的关联,因为正是这些事件塑造了重大历史问题和日常生活,那么,可能性和现实性,或现实性和可能的结果之间的关系是什么?我所陈述的这两个事件——1947 年印度分裂以及 1984 年前总理英迪拉·甘地遇刺,构成了一个历史时期。在这一时期内,民族国家在印度稳固地建立起来,成为共同体形式表达自身的参考框架。同时,沦陷于暴力之中的生命故事亦成为民族纪事的一部分。本书中,有两个概念在多个章节中以不同方式纠结在一起,它们是声音(voice)和日常(everyday)。我从路德维希·维特根斯坦(Ludwig Wittgenstein)和斯坦利·卡维尔(Stanley Cavell)的著作里借用了上述概念。此外,本书要探求

(接上页)我在早期研究中认为,重大事件并不包含在整套实存的思维与行动中,参阅 Veena Das, *Critical Events: An Anthropological Perspective on Contemporary India* (Delhi: Oxford University Press, 1995)。有关"事件"和"语言"的关联,德勒兹(Gilles Deleuze)提出过一个概念:只有围绕着"事件"的**动词**指称"事件"游移和无形的特质时,"事件"才在命题中具有表述的意义。可参阅 Gilles Deleuze, *The Logic of Sense*, trans. Mark Lester and Charles Stivale(New York:Columbia University Press, 1990),182。

的另外一层问题是，人类学如何能纳入这两个概念来考察这类问题。①

在1947年那场令人痛不欲生的印度分裂大骚乱中，旁遮普各地的难民移居印度。显然，我在城市中的这些旁遮普家庭里工作的那一时期（主要集中在1973年到1974年期间，此后又断断续续直到1980年），这些问题尚未以上述方式在我的脑海中形成。1984年，这场大骚乱的幸存者在德里反抗锡克教徒，我在他们中间工作了一年多，但这些问题仍未现端倪。从某种程度上讲，我不能不学着把这些问题当成自己的问题，以此激励自己的生命和工作：我的思考不能照搬教科书对这类争议的诠释。

在反复尝试撰写以暴力为主题的著作的过程中，我发觉，每次我能说出些东西时，我都感到一丝不安，对所说的感到失望。假设在人类学书写中的确存在某种氛围，其中，"日常"和"声音"这两个概念被反复言说，那么，我惊讶地发现自己言说这一问题竟如此之难。因此，我在这里的阐述绝不是对我早期著作零散的改进，也不是对遗漏之处补充细节。相反，我之所以在论文框架中介绍大量民族志，是希望我的民族志实践（或者，你愿意把他们说成阅读和书写的模型也可以）成为对"声音"和"平常"（the ordinary）这一令人困扰的问题的回应，或者更确切地说，是"日常中的声音"这一问题。对这一问题的清算所取得的重大实践日益发展，正如2002年3月，古吉拉特（Gujarat）反穆斯林大暴乱所表明的那样，集体暴动事件不断使共同体和国家的经验盘根错节，它们也不断变得更具致命，尤其是对印度的少数民族而言，然而，我们也应该注意到，对抗这一问题的重要实践日益发展。我需要找到恰切的距离和尺度才能勾画出这一图像。

---

① 受梵语中的观赏者美学理论的启发，我设想了一位读者，与 Sahridaya 交涉，或是幻想类似的同享心灵的对象。然而，作者和读者组成的共同体未必是一个安适的共同体，因为，同享心灵意味着在两者，即作者和读者中，有某种东西消逝在写作和阅读的过程中。研究维特根斯坦的人类学家抱有一种深厚的传统，但是在这里，我的兴趣并不是针对这一关系提供某种一般意义的图景。有关这一问题的思考，可参阅 Veena Das, "Wittgenstein and Anthropology", in *Annual Review of Anthropology*（1998）27：171—195。

关　系

玛丽琳·斯特拉桑(Marilyn Strathern)雄辩地指出社会人类学原则中的尺度和复杂性问题。她说:“社会人类学家通过个体来安排关系。他们关注的是人们在事物之间设定的逻辑关系、因果关系以及类型和范畴关系;这也意味着他们关注社会生活、角色和行为中的关系,正是通过这些关系,人们才将彼此维系在一起。这些社会人类学家还习惯上将两个领域的知识统合在一起,比如他们会讨论文化和社会之间的关系。”关于英国的社会人类学传统,她进一步补充道:“对规则的阐释人们曾这样理解:这一环节使人能清晰表达关系概念……社会结构内在于和人们的行动与意图相应的各种关系中……在田野工作中,这一模型会反复**呈现**(enacted)。田野工作的传统意味着,人类学家通过进入到与研究对象(他们考察的是这些对象的社会生活)的关系中,才能学习各种系统。好比伊万·萨伊姆(Ian Saem),这名学徒就是在互动过程中获得知识的。”[①]

对斯特拉桑来说,“关系”显得至关重要,因为一方面它们是研究的对象,另一方面,人类学家运用这些方法来达到对社会性的抽象和具体模式的理解。一旦我们理解了具象关系和抽象关系是如何联系在一起的,那么,我们就开始以不同的眼光来看待尺度和复杂性的问题了。因此,小型社会并不简单地指,那些用“面对面”关系就可以轻而易举地从整体上把握社会关系的社会类型,而复杂社会也不是指那些不存在“面对面”关系的社会类型。确实,斯特拉桑摆出了很多所谓简单社会的复杂性的例子,并且要求用隐性知识(tacit knowledge)的概念来说明,具体关系是如何隐含在社会性新形式生产之中的,这种生产与技术的巨大变革相关。

从斯特拉桑对“关系”的关注中,我借鉴了两个重要的构想。第一,在与他人的共同生活中,我们所建立的具体关系,正像是那些更为抽象的问题

---

① 参阅 Marilyn Strathern, *The Relation*(Cambridge: Prickly Pear Press, 1995)。

的影子——也就是说,我们在这一生活过程中来了解世界的本质。第二,我们衡量社会性模式的尺度与视角息息相关。实际上,建立一种视角恰恰是在扩大我们的视野。那么,问题不在于部分和整体的关系,而在于建立起一个视阈。在这个视阈中,我们可以把构成一个描述的对象置于它们彼此之间的关系中,以及它们与观察者之间的关系中。[1] 我们也可以根据主体和世界的关系来表达这个视阈(在稍后的讨论中,我想强调的是,我发现有关不确定性、疑虑和怀疑论的问题嵌在关系的具体情况中——在"我"和父母的关系、"我"与配偶间对爱情的忠贞关系,以及子女和"我"之间的忠诚关系中,这种怀疑都会发生;疑虑将"我"的世界置于危险中,它就像质疑世界真实性的更为抽象的哲学式怀疑的影子)。我暂时回到对主体和世界的关系问题的一些最初构想上。

我们先来看看维特根斯坦的论断:"主体不属于世界;相反,它是世界的限度。"[2]一些学者在阐释这个论断时认为,主体之于世界的关系就好比眼睛之于视觉领域——眼睛并不置身于由它定义的视觉领域之中。我一贯将这论断阐释为是主体构建了世界的限度,维特根斯坦提出的是:主体存在的经验是限度的经验。虽然,世界并不是由"我"发明出来的(这是老调重弹),但是,"我"如何使世界成为自己的?我认为,经验不会发生在事先给定的主体身上,或者说,经验不建在事先给定的主体上,那么,作为主体,

---

① 斯特拉桑指出的最为微妙的一点是:各种关系可能以彼此之间不同的版本形式出现,比如姻亲关系变成了交换伙伴关系,因此需要在这样的关系中增添新的尺度,扩充它,透过他者的视角观察各自一方。可参阅 Marilyn Strathern, *Partial Connection*(Savage MD: Rowman & Littlefield, 1991)。

② 维特根斯坦:《逻辑哲学论》,贺绍甲译,商务印书馆 1996 年版,第 85 页(Ludwig Wittgenstein, *Tractatus Logico-Philosophicus*, tans. C. K. Odgen [London: Kegan Paul, 1932],特别是命题 5.61 和 5.62)。注意维特根斯坦并没有把"世界"(world)这一概念设定为系统整体(systematic whole),因此,"限度"不是指事实意义上的限度。我曾阅读过他的这篇文章,但没有很好地理解它。承蒙伊莱·弗里德兰德(Eli Friedlander)的启发,读者可参阅 Eli Friedlander, *Signs of Sense*: *Reading Wittgenstein's Tractatus* (Cambridge, MA: Harvard University Press, 2001)特别是第 8 章。

“我”是如何卷入到经验之中的？正是维特根斯坦提出，主体是经验的条件(condition of experience)。[1] 假设他认为人类的生命形式复杂到足以拥有语言，那么，这一问题也可设定为，这一生命形式承载着语言。[2] 如果主体也是世界的边界，那么，在“我”的生命过程中显然不存在特殊的支点，使“我”的主体性可以依赖于它们而形成。因此，维特根斯坦认为，主体决不会完结或终止。主体自身能够勾勒出边界，这引发了限度的经验这一问题。那么，我们应该如何看待构成民族志的那些暴力事件？我们是否应该认为暴力会超出世界的边界（正如人们以往所认识的那样）？这是一些构成并且重构一个世界的那些要素的复杂图像，也涉及我们可能有的整体、部分、碎片和边界的图像。这些图像与如下问题息息相关，即，书写一部关于暴力的民族志意味着什么——民族志不仅试图通过这类限度的经验为主体定位，而且也为事件提供了客观证明。

碎片、边界、限度

最近几年，出现了大量批评理论，被冠以“悲辞(rhetoric of mourning)”之名。埃里克·桑特纳(Eric Santner)这样刻画它：

> 所谓“悲辞”意旨：困顿没落的形而上学在众说纷纭的后现代理论

① 也可考虑维特根斯坦的观点：经验并不发生在主体身上，因为，利用维特根斯坦所指涉的类推法，主体可以是经验的条件。因此，“我几乎应该这样讲：只有在观看一个人的眼睛时我们才感受到这个人身体中的痛苦”。参阅 Ludwig Wittgenstein, *Zettel*, ed. G. E. M. Anscombe and G. H. von Wright(Oxford: Blackwell, 1981)，第 419 段；*Remarks on the Philosophy of Psychology, Volume* Ⅱ, ed. G. E. M. Anscombe and G. H. von Wright(Oxford: Blackwell, 1980)，第 327 段中再次引用。

② 这并不意味着，维特根斯坦定义了任何像“人的本质”(a human essence)这样的概念，作为预先假设。然而，“自然”和“社会”如何在彼此中相互吸收这一问题在他的著作中尤为重要。正像稍后的章节要表明的那样，不能在我们的经验之外，或超出我们的经验来定义人的尺度和复杂性，认为它们是复杂到足以隐含在语言之中的存在。

话语中卷土重来。众所周知,这些话语诉诸破碎化、割裂化、肢解化、碎片化的概念,以及裂纹、创伤、罅隙、缺口和深渊的意象。这些话语主要源于后结构主义灵感,针对现代性事业的内核——所谓对进步的启蒙信仰,以及更广义上的西方传统这二者中的自我陶醉和恋乡情结,它们似乎提出了敏锐、激烈的批评。这些话语彻底脱离了整全、纯粹、集权、统一和权制的幻象。这种幻象和它们五花八门的表述一起,无论是否投射在全体化或自由化言论之中,都依次被看成是历史中暴力形成的源流。①

我所使用的"碎片"概念借鉴了桑特纳提出的"遗失"(loss)和"贫乏"(impoverishment),但我的用意并不是直接批评西方启蒙运动主题。我的意思是,这里提出的"碎片"不是指一个部分,或是集合起来可以拼成一个整体的各个部分。"碎片"不同于草图,草图是依据和终稿不一样的尺度绘制出来的,或者说,它缺乏图像所有的细节,却包含对整体的想象,相反,"**碎片**"的概念标志着这种想象是不可能的。它暗示着栖居世界的某种特殊方式,即,以哀悼的姿态(a gesture of mourning)言说。正如斯坦利·卡维尔在他的哲学、文学和影视著作中勾画的那样,我心中也有一幅毁灭的图像。

"留下的无非是碎石残渣",维特根斯坦的这句著名评论使一切伟大重要的事变得不复重要,卡维尔援引了这句话,并提出,这个抽象的概念化时刻的色彩有种特殊的调子。他说:"它的色彩会使人联想到被锯木机毁坏的森林?还是那些为装点夏季音乐会而采光的大片鲜花?或是被征战的军队踏平的花田?我认为倘若这句话的含义是说我们要在收拾起残局之后思

① 参阅 Eric L. Santner, *Stranded Objects: Mourning, Memory and Film in Postwar German*(Ithaca: Cornell University Press, 1990),7。对我而言,这一"悲辞"并不意味着某种自我道德教育的理念被放弃了,而是说,它是由日常而来,幻想着遵循复杂知识以及与之相关的理性行动并不能实现这一理念。卡维尔是根据变异形象(figure of transfiguration)来思考"道德教育"这一理念的。

考该如何继续生活,那么,它意味着我们恰恰要在这尽毁之境继续生活,直到一切结束。”①收拾残局、在尽毁之境中生活意味着什么?这个问题启发了本书对生命和文本的描述。

声音和日常

压抑声音进而压制忏悔和自传书写,一直是卡维尔哲学研究的主题。他注意到,维特根斯坦对哲学的关注意在引导语词从形而上学声音回到平常的声音,修复备受哲学排挤的人类声音的工程(这并不是说,这一工程是一项人文主义工程,好像“人”这一概念是不言自明的)。因此,卡维尔并不把声音解释为说话或言语,而是认为声音可以激发语词,赋予语词以声音。卡维尔认为,哲学领域排挤人类声音是对日常的怀疑,也是对在语言(语言为我们所用)之外存在某种净化媒介这一幻想的怀疑。② 如果语词在平常之外引导生活,变成了空洞的经验,那么它们就失去了与生命的联系——在维特根斯坦那里,这是语言休憩时呈现出来的场景。这句是在怀疑的戏剧舞台上,再现场景(你肯定不可能感受到这份痛苦),而且,如果怀疑论的质疑单单以这种戏剧化的方式表达出来,那么,怀疑论表达的是非自然的怀疑,我们抱有这样的怀疑可能是正确的。但是,正如卡维尔提醒我们的那样,对维特根斯坦而言,怀疑论的可能性扎根于平常中,所以卡维尔会说,《哲学研究》的写作是对怀疑论的回应而不是对它的反驳,因为,与怀疑论争论既不准我们赢,也不准我们输。对此,我的解读是,问题不在于“知”

---

① Stanley Cavell, *A Pitch of Philosophy: Autobiographical Exercises* (Cambridge, MA: Harvard University Press, 1994), 75—76.

② 参阅《哲学研究》第120段。“我要对语言(词、句等等)有所说,我就必须说日常语言。这种语言是否对我们想说的东西有点太粗糙太笨重了?**另外构造一种怎么样?**——真奇怪,我们竟多多少少得用上我们现有的语言!”(路德维希·维特根斯坦:《哲学研究》,陈嘉映译,上海人民出版社2005年版,第57页。——译者注)第120段开头强调部分。

(knowing)而在于"承认"(acknowledging)(至少,很多现代哲学都在认知图景中铺设了一个基本假设,即,哲学的前提是**解决**认知对象的问题)。"我"对"他者"的承认并不意味着,"我"能这样做一次,并且做一次就足够了。对平常的怀疑似乎扎根于这样一个事实:关系要求我们对最平常的对象和事件予以反复关注,然而,我们的理论冲动却经常是以逃避平常的方式,而不是沉潜其中来思考行为。

在文学领域,卡维尔提出了一个问题:难道莎士比亚的悲剧没有回应怀疑论吗?(哲学常被认定为回应怀疑论)他说:"虽然我们不像哲学家那样,但我们不也对这些问题忧心忡忡吗?《李尔王》表现的就是对一位善良的女儿倾吐的那份爱心的怀疑;在《奥赛罗》中,怀疑又扮演了嫉妒和对一位妻子取悦自己的惊惧;而在《麦克白》中,怀疑显露出的是对妻子恒常人性(表现在她与女巫的关系)的质问,它导致了这个男人遭到世界的弃绝和毁灭,而这个世界与言语中的失权或认罪紧密联系在一起。"[①]正如我在别处指出的那样,这个世界毁灭,或者,在世界毁灭的怀疑中自我发现的主题,并不必然地与大事件联系在一起——于是,我把世界的不可知性,以及在这一世界中自我的不可知性置于**平常**中,比如,阿赞德人中与巫术指控有关的交感术虽然打破了平常,但仍然是日常的一部分;再比如,在我接下来对德里低收入区的研究中可发现,对健康和疾病的叙述无法证明普遍意义上真实的正当性。[②] 我想证明的是,这些例子使我们直觉到,好像一个人通过其中一方面就有可能成为语言的受害者——语词揭示出来的我们,远远超过我们对自身的意识。

有几个地方最新的研究工作揭示了怀疑论和平常之间的这种暧昧关

---

① Stanley Cavell,"Something Our of the Ordinary",*Proceedings and Addresses of the American Philosophical Association* 71, no.2 (November1997):26.

② 参阅 Das,"Wittgenstein and Anthropology", 171—195, 以及 Veena Das,"The Event and the Everyday: Notes on Illness, Despair and Hope", *Wertheim Lecture delivered at the Center for Asian Studies*, Amsterdam, October 2003。

系，比如，恐慌的谣言传播并制造了他者的幻象，这一幻象抽空了人的一切主体性；再比如在文学领域中，暴力使生命变了形，如变成了死亡形式，或者把人变成鬼（好像人本来就是鬼一样）。但是，和大骚乱幸存者打过交道后，我发现，生命并非在超验领域中以某种崇高的姿态恢复自身，而是通过沉潜于平常之中恢复自身。我要说明的是，同时吸收“暴力”和“平常”这两个要素，使我形成这样的思考：事件总是与平常联系在一起，仿佛有触角从日常中伸出，以某些特定的方式把事件固定在日常中。

我倾向于认为，我所描述的那些满目疮痍的重大事件不是由社会形式构建起来的，也不是由社会的反面构建的，因此，我注意到，平常的语法无法描述平常和重大之间的界限，也就是说，**问题**在于我们如何能知道像“悲痛”或“爱”这样的东西究竟是什么？语法规则的这种失败或者也可称之为标准的终结，在我看来是摧毁性暴力的经验，比如，兄弟的形象不足以使我们理解，他为了避免姊妹遭受另一伙人的暴力而亲手杀死她，或把她交给动机叵测的陌生人，但恰恰是为了她的安全，那么这一刻，他是否还心存仁爱，再比如，一位母亲怎可能知道，孩子跟着她暴露在暴民的众目睽睽之下，会比躲在屋里和父亲在一起安全。

我在本书中的兴趣点并不在于描述那些恐怖的时刻，而是描述，当对这些事件的记忆包含在正在进行的关系时，主体和世界究竟发生着什么。令我惊惧的是，恰恰是在这样脆弱、私密的时刻必须建立起一种共享语言，但实际上，牢固的习俗并不能保障语言的建立。在如此生死攸关的时刻，一个人有可能变得无声（voiceless）——这并不是说一个人没有语词，而是说这些语词冻结了，麻木了，失去了生命。[①] 因此，只有询问，那些男人和女人才

① 这个意思并不是说，“我的言语”（my speech）不是“我的声音”（my voice）。克利希纳·巴尔德沃（Krishna Baldev）在他的印地语小说中就曾敏锐地表达了这一点：“mere muh se jo awaz nklegi, voh meri nabin hogi, ya kisi ko sunai nahin degi, ya kisi se pahchani nahin hogi”——“从‘我’嘴里发出的声音将不是‘我’的，没有人会听到它，也没有人会识别它”；安妮·蒙塔特（Annie Montaut）也曾引述过这句话：“La poétique du vide chez Vaid et la résistance a la violence communautaire,” *Puruṣārtha*：*Special Issue*，*Littérature er Poétiques Pluriculturelles en Asie du Sud*，ed. Annie Montaut，24（2000）：113—155。

会说话，讲述他们所看到的，或身体所忍受的那些暴力的故事。我认为，或许他们是有言而无声。有时，这些词魅影重重，或者，语词是跟我面对面的人说出的，但我却觉得它们受着另外一些声音的怂恿。相反，我描述的那些选择装聋作哑的人，他们收回自己的声音是为了保护它。因而，正如我认为事件与日常紧密相连，我认为日常本身充满着事件。

正如以上例子所指出的，声音不等同于说话，同时，它也不与书写对立。正如我所理解的，声音不同于言语，书写也不仅是文字的。因而，我不能像德里达(Jacques Derrida)那样，把声音与“在场”联系在一起，把书写与“不在场”联系在一起。不过，德里达对“签名”(signature)的有力分析有一点颇有价值，那就是，语词也可能不受它起源的限定。① 然而，我试图扩大这一概念，不仅为使我们能看到这一概念所提供的新的可能性，也为看到它所带来的危险。例如，当其他声音怂恿语词时，我们甚至在面对面的聆听中也可能无法识别言说的签名是什么。这一点与伪造有可能使书面文件的权威性遭到质疑的情况相似。因此，我把危险的意义放在它与口头言语和书面言语这两者的关系中加以考察，这些言语发生在谣言或制度中，比如，国家可以将签名当作是伪造的，并嫁祸于它认为可疑的人，从而摆脱它自己所做出的公义的承诺：德里达用于批判的“在场”和“意向性”的概念，在这里却成为国家回避责任的策略。

---

① 参阅 Jacques Derrida,“Signature, Event, Context,”一文，见 *Limited Inc.*, ed. G. Graff(Evanston: Northwestern University Press, 1988),1—25。亨特·德·威莱斯(Hent de Vries)在谈到“祈祷”和“神学的创立”二者之间的关系时，这样解释德里达的理论意图：“德里达毫不怀疑，‘祈祷’将其存在归于某种可能的‘污染’(contamination)。如果‘祈祷’没有容纳这样一些风险，如迷失在预言(predictation)、引证(citation)和机械复述(mechanical repetition)中，从而丢失了它的标记(mark)，那么，任何一种神学，无论是积极的还是消极的，都是不可能的。”迷失的“祈祷”这一场景捕捉到了语词找不到归属地的危险性。或许接受这一事实比寻求某种保证更能使我们平静。可参阅 Hent de Vries, *Minimal Theologies: Ctitiques of Secular Reason in Adorno and Levinas*(Baltimore: Johns Hopkins University Press, 2005),656。

在这些案例中，不仅有由身体体验到的暴力，也有人们因脱离语境而产生的被侵犯感。当人们对这一语境的恰切性失去信任时，社会的脆弱性嵌入在暂时的预期中。真实的但未必在事件中现实化的恐惧，在实质和潜在层面上产生的影响，会在日常生活中建构起一套恐惧的大环境。“潜在性”(Potentiality)在这里的含义并不是守在“真实性”(reality)的门外等待显现，而是指已经在场。[①] 这份民族志研究的任务就是要描述，怀疑论的情绪如何嵌入到磨损了的日常生活之中，因而，归属于更大的实体(诸如共同体或国家)的担保并不能抚平伤痛，也提供了手段来修复这种遭到日常背叛的感觉。显然，我在此使用的“共同体”(community)这一术语并不是给定的或原始的含义(即，与国家这一概念相对)，而是指通过“同意”(agreement)而建构起来的共同体，因此，拒绝承认这个共同体(如女人或少数民族)的某些部分属于整体时，共同体本身也可以被摧毁。这一拒绝可以以听不到的声音表现出来，也可以借助于语词的增殖来展现，而语词的增殖恰恰可能淹没了无法承受的沉默。因此，即便声音可以赋予冻结的语词以生命，然而声音变得具有多重性也是致命的，其情形如同漂浮在恐慌的谣言中的语词，无法将自己固着在一个签名之上。

生命之网中的暴力

1973 年和 1974 年这两年，我通过研究城市中的旁遮普家庭的社会关系来理解他们的亲属制度。[②] 这一亲属关系网(kinship network)的核心位于

---

① 针对产生于预期中的恐惧感，以及国家如何暗含在暂时性中的问题，德博拉·普尔(Deborah Poole)和普勒帝普·杰格纳坦(Pradeep Jeganathan)都曾给予我们精巧的分析。可参阅 Pradeep Jeganathan 的“Checkpoint: Anthropology, Identity and the State”和 Deborah Poole 的“Between Threat and Guarantee: Justice and Community in the Margins of the Peruvian State”见 *Anthropology in the Margins of the State*, ed. Veena Das and Deborah Poole(Santa Fe:SAR Publications and Delhi:Oxford University Press, 2004),35—67,67—81。

② 参阅 Veena Das:“Masks and Faces:An Essay on Punjabi Kinship,” *Contributions to India Sociology* 1(1976):1—30。

德里，由印巴分治时期从拉合尔（Lahore）逃亡过来的十个家庭组成，其他家庭则分散于多个城市，包括阿姆利则、孟买、加尔各答、菲罗兹布尔（Ferozepur）、坚兰塔尔（Jullundher）、卢迪亚纳（Ludhiana）和西姆拉（Simla）。我在田野工作的初期阶段开始收集亲属称谓，绘制谱牒，记录礼物交换并且跟踪家族的联姻状况。那时候，我对亲属制度的政治颇感兴趣。婚礼、葬礼和家族关系叙事过程中总是会有很多讨论和争论产生，因而我也更深入地参与其中。我那会儿恰好注意到这样一个事实：很多家庭群体的结构与家庭的亲属制度分析研究所归纳的家庭发展周期中典型阶段颇不相同。[①] 最有意思的区别是，为数众多的儿童在他们不同的生活阶段，在不同亲属类别之间迁居。

印巴分治使得一些家庭由于父母一方死亡或家庭陷入贫困而很难养育子女。非正式收养、短期抚养，以及以礼物形式提供的流动性物质帮助成为维持生计的重要组成部分。印巴分治导致了亲属关系网中意义重大的财富和收入差别。在这一关系中，某些家庭在旁遮普邦以外的地区拥有商业利益，从而躲过了经济浩劫。“亲属和睦公理”（axiom of kinship amity）的践行意味着，幸运地在印度边境区拥有住宅的家庭可以为从巴基斯坦逃亡过来的亲属提供避难所。[②] 这一帮助包括为失去父母一方的单亲子女找工作、贷款并提供避难所。然而，这些亲属制度关系的另一方面也不断暗示着背信、不忠诚，并且不能遵守更高意义上亲属团结的道德理念。各种关系中令人失望的一面以这种方式登台上演；指控出现了；往日的恩惠与今日的背叛构成了精巧的编码——所有这些都修饰了亲属制度的美学（aesthetic of kinship）。这并不意味着，在提及印巴分治时，存在任何禁忌，也不意味着，毫

---

① 为了理解南非青少年生活中的暴力问题，帕梅拉·雷诺德（Pamela Reynold）分析了居住构造变化的内涵。她的分析为理解这一问题提供了极为重要的方法论和理论视角。可参阅她的文章：“The Ground of All Making: State Violence, the Family, and Political Activists,”见 *Violence and Subjectivity* ed. Veena Das, Arthur Kleinman, Mamphela Ramphele and Pamela Reynolds（Berkeley: University of California Press, 2000）:141—171。

② 有关“亲属和睦公理”，可参阅 Forts Meyer, *Kinship and Social Order: The Legacy of Lewis Henry Morgan*（Cambridge: Cambridge University Press, 1971），第 7 章。

不提及远离的家园，而是说，要忍受的暴力，或我所逐渐意识到的背叛似乎总处于交谈的边缘。在公共表演模式中，它们是不能被言说的。

在接下来的章节中，我的讨论将要证明：虽然从国家档案中收集来的叙事自由地使用言辞，然而，在共同体生活中，印巴分治的暴力，以**展示**(shown)(有时也夹带语词)，而非**叙述**(narrated)的方式展开。语词是被讲出来了，但它们所起的作用却像姿势一样展现着这种暴力——一方面是微妙地被揭发出来的暴力，另一方面却被塑造为沉默，语词就绘制了这两者之间的边界。如果说，有关印巴分治的记忆不是秘密的，没有被压制、隐藏起来，那么，它们本应该被挖掘出来。从某种程度上讲，这些记忆恰恰位于表面上。然而，它们周围布满屏障：正是承载这些记忆的语言，相对于语言自身来说，具有一丝外来的气息，就好像讲出来的旁遮普语或北印度语是从其他未知语言翻译过来的一样。我暂且把这一观念搁在这儿，它有可能使普遍称之为"内在语言"(inner language)(以区别"私人语言"[private language])概念化。

这里，点出我的田野工作中一个重要的特征尤为关键。我是在日常生活的语境中从事城市家庭中亲属制度研究的。受那些家庭中妇女日常生活的耳濡目染，还有那些世俗生活节奏的约束，诸如做饭吃饭、打扫房间、给孩子洗澡，清扫结束之后的午后闲谈——这一切很容易使我们误认为家庭不过就是被这种世世代代的节奏包围着：娶妻生子、抚育后代、小病小灾、生老病死。[1] 印巴分治的暴力似乎已经消失在遥远的过去。这些家庭的孩子们甚至连他们的父母在印巴分治时所遭遇的一切也知之甚少。尽管如此，我从事田野工作的这段时期仍然潜藏着很多危险——那些存留在人们模糊猜

① 有关这类田野工作的方法论中的一个特例，可参阅 Janet Carsten, *The Heate of the Hearth: The Process of Kinship in a Malay Fishing Community* (Oxford: Clarendon Press, 1997)。珍妮特·卡斯滕(Janet Carsten)所研究的乡村共同体彻底把她吸收为一位女儿，所以，她对亲属制度系统的描述是发自肺腑的。她的讨论说明了，她的角色回应了某些吸收局外人的特定方式，这些局外人对村民而言再正常不过了，而在这一角色上体现出来的不仅仅是某种策略。

疑中的陈年旧事，可能在突然间毫无觉察地冒出来。比如，我曾见证了一位妇女在临终时，说她最后的愿望就是自己的裹尸布坚决不能出自她兄弟的宅第。这是对强有力的仪式关联的拒绝——这一仪式关联，即是在一位已婚妇女临死的那一刻，她所出生的家庭认可他们与出嫁女儿之间的联系——这也就暗示着，“拒绝”也就是攥着以往从未明说的背叛紧紧不放。然而，在葬礼仪式进行过程中，其他亲属劝说她的成年子女忽略她的话：正如年长者所说，一个人临死时总是被各种神魔鬼力所左右。当我更进一步了解这些家庭时，心里有一种越来越强烈的感觉：作为平常发生的处所，日常生活把暴力埋葬在自身当中，而暴力提供的某种特定的力量，使得各种关系在这一力量之中运动。[①] 然而事实上，我只有一次询问过他们有关印巴分治的故事。这并不是说，如果你问这些人，他们不会给你讲故事，而仅仅是说，这些冻结的语词具有滑向他们的特质，展现了他们与生命之间那种焦灼和麻木的关系。我希望在本书接下来的描述中，这一“沉默”的本质会自现其义。

创　　伤

暴力在这些移居家庭中总是处于边缘，1984 年我在骚乱幸存者中工作的经历则不同于我和这些移居家庭之间的关系，而是呈现出不一样的性质。1984 年 10 月 31 日，英迪拉 · 甘地（Indira Gandhi）被她的锡克教徒保镖暗杀，紧接着就是针对定居在德里殖民区的锡克教徒居民残忍暴力。学术界和激进主义者的著作都曾高度关注这些骚乱，在稍后的章节中我也将描述

① 使用“淹没”（buried）一词可能传达了这样一种感受，即暴力遭到了压制。我在此使用“淹没”这一术语的意思是，文本可能会淹没某些特定的记忆，比如针对爱默生一篇描述黎明的文章，卡维尔的解释是，爱默生儿子的名字散落在文章四处致使它被淹没了。在这里，不必挖掘出记忆：它就好比这一织网的背景图案，即使不完全显露在外，也总是不断地呈现出来。

这些骚乱。在此我想描写的是，把我拉进幸存者世界中的，是暴力的突发性和专断的力量，一丁点也不像先前印巴分治向我呈现的那样，具有慢节奏性质。1984 年，在这些殖民区内犯下的暴行是**可见的**(visible)，然而，在有关甘地夫人遇刺后果的官方声明中却从未**承认**(acknowledged)这一点。我在早期著作中曾详细描述过这一可见性。为此，请允许我回顾一下我初次考察殖民区时所记录下来的视觉印象：

> 我们第一次访问这一地区时，一位自称是社工的人紧紧尾随我们，后来，我们了解到他是被地方要员派来的，为的是"庇护"所有陌生来访者并"确保"他们了解该区发生的事件。最后我们终于找个托词摆脱掉了他，由瓦吉里·辛哈(Vakil Singh)代为向导，他在大屠杀中痛失二子。我们看到了喷溅在墙上的血迹、枪眼，累累灰烬中仍然能找到碎发残骸。但我们在妇女中遭遇到的则主要是恐惧。她们的丈夫就在她们的眼前惨遭杀害。孩子们虽然保住了，却被威胁说，一旦泄露了谋杀者便会招至不测。愤怒、恐惧和悲痛汇聚成一股阴郁的反抗力量蓄势待发。他们感到谋杀者盘踞四周。那些在殖民区内建立"营地"的人，表面上做着"减压"工作，其实是为了给那些前来报道大屠杀事件的媒体和社会组织留下好印象。

我的意思是暴力是可见的，然而，从某种意义上讲，从我们的角度看，它又显得晦暗不明，就好像眼睛是照相机的镜头，必须把焦点对准预先安排好的景象；这仿佛也就是说，我们所见证的其实是早已从我们的视阈中消失了的事物，因此，我的日记中有这样一条："当我和那些妇人们交谈时，三四个老妪相互搀扶着徘徊在街上，每个人手里拉扯着另一个人面纱(dupatta)的一角。她们好似幽灵一般，在每幢房子前站上片刻，一声不吭，却能看到我们根本看不见的事物。她们的唇边没有对亡者的哀悼之声。她们就站在那儿，在残垣破槛前——双眼视而不见——呼唤着刚刚在两天前死去的人的名字"。

这是送葬的场景，通过凝固这些时刻，我想传达的一个观点是，对象和姿态是如何纠结在一起、分离直至破裂的。[1] 叠加在一起的残忍的暴力在常态中(日常暴力标记了这种常态,但几乎难见报端)炸开这样一些空间,使它们为公众所关注。因而,虽然一些人类学家缓慢的启蒙仪式,逐渐成为共同体日常生活中的一员,但我"进入"田野却并不以它为标记。这就好比一道伤口突然迸裂,撕扯着与之相连的生理组织。我在"田野"中的在场不是人类学家亲临田野工作现场。[2] 而是,我和其他人一道,承担起紧急情况下的责任,确保幸存者安全,并料理康复事宜。由此可见,这些问题也就以下面的问题为基础:幸存者如何重建自己的生活,如何拾起碎片寻求前路,也就是说,他们如何在废墟之地继续生存,直至结束?

盘根错节

接下来的问题是,鉴于这些事件之间有如此重大的差异,为什么它们能勾连在一起,并且又如何做到的呢?在文学作品和大众的想象中,印巴分治的"签名"是由印度和巴基斯坦一起上演的一场侵害妇女,集体强暴,集体拐骗,把受害妇女逐出家园,强令追求英雄式的死亡,并实施灾后重建工作

---

① 在许多有关暴力问题的民族志研究中都可以发现葬礼场景的意义。这里记述的是马克·惠特克(Mark Whitaker)对他回访巴蒂卡洛(Batticaloa)的描述:"上述那些民族志研究碎片,摆在像我这样的结构主义人类学家面前一个问题。我对它们的记述就像我见证了什么,虽然这样讲并非恰当。从某种程度上讲,甚至到现在,我尚能感觉到那些刺目的凝视,从死去的战士的遗照中紧盯着我,我对他们的记忆还只是孩子,或像在保罗纳努拉(Polonavura)和巴蒂卡洛之间丑陋的月面上的蚀刻,而眼下则是被各等军队洗劫并废弃的房屋、焚烧并踏平的庄田,跟我谈话的一位年老的泰米尔老妪称他们是'战争的毒蝎'。"惠特克对"碎片"这一概念的使用思路与我的迥然不同,因为,他将"碎片"这一概念与"不可能表现"勾连起来,而我则用"悲悼"(mourning)将它们联系在一起。参阅 Mark Whitaker,"Ethnography as Learning: A Wittgensteinian Approach to Writing Ethnographic Accounts", *Anthropological Quarterly* 69, no. 1(1998):1—13。

② 参阅 Veena Das,"The Anthropology of Violence and the Speech of Victims", in *Anthropology Today* 4, no. 3(1987):106—109。

的惨剧。我的意思并不是指整个印巴分治期间就没有针对男性身体的侵害。的确，阉割敌人（从本义和比喻两方面上）是种重要的模式，其中男性身体象征着整个共同体。然而，来自国家的话语（正如我在第二章所分析的立宪会议上的辩论）却总是省略掉这一事实。针对被绑架和强奸的妇女所采取的修辞策略排除了针对男性的性侵害，从而使这个民族把自己建构成一个男性气概的民族（a masculine nation）。

相反，如果我们考虑一下 1984 年反锡克教徒大骚乱就会发现，那次的主题是男性蒙受屈辱。虽然也有一些个别的强奸案，但妇女没有遭到大规模袭击。[①] 我在早期研究中就曾指出，乌合之众总有明确的“限度”理念。[②] 随后，其他领域中对公共暴力的研究发现，印度教和穆斯林群体有意回避强奸另一共同体中的妇女。不过，在其他案件中，强奸仍然引发了印巴分治中的暴力。例如，迪帕克·麦塔（Deepak Mehta）和罗马·查特吉（Roma Chatterji）引述来自孟买塔拉维（Dharavi）的访谈者时曾记述，印度教暴徒粗暴地袭击了一群穆斯林妇女，把她们拖到一旁，大叫着：“我们夺走了你们的巴基斯坦。”[③]苏迪尔·卡伽尔（Sudhir Kakar）在他的海德拉巴（Hyderaba）公共暴力研究中则指出，明确避免强奸，是因为那些参与暴力的人仍然想象着

---

① 我注意到，在由公民团体委任的人民调查委员会上，像马图·吉什瓦尔（Madhu Kishwar）这样一些激进主义者出示证据证明，妇女曾遭到强奸。我最初到苏丹堡（Sulatnpuri）时，在相对受较小规模影响的 D 区等地生活的一些女性，从营地里经历的妇女那里得到消息说，妇女遭到强奸。然而，在该地重灾街区重建工作一年多后，我敢说，苏丹堡确有一些男性遭到杀害，财产被抢劫，但是没有妇女被强奸。事实上，很多幸存者特别指出这一点以区别印度教—穆斯林大骚乱，有关这些大骚乱，他们拥有某种从这些共同体中得来的隐性知识。在接下来的第 8 章中有更详细的分析。

② 参阅 Veena Das，“Communities，Riots and Suvivors”，in *Mirrors of Violence Communities, Riots and Survivors in South Asia*（Delhi：Oxford University Press，1990），1—35。

③ 参阅 Deepak Mehta 和 Roma Chatterji 的“Boundaries，Names，Alterities：A Case study of a ‘Communal Riot’ in Dharavi，Bombay”，见 *Remaking a World：Violence，Social Suffering and Recovery*，ed. Veena Das，Arthur Kleinman，Margaret Lock，Mamphela Ramphele and Pamela Reynolds（Berkeley：University of California Press，2001），201—250。

将来有一天他们还得生活在一起。他说：

> 正如曼噶勒·辛哈(Mangal Singh)谈到的："骚乱结束几天以后,无论我们内心有多少辛酸苦难,无论最初我们的声音是怎样的冰冷如霜,阿克巴尔佩汶(Akbar Pehlwan)仍然招呼着我并说：'曼噶勒兄弟(Mangal Bhai),柏甘寺(Begampet)这片土地充满争端,接下来我们怎么办呐?'我还是这样回答他：'让我们凝聚一团,阿克巴尔兄弟(Akbar Bhai),和平地解决这些问题吧。'"强奸使得这样的互动不再可能,它把印度教徒和穆斯林之间的敌意转化为不能平息的仇恨。①

虽然这一解释颇为吸引人,但它的前提是假定我们知道"再一次生活在一起"的含义究竟是什么。而在印巴分治案例中,人们之间划定的界限是民族界限,相对而言很难跨越,并且它们具体化为民族主义的符号:边境碑、护照以及境外旅游通行证;人们身陷于彼此对抗的集体暴力中,但还要继续居住在同一块空间中,在他们之间划定出的各种边界更为微妙。② 这些边界要放在危机中戏剧性的时刻理解,也要放在生活平静似水的时刻理解,因为这些边界是在共同体之间、不同地区之间、不同家庭成员之间,甚至是在自我的不同区域间划定的。同样,暴乱期间流传的暴力故事也包括一些与实际发生的事无关的强奸的主题。当然,这并不是指两种情况之间的差异无关紧要,而是表明,在想象的领域中,暴力产生的分割和联系指向人类彼此间造成的巨大危险。接下来几章的主题就是来探讨这些危险是如何被控制、驯化并度过的。虽然人类之间会相互引发危险,但同时,他们也对彼此抱有希望。通过揭示社会苦难(social suffering)这一主题我在对日常生活的描述中,试图表明,对危险的回答并非高拔到超验的境地,而是沉潜到日常生活之中。受维特根斯坦《哲学研究》的启发,我想到蜘蛛修复破损蛛网的

---

① 参阅 Sudhir Kakar, *Colour of Violence: Cultural Identities, Religion & Conflicts* (Delhi: Penguin Books, 1995)。

② 了解更多关于人们对印巴分治的不同理解,可参阅 *TransEuropeennes: Divided Countries, Separated Cities*, no. 19/20(2000—2001)中的相关文章。

精巧任务，并把它当做对我所从事的工作的某种隐喻，即思考日常生活所展示的苦难和治疗。

再论生命形式

当我们思考这两个事件以及和它们缠在一起的生活时，让我们考虑一下维特根斯坦提出的“生命形式”这一概念究竟能引领我们的思想走多远。维特根斯坦把语言作为人类社会性的标志：因此，人的“生命形式”就是**被**持有语言的人创造的形式，并且也是**为了**那些持有语言的人，恰恰在这时，自然被吸收进“社会”形式中。人类学家描绘“生命形式”这个概念，往往是为强调“深描”（thick description）、地方性知识（local knowledge）或者学习规范的重要性。[①] 对卡维尔而言，有关“生命形式”的这些传统观点遮蔽了他的研究。他说：

> 我相信，[生命形式]这一概念特是为强调人类语言和行为的社会本质，就像维特根斯坦的使命是斥责那种过于关注孤立个体的哲学，或那些为解释“意义”、“意识状态”或“遵循规范”等问题，以强调“外在”而牺牲“内在”的哲学……“生命形式”的传统含义，支持了传统意义或契约意义上的“同意”这一概念。但“生命形式”也有另一含义，质疑了

① 比如，克利福德·格尔茨（Clifford Geertz）坦陈维特根斯坦是他诸多导师中的一位。他也谈到了“生活形式”这一概念的重要性，认为它开辟了一条路径来“试图发现在交谈的人、个体的人以及作为整体的人中间，如何把一种斑驳多样的声音组合在一起”。可参阅 Clifford Geertz, *Available Light: Anthropological Reflections on Philosophical Topics* (Princeton: Princeton University Press, 2000), xii。的确，这一观点对人类学颇有助益，然而，它更多的是证明了它所承诺的一种自由，即从决定论的知识类型中解放出来。在这些知识类型中，研究者的个性转化为中立的观察者，而不再是“形式”和“生命”关联之间的特殊思想者。格尔茨承认吸收“生活形式”这一概念是颇为困难的，这一批评与上述一点有所不同。

这点。[1]

卡维尔发现，这种对"生命形式"的传统解释不仅遮蔽了"自然"和"社会"之间相互吸收的关系，而且以忽视生命为代价，强调"形式"。目前，在吉尔吉奥·阿伽本(Giorgio Agamben)和米歇尔·福柯(Michel Foucault)强有力的作品中，"生命"成为理论化的对象。令这两位作者都感兴趣的是，对身体的治理通过一系列程序变成一种国家事务，由此开辟了生命政治国家(biopolitical state)，我会在第10章分析这其中的一些隐含义。但是，卡维尔的论述最吸引我的一点就是，"生命形式"具有纵向意义，这表明了某种社会形式中，什么或谁被认可为人的限度，也为使用标准来评判他者提供了条件。因此，评判痛苦的标准就不适用于没有迹象显示出**生命**的形式的情况——一台录音机被打开后，播放出一声尖叫，但我们不会问录音机是否感到痛苦。[2] "生命形式"在横向和纵向上含义的区分至少给我们指明了一点：我们不仅要充分意识到，经由共同的同意归属于一个共同体可以得到安全，同时，人们也会为彼此造成危险。这些危险不仅关乎对"**形式**"的争论，也关乎对"**生命**是由什么构成的"这一问题的争论。"什么是人"与"什么不是人"之间的模糊性逐渐变为"什么是生命"和"什么不是生命"之间的模糊性。

在阿伽本看来，生命政治国家把一个人剥除得只剩下赤裸的(bare)或

---

① 参阅 Stanley Cavell，"Declining Decline：Wittgenstein as a Philosopher of Culture"，in *This New Yet Unapproachable America：Lectures after Emerson after Wittgenstein*(Chicago：University of Chicago Press，1988)，41。

② 人类和动物能否截然分开，在维特根斯坦的概念中，这是一个很复杂的问题。虽然我在这篇文章中略微触及了这一问题，但我无法详细展开。《哲学研究》中出现了各种各样的动物，比如狮子、狗、蜜蜂、蜘蛛和苍蝇，甚至母牛也可能使我们意识到这一问题。我想在文章中记录下动物们遗留下的足印，以答谢我们的爱犬——伊奥塔(Iota)，它常常给我启发，不过这里按下不表。

裸露的(naked)生命,制造出可以被杀死却不会受到惩罚的身体。[1] 在卡维尔看来,当一个人瞥见了那些仿佛被钉进日常生活中的危险,从而拒绝承认他者时,这说明他不是自己所属共同体的一部分,也不是生命本身的一部分。这种拒绝不是理性的拒绝,而是拒绝接受他者作为血肉之躯的受造物的独立性。这一观点不仅体现在卡维尔对"害怕出生率"(fear of natality)这一问题的论述中,也体现在他所提出的,暴力可能不仅意味着分配死亡,也意味着拒绝允许他人出生。

我在本书中撰写的这两篇有关暴力的民族志研究交织在一起,彼此交相辉映,它们都指出了日常生活吸收带来创伤的集体暴力所采取的方式,是这种暴力制造了各民族之间、种族群体和宗教群体之间的边界。所不同的是,在1984年大骚乱中,我紧邻暴乱现场,而在时间上,我与印巴分治暴力相对有一定距离,正是这一事实使得言说的"语词"和"声音"有所不同。田野工作的时间不是关键问题,问题在于两次田野工作的表述,因为"继承暴力意味着什么"这一问题在每个案例中有很大差异。

这个时代的黑暗

维特根斯坦在《哲学研究》的序言中写道:"尽管这本书相当简陋,而这个时代又黑暗不祥,但这本书竟有幸为二三子的心智投下一道光亮,也不是不可能的,当然,这种可能性委实不大。"乔治·贝恩(George Bearn)写道,《哲学研究》的冲击性威胁到我们每日生活的结构,因而,它比那些哲学家或清谈客(café skeptic)[2]的教科书式的怀疑主义更具毁灭性。维特根斯坦曾说过,如果在我们的一生中总是围绕着死亡,那么,我们的理解也始终为

① 参阅 Giorgio Agamben, *Homo Sacer: Sovereign Power and Bare Life*, trans. D. Heller Roazen (Stanford: Stanford University Press, 1998)。

② 参阅 George C. F. Bearn, *Waking to Wonder: Wittgenstein's Existential Investigations* (Albany: State University of New York Press, 1997)。

疯狂所围绕。维特根斯坦并没有力图排除这种疯狂的声音，相反，他用一种等待的姿态引领我们回到日常："假如我耗尽了证明，挖到了基岩，结果我的铁铲也卷了边，那么我想说：这就是我所能做的。"[1]这把卷边铁铲的形象象征着一支钝笔，我们能描摹出，在这个时代的黑暗中写作是什么。对我而言，热爱人类学已逐渐成为一件个人的事——当我挖到基岩的时候，我没法突破他人的抵抗，但是，在这样一种等待的姿态中，我任由其他人用他们的知识圈点我。[2] 从这个意义上讲，这本书也是一本自传。

---

① 参阅 Ludwig Wittgenstein, *Culture and Value*, ed. G. H. von Wright, trans. Peter Winch(Oxford: Blackwell), 44; quotation from para. 217。

② 一些学者把"生命形式"解释为各种诠释穷尽后所做出的保留，并且把社会科学当作解释"行为标准类型"的原理。因此，他们得出结论：在社会科学范式中使用这样一个理念存在一个矛盾，比如，保罗·西布莱特(Paul Seabright)在一篇文章中论述这一维特根斯坦意义上的"矛盾"概念时，开篇便谈到，"生命形式"指共同的实践、习俗或制度。希望我的讨论能够说明该观点对"生命形式"这一理念的理解是多么贫乏，因为它没有囊括进对"生命"这一概念的反思。同时，这也说明由很多人类学家提出的社会科学和文化观点亟待克服。Paul Seabright, "Explaining Cultural Divergence: A Wittgensteinian Paradox", *Journal of Philosophy* 84, No. 1(1987): Ⅱ-27。

二

被绑架女性的形象:性化公民

1994 年,研究陆军尉官的著名史学家吉安南达·潘帝(Gyanendra Pandey)在他的著作中写道,社会科学和印度公众文化对印巴分治的忽视,象征了某种深层次不安的意识。他表示,令人不可思议的是,印度的历史写作对广泛流行的印巴分治建构,它所制造的创伤,以及遗留下来的印度教徒、穆斯林和锡克教徒之间的截然分裂,几乎完全没有兴趣。他把这一盲点归因于这样一个事实,即历史学家们的技艺一触及这样的问题就局促不安,如"印巴分治时期的恐惧;1946—1947 年大骚乱期间的悲痛和哀伤、痛苦和残暴"。潘帝进一步表示,印度史学把"印巴分治"同化为英帝国和印度民族史相交中的一个事件,而这一分析思路几乎没有留下什么空间能讲述普通人对此次事件的经验。①

近些年,包括潘帝在内,很多作者都整理了有关印巴分治的文献,论证

① Gyanendra Pandey, "The Prose of Otherness", in *Subaltern Studies*, ed. David Arnold and David Hardiman (Delhi: Oxford University Press, 1994), vol. 8, 188—221, quotation from 205.

之雄辩，令人难忘。他们力图把普通人的经验融入此次事件的故事中。[1]与史学界这一进展相关的是，学者们越来越担忧，印度教徒与穆斯林之间的关系，特别是有关女性的“性”(sexuality)和“纯洁性”(purity)的问题。这一问题在19世纪末、20世纪初就在公共领域传播开来，流行形式如卡通动画、连环漫画、海报招贴以及民间手册。本章一部分任务就是设法理解：围绕着“性”和“纯洁性”，公众忧虑如何创造了某种基础，使被强暴女性的形象成为关键点，从而鼓舞这个民族把自己修复为一个“纯洁的”男性化空间。[2] 因而，问题不仅在于“沉默”(silence)，也在于那些使言说得以可能，并赋予了言说以形式的体裁(gence)。令人深省的是，不存在任何努力以民族纪念碑或博物馆的形式来纪念这次印巴分治。就此而言，也不存在任何努力来运用审讯或公众听证等法律工具，促使大规模强奸和谋杀的故事公之于众，或者对被强暴的人群作出正义的承诺。[3] 更没有出台什么引人瞩目的法令来“审判历史”，硕珊娜·费尔曼(Shosana Felman)把没有“审判历

---

① 值得注意的是，尽管从表面上看这些文献针对普通人，但问题在于它记录的不是普通人的历史，而是从非常时代中普通人的角度来讲述故事。因此，它强调要记住印巴分治，而不是印巴分治在当下如何卷入日常生活之中。见 Gyandendra Pandey, *Remembering Partition: Violence, Nationalism and History in India* (London: Cambridge University Press, 2003)。对这一写作流派贡献最大的有乌尔瓦希·布塔利亚(Urvashi Butalia)、里度·梅农(Ritu Menon)和卡姆拉·帕辛(Kamla Bhasin)。参阅 Urvashi Butalia, *The Other Side of Silence: Voices from the Partition of India* (Durham: Duke University Press, 1998); Ritu Menon 和 Kamla Bhasin, *Borders and Boundaries: Women in India's Partition* (New Brunswick, NJ: Rutgers University Press, 1998)。还可参阅 Sukeshi Kamra, *Bearing Witness: Partition, Independence and the End of the Raj* (Calgary: University Press of Calgary, 2002)。

② 拉达·依维科维奇(Rada Ivekovic)注意到，战争或种族冲突常以某种方式开启未来，但她还发现，平日里的“性别等级”到了这种非常时期，往往被进一步利用，创建新霸权。参阅 Rada Ivekovic, *Le sese de la nation* (Paris: Non & Non, Éditions Léo Scheer, 2003)。

③ 受政府委托撰写的事实调查报告从未见诸于世。

史"看做是20世纪集体创伤的一大特征。[①] 事实上,恐怖的转义铺陈开来,为在正式的立宪会议辩论背景和流行文化中的言说打开了空间,使事件讲述产生谣言的音调。

首先,让我们来考察一下官方报告中引证的数字和量值。正如潘帝指出的,这里提供的数字不是一份冷静的法庭记录,也不是基于认真收集数据而做出的官僚制报告,相反,它们的功能是以某种姿态回应了这场穷凶极恶的暴力。我还要加上一句,这种报告形式也并非特别针对印巴分治。它是

① 谈到对艾希曼(Eichmann)的审判时,硕珊娜·费尔曼说:"法律有意识地做出努力,并非要使这次审判成为受害者表达声音的舞台,从而打破对创伤的沉默,揭露并公开这些秘密和禁忌,而是要把这些发现转化为一个民族的、集体的故事,小心、勤恳,并有意识地收集一个有关大规模创伤的集体法律记录。这份记录的公开性实为罕见,而在此之前,这些创伤却一直被压制着,只存在于一系列从未透露过的、碎片化的私人故事和创伤记忆中。"参阅 Shoshana Felman, *The Juridical Unconscious: Trials and Traumas in the Twentieth Century* (Cambridge, MA: Harvard University Press, 2002), 7。正是在这一点上,我想说,费尔曼的表述没有考虑到更多的情境,公开讲述并编织一个创伤的民族故事表现出谣言的特征,充满流言蜚语,它们或许把正义变成了复仇。费尔曼引述了乔治·布什在"9·11"之后的一次演讲,就是一个很好的例子。布什在这次演讲中说道:"我永远不会忘记我们的国家遭遇的伤害,以及造成伤害的那些人……我们化悲伤为愤怒,化愤怒为决心。惩敌治寇,天道得偿,正义终将胜利。"(引自 Felman,第3页)有趣的是 Felman 的结论:"**法律**正义的实践得到承诺,无论是通过审判也好,通过律法也罢,这种实践成为文明对伤害自己的暴力所作的回应,并且是最恰切、最基本、最富有终极意义的回应。"(第3页,黑体的强调部分是原文自带的)然而,这篇演说并非谈正义,而是谈复仇的正义,费尔曼在谈到敌人时很明显暗示了这样一点,很奇怪,它却被人忽视了。随后的事件清楚地表明,把"9·11"悲剧性事件指定为战争行为而不是犯罪,这种做法显然是偷梁换柱。为了给创伤编织某种民族故事而采用谣言形式,这比费尔曼估量的要复杂许多。从这个意义上讲,对艾希曼的审判是一种例外而不是例证,因为,受害者和犯罪者之间的界限十分清晰——正像很多国家的真理经验与和解委员会所展现的那样,在绝大多数暴力情境中,这些界限变得模糊不清了。参阅 Fiona Ross, *Bearing Witness: Women and the Truth and Reconciliation Commission in South Africa* (London: Pluto Press, 2003); Richard Wilson, *The Politics of Truth and Reconciliation in South Africa* (Cambridge: Cambridge University Press, 2003)。

更为宽泛的官僚制体裁的一部分,在面临流行病和大骚乱这类危机时,使用一些数字和量值把一切“激情”,如恐慌、怀疑和残暴,归咎于平民,从而把国家建构为秩序的理性担保人。我们将会看到,被绑架女性的形象使这个国家把“秩序”建构为具有男性化民族的基本特质,因而,与社会契约(social contract)互为补充的是性契约(sexual contract),通过这一契约,女性作为性存在和生殖存在被安置在家庭中,位于“正当”的男性统治之下。

被绑架女性:位于男性化民族想象之中

苦难的性别化(gendering of suffering)怎么会容许民族话语出现在印巴分治时期?当“民族”出现的时候,被绑架女性的形象以及她恢复后的形象,在建立“社会契约”和“性契约”之间关系的问题上究竟起了什么作用?对印巴分治的记述压制了女性的声音,这一问题的确激发了诸多女性主义历史学家们的研究,虽然我同情她们的做法,但我更愿意把这个问题放在一个不同的模型框架下考察,而不是“创伤”(trauma)这种模型。我不想展开“创伤”这一概念,而是想问:在民族主义话语中,为了使这些女性的苦难能够被看到(或听到),需要以什么样的程序讲述她们的故事呢?我认为,在这个国家分裂不久之后,被绑架女性的形象便在政治讨论中传播开来,那么,这个形象又如何得以与那些早期形象联系起来呢?早在20世纪初有关这一形象的话语中,我们就可以通过神话、故事或各种出版文化形式得到这些形象。被绑架女性的形象发生了怎样的变形,使得“社会契约”由此确立,从而把这个民族创造成一个男性化民族?

最早对印巴分治暴力的记述中,有一份是这样讲述这个故事的:

> 从1946年8月16日这天起,突如其来的这场巨变历时15个月震撼了整个印度,波及范围、恐怖程度史无前例。历史上也从未听闻过如此大规模手足相残的战争,人们的仇恨和兽性竟堕落至如此低的水平,整个黑暗的时代都证明了这一点。宗教狂热的样子像头可怕的猛兽,

在城市村镇肆虐，为数以万计无辜生命敲响了丧钟。垂垂老翁、手无寸铁的妇女、无助的幼童、襁褓中的婴儿……成千上万的人惨遭穆斯林、印度教和锡克教狂热分子杀害。摧毁、破坏、劫掠财物，拐卖儿童，掳掠妇女，难以启齿的暴行惨无人道，莫可名状——而犯下这一切滔天大罪都是以宗教和爱国主义为名。[①]

针对这次公共暴力，印度政府成立了事实调查专案组（Fact Finding Organization）。虽然囊括这些报告的文件档案从未公开过，但旁遮普最高法院法官G. D. 霍斯拉（G. D. Khosla）当时负责整理这份报告，他访谈了军事疏散组（Military Evacuation Organization）的一些联络官，这些人负责在领土间大规模迁移少数民族。根据这一信息，霍斯拉认为交战国双方死亡人数大概在200000到250000人，被强奸、绑架的妇女人数接近100000人。议会得到的一些信息支持了这份报告，并提交给立宪会议（Constituent Assembly）作为立法辩论背景，议会于1949年12月15日在大会上陈述了这份报告：33000名女性印度教徒和锡克教徒遭到穆斯林绑架，同时，巴基斯坦政府宣称有50000名穆斯林妇女遭到男性印度教徒和锡克教徒绑架。

为寻回这些被绑架妇女，交还给她们的亲属，印度和巴基斯坦政府联合做出努力，致使大批妇女从对方境内返回到自己的家园。1949年12月15日，立宪会议代表政府公布，他们在印度找回了12000名妇女，在巴基斯坦找回了6000名。霍斯拉根据事实调查专案组提供的信息给出了这样一组数据：从旁遮普和巴基斯坦边境"找回"了12000名女性印度教徒或锡克教徒，同时，从印度旁遮普邦"找回"8000名女性穆斯林。

正如我早先所说，潘帝指出了很微妙的一点：这里，从数字报告形式中，我们读出来的不是某种官僚制逻辑，而是一些谣言的成分，量值正是通过谣言一方面发出夸大的信号，一方面又发出具体的信号。他断言，在官方报告

① G. G. Khosla, *Stern Rechoning: A Survey of the Events Leading Up to and Following the Partition of India* (Delhi: Oxford University Press, 1989; first published in 1949).

以及由那些政要所做的报告中，这些故事的传播促使谣言转化为“真理”。[①]在我看来，潘帝在他的分析中遗漏了一点：量值说明了，暴力是在例外的状态(state of exception)下发生的，反过来，它又开辟了一条道路，授权国家在例外状态采取特殊调节手段。我认为，被绑架女性形象的传播，连同与之相关的性无序的社会无序意象一起，创造了条件，使国家在本质上建构为**男性**之间的“社会契约”，负责终止男性对女性的暴力得以可能。因此，绑架和找寻的故事创造了基础，使得“社会契约”和“性契约”之间特殊的关系获得正当性。前者是一种男性之间的契约，建立起来的是政治，而后者则达成同意，把女性安置在家中，位于丈夫或父亲形象的权威之下。[②] 因而，开辟这个民族的这一“基本”事件本身，在早已传播开来的被绑架女性的意象之中扎下了根，而这些意象标志着一个无序的国家，因为它打破了交换女性的有

---

① 潘帝对此所作的说明值得详细引述：“根据已出版的和尚未出版的材料，以及巴基斯坦官方和非官方提供的口述证据，西蒙兹(Symonds)声称：‘据保守估计’，约有50万人丧生，1200万人无家可归……当时所作的统计或自那以来的争论，没有留下记录，可以为我们的推论提供任何可信服的依据。我们愿不愿意承担这一问题呢？有一点我完全不明白的是，为什么我们更容易接受5万的死亡人数，而不是更大或更小的数字？这是不是某种‘权宜之术’，恰恰说明了巴基斯坦罪大恶极，而与此同时，我们自己却人性尚存？还是说，仅仅复制这么一个数字就能在学术圈儿里增强可信度？”(Pandey, *Remembering Partition*, 90—91)。在我看来，这似乎不是一个人性尚存的问题，也不是从千差万别的数字中求取一个平均值的问题，而是像跟踪谣言似的来跟踪官方话语功能，并追问这样一个问题：这种话语究竟证明了什么？我想说，引用这样一组庞大数字，是为证明这样一个观念：这场暴力是前所未有的，它扰乱了建构“社会契约”的一切可能性，因为“性契约”错位了。

② 这个故事的形式比较古老了，比如在《罗摩衍那》和《摩诃婆罗多》中对悉多(Sita)和德卢帕迪(Draupadi)史诗般的描述。这个故事转向一个新的领域，为了找回那些被绑架女性，这种新领域把故事本身变成一种国家义务，从而以新的方式把国家安置于神话想象中。针对故事中，礼物和反馈礼物之间的流动，以及婚姻和绑架问题的分析，可参阅 Veena Das, “Narrativizing the Male and the Female in Tulasidas's Ramacharitamanasa”, in *Social Structure and Change: Ritual and Kinship*, vol. V, ed. A. M. Shah, B. S. Baviskar, and E. Ramaswamy (Delhi: Sage Publications, 1998), 67—93。

序状态。战争状态,类似于霍布斯意义上的自然状态,由此定义为:为控制具有性和生殖能力的女性,印度教徒和穆斯林相互之间开展的一场战争。因而,通过从敌对一方寻回这些女性,国家的起源落在了正当地恢复恰切的亲属制度这件事上。如果把它放在列维—施特劳斯(Lévi-Strauss)的术语中加以考察的话,人们可能会说,国家恢复的是男性间的正确的婚姻对话(matrimonial dialogue)。立国之初的这次基本事件产生了某些新事物,事件并非无根,它就扎根于那些意象之中——那些早已萦绕在印度教徒和穆斯林关系之中的意象。

国家话语

1946年11月23日和24日召开的印度国大党会议(Indian National Congress),在政策上开始有意识地关注被绑架女性,以及因性暴力和生殖暴力出生的儿童,当时,面对公共大骚乱期间受到侵害的女性,各方代表都表示出对她们命运的忧虑。日后成为独立印度第一任总统的拉金德拉·普拉萨德(Rajendra Prasad)博士提出一项解决方案,得到了包括贾瓦哈拉尔·尼赫鲁(Jawaharlal Nehru)在内众多国大党政要的广泛支持:

> 会议在痛苦、恐惧和忧虑的气氛中考察了发生在加尔各答、东孟加拉、比哈尔(Bihar)以及密拉特(Meerut)部分地区的惨剧。那些在男人、女人和孩子身上犯下的种种恶行让每一个体面的人倍感羞辱。这次公共冲突形成的新特征不同于以往任何一次骚乱,不仅包括大规模屠杀,还有大规模强迫改宗,都是在武力威逼、绑架、侵犯女性以及强行结婚之下进行的。

由此,决议中的部分操作方案体现了国大党对于这些女性所尽的义务:

> 当务之急是要创造一种安全感,并且恢复那些毁坏殆尽的家园和村庄。我们必须要把那些被绑架并被强迫结婚的女人们安置到她们自己家中。大规模的改宗都是强迫发生的,不具有什么意义和有效性,对

于那些受其影响的人们，应尽可能使他们回到各自家中，按照他们选择的方式生活。①

这一决议于1946年11月实施。然而，1947年3月起形势逐渐恶化，所以，在印度和巴基斯坦分别取得国家独立的三个星期后，也就是1947年9月3日，双方自治领代表会面，一致同意应该立即展开部署，寻回并交还那些被绑架人员。双边宣布他们决不承认强迫婚姻。

11月中旬召开的国大党中央委员会(All India Congress Committee)重申："整个动荡期间，双边都有大批妇女遭到绑架，并发生大规模强迫改宗事件。任何有教养的人都不会承认这种改宗，而再没有什么比绑架妇女更可恶的了。因此，在双方政府共同参与下，我们应倾尽全力把这些女性交还给她们原来的家庭。"②

继国大党会议召开后的一次双边会议上，双方一致同意展开部署，找回那些被绑架的妇女和儿童。1947年12月到1948年7月期间，决议的实施导致双边大批女性返回家园。据报道称，在印度境内找回9362名女性，在巴基斯坦境内则找到5510名。与此同时，双方政府也在为找寻工作紧锣密鼓地立法。结果，1948年1月31日，印度出台了一系列相关法令，同年5月巴基斯坦也颁布了相关法令。1949年6月，印度修订该法令。1949年12月，立宪会议通过《1949年(搜寻并交还)被绑架人员法案》(Abducted Persons [Recovery and Restoration] Act of 1949)，该法案直到1951年10月31日仍然有效。

上面概括的事件说明，国家承担起直接针对女性实施的性暴力和生殖暴力的审理权。从某种程度上讲，受到影响的人群的期待为国家带来了这样的义务。在这场血腥的大骚乱中，那些饱受蹂躏的难民失去了他们的家园、亲人和所有财产，被收容在德里的难民营中，他们觉得，把那些独立印度

---

① *Proceedings of the Indian National Congress 1946—1947* (New Delhi: Government of India, 1947).

② *Proceedings of the Indian National Congress 1946—1947*.

的领导人当做能够接受自己悲痛的人是再恰当不过的了。正因为如此，他们不仅为国家创建了框架，使之合法地担负起寻找被绑架女性的任务，同时，他们也认识到，国家可以合法地宣称它对共同体内的女性有权利。

霍斯拉记述到，悲痛之中的难民不顾一切地对政府所有部门大声疾呼。潘迪特·尼赫鲁(Pandit Nehru)自8月起连续三个月内收到邮件，都是寻求他个人出面干涉，要么是为了拯救下落不明的亲戚，要么是为了找回遗弃在巴基斯坦境内的财产或贵重物品。人们写信给他，谴责他被胜利冲昏了头，殊不知这场胜利牺牲了多少西旁遮普的印度人民。霍斯拉这样引述一位退休中学校长上书给尼赫鲁的信件："迫使我写这封信给您的缘由是，在这个世界上，我四处搜寻都没有找到什么人能够解救我于苦海，只有您例外。"[①]这个民族如何来回应倾注在它的领导人身上所有的绝望和希望呢？

民族名誉的问题

对于一个崭新的印度民族国家来说，找回被绑架妇女和儿童由此成为事关民族名誉的问题。当时人们再三要求并公开宣布：这个国家必须担当起找回妇女和儿童的责任。印度新政府数次发布新闻，试图打消人们对该问题的疑虑。比如，拉贾室利·戈什(Rajashree Ghosh)引用的一份发表在1947年11月4日《政治家》(*The Statesman*)专刊的新闻稿称："我们不承认强迫改宗和强迫婚姻，而且，我们一定要把那些被绑架的妇女和少女交还给她们的家人。"[②]为了找回那些女性，早在恢复行动前期，各类行政机构就开始行动了，这包括代理高级专员办公室(Office of the Deputy High Commissioner)、军事疏散组、首席联络官(Chief Liaison Officer)以及"搜寻被绑架女性行动组"(Organization for Recovering Abducted Women)，这个行动组由社

---

① Khosla, *Stern Rechoning*, 234.

② Rajashree Ghosh, "The Constitution of Refugee Identity", unpublished M. Phil. dissertation (Delhi: University of Delhi, 1991).

会工作者和其他官员组成。1947 年 9 月 3 日,在签署一份英联邦自治领同意书时,所有努力达到了高潮,最终促成了《1949 年(搜寻并交还)被绑架人员法案》的出台。通过这些法律手段,双方国家为彼此开展搜寻和救援工作提供了便利。两国一致认为,彼此之间交换的女性在数量上应该相同。国家赋予了警察以更大的权力来实施恢复工作,同时,为把找到的妇女安置到短期收容营,还制定了一系列措施。存有争议的案件提交至联合法庭听候最终裁决。

根据程序,印度政府在旁遮普省不同城市成立了"搜寻-服务办公署"(Search and Service Bureaus)。一些地区上报了很多失踪女性,这一信息递交给相关管理部门,由此组织对这些妇女和儿童的搜救工作。印度政府接受了许多来自女性志愿者的帮助,特别是那些有甘地主义背景的人士,她们也加入到恢复工作进程中来。这些女性中比较突出的是墨利杜拉·萨拉帕拉(Mridula Sarabhai)、勒梅什瓦利·尼赫鲁(Rameshwari Nehru)和卡姆拉贝恩·巴代尔(Kamlabehn Patel)。卡姆拉贝恩·巴代尔在这一时期的回忆录中记述道:"在那些日子里,为了妇女的安全起见,相信任何男性都是不谨慎的,即使是警察。"①许多短期收容营被建立起来了,如拉合尔的冈格拉姆医疗站(Gangaram Hospital Camp)和阿姆利则的"甘地-瓦尼塔"贫民收容所(Gandhi Vanita Aahram)。卡姆拉贝恩本人负责拉合尔的短期收容营,很多被找到的妇女和儿童被带到了这里。然后根据具体情况,她们在警察的护送之下再被转移到印度或巴基斯坦。只有具备印度公民身份的近亲所认领的妇女或儿童才能在地方官员的监护下移交给他们的亲属,并且,移交工作只在坚兰塔尔一地进行。

从表面价值上来看,似乎家庭秩序和国家秩序中的名誉规范彼此互相支持。我访谈的一些家庭所讲述的故事普遍有这么一个性质:在这些故事中,女性做出的英勇献身得到了广泛赞颂,但是,以第一人称谈起绑架和强奸的实际情况时就没那么简单了。在稍后的章节中我们将会看到,第一人

① Kamlabehn Patel, *Mula Suta Ukhledan* (Bombay: R. R. Seth, 1958).

称总是以特定的方式给故事设定框架，特别是“讲述”中那些沉默的地方。这里，我所感兴趣的是例外状态逻辑，这一逻辑关乎以何种方式建构法律，从而将这个民族形塑成一个**男性化**民族，由此，社会契约变成作为一家之长的男性之间的契约。正如我引证过的大量陈述所表明的那样，所谓常态（normality）是指把女性交还给“她们自己的家庭”。这里，男性似乎更是一家之长，而不是破土而出的个体——就像霍布斯在概念化社会契约的缔结时，所津津乐道的著名蘑菇比喻（mushroom analogy）中表述的那样。

在我看来，一旦被绑架女性的问题从家庭秩序转移到国家秩序中后（正如法律所要求的那样），通过给那些在国家管理权力中的“被绑架人员”（然而实际只适用于妇女和儿童）创建某种新的法律范畴，这一问题便使“性契约”作为“社会契约”的对应物变得神圣不可侵犯。社会工作作为一种职业，与作为“民之父母”（parens patriae）的国家联合起来，把“纯洁性”和“名誉”转换为国家法律，共同制造了更为严格的“纯洁性”和“名誉”的官方亲属关系准则。

立宪会议上有关《1949年（搜寻并交还）被绑架人员法案》的讨论关注了三大议题。[①] 第一，定义一个文明的政府，特别是对于那些遭到暴力攻击的女性，国家担当什么责任。第二，定义被绑架者，以及被男性绑架的女性的权利是什么。第三个议题是，在“错误”的性结合中出生的儿童的权利，以及国家对他们的义务。贯穿这三个议题的线索在于民族名誉的观念，以及维护人口的纯洁性，通过它们，“性契约”成为“社会契约”的基础，从而把这个民族塑造成为一个男性化民族。

时任交通部部长的著名律师N.戈巴尔斯瓦米·阿扬戈尔先生（N. Gopalaswami Ayyangar）在介绍该法案时陈述道，有些与印巴分治息息相关的经历，“会使我们绝大多数人都会因为羞耻而低下头”。他继续说道：“这么多残忍的暴行败坏了社会风气……再没有什么比双方境内这样大规模绑架妇

---

① 接下来引用的这些讨论摘自 *Constituent Assembly of India* (*Legislative*) *Debates* (New Delhi: Government of India, 1949)。

女的行为，更能使道德堕落至如此低的境地……像我们这些——思考着一个文明政府，并希望这个政府能走上一条文明轨道的人们，应该深感羞愧。”

从这一陈述中可以清楚地看到，这个国家从全体人民表现出来的“道德陷落”中抽身出来，以建设成为一个文明政府为已任。对这个文明政府的部分定义，不仅是要找回那些由这个新民族所定义的“我们的”(our)女性，同时，还要把对立面“他们”(their)的女性归还。然而，对这些女性关注的前提并不是她们的公民身份(citizens)，而是她们作为性的存在和有生殖力的存在。至于考虑到要找回被“另一方”占有的女性，是因为这些作为性存在和生殖存在的女性是被强行占有的，所以这个问题事关民族名誉。由各级官员拟定的上述要求中，有一点很清楚，那就是双方找到的女性人数或多或少应该相同，并且，一定要“找到”处于生殖年龄阶段的女性。戈巴尔斯瓦米·阿扬戈尔先生特别提到了对这一点的批评意见，他说，一些批评家声称，“虽然在印度，我们寻找所有年龄段的女性及其他人等，然而在巴基斯坦，他们仅为我们搜寻那些老妪或幼童”。为反驳这一批评，他引证了一组数据以证明，事实上，双方找回的女性其年龄分布大致相同。他说，在全部被找回的女性中，来自巴基斯坦和印度的12岁以下的女孩分别占到45%和35%。年龄段在12岁到35岁之间的群体，来自巴基斯坦的占到49%，印度则占到59%，而年龄在35岁以上的女性，双方找回的比率低至10个百分点。这一讨论清楚地表明，民族名誉紧紧依赖于重新获取对女性性功能和生殖功能的控制。使这两个国家合法化的社会契约被看做是由男性构建的，那些男性通过把女性的性权力和生殖权力牢牢地固定于家庭中，从而恢复他们自身作为一家之长的地位。

因此，被绑架女性的形象传达了这样一个信息：如果能够将男性置于一家之主地位（不是亲属制度意义上的，而是**为了**国家意义上）的性契约处于危险的境地，那么社会契约就无法成立。潘迪特[①]·塔古尔达斯·帕尔戈

① 潘迪特(Pandit)是对婆罗门学者的一种称呼。——译者注

沃(Pandit Thakurdas Bhargava)在辩论陈述时,明显利用了这一形象:"先生们,你们要记住,帕坦人绑架了艾利斯之后,整个英国义愤填膺。直到艾利斯交还至英国人手中后,这股怒火才平息。同样,我们都知道悉多遭到绑架后室利罗摩(Shri Ram)时代的那段历史。这里所发生的关乎数以千计的女孩子,我们不能忘记这一点。就算我们忘了一切财产,一切身外之物,也不能忘却这一点。"①

接下来的问题是,穆斯林妇女是否需要返回自己的家庭中。在潘迪特·塔古尔达斯·帕尔戈沃的陈述中弥漫着一种独特的论调,注意这样一点非常有趣:"我并非一时兴起,认为遭到绑架的穆斯林女孩不应该留在这里,因为我相信,把她们遣送回家不仅是为了她们好,摆脱她们对我们自身也有利。我不希望目睹自己的国家恶道横流。"

值得注意的是,作为一家之长的男性要想成为公民,就必须对自身进行"性"规训,其前提是女性已被"正确"地安置在家庭中;除此之外,它还要求,具有公民身份的孩子必须是在某种正确的男女结合的关系中诞生的。我在别处也曾分析过,法庭在印度法院中谈论强奸案时,有关强奸的司法话语将"男性的欲望"解释为一种"自然需求"(a natural need),因此,一旦剔除掉文化和社会约束,男性便陷入自然状态中,他们在这种状态下无法控制自己的性欲。在这里,我想引用一下自己在早期一篇论文中的阐述:

> "男性的欲望"被认为是"自然的",因而也是"正常的",而女性的身体被视为展现这一欲望的自然场所。强奸法(rape law)不认为女性是欲望的主体。虽然国家殚精竭虑地要保护女性免遭其他男性的侵害,然而悖谬的是,法庭认为,被形容为妻子或贞节女儿对立面的那些女性,即轻浮女人,也没有权利不满足男性的欲求……法庭证明中有一条这样解释女性的欲望:虽然男人常常被看做是陷入"不正当"性行为

① 罗波那(Ravana)虚构了遭到绑架的纯洁的悉多这一形象,罗玛(Rama)后来又清除了这一形象,通俗文学和印度电影都把它描绘成一种隐喻。

> 来发泄自己的"自然"欲望，但女人稍一显露出超越婚姻范围的任何一种欲望，都会立马被认为是"放荡"。一旦逃出以男性为中心的性话语和联姻话语的范围，这些女性便会遭到严惩，成为任何形式的男性欲望的对象。强奸不是一种犯罪，而变成了这个女人应得或自找的结果。①

可见，虽然被绑架或被强奸的女性形象是在印度独立后凸显出来的，然而，司法潜意识却延续着一个有关丈夫或父亲形象的根深蒂固的假设。

让我们再来思考一下接下来的问题——如何定义"被绑架人员"？根据法案，"所谓'被绑架人员'是指，16岁以下的男童或任何年龄阶段的女性，这个人必须现在，或者在1947年3月1日以前是一名穆斯林，除此之外，在3月1日这一天或之后，这个人脱离了自己的家庭，后被发现与一名非穆斯林同居，或处于非穆斯林个人或家庭控制之下。后一种情况还包括由这类女性在上述日期之后生出的子女。"②

稍后我们将会讨论法案对"被绑架"儿童的定义。对这些女性而言，这则法案显然并没有提出任何措施来查明一个女人是否愿意返回她自己原来的家庭中。很多议员都提出了这个问题。来自塔古尔达斯·帕尔戈沃的批评最为尖锐，他说："你是想剥夺一名成年女性的权利吗？要知道她在印巴分治之后就已经呆在这里了……我的看法是：民族法是明晰的，人权法是明晰的，印度刑法典是明晰的，我们刚刚通过的宪法也是明晰的，那就是你不能强迫一名超过18岁的女性返回巴基斯坦。而这部法案却触犯了这项规定。"

国家为了保护民族的名誉和纯洁性，夺走了一个女人决定她自己未来行动走向的权利，除了这点之外还存在一个问题：如果一名女性符合上述条

① Veena Das, "4Sexual Violation and the Making of the Gendered Subject", in *Discrimination and Toleration*, ed. K. Hastrup and G. Urlich (London: Kluwer Law International, 2002) 257—273, quotation from 271.

② The text of the Abducted Persons (Recovery and Restoration) Act, 1949 (Act No. LXV of 1949), is reproduced as Appendix 1 in Menon and Bhasin, *Borders and Boundaries*, 261.

款,从而被定义成为一名被绑架女性的话,那么这部法案赋予了警察以更宽泛的权力来强制遣送她。正如巴尔戈沃先生所指出的,只要一个人被当作是一名被绑架人员,即使她是被贴错了标签,那么这项法案也可以剥夺这个人的人身保护权。

议院里的几名议员提出越来越多的证据来表明,不少女性拒绝回到她们原来的家庭,但实际上,很多社会工作者都在强制遣返她们。G. 杜尔迦帕伊夫人(G. Durgabai)则站在社会工作者和女性运动的立场上,为他们辩护说,这些社会工作者非常了解那些女性真正的意愿是什么。杜尔迦帕伊的陈词值得详细引述:

> 我们也可能会问,因为这些女人已经在此结婚并定居,也已经适应了新环境和新亲戚,那么,我们强制遣返她们可取吗?也许我们还会争辩说,既然这些女性定居了下来,能够适应周围的新环境,从而拒绝返回家园,那么,我们强制遣返她们可取吗?……这些是我们一定要回答的问题。我可不可以问一句:她们真的幸福吗?所谓的和解是真实的吗?这种情况中有所谓永久的和解吗?这个女人委曲求全或者被迫跟这样一个人建立所谓的婚姻关系,而这个人不过是杀了她丈夫、父亲或兄弟的凶手,难道这个女人不是走投无路、别无选择才出此下策的吗?她跟这样一个男人在一起真的会幸福吗?即使他们之间有过和解,这种和解能是永久的吗?绑架者的家庭真能欢迎这样的女人吗?

悖谬的是,女性社会工作者的权威,是为用于使这个作为主体的被绑架女性的声音止息,并强加给她一种义务:这个女人一定要**记住**她现在嫁给的那个绑架者是杀害了她丈夫和父亲的凶手。根据国家的命令对情感进行规训,实际上是通过对国家尽责而瓦解了对家庭的责任。这些女性自身似乎陷入了这样一种困境,即,她们有义务要维持一种和过去连贯一致的讲述,但这种义务与有资格生活在当下背道而驰。杜尔迦帕伊本人也证实了这些女性对她们重返家园的前景心存忧虑:“先生们,我们这些在一线工作的社会工作者们,在接触这些女性时也碰到了很多问题。这些女人说:‘你们是来救我们的，你们也说要把我们带回到亲戚那里。你们跟我们讲，我们的亲戚多么急切地等待接受我们。但你们根本不知道我们的社会是什么样的！那就是个地狱！他们会杀了我们。所以，求你们别赶我们回去。’”

然而，表达这些忧虑的同时，社会工作者们的权威通过这样一种表述建立起来：“这些在一线工作的社会工作者们，完全了解这些将要被遣返的被绑架女性的心理。他们能够证实：这样一名女性特别希望能有这样机会回到自己的家中。”在田野中，这些社会工作者们遭遇到的很多女性拒绝或抵抗回家的情况，通过某种对这些女性武断的错误意识或误认的解释，而被消解掉了。在上述所有情况中，最恰切的情感就是被迫建立起来的一种对原初家庭的渴求，这种欲望使两国男性把社会契约建构成为**一家之长的地位**，在这样的关系中，女性在“她们恰当的位置上”。

孩子和生殖前景

我们现在来看看对被绑架儿童的定义。正如前面谈到的，这部法案规定了，在 1947 年 3 月 1 日以后出生的儿童，并且他的母亲在被绑架人员定义范围内，那么这名儿童也是一名被绑架人员。一言以蔽之，这些儿童是在“错误”的性结合中诞生的。立宪会议上集中讨论了如下几个议题：第一，鉴于男女结合才能生育，如何在双方之间分配对一个孩子的权利？第二，由于法案规定了，所有强迫婚姻都是无效的，那么，法律如何识别由一对被认为是非法结合的父母所生出的孩子？第三，国家建构的合法性和一个共同体的习俗规范，在涉及决定一个孩子的合法性这一问题上，二者之间是否存有矛盾？最后，在这些情况中，如果父母两人只有一方有资格以亲子关系作为孩子确立公民身份的基础，那么，孩子与双亲之间哪一方的关系，可以被认为是为确立公民身份提供了必要的凭据？

虽然不存在某种生殖理论能够做出清晰的阐释，也无法明晰男女两性各自对生育过程所做的贡献，然而，从自然类推出的原则经常被运用在这里。比如，潘迪特·塔古尔达斯·帕尔戈沃在讨论中指出这样一点，他根本无法理解,为什么会有该把孩子交给母亲而非父亲的一般准则:"妊娠九到十个月的时间里,孩子一直要在母亲的子宫内……但不应该由此得出一种准则,在任何情况下都把这个孩子交付给母亲。这就好比说,你种了一棵树,然后它在地上渐渐长高,由此你就得出一条法则说:树源于地,果实则源于树。一个孩子是父母双方劳动的果实。不存在什么理由把父亲排除在这一情形之外。我们为什么非要制定这样一条准则呢?"

从自然类推,尤其是从农业或园艺活动中进行推导,从而把"生育"概念化,这不过是印度教文本中所包含的全套理念的一部分,也是有关"生育"的流行理念中的一部分。[①] 这里尤为重要的一点是,虽然有关生育过程中"劳动"的理论是与法案规定相悖的,这种理论却逐渐渗透到整个国家理念当中。虽然杜尔迦帕伊并没有使用这些术语来提出问题,但是,以男性曾是绑架者为出发点,她对男性的权利提出了质疑。她表明,这些男人强迫绑架了女性,贩卖她们,或者把她们用于商业目的,所以他们根本不能对这些女性的孩子享有任何权利。和早期论证形成鲜明对照,Durgabai 的解释是,并非是男人和女人的共同劳动,而是男人对女人身体的侵占才创造了这样一个孩子。因此,"这个被绑架者有什么权利来养育这个孩子?这个孩子一定要和母亲在一起"。

另一名议员,布拉杰什沃尔·伯勒萨德先生(Brajeshwar Prasad)也提出了一个观念:自然中不存在有关一个孩子的非法性和合法性的问题,正是那些社会习俗才规定了孩子的合法性和非法性。他说:"先生们,我不知道一个男人和一个女人生出的孩子怎么能变得非法。虽然对这一观念我不敢苟同,但我还是能完全了解现政府的看法,了解整个印度社会的看法,那就是

① 在旁遮普人的亲属制度中,有关男女在生殖过程中所占比重,可参阅 Das, "Masks and Faces"。大量人类学文献都显示了,生殖理论如何编纂出各种各样的亲属制体系。这些文献大多发表于 20 世纪 60 年代末 70 年代初,是这一时期有关处女生育(virgin birth)讨论的产物。比如可以参阅 Edmund Leach, "Virgin Birth", *Proceedings of the Royal Anthropological Institute of Great Britain and Ireland* (1966): 39—49。

说，我们不得不像他们那样面对这些事实，如果这些非法儿童不生活在印度，那么，他们就得像狗一样，像畜生一样。”

从上面的讨论中可以清楚地看到，孩子的合法性和非法性问题涉及这样一个事实：正是这部法案规定了，一切以绑架为始、以婚姻为终的两性结合都是非法的，因此，在这种结合下诞生的孩子也是非法的。布拉杰什沃尔·伯勒萨德议员刚好指明了这一点，即使绑架者和被绑架女性之间发展出了某种自然情感，法律也不会承认这样的婚姻。所以，一个女人若继续和绑架她的人在一起，她就只会是“妓女或姘妇”，然而，她的孩子只能作为非法子女留在这个国家里，为“整个印度社会溅上了一个污点”[1]。

国家定义的合法性和以共同体为基础的合法性，这两者之间存在一个矛盾，德哈利·兰比尔·辛哈（Chaudhari Ranbir Singh）指出了这一点，或者说至少他看到了这个问题，因为他认为，如果穆斯林妇女生的孩子是因为非法的，在这个国家遭受虐待才被遣送，那么这对于这个国家而言简直是莫大的嘲讽。他说：“在我们旁遮普，特别是在我和普宾德尔·辛哈·曼先生（Bhupinder Singh Man）所属的社区，通常有一个习惯，那就是，不管一个男人所娶的女人其宗教或社区背景是什么，他的后代都不能被看做是非法的，后代会享有平等的对待。”显然，习俗规范在看待被禁止的性结合关系中女性所生的孩子时非常多元，现在，一部统一的法律将这种两性关系标准化，

① 纳耶尼克·穆吉克（Nayanika Mookherjee）曾对1971年孟加拉独立战争时期的性暴力和公共记忆问题做过精道的分析。这些分析表明，针对女性的生殖暴力（除性暴力外）发生了微妙的变化。穆吉克认为，巴基斯坦士兵之所以对这些孟加拉女人实施暴力，相传是因为要改善孟加拉人的基因，使孟加拉移民变成“纯净”的穆斯林种族。在印度教徒和穆斯林之间对抗的暴力中，这场优生学的角逐完全隐而不现，表现出来的反而是：在孟加拉独立战争中，鼓动起印度教化的穆斯林形象完全是出于仇恨。因此，制造边界是转换共同体话语的一部分，而不是某种预设，或是能永久把握的东西。参阅 Nayanika Mookerjee, “‘A Lot of History’: Sexual Violence, Public Memories and the Bangladesh Liberation War of 1971”，未发表的博士论文，见 Scholl of Oriental and African Studies, University of London, 2002。

由此定义了非法性的内涵。

在定义民族国家(nation state)这一问题上,我们如何根据社会契约和性契约之间的关系,来理解上述环节起到的基本作用?我先前指出过,被绑架女性的形象在19世纪末、20世纪初就已传播开来,为定义男性一家之长的地位,这些形象当时引起广泛忧虑。① 值得指出的一点是,倘若一位父亲皈依了其他宗教,那么他是否享有对子女的权利这一问题不是什么新问题,因为法律上有过先例。比如,早在殖民时期,法庭辩论中就曾讨论过如下问题:如果一名男性皈依了基督教,他是否还继续享有对妻子的婚姻权;还有,改宗后,一名男性能否在婚姻解体的情况下,继续享有他对子女的"自然"权利。我曾在别处表明,虽然法庭不愿将英国的普通法(English Common Law)应用于这些案例中,认为法律想象必须对付这样一类人——他们拥有一种信仰却生活在拥护另一种信仰的政治主权下,但是普遍的意见是,父亲的权利不能被否定。② 现在,面对由被强行占有的女性所生的孩子,不可能不顾针对这些问题的法律先例,夺走父亲对他们的监护权,原因恰恰在于这一基本事件处于对正常规范失效后的紧急状态的想象中。在接下来的部分中,我将扼要地讨论这些问题,由此引出:国家为什么对女性作为性存在和生殖存在感兴趣?

① 这番洞见还要归功于P. K. 杜特(P. K. Dutta)和迦鲁·古普塔(Charu Gupta)所做的重要工作。

② 参阅 Veena Das, "Paternity, Sovereignty and the Argument from Nature", in *The Powers of the Secular Modern: Talal Asad and His Interlocutors*, ed. David Scott and Charles Hirschkind (Stanford: Stanford University Press, 2006)。高里·维湿瓦纳坦(Gauri Vishwanathan)认为,改宗属于社会死亡(social death),因而,它否定了以往一切社会性形式。我认为这是一个更为复杂的问题。在18世纪的欧洲,"父权制"这一概念是神学和政治争论的核心。分歧的焦点在于父亲对儿子是否享有某种"自然"权利。因此,即使改宗,父亲的权利并没有自动消失,因为改宗影响的是改宗者的**社会**地位,而不是某些必然的关系,人们认为这些关系源于自然。

对被绑架女性形象的定位

近期,对“性”、“淫秽”、“纯洁性”这三个理念的研究工作表明,淫欲的男性穆斯林的形象和纯洁的女性印度教徒的形象,在一些宣传辞中被广泛传播,这些宣传辞是由一些印度教改革运动,如圣社(Arya Samaj),和一些政治组织,如印度教大斋会(Hindu Mahasabha)、国民志愿服务团(Rashtriya Sevak Sangh)共同制造的。[①] 最近,迦鲁·古普塔从19世纪末、20世纪初发行于北方邦(Uttar Pradesh)的民间手册中搜集了许多令人印象深刻的材料,来展现印度共同体的动员,特别是通过一些新兴的“宗教—政治”组织形式而发起的行动,如圣社和印度教大斋会,它们把淫欲的穆斯林群体刻画对印度教徒的家庭生活的一大威胁。让我们一起来考察一下由古普塔引证的,1923年玛丹·莫汉·玛尔维耶(Madan Mohan Malviya)对“绑架”这一主题发布的一段演说:

> 几乎每天我们都会注意到发生了一两起绑架印度教妇女和儿童的案件,绑架他们的不仅有穆斯林的恶汉、打手,也有一些有钱有势,可能和上层联系颇为紧密的人。这种恶行引发的一个最坏的后果就是,印度教徒们不再关注光天化日之下发生的对国家储备的抢劫……众所周知,与绑架印度教妇女和儿童的事件相关的当事人,经常在全国不同中心城市进行定期宣传。德里和拉合尔的安息日清真寺(Juma Masjid)经常被这些鼓吹者用来当做宣传总部,这已经是个公开的秘密了。我们

---

① 参阅 Paola Bachetta, La construction des identités dans les discours nationalists hiundous (1939—1992): le Rahstriya swayamsevak Sangh et la Rashtriya Sevika Samiti (Lille: ANRT, Université de Lille III, 1996), 和 Charu Gupta, *Sexuality, Obscenity, Community: Women, Muslims and the Hindu Public in Colonial India* (New York: Palgrave, 2002; first published, Delhi: Permanent Black, 2001)。本页引述出自 Palgrave 版本。

必须清除穆斯林对绑架妇女和儿童事件所做的这种恶意宣传。[①]

声讨淫欲的穆斯林,呼吁女性印度教徒的纯洁性的宣传可谓数不胜数,这些宣传一致认为,女性印度教徒很可能受到穆斯林的欺骗。印度教排斥寡妇,这种粗暴的习俗常常被用来解释,为什么印度教妇女会陷入到由狡猾的穆斯林所布设的引诱圈套中。在古普塔那里,有一点结论无疑是正确的:唤起这些恐惧感,是为了支持印度教是"同质性(homogeneity)和父权制(patriarchy)"[②]的宗教这一观念,并且为证明这一点提供了情感基础。我想,我们可以更深一步来思考:绑架的故事早已暗示主权,所以,当这个故事在印巴分治时期似乎被夸大的时候,它就成为基本的故事,用以描述这个国家如何被建构,及其与父权制的关系。这就促使我们从这一角度想到了西方理论想象出来的国家制度的故事,而不是通过别的什么途径。

显然,这里勾勒的论证思路并不单单把家庭看做是位于私人领域中的某种制度,而是认为,主权继续从家庭中获得生命。寻找女性的过程牵涉到了国家,这一现象表明,如果男性在他作为一家之长的实践中,不能实施有效控制,由此导致孩子从某种"错误"的性结合中诞生出来,那么,国家自身将会丧失生命。被绑架女性形象之所以会如此突出,恰恰在于它设定了国家的起源:它并不在虚构的自然状态中,而是在共同体之间"正确"的关系中。的确,作为背景的"自然"本身在这里的意思是,这个"一家之长"与那个"一家之长"在控制对女性的性权力和生殖权力上陷入到战争状态,而不是两个"独立"的"自然"男人之间的斗争。列维—施特劳斯也异乎寻常地指出,有关国家起源的概念中,男性被设定为关系的存在(relational beings),女性交换是媒介,由此形成这种关系意义上的国家。[③] 由此,扰乱"正确的交换"意味着扰乱国家生命,掠夺国家获取生命的来源。这一故事恰

① Gupta, *Sexuality*, *Obscenity*, *Community*, 248.

② Gupta, *Sexuality*, *Obscenity*, *Community*, 267.

③ Claude Lévi-Strauss, *The Elementary Structures of Kinship*, rev. ed. trans. J. H. Bill and J. R. von Strurmore, ed. Rodney Needham (London: George Allen & Unwin, 1969).

恰发生在印度开辟民族国家之初，它是否告诉了我们主权自身的本质？

针对“父亲的权威”（fatherly authority）和一名女性成为公民的可能性这两者之间的关系，玛丽·劳拉·塞弗伦斯（Mary Laura Severance）做出了精辟的分析，她论证到，在霍布斯那里，我们有一个关于“父亲的权威”的前提，正如罗伯特·菲尔默爵士（Sir Robert Filmer）所指出的，这个前提是建立在“同意”（consent）的基础之上，而不是某种自然的，或原初的东西。[①] 但是，塞弗伦斯注意到，用于防范父亲的权力发展到杀戮的家庭同意实际上是由父亲统治的。霍布斯将家庭同意作为父亲权力的基础，从而区分了“父亲的权威”和“主权权威”，这是两个相互分离的人为的领域。然而，这一切都是在17世纪的思想框架下完成的，这一教条认为，女性不适合公民事务，必须由丈夫来代表她们（或为她们做出决定）。由此，“性契约”和“社会契约”是两个独立的领域。但是，正如塞弗伦斯所指出的，人与人之间处于战争状态的“自然状态”这一概念应该修正为这样一种解读方式，即，每个**父亲**作为一家之主，与其他**父亲**处于战争中。用她的话来说就是：“每个个体家庭的成员不是‘同意’主权的统治，而是‘同意’父亲的绝对统治；他们并不是达成‘契约’的各方，从而实现国家（commonwealth）。”[②]或许我可以说，我们在绑架和强奸的行为中所见证的，正是这一“父亲”之间的战争。国家承诺找回被绑架女性，其实就是承认了父亲的权威作为国家权威的必要基础。我发现，卢梭在《爱弥儿》中对主权的讨论所分析的女性形象，对我们的理解颇有助益，他的分析表明，作为政治的基础，“性化个体”（the sexed individual）的概念与“主权的生命”（the life of the sovereign）这一理念联系紧

---

① Mary Laura Severance, “Sex and the Social Contract”, Journal of English Literary History, 67, no. 2 (2000): 453—513. 我想提醒读者的是，菲尔默的父权理论的基础是王权。因此，父亲有权利杀死儿子，而不会招致任何法律惩罚。参阅 Sir Robert Filmer, *Patriarcha and Other Writings* (Cambridge: Cambridge University Press, 1991; first published in 1608)。我在《父权和自然论》（“Paternity Sovereignty and the Argument from Nature”）一文中曾做过详细讨论。

② Severance, “Sex and the Social Contract”, 6.

密。[1]

正如我曾在其他文章中论述的那样[2]，卢梭引入的女性形象，甚至不是与男性对等的，而是男性步入婚姻、父子关系并实现公民身份的必经之路。在《爱弥儿》中，对爱弥儿这个学生进行必要的引诱，这一场景被插入到社会之中，通过学习如何拒绝来自女性的诱惑，来检验他是否具备成为一名公民的能力，女性在这里成为他进入社会性的过渡。爱弥儿必须学会爱苏菲，也必须通过她来学会克服自己对死亡的恐惧。如何通过进入到性关系来栖居于社会之中；以及如何通过克服对孤独和死亡的恐惧来成为一个好公民，有关苏菲的这一寓言恰恰指明对一个男人而言这两者之间的紧密关系。这值得我们暂停片刻好好反思一下。

从爱弥儿实现公民身份的旅程中我们知道，苏菲这一形象嵌入到许多意义的链条中。她是被插入到文本之中的某种虚构——一个引诱的形象，一个家庭未来母亲的形象，为了克服对死亡的恐惧，爱弥儿通过这个女人来约束自己内心的欲望，从而学会当个好公民。因此，苏菲眼下是个勾引男人的女子，日后又成为慈母和良师，教给爱弥儿责任和行为准则。没有她，爱弥儿可以克服身体上的疾病，但是只有通过她，和其后越过她，爱弥儿才会成为一个有德性的公民："当你成为一家之长的时候，你也就成为国家的一个成员了。怎样才是国家的一个成员呢？这一点你知不知道？你研究过做人的责任，可是做公民的责任你知不知道呢？你知不知道什么叫政府、法律和祖国？**你知不知道你要花多大的代价才能够生活？你知不知道你应当为谁而死？**"[3]

这里有两个观点需要指出：第一，要想成为一名国家公民，你必须是一

---

① Jean-Jacques Rousseau, Émile, (New York: Everyman's Library, 1911). Page numbers are from the 1974 Everyman's Library edition.

② Das, "Paternity, Sovereignty and the Argument from Nature".

③ 〔法〕卢梭：《爱弥儿》（下卷），李平沤译，商务印书馆1978年版，第686页。（Rousseau, Émile, 448，强调部分由作者加注。）

家之长;第二,你必须知道你应当为谁而死。对于女性而言,她作为一名公民的责任和她对丈夫的责任是混淆在一起的。一个女人的举止必须要让她的丈夫,以及丈夫的邻居和朋友们都要相信她是忠贞的。卢梭告诉我们,一旦这个女人给丈夫生下的孩子不是这个男人的,那么,她不仅对丈夫,也对丈夫的邻居和朋友们犯了错,她的罪"不是不忠贞而是背叛"[①]。因此,勾引男人的女人对这个男人而言是危险的,因为她可能会利用引诱的权力使这个男人过于依恋生命,从而不能明辨什么人和什么事值得他为之去死。当她扮演母亲这一角色时,她也可能给这个男人生下一个赝子,从而剥夺他一家之长的地位。这是背叛,而不是不忠贞,它表明:霍布斯所彻底排除的一个作为思想形象的母亲,现在被纳入到公民身份的责任中。对卢梭而言,政治共同体建立在个体的同意这一基础之上,毫无疑问,这个个体是性化的个体,然而,女性的特殊任务,不仅在于向男性介绍各种社会性形式(forms of sociality),也教会他如何断绝对自己的依恋,从而把生命交付给政治共同体。[②]

在这一图式中,一方面,女性对国家的忠诚是通过她们作为母亲这一角色来检验的,这些母亲要生下合法的子女(想想卢梭的那个批评吧,把非法的孩子带到尘世,这份罪不是不忠贞,而是背叛);另一方面,为把生命交付给主权,男性随时准备去死,由此他学会成为好公民。一旦个体由于性化而被认为是社会的,那么,他也被认为是必死的。在卢梭那里我们看到,男性从主权那里获取生命。政治共同体作为全体人民,依赖于生殖。因此,公民渴望生殖,也渴望把合法的、"自然的"孩子交付给政治共同体,这样,他就

---

① Rousseau, Émile, 325.

② 马里奥·费特(Mario Feit)发现,卢梭的理论暗示着这样一种关联:同性婚姻中(same-sex marriage)的性与死亡率之间的关联,这番考察颇具创新之意。虽然我发现,卢梭的公民身份论特别暗示了那些非规范化的性形式,但这里我更感兴趣的是,父亲的形象以某种方式把卢梭推向了菲尔默、霍布斯和洛克对父权制的讨论中。我从马里奥·费特对人口问题的讨论中获益匪浅。参阅 Mario Feit, *Mortality Sexuality and Citizenship: Reading Rousseau, Arendt and Nietzsche*,未发表的博士论文,Johns Hopkins University, 2003。

证明了自己对政治共同体倾注的全部感情。那么,一个必然的结果就是,女人的不忠贞不仅冒犯了家庭,也冒犯了国家主权。

现在我们明白了,绑架和找寻这一背景其实就是把国家当做中介,重建丈夫或父亲的权威。正是在有序的家庭生活和合法生殖的条件下,主权才能从家庭中汲取生命。古普塔的研究使我们看到,早期对女性印度教徒的想象是这些女性遭到了穆斯林的引诱和欺骗,现在一个理念补充了这一形象:在殖民主义情景的想象中,这些女性吸引穆斯林的行为,其实是对男性印度教徒父权制权威的一种冒犯。因此,古普塔从民间手册中找出很多例子,比如,女性印度教徒向穆斯林的 pirs(圣徒,被穆斯林赋予神圣的地位,特别是什叶派穆斯林)祈祷的行为。这种类似于印度教徒和穆斯林的普通宗教实践,被解释成是出卖了男性印度教徒——是对他性能力的嘲讽——而在我听起来,它非常接近于卢梭归咎于女性的那种背叛行为,因为女人把"错误"的孩子带到了世间。下文引述了一本民间手册提供的非常生动的小例子:

> 神相信,女人只能崇拜一个丈夫,但是她们服侍加兹米扬(Ghazi Mian)有好多年了……以前印度教妇女把爱敬献给她们的丈夫,生下子嗣,今天她们却在这里抛下自己的丈夫,跑到已死的加兹米扬那里,在他朽坏的坟前求子。不应是女人,而是男人该为这种可憎的行为感到羞耻。甚至当他们还活着的时候,他们也没有要求妻子成为真正的 pativrata(即,一个女人要完全献给丈夫,把他视为神),而是纵容她们为求子而跪拜突厥人腐朽的坟墓,从而变得不忠贞。①

引入这一章的同时,我提出了这样一个问题:与印巴分治的沉默伴随的是以谣言的方式夸大言说,这不仅出现在流行的想象中,实质上也是官方对

① 这份引述出自 1927 年刊行的一本印度民间手册,古普塔在《性、淫秽、共同体》(Sexuality, Obsenity, Community, 292)(译自古普塔)一书中引用了它。古普塔没有考察类似的乌尔都语通俗文化,但是他看到了非常有趣的一点:在试图净化受到印度教影响的穆斯林共同体时,使用修辞是为了使流行的女性实践行为非法化。

该事件记录的文献中的核心内容。本章所做的分析是把有关被绑架女性的法律和政府话语当做一个突破口，来理解"社会契约"如何以某种特定的"性契约"作为基础。在国家的意象中，恐怖的转义开启了这种解释（并且是夸大的解释）和行为的空间，不仅引出女性的声音，也认为她们的苦难只与开辟主权有关。对声音的压制，以及用何种方式能够恢复这些声音，并不是通过收集口述史过程中所产生的言说，也不是通过心理治疗，而是通过成为日常生活的一部分来实现的，女性正是在日常生活中表达了她们所遭遇的暴力，在稍后的案例中我们将会谈到这一点。但是在此之前，我还是想在下一章的分析中转到文字记录上面来，因为，难道我们不经常会注意到，当我们失去声音，声音显得像幻影一般，正是那诗人赋予了我们语言的天赋？除此之外，我们又如何能够摆脱官方话语的污染？这些话语虽说看到了这些被绑架、被侵害的女性的苦难，却仅仅用它来建构正确的家庭和国家秩序。

三

语言和身体:“交互”对痛苦建构的作用

在这一章早期的版本中,我曾这样写道:“我不断努力,书写着这样一个问题:印度社会中女性所遭到的暴力其意义究竟是什么。我发现,社会科学凝视那些‘痛苦的语言’(languages of pain)来洞悉万象,这些语言触碰到了文本化(textual)的身体,或者它自身变成了文本化的身体,书写在这些身体上的痛苦却总是使我困惑。”[①]因而,我不得不转而思考,在哀悼工作中,语言和身体之间的交互作用(transaction),特别是在劳动的性别分化中,面对悲惨的损失,“语言”和“沉默”通过这种劳动互为应和,重新创造了这个世界。我在前面的章节中试图说明,在印度民族主义事业的想象中,对女性身体的剥夺被纳入其中,成为想象的客体;同时,民族主义的欲望残忍地印刻

① 参阅 Veena Das, “Language and Body: Transaction in the Construction of Pain”, in *Social Suffering*, ed. Arthur Kleinman, Veena Das, and Margaret Lock (Berkeley: University of California Press, 1997), 67—91。

在这些女性的身体上，并且给未来留下某种记忆。正如我前面已经指出，“社会契约”的想象开辟了这个民族国家，并把男人视为一家之长，也就是说，只有当他们表现出有能力为“他们自己的女人”提供保护，使她们免遭敌对共同体的侵犯，与此同时，他们自己还要放弃对其他共同体的女性实施暴力之后，这些丈夫和父亲才有权开创民族国家。尽管立宪会议在辩论中多次提及女性的苦难，然而，这些辩论不过是在缺乏权威语言（痛苦或许可以通过它得以表达）的情况下，替代了专制言说形式。

这里，人们可能会想到福柯：“与真理无关紧要的政治制度最为变幻无常，然而，政治系统又是最危险的，因为它宣称自己制定了真理。”[1]

书写痛苦

如果我不能称自己知道他者的痛苦，不能像那些社会工作者那样，他们**知道**那些被绑架女性的**需求**，那么，我与痛苦之间的关联又意味着什么呢？缺乏有关痛苦的权威语言这一情况或许表明，我不能把自己的“痛苦”和“表达”截然分开，换一种说法是，我对痛苦的表达以特有的方式驱动着你，无论你信还是不信我，你都是不自由的，我们前途未卜。我想回顾这番毁灭的情景，探寻这样一个问题：暴力和损失带来的绝望体验，已经把这个世界变得奇怪而又陌生，一个人怎能栖居于这样一个世界呢？卡维尔把它描绘成为爱默生式的姿态，即在哀悼中走进这个世界。[2]

有些现实在被理解之前需要编成小说。我写出三个情景以便理解如下问题：一个人如何能容忍这样的痛苦发生在自己身上，同时又思考着暴力和痛苦？我援引了哲学家维特根斯坦，诗人、小说家及随笔作家泰戈尔，还有

---

① Micheal Foucault, “Foucault Live: Collected Interviews, 1961—1984”, ed. Sylvère Lotringer, *Semiotext(e)* (1989):308.

② Stanley Cavell, *Philosophical Passages: Wittgenstein, Emerson, Austin, Derrida* (Oxford: Basil Blackwell, 1995).

短篇小说家萨达特·哈桑·明都(Sa'adat Hasan Manto)。这些人都在想象的领域回应了世界的召唤。泰戈尔和明都对我而言极为重要,因为他们的印地语作品声情并茂地回应了大毁灭的情景;至于维特根斯坦,他则用一种严谨的哲学语法表明了想象痛苦的可能性。我在文章中插入他们文本的同时,希望这些文字不会给人带来错觉,以为我像个窃贼一样盗用了他人的声音,其实我只是借他山之石。

情景一

第一个情景出自维特根斯坦的《蓝皮书与棕皮书》,他在书中提了这样一个问题:"我"的痛苦如何可能存在于另一个人的身体中。

> 一个人觉出另一个人身体的疼痛,这是可能的。为理解这一点,必须先要弄清楚,我们为处于某一特定位置的痛苦所设定的标准究竟是什么……假设我感觉到了痛苦,这种痛苦仅仅以痛苦自身作为依据,比如,闭上眼后,我应该大喊左手很疼。这时有人要我用右手触摸痛点。我这样做了,环视四周后我发现自己正握着旁人的手……这就是在他者的身体中感到了痛。[①]

在身体之间的这场运动中,"我感到了痛"("I am in pain")这句话就像一条疏通的渠道,通过它,"我"从痛苦难以言传的秘密和窒息中走出来。但这并不意味着,"我"被理解了。维特根斯坦运用哲学语法这种途径想要说,虽然表述本身显得很正式,但这不是象征性陈述。这其实是一场语言游戏的开端。在这一描述中,痛苦不是某种不可言喻的东西,破坏交流,或者为一个人在语言中的存在标记上一个出口。相反,这是在向他者提出要求——请求承认,这种承认可能被接纳,也可能被拒绝。从另一方面来讲,

① Ludwig Wittgenstein, *The Blue and Brown Books* (Oxford: Basil Blackwell, 1958), 49.

这不是一句针对某种内在对象的指示性陈述。

令我着迷的是，维特根斯坦在描绘这样一幅哀婉痛苦情景的同时，创造性地认为，语言可以通过身体指向语词。“我”的痛苦在哪？当“我”为了指出疼痛的位置而触摸到“你”的时候，难道“我”做出指示动作的手指不恰好发现了“你”的身体——其实它就在这儿。“我”的痛苦（或“我们”的痛苦）会栖居在“你”的身体上，至少当“我”闭上眼，触碰到“你”手掌的那一刻，它确实如此。如果表达那种不可言喻的痛苦时，语言总是无法满足“我”充分表述的需求，那么，这种感觉是不是人类对自己，以及对赋予自身语言的失望？除此之外，当语言似乎失败的时候，“成为人”（becoming human）的整个任务，即便是那些有悖常情的，难道就没包括对这种失落感的回应（即便这种回应是愤怒）？维特根斯坦所举出的“我”的痛苦栖居于“你”的身体这一例子，在我看来似乎表明，一方面，这种代表共有痛苦的直觉存在于想象当中，但这种直觉却不能转化为具体安于世界的方式，在这种情况下，人们也许会说，语言并不能充分地与痛苦的世界勾连在一起，反过来是说，痛苦经验迫切需要这样一种回应的可能性，即“我”的痛苦或许存在于“你”的身体中，而且，关于疼痛的哲学语法回应了这一呼求。

如果允许的话，我想把自己的文字和卡维尔的结合起来，从而引出我再三（即使这种重复是出于无奈）引证维特根斯坦的意义之所在。卡维尔毫无保留地愿意丰富我对痛苦这一问题的反思，除此之外，他提供给我一种哲学上的帮助，倾听着我支吾不清的言辞。我把他的话引在下面：

> 对我而言，特别是在维特根斯坦研究领域，达斯与我志同道合。她为自己的分析基础找到了两个环节，为此，我想证实对她这一思想的信服：首先，她诉诸自己的亲身经验（比如，她说：“在我的经验中，‘好的死’（good death）和‘坏的死’（bad death）如何通过见证行为而被定义，这是一个颇为复杂的问题”），同时，她把这种诉求融合到自己的写作中，我始终如一地信服她的作品，自己也从中受益匪浅；其次，她借用维特根斯坦的例子，即“在他者身体中感到了痛”，就我所知，尚未有人创

造性且合理地运用过这一片断。我认为，维特根斯坦在这一片断中所做的构想是要解决笛卡儿意义上的“我”的灵魂和身体的问题，虽然两者必然分开，但它们之间不只是偶在地联系。“我”必然是自身痛苦的所有者，然而事实是，痛苦并不必然地总是位于“我”的身体之中。这正是维特根斯坦希望表明的——“我”把疼痛安放在他者的身体中是可信的。这并非事实上或真正地发生在我们的生活之中，这就意味着，我们的孤独(separateness)是“我”必须去构想的某种东西，是一项想象的任务——为了知道“你”的疼痛，“我”不能像寻找自己的疼痛那样来找“你”的疼痛，我必须让它发生在我身上。“我”对“你”的知识标志着“我”；它是“我”所经验的，但是“我”并未向它显现……“我”对自身的知识是“我”在成功的探求之后所发现的；“我”对他者的知识，即与“我”相区别的有关他者的孤独的知识，是发现了“我”的某种东西……“我”用“我”的身体丰富了他者的经验——我想说接受这样一种看法是恰切的，也是富有启发意义的。这一回应的后果或许可以在身体书写中显明出来。①

情　景　二

我运用的第二个情景出自罗宾德拉纳德·泰戈尔(Rabindranath Tagore)。泰戈尔的三部小说——《戈拉》(*Gora*)、《家庭与世界》(*Ghore Baire*)和《四章书》(*Char Adhaya*)显示出这样一点：“性”被裹挟进整个民族主义事业中。这里我想从《家庭与世界》中摘用某些片断，这部小说描述

① Stanley Cavell, "Comments on Veena Das's Essay 'Language and Body: Transaction in the Construction of Pain'", in Kleinman et al., *Social Suffering*, 93—99.

的背景是反对大英帝国统治的**抵制英货运动**(swadeshi)。[1]

对泰戈尔来说,精神斗争的本质似乎是,宣称进行这场斗争的目的是为了使冻结在语言中的自我重新活跃起来,获得自由。这一冻结的自我对自身的解读就像一部脚本,戏剧化地呈现在山谛普这一角色中。它放大了"民族"和"性"这两个图像,同时,在泰戈尔的诠释中,正是追求这种被放大了的图像,才会使人对人类的实在性,以及他们作为血肉之躯的造物茫然无知,因而也就导致了他们的苦难。

《家庭与世界》的故事广为流传。它的叙事手段以分散在其中的三个主要人物的经历为线索串起整个故事,这三个人物是:尼基尔,这个地主用施恩和爱来侍奉他的摩诃婆波提(praja)(摩诃婆波提的信奉者包括印度教徒和穆斯林);他的妻子毗玛拉渴望从丈夫那里挣脱出来,投向山谛普的怀抱,最终又回到尼基尔的身边;第三个人物是尼基尔的朋友——山谛普,一个狂热的民族主义革命者。* 我这里再现的仅仅是一些体现在每个主人公身上的基本隐喻。[2]

---

① Rabindra Nath Tagore, *Ghare Baire*, Rabindra Rachnabali, vol. 8 (Calcutta: Vishvabharati, 1941). 英文版译作 *The Home and the World*(家庭与世界), trans. Surendranath Tagore (New Delhi: Penguin Books, 1985; first published in 1919)。我使用的是孟加拉语文本;所有译文都是我自己翻译的。抵制英货运动是为了反对分裂孟加拉的殖民统治决议,于 1903 年兴起的抵抗运动。这场运动主要由高级种性的印度教徒领导,联合抵制所有英国商品。后来又发展为其他运动,比如甘地领导的非暴力不合作运动。参阅 e.g., Sumit Sarkar, *The Swadishi Movement in Bengal, 1903—1908* (New Delhi: People's Publishing, 1973),最新的作品有 Sankari Prasad Bau, *Swadeshi Movement in Bengal and Freedom Struggle of India* (Calcutta: Papyrus, 2004)。

* 译名参考了邵洵美先生的译本。见《家庭与世界》,邵洵美译,北京:人民文学出版社 1987 年版。——译者注

② 我使用的是我自己翻译的孟加拉文原版。正如塔波布拉特·戈什(Tapobrata Ghosh)指明的,孟加拉文原作与它的英文译本在一些重要方面不一致,以至于在英译本中,角色的重要性让位于情节的重要性。参阅 Tapobrata Ghosh, "The Form of the Home and the World", in Rabindra Nath Tagore's *The Home and the World: A Critical Companion*, ed. P. K. Datta (Delhi: Permanent Black, 2003), 66—81。最初把孟加拉文翻译成英文译本的工作是由苏难陀·达斯(Sunanda Das)完成的。在这个译本的导言中,P. K. 达塔(P. K. Datta)针对围绕该书展开的文学批评和历史背景分析中存在的问题,做了扼要的说明。

毗玛拉

山谛普就支持抵制英货运动做了一番激情澎湃的演讲,毗玛拉和其他女伴从窗帘后面听到这番演讲后深受鼓舞,她跟丈夫说自己想要请山谛普吃饭,并亲手招待他。女人服侍男人吃饭是种很敏感的姿态,在孟加拉人的想象中,这是在母性和性之间踌躇的一种姿态。这是除了自己的丈夫以外,毗玛拉第一次走进一名男性的世界,因为根据传统,封建家族的女性除了家庭空间外,不能越雷池半步。

听一听毗玛拉是怎么反省的吧:"且让我一句句从实说来。那天我觉得我的造物主,因为他没有把我造得美丽超群……在这个伟大的日子里,全国的男人,应当在全国的女人身上,看到难近母(Jagaddhatri)(掌管大地的女神)显灵……山谛普先生会不会看到祖国的权力在我身上被唤起?还是他认为我只是一个普通妇女,仅仅是住在他朋友家里的一个妻子?"

山谛普

在山谛普眼中,放大了的毗玛拉的形象是说她渴望找到一个知音。但是,我在此之前讲过,山谛普是怎么构建自己的呢?听听这些独白吧,这也是读者第一次听到山谛普的心声:"当我听着内心的独白,我在想,这就是山谛普吗?我只是在语言中才被构建起来的吗?难道我只是血和肉造起来的一本书?"山谛普回应着这样一种欲求,即渴望一个放大了的毗玛拉的形象,这个形象又融进了民族的形象。我们从下面的引文中可以看出这种欲望:

> 除非我们的人民能用自己的双眼看这个民族,否则他们不会觉醒。这个民族需要崇拜一个女神……由**我们**来构造这个偶像起不到什么作用。这些偶像是传统遗留下来的,它们会被转化成我们民族的偶像。敬神之道深深地镌刻在我们的国家中——沿着这条道路,我们献身给民族。

我见到毗玛拉时就曾说，万万代*之后，我会返归大地，膜拜大神（女神），直到他（她）向我显灵，到那个时候，我还会不会全身心地信奉她呢？如果我未曾注目你，那么我就不会把整个国家视为一体，这一点我跟你说过好多次了。我不知道你理解了没有。很难解释为什么大神隐匿于天堂之中，只有到了冥界，他们方才显现。

毗玛拉的自述又谈到了这个欲望：

山谛普站起来说道，当整个世界汇聚到一片方寸之地时，男人才算获得了一个国家。[1] 在你的厅堂里，我已经看到我的世界显现了出来……我膜拜你……看见你之后，我的曼特罗（mantra，祷辞）变了。不再是 vande matram（我把民族膜拜为母亲），而是 vande priyam（我把民族膜拜为爱人）vande mohinim（我把民族膜拜为引诱者）。母亲保护着我们……而爱人却毁灭着我们。美就是那场毁灭。你听，死亡之舞的铃音丁冬作响。这个脆弱、光辉、丰实的果子被马来西亚山脉（Malay mountains）[2]凝结成孟加拉大陆——顷刻间（书面语，眨眼之间），在你

---

* Yuga：印度教所称构成历史循环的时代，共分为四个时代，即，Krita Yuga：黄金时代，Treta Yuga：微明时代，Dvapara Yuga：薄暗时代，Kali Yuga：黑暗时代；四者合为一大时代：Maha Yuga。——译者注

① 如果说山谛普的论调就像教科书，那么，这恰恰是故意所为。很多泰戈尔评论家完全忽视了这一点。

② 这些形容词全都描绘了这位女神。班吉姆·钱德拉·查特吉（Bankimchandra）在他著名的诗篇《我跪拜母亲》（*vande matram*）中，用这些词汇把民族描绘成母亲。这首诗所采用的形式是 strotra，也可以说成赞美歌，它最早出现于小说《幸福之路》（*Anandamath*）中。正像朱利叶斯·李普纳尔（Julius Lipner）指出的那样，《幸福之路》后来展现出巨大的生命力。李普纳尔称，据说在这部小说中，赞美圣歌是以哀伤的口吻吟唱出来的，这一点体现在 Malhar 拉格（raga，印度音乐术语。梵文原义为“色彩、情绪”，在印度古典音乐中特指具有调式意味的曲调框架。拉格由规定的一组 5—7 个音组成，供即兴演奏或歌唱使用。拉格是男性曲调，传统上原有 6 个基本的拉格。每个拉格又配有 5 个妻子称做拉吉尼，是女性曲调，总计 36 个曲调。特定的拉格和拉吉尼，按规定在特定的季节或昼夜的特定时刻演唱，表现某种特定的情感或情绪，即表现印度传统美（转下页）

们这些信徒眼中，它的形象变了。哦，莫希尼神啊！（Mohini，诱惑女神，毗瑟挐[Vishnu]为了引诱魔鬼喝下毒药而化成女身）——你来了，带来盛满毒液的酒杯——喝了它，我要么死，要么变成能够控制死亡的人。

尼基尔

尼基尔在一次和山谛普的争辩中说："我会为我的国家服务，但我不会膜拜它。膜拜那些不该被膜拜的东西，就是在毁掉这些东西。"他在与山谛普的辩论中谈到了民族偶像这一问题。我们从山谛普的独白中听到了这一点：

但是我很难向尼基尔解释这一切。现在，真理在他心里就像一种偏见。仿佛真有可以称之为真理的某种特殊实体似的。我曾经常跟他讲，虚假在哪里是真实的，谬误就在哪里成为**独一无二**的真理。而那个谬误也将会高于真理。那些人把民族的偶像认做真理，那么，偶像就会产生真理的作用。我们这些凡夫俗子不可能轻而易举地把民族这一理念直观化，但是，我们能很容易地把这个偶像当成民族……那些立志完成民族主义事业的人必须要理解这一点。

尼基尔突然变得焦躁不安，他说道："你已经失去了侍奉真理的权

（接上页）学的9种"味"。目前流行的印度两大音乐体系即北方的印度斯坦音乐和南方的卡纳塔克音乐分别有多种不同的拉格。——译者注）使用的曲调，表达了一种渴望、切盼的情绪，然而，泰戈尔后来在一次公众集会上用Desh拉格吟唱这首赞美歌，附和了Qawalli节拍。如今，后一种吟唱方法把这首诗歌变成了一首战斗之歌，它在很多军事组织，如国民志愿服务团（RSS）和其他印度军事组织，宽泛一点说比如Sangh Parivar（一个印度教民族主义教团——译者注）中流传开来，用以胁迫非印度教徒，使他们屈服，特别是那些穆斯林。Julius Lipner，"Vande Matram：The Genesis and Power of a Song"，paper presented to the Conference on Political Hinduism，UCLA Center fro the Study of Religion，May 6—7，2005。

力，所以，你盼望着一套神圣规则从天而降。这就是为什么千百年来民族事业原地踏步的原因，你现在又想把这个民族变成大神，这样你就能在祈求的时候伸开双掌，接受那神迹般的赐福。”

尼基尔最终接受了他的失败——他的妻子，他心爱的毗玛拉觉得他和山谛普比起来是个懦弱瑟缩的人，但是尼基尔拒绝承认这种评价压灭了自己：

> 今天，我才完全从外部审视我自己和毗玛儿，[①]我是个贪心人，想要提罗塔玛(Tilottama，为众神所创的一名神话女子，所以完美无瑕)当我的精神创造者。毗玛儿的外表掩饰了我这个念头。但是毗玛儿只是她自己——对我来说，她根本成不了提罗塔玛女神——也没有理由这样做。
>
> 今天我才清楚地理解这一点：我不过是毗玛儿生命中的一个偶在。毗玛儿只有和那个人才能完全融合，而那个人就是山谛普。但是，如果说这就意味着我一无所是，那我真是撒了个弥天大谎，因为大丈夫气概不单单意味着攫取内在的女人。

插曲

现在，让我们把贯穿在这三种声音中的情节连起来，试着把它们编排在一起。这两个男人都在毗玛拉的身上发现了自己毁灭的一面，但发现的方式各异。山谛普在讲述的开头便吐露了这样一个观念：他只是一部脚本——一个在语言之外便不可能存在的人。他唯一尽可能真实的时刻出现在毗玛拉对他感到厌恶之后，向他热切辩白的那一刻，毗玛拉回应道：“山谛普·巴布，你是不是都在笔记本上写好这些说辞了？所以你就能见什么场合说什么话了，是吗？”山谛普自身的恐惧感最终在毗玛拉反思的言语中得到了确证——他只存在于语言中，意志仿佛意味着空洞。他的言辞无法

---

① 尼基尔满怀深情地使用毗玛拉的昵称，说明他并没有把她从心底里抹去。

歪曲内在生活，或者掩饰这种内在生活，其实这些言辞真正的作用是隐瞒了这样一个事实：根本就不存在什么可以被掩饰的内在生活。他寻找民族，就是在寻找偶像，他对他者的欲望，其实就是对一个放大形象的渴望，这个形象缺乏个体自我，可能掩盖在集体欲望之下。我想用民间传说中某种幽灵观念作个类比，这些幽灵在镜子中现形，那是因为它们没法映出倒影。泰戈尔本人出现在一个中学校长的声音中，他把尼基尔比作新月（amavasyar chand）——仅仅是一种不在场。

差别消解了，民族变成某种放大了的形象，它是人们敬拜的抽象对象，这就为向那些抵制这一形象，或是制造与此相异形象的人施加暴力提供了可能，也可以说是扩大了这些暴力。通过倾注这种被放大了的“性”，对偶像的欲望使民族这个不在场的对象奇迹般地显现出来。这场建构写满了潜在的暴力。这个故事以一场集体大屠杀作结，虽然读者无法直接凝视到它，但是它就发生在这个直观的故事框架之外，它就在那儿，如同我们之前看到的民族主义意识形态的翻版。

当毗玛拉回到尼基尔身边的时候，尼基尔似乎是胜利了。但是，在他们最后一次亲昵时，毗玛拉俯在尼基尔脚边，乞求他让自己膜拜他。丈夫和神之间这种传统转换不一直是尼基尔在他们夫妻关系中竭力抵制的吗？现在他不再试图阻止她这种极其不幸的认同感：“我是谁？竟然来阻止她——毕竟不是‘我’来接受这番膜拜。”尼基尔的失败表明他意识到了，包含在传统生活中的日常生活既体现在对偶像的崇拜上（丈夫作为神），也体现在山谛普试图带来的那种革新上（民族作为神）。我们看到，尼基尔骑上马离我们而去，奔赴大屠杀中心，既作为一名献祭的受害者，也作为一名殉道者（虽然他从未得名），把自己献了出去——“殉道者”包含的放大了的民族形象，以及对它倾注的性欲，使它变成一头怪兽。我们只知道，学校教师告诉我们，那些女人遭到了难以启齿的暴行，除了尼基尔去那里，没有旁的办法了。故事结尾处，尼基尔浑身带伤地被人用卧轿抬了回来。有消息说，那个救了他的人情况很糟，我们不知道他是死是活。

泰戈尔并没有就此打住。尼基尔是个追求真理的人，他既没有在传统心理学的陈腐思想(丈夫是神)中找到安慰,也没有从那些现代性的言论(民族是神)中得到慰藉。他看到了这两者中潜在的暴力。传统轻视女性,纵容那些实施在女性身上微妙的日常暴力。因此,当毗玛拉有一次批评女人心肠苛刻、狭小时,尼基尔回答道:"是啊,就像中国旧式女子缠的小脚一样,根本得不到生长。"建设现代民族的事业中,这一形象并没有消逝,反而扩大了。这一戏剧化过程意味着,女人的身体极其适于促成民族主义产下它的副产品——共产主义。如果一个人把女性神化,那么,民族就会被想象成可敬的,他者也就可以通过在女人身体上写下他们的民族文本,使这项事业黑暗的一面显现出来。[①]

身体和语言二者的功能好比幻影一样,集体欲望在这里遭遇到了集体死亡。尼基尔,这位真理的追求者,预感到了这种殉道者的形象,殉道者必

---

① 显然,我对这个文本的阐释在相当大程度上与阿希·难迪(Ashi Nandy)不同,参阅 Ashi Nandy, *The Illegitimacy of Nationalism: Rabindranath Tagore & the Politics of Self* (Delhi: Oxford University Press, 1994)。难迪提出的理由是,泰戈尔笔下的女性象征着与传统之间那种真正的、没有阻碍的关系,因此,她们抵御着这样一种文化:从表面上看,它既回应了殖民主义,也回应了披着殖民主义外衣的不正当的民族主义。但在我看来,泰戈尔与传统和民族之间有一种更为复杂的关系,最明显的例子就是当毗玛拉坚持向尼基尔奉献她的敬拜时,尼基尔的那种失败感。有趣的是,塔尼克·萨尔迦尔(Tanika Sarkar)在她早期著作中对这个文本的解读显得略微有些贫乏,她发现这部小说做出了某种"政治妥协",发展出对这个文本更为微妙的解读方式。参阅 Tankia Sarkar, "Many Faces of Love: Country, Woman, and God in *The Home and the World*", *in Rabindranath Tagore's The Home and the World: A Critical Companion*, 27—45。家庭作为反抗殖民统治的某种内在圣所,它的位置在哪里? 近来,史学界对这个一般性问题给出了这样的解释:从逻辑史学的角度来看,这更像是一种男性的幻想。正如苏密特·古哈(Sumit Guha)指出的:"帕勒塔·查特吉(Partha Chatterjee)认为,印度民族主义者把家庭的内在空间建构成为一个带有民族特性的、神圣不可侵犯的圣所,因而,它是一个非常新奇的空间,而不是那种古老、原始的圣所。"见 Sumit Guha, "The Family Feud as a Political Resource in Enghteenth-Century India", in *Unfamiliar Relations: Family and History in South Asia*, ed. Indrani Chatterjee (New Brunswick, NJ: Rutgers University Press, 2004), 46—73, quotation from 47。

须以极不英勇的方式贡献自己，只有这样，放大了的神和魔鬼的形象才能有机会再度被人格化。我想，这就是泰戈尔交付给读者的任务——去聆听故事未完成的本质，而这个故事讲述的是传统和现代性事业之间的这场转换。

情 景 三

我想引出的第三个情景来自明都撰写的故事，名叫《打开》(*Khol Do*)，早在1986年我就曾分析过这个故事。[①] 小说的背景是印巴分治和集体大屠杀，虽然我们无法从中直接凝视到这场暴力。一位老父亲和他的女儿横穿边界旅行，到达目的地的时候，老父亲找不到自己的女儿了，发了疯似的到处找她。他撞上了几名年轻的志愿者，他们负责帮助那些蜂拥而至的难民寻找失踪的亲戚。老父亲告诉他们自己女儿的情况，恳求他们找到她。他们答应了。

当这几个年轻人找到莎奇娜(Sakina)时，这位老父亲的女儿藏在树林里，一副惊恐的样子。他们为了证实这就是莎奇娜，唤她父亲的名字，并且告诉她是她的父亲请求他们寻找她，并要把她安全地带回到他身边。莎奇娜跟着他们爬上了吉普车(因为我们假设她相信了这些年轻人的善意)。其中一个年轻人，看见莎奇娜因为没穿披肩(dupatta)而感到十分困窘不

---

① 参阅 Veena Das 和 Ashis Nandy, "Violence, Victimhood and the Language of Silence", in *The World and the World: Fantasy, Symbol, and Record*, ed. Veena Das (Delhi: Sage Publications, 1986)。小说原作出现在明都的作品《尼尔穆德的真主》(*Nimrud Ki Khudai*) (Delhi: Saqi Book Depot, 1990; first published in 1950)。阿洛克·帕拉(Alok Bhalla)把它的英译本收录到一部描写印巴分治的小说集当中。参阅 Alok Bhalla, ed. and trans., *Stories about the Partition of India*, vols. 1—3 (Delhi: Indus Publications, 1994)。虽然我十分欣赏帕拉为了能让更多的人读到这些小说所做出的不懈努力，但正如我在别处指出的，她对明都的这部作品的翻译仍然存在不少问题。参阅 Veena Das, "Review of: Stories about the Partition of India", *Seminar: Special Issue on Memories of Partition* 420 (1994): 56—58。

安，就把自己的夹克衫给了她，这样她就可以遮住自己的胸部。

接下来我们看到的是一间诊所。担架上一副将死的躯体被抬了进来。这位老父亲——萨拉吉乌因丁(Sarajjudin)，认出了这具尸体。这正是他的女儿。他麻木地跟着担架走进医生的办公室。屋里的空气闷热得让人窒息，医生指着窗子说道："Khol do——打开！""死尸"一动，两手移向裤带(salwar)，摸索着要解开(字面义：打开)它。老萨拉吉乌因丁高兴地大喊："我女儿还活着……我女儿还活着！"医生已经汗流浃背了。

正如我在1986年对这个故事所理解的那样，我认为这宣告了莎奇娜虽生犹死(a living death)。当莎奇娜只能听到"他者"命令的语词时，语言的常态已然被毁灭了。这种和语言断裂的关系在很多遭到长时间暴力的幸存者那里得到了证实，对他们而言，语言的日常形态把他们和其他世界分开。我注意到，甚至连莎奇娜的父亲也不能理解女儿陷入到的那个非世界(non-world)，因为他误认为身体的移动就是生命的征兆，而实际上这标示着她虽生犹死。我认为，只有故事中的次要人物——医生，才能表达出真正的恐惧。

深入思考这个故事之后，我想我那会儿尚未理解最后一个动作。当这位老父亲兴奋地喊出"我女儿还活着"的时候，他这么说并不是为了照本宣科地表述一种传统。这一时期的社会背景是，贞节和名誉的观念既深入到文学叙事中，也在家庭和政治叙事中流传开来，因此，父亲们让他们的女儿必须为了家族名誉而死，不能接受她们被其他男人糟蹋了的身体，正当女儿的身体宣告了她所遭遇的野蛮暴力，除此之外什么也不能做之时，这位老父亲却希望他的女儿还活着。

按《蓝皮书与棕皮书》中示例的术语来讲，可能有人会问，被侵害女性身体的痛苦能否存在于男性的身体中。那么，你可以在明都的小说中看到死亡和生命、身体和言语间的一种转换，它们就体现在女儿和父亲这两个角色上。至少，在父亲的言语中，女儿还活着，虽然她只能存在于父亲的言说中，但父亲用他的言说为女儿遭到损毁和侵害的自我找到了归宿。与这部作品相比，其他许多小说自称根据直接经验描写，这种经验最典型的主题是，一个女孩遭到强暴和侵害后，听到这样的话："怎么你还待在这儿？不如趁早死了好！"后来这个女孩找到了归亲的道路。正如我在别处指出的，这类拒绝或许并非像在叙事中出现的那样经常发生。然而，广泛传播类似的叙事和真理，导致人们为了维持家庭名誉和未被玷污的贞节，认为牺牲自己的女儿或妻子才是规范。这恰恰证明了这些小说的力量。在死亡无处不在的情况下，具备男性化气质意味着你能毫不含糊地让自己饱受蹂躏的女儿去死——消除让这类人成为实在的人的所有渴望，而这个人还曾经在你家的庭院里玩耍过。① 在这些小说的映衬下，老萨拉吉乌因丁吐露出来的喜悦，虽然只是单个的句子，却转变了作为一名父亲的意义。②

在泰戈尔的解读中，山谛普只能把自己建构成为语言的主体，并且这种语言是一种陈词滥调的语言。而在明都这里，"我的女儿还活着"这个句子就像维特根斯坦的"我感到了痛"。虽然从形式上看，这只是一个陈述句，但它哀求女儿找到一条道路，从而能在父亲的言语中安顿下来。并且，它的发生并没有让女儿的羞辱躲开世人的眼目，而是让她的身体把这一点宣告出来。这个句子是一种关系的开端，而非它的终点。

现在，我想透露一下稍后的论证。我曾谈到过哀悼工作中性别的劳动分工问题，男性的任务是用仪式为死去的人创造一副躯体，并为亡灵在宇宙间寻到一处居所。对于哀悼者而言，这总是一项极为艰巨的任务，它甚至可能会变得令人厌恶。比如，阿格教派（Aghori）的成员以火葬为生，他们声称，一旦出现某个人死于非命或暴力伤害，那么他们必须消灭一部分死尸，

① 参见我对一个男人口述的说明。他讲述了自己如何被迫地杀死自己最心爱的妹妹的故事，因为他想，死在暴徒手中对于妹妹而言也许太痛苦了。参阅 Veena Das, *Critical Events*。

② 画家纳里吉·马拉尼（Nalini Mallani）在他的作品中把明都的小说转化为强有力的艺术品，关于这一点可参阅 Ashish Rajadhyaksha, "Spilling Out: Nalaini Malkani's Recent Video Installations", *Third Text 17*, no. 1 (2003)。萨哈尔·杰拉尔（Sahar Jalal），微缩画画家，他曾经用一幅绝妙的微缩画展现了明都的作品。

只有这样才能让死去的人摆脱掉变成无家之鬼的命运。[1] 令我讶异的是，萨拉吉乌因丁是否也履行了这项恐怖的任务，承担起与女儿之间这种扭曲的关系，其他父亲可能会把这样的女儿视为社会死亡，从而彻底将她抛弃。简单化的治疗图景设想将创伤或是欲望从遗失的对象中复生，同时，再把这一对象投注到别处，与此相反，我们需要把治疗看成是一种与死亡的关系。

在哀悼中栖居于世

纳迪亚·西里莫塔吉斯（Nadia Seremetakis）曾就交互轮唱（antiphony）的伦理意义提出过一个强有力的观点，用于描述希腊哀悼仪式的结构。她指出声音、语言和身体定位之间的交互作用，并说明这种交互作用如何赋予一种"好的死"一个公共定义，并把它与"坏的死"区分开来。"死亡之音包含在'尖叫'、恸哭、在场或者说亲属关系的'表象（fanerosi）'中，它建构了'好的死'。"无声之死是不合群的"坏的死"，缺少亲属关系的支撑："无声在这里暗示着对不在场的见证。"[2]因此，女性的特殊角色就是"见证"死亡，

---

① 参阅 Jonathan Party, "The Aghori Ascetics of Benares", in *India Religions*, ed. Richard Burghart 和 Audrey Cantlie (London: Curzon Press, 1985), 51—78。在对这篇论文的评述中，A. 皮亚托高尔基（A. Piatogorsky）提出了对阿格教派的分析，他认为，死亡本身是宗教意识关注的焦点。这一教派根据构成宇宙的三种不同的要素来实施仪式、展开冥想，一种要素是自然死亡或适时性死亡；一种要素是非自然死亡或非适时性死亡；最后一种要素永远存在，就好像它已经死了，因而也就存在于死亡之中。A. Piatogorsky, "Some Phenomenological Observations on the Study of Indian Religion", in *Indian Religious*, 208—258。我发现这个评论意义深远，它考虑到了非自然死亡或非适时性死亡，同时，生者从某种程度上要为这样的死负责，而他们采取的方式比起所谓的创伤理论更难被概念化。与此相反，对于阿格教派而言，问题似乎在于，他们作为死亡专家如何能吸收非适时性死亡的残留物和毒素，或许正因为如此他们才保护了子孙后代。

② C. Nadia Seremetakis, *The Last Word: Women, Death and Divination in Inner Mani* (Chicago: University of Chicago Press, 1991), 101.

并把“无声”转化成言语。[1] 西里莫塔吉斯抛出的问题似乎滑向了这样一个假设:问题恰在于身体死亡。

当女性遭到绑架、强奸并被处以社会死亡时,哀悼工作是如何进行的呢? 在这种情况下,经典仪式的解决方案是,社会身体完全与被玷污的个体剥离开来。这种象征性死亡被客观化了,通过为“死者”表演象征性的哀悼而使这种死亡显现出来,这类仪式程序有摔瓦罐等,其中,瓦罐代表了那个已经社会性死亡,但身体还活着的人。这种感情潜藏在我先前描述过的故事中:男性亲属拒绝接受遭到绑架或强暴的女性,或者说,男性用一种义务来诠释他们的亲属关系责任,这种义务就是要杀死他们心爱的姊妹或妻子,而绝不允许她落入其他共同体男人手中。据说,这种受到强暴或拒绝的女性占据着两种死亡之间的地带,而不是在生命与死亡之间。让我们回顾一下日常生活中的哀悼,当它出现在“正常”死亡的情况下是什么样子,并且探寻这样一个问题:我们能否利用文化编码来表现我所描述的那种社会死亡。将这些“坏的死”转化为“好的死”似乎不是一件简单的事。

我在早期的一篇论文中曾描述过,在旁遮普家庭中,男女之间、职业哀悼者和近亲之间,以及本家和姻亲之间的劳动分工赋予了哀悼工作一种结构。[2] 正是通过职业哀悼者(通常是一些女性,她们在死亡仪式中扮演着特殊的角色)表演的仪式,悲伤才得以在某种肖像形式中客观化。我们可以

① 也可参阅 Charles L. Briggs, “Personal Sentiments and Polyphonic Voices in Warao Women's Ritual Wailing: Music and Poetics in a Collective Discourse”, *American Anthropologist* 95, no. 4 (2003): 929—957。关于葬礼挽歌及其与生命和死亡之间的关联,想了解更为精细的分析,可参阅 Stefania Pandolfo, *Impasse of the Angels: Scenes from a Moroccan Space of Memory* (Chicago: University of Chicago Press, 1997)。也可参阅 Lila Abu-Lughod, “Islam and the Gendered Discourse of Death”, *International Journal of Middle East Studies* 25, no. 2 (1993):187—205。

② 参阅 Veena Das, “The Work of Mourning: Death in a Punjabi Family”, in *The Cultural Transition: Human Experience and Social Transformation in the Third World*, ed. Merry I. White and Susan Pollock (London: Routeledge & Kegan Paul, 1986),179—210。

从一些叙述中收集到各式各样对死亡仪式的描写：女人们围着尸体绕成一个圆圈并且旋转移动，她们在整个过程中都要捶打前胸，折磨自己的身体。她们在这种“悲伤”的狂乱中撕扯自己的衣服和头发，为了让现存的迷失者现身说话，她们即兴吟诵各类哀悼挽歌。她们还引领其他女人的哀悼挽歌，而这些女人是与死者关系亲近的人。这些挽歌清楚地表达了这份损失对每个人的意义，现在他们却失去了她（他）。这番陈词既是针对亡者和活着的人，也是针对他们的身体和众神。我从民族志中简要摘录了每种陈词，示例如下：

（对死去的儿子）——睁开你的双眼吧，就一次也好，我心爱的宝贝（mere lal）！——你从未留恋我对你的请求！

（对那些要把她丈夫的尸体抬往火葬场的男人们）——别让火碰到他——我双手交叉，站在你们面前——他根本受不了这番灼热。

（对自己的身体）——难道你是石头做的吗？看到这场不幸竟然无动于衷！

（对家族女神，指出这样一个事实：女神是个处女；丧失儿子的母亲指明了这一点）——你自称是位女神——你只不过是嫉妒我儿媳妇（babu）运气好——你不得不把她变成一个寡妇，因为你自己根本就找不到丈夫——你自称为女神——其实是个女魔！

我可以举出更多类似的哀悼挽歌的例子，这种貌似于渎神的陈词，表现出女性对神**只是**一种存在这样的观念大为光火，她们觉得神麻木不仁、小心眼儿，玩弄凡人的幸福于股掌间。她们对自己的身体光火，因为这身体在面对悲剧时只能内在地忍受痛苦，却不能分崩离析。然而，因为这种哀悼挽歌也包含着对话体成分，所以其他女人很快就开始打断这场对话：为了能使生活延续下去，她们劝慰那些深受打击的哀悼者，并向他们保证，整个共同体都会全力以赴支持他们。“悲伤”并没有被看成是一种可以随着时间流逝的东西，相反，它代表一种转喻的经验，是身体痛苦的体验，女性的身体将永远内在地承载这些痛苦。身体和语言之间建立起一种模拟（mimesis），但它只有通过集体工作才能发挥作用,而不是发生在个体象征层面。洛林·丹佛斯(Loring Danforth)[1]曾记录过一首希腊农村地区的哀悼挽歌,它与旁遮普家庭的哀悼挽歌具有相同的语法结构:

> 我的孩子,我将如何安置自己因你而感到的痛苦(ponos)?
> 如果我把它扔在街边,路人会拾起它。
> 如果我把它投到树上,小鸟会叼走它。
> 我把它深藏在心底,
> 只有这样,它才不会误入迷途,
> 当我前行时,它引发了我的隐痛,
> 当我驻足时,它给我致命的一击。

由此可见,从某种意义上讲,身体上的“悲伤”不仅在表层和深层上,也在语言内部被客观化,而语言见证了死者带来的损失。按照西里莫塔吉斯的说法,正是这种见证能使死亡的表演公开化,它甚至能把一种“坏的死”转变为“好的死”。根据我的经验,如何通过见证行为来定义“好的死”和“坏的死”,这是一个颇为复杂的问题,稍后我将回到这个问题上来。

在哀悼挽歌中,女性展现出语言过剩,她们的身体戏剧化地遭受伤害,这一切与男性行为形成巨大反差。凭借对言语的控制,男性在日常生活中统治着公共领域,但是,在死亡的情形中,他们好像变得缄默无声了。尸体盛殓在房屋时,所有的准备工作,包括为死者的遗体洗浴穿戴,都是由女性完成的。她们紧紧抱住遗体,哀求死者不要弃她们而去。男人们则只好从

---

① Loring Danforth, *The Death Rituals of Rural Greece* (Princeton: Princeton University Press, 1982)。这并不意味着西里莫塔吉斯和丹佛斯两人使用的理论框架之间有任何潜在的相似性。也可参阅 Margaret Alexiou, “Reappropriating Greek Sacrifice: Homo Recans or Anthropos Thysiazon?” *Journal of Modern Greek Studies* 8 (1990):97—123。想了解对这些仪式结构更为详细的分析,以及它们如何利用种性和亲属类别,参阅 Veena Das, *Structure and Cognition: Aspects of Hindu Caste and Ritual* (Delhi: Oxford University Press, 1997)中的第五章,以及我的论文《哀悼工作》(*The Work of Mourning*)。

哭哭啼啼的女人堆中把尸体拽出来，用肩膀扛起它，走向火葬的石阶，并在亡者身上点燃圣火。他们在第四天的时候收捡尸骨，并表演一场仪式，把这些尸骨浸没在圣河之中。死者在这段时间内，大约10—13天左右，以幽灵之形徘徊在生死之间，主哀悼者（一般是丈夫或儿子）为死者举行仪式，正是通过仪式创造出来的身体的禀赋，游魂才最终变成祖先。因此，如果说女性担负的任务是见证死亡带来的悲伤和损失（否则人们会说死去的是一只狗或者猫。一位妇女曾这么跟我说），那么，男性则必须用仪式创造出这一切条件，让死者找到归宿。

女性的见证定义了“好的死”，因此，悲伤才能游移于身体和言语之间，但是，如果能够公开讲出这种“好的死”，并且为死者表演的仪式也使他们不再游荡于生者的世界中，那么，“坏的死”又如何呈现出来呢？西里莫塔吉斯系统地阐述了这一点，她说，所谓“坏的死”是指未被见证的、无亲无戚的死，她还给出了一些生动的例子来说明女性的言语如何把这种“坏的死”转变为“好的死”。根据我的经验，女性的言语和她们的沉默之间的关系非常复杂，它包含着这样一个问题，即何谓“坏的死”的行为。从某种意义上讲，除老年人的死亡之外，每种死亡都在个人生活和社会生活中引入了无序状态。但是，在日常生活的流变中，人们常常认为“坏的死”是由事件引发的，并且这些事件超出了由生者构成的共同体的控制范围。的确，哀悼仪式潜藏着张力：免除生者为死者担负的责任。如果一个女人死在丈夫家中，人们就要在尸体被火葬之前尽快联系到她的本家，只有这样，她的亲戚们才恰好能为她哀悼，同时，也确保了他们不会怀疑娘家人不周或心怀恶意。如果一个男人死了，哀悼挽歌在这种情况下就要证明寡妇恪守妇道，只有这样她才不会因丈夫的死而自责。各种哀悼挽歌通常都反复吟唱着引起死亡的表面原因（比如，某种特殊的疾病）只不过是死亡为了做好它分内的事而谎称的托词。当然，如果死亡被视为由他人行为有意导致的，那么，哀悼仪式就会弥漫着一种巨大的张力，也就是说，在整个哀悼挽歌的控制范围内，如何为这种情形定义。[①]

当男性暴力打破正常的生活流变时，一切都发生了翻天覆地的变化。在这种情况下，女性就要建构一种新的言语和沉默来见证这种无序状态。一位妇女跟我回忆起这样一首哀悼挽歌，它见证了英国与锡克教的战争中，锡克教徒战败后落入英军之手的情形：

媳妇花冠高耸——
母亲裙裾飘逸——
兄长呵护着喜气洋洋的姊妹——
顷刻间，这一切灰飞烟灭——
噢，只见那白衣战士飞跃重洋！

她接着说，虽然一切灰飞烟灭，但女人仍然可以悲叹哀诉，因为她们的男人在战场上死得轰轰烈烈。这些男人是作为丈夫、儿子和兄弟而死的。但是对于所有在印巴分治时期死去的男人们来说，留给她们的只有沉默。因为对那些女人施暴的男人不只是陌生男人，也是被这些女人了解并深爱着的男人。[②] 我将在下一部分引出有关这种说法的细节。在此我想做一点引申，因为从这些女性那里得不到对这类说法的相关解释。

---

① 哀悼挽歌怎样表达某些抱怨，从而打破权力强加给人的沉默，想了解对这一问题更精细的阐述可参阅 James M. Wilce, "The Pragmatics of 'Madness': Performance Analysis of a Bangladeshi Women's 'Aberrant' Lament", *Culture, Medicine and Psychiatry* 22, no. 1 (1998):1—54。玛格丽特·特拉威克·埃格莫尔(Margaret Trawick Egmore)曾就体裁和声音之间的关系写过一篇经典的论文，这篇文章仍然是有关这一论题最重要的文献之一。参阅 Margaret Trawick Egmore, "Internal Iconicity in Paraiyar Crying Songs", *in Another Harmony: New Essays on the Folklore of India*, ed. S. H. Blackburn 和 A. K. Ramanujan (Delhi: Oxford University Press, 1986), 294—344。

② 参阅 Veena Das, "Composition of the Personal Voice: Violence and Megration", *Studies in History* 7, no. 1 (1991): 65—77。

引　申

文学常把印巴分裂暴力想象为刻在女性身体上的欲望,但它所采用的方式我们还尚未理解。在印度神话想象中,战争的胜败最终雕刻在女性的身体上。很多印度文学经典文本都曾描写过“哭喊”(vilap),比如,《摩诃婆罗多》中的甘陀利(Gandhari)或《罗摩衍那》中的曼度陀哩(Mandodari)唱出的哀悼挽歌,以及所有在史诗战争中痛失亲人的人。[①]“见证”在日常生活的死亡中扮演的角色是一种隐喻的转换。

印巴分治暴力在转型过程中是独一无二的,它实现了这样两种观念——民族是一种特殊的领地(territory),而女性的身体是另一种特殊的领地——之间的转换。正如先前看到的那样,我们可以从泰戈尔的看法中找到对上述观念的预示:他指出了一个夸大了的民族形象,这个形象从被放大的性形象中汲取能量。然而,性形象及其与民族主义事业的暧昧关系不仅在印度人的想象中形成了一套谱系,而且,它也是重要的叙事修辞,表现了帝国建设事业中发生的暴力侵害。1857年,当第一次大规模反英叛乱爆发时,一名白人妇女惨遭野蛮的印度士兵蹂躏,她的清白形象作为一种重要的叙事修辞,建构了本地人的野蛮特征。珍妮·夏普(Jenny Sharp)曾经分析过这些无助的妇女和儿童形象,那些狡猾的印度兵为了确立“反叛”的“真理性”,把他们砍成碎片。夏普这样说道:“委员和长官们授命调查谣言的起因,他们没有发现任何证据,来证实在坎普尔(Cawnpore)或其他地区发生了有计划、有步骤地强奸、袭击和严刑逼供等事件。官方报告虽然姗姗来迟,却汇报了各种各样它‘搜罗’来的耸人听闻的故事。叛乱者被当做施虐的恶魔。特别是纳那·萨希布(Nana Sahib),报告诋毁他猥亵英国妇女,犯下不可饶恕的罪行。巴尔(Barr)显示出对坎普尔大屠杀预见性的理解,她

① Das, “Narrativizing the Male and the Female in Tulasidas's Ramacharitamanasa”.

写道，‘那是维多利亚时代最令人尊敬的成就之一，而现在这些英国贵妇惨遭屠杀、蹂躏和侮蔑’。报道称这次对英国妇女的大屠杀摧毁了某种制度，由此我们知道，英国妇女的神圣形象比女人生活纪事流传得更为长久。”①

由此可见，我们有两条交织在一起的线索。第一，印度经典文学有这样一种理念：女人必须担当起见证死亡的任务，而且，日常生活把它转换成另一种观念，即女人的身体应当承载着这样的标记——记录下敌人的占有。第二条线索似乎来自叛乱发生时建构起来的某种叙事修辞，它将对民族的强暴等同于对这个民族的女性的强暴。大骚乱期间，民族主义者的口号烙在了女性的私处——虽然这类发指的暴行故事普遍为人们相信，但事实是否如此我们却不得而知。② 1949 年立宪会议辩论期间，立法院就曾出示过几组数据证明，确有为数众多的妇女被绑架并被强奸。另外，可以肯定的是，在阿姆利则和拉合尔等市，大批女性被剥光衣服，组成队列，旁边是奚落嘲讽她们的人群。家族叙事虽然缺乏具体说明，但它越来越丰富了这样的说法，即男人为了挽救他们的名誉，不得不杀死自己的女人。虽然家族叙事宣布这种牺牲能够得到赐福，然而，那些从绑架者手中找回来并返回家园的女性，或者是那些皈依了其他宗教，并在绑架者家里开始新生活的女性，虽然频繁出现在文学描述中，但她们几乎不可能在家族叙事中找到位置。

如果说，女性的身体以这种方式消极地见证了印巴分治的无序状态，那么女性以何种方式为迷失的自我和世界哀悼呢？值得注意的问题是，我们发现身体和语言之间的转换出现了惊人的逆转。在正常的哀悼程序中，女

① Jenny Sharp, Allegories of Empire: *The Figure of Woman in the Colonial Text* (Minneapolis: University of Minnesota Press, 1993), 64.

② 我在这里谈到的是一幅让人刻骨铭心的图景，艾哈迈德·阿巴斯大师（Ahmad Abbas），这位乌尔都语作家谈到女性遭遇的暴行时曾描述过它。“那些英国人是不是跟我们咬耳朵说，无论你找来哪个印度教徒，你都可以砍掉他的脑袋；无论你找来哪个穆斯林，你都可以把刀插进他的肚子？那些英国人是不是还教给我们，可以在光天化日之下对信仰其他宗教的女性行恶施暴的艺术？他们是不是还教会我们往巴基斯坦人和必胜的印度人（Jai Hind）的胸脯上刺青，往女人的私处上刺青？”Khwaja Ahmad Abbas, “Prastavna”, in *Ramanad Sagar*, *Aur Insan Mar Gaya* (Delhi: Rajkamal Prakashan, 1977), 原文是印地语，上文是我的翻译。

人残忍地对自己的身体施加伤害，直到这种声音和语言编码能够通过哀悼挽歌使损失显现出来。当我请求这些女人讲述她们在印巴分治时期的那些经历时，我发现围绕这次事件出现了一个沉默地带。概括性和隐喻性语言的运用，实现了这种沉默，但它回避了对任何事件进行详细描述，以免暴露她们的特殊经历；除此之外，这些女人也回避描述事件的要害，不去讲述她们遭到绑架和强奸的实际经历，从而实现这种沉默。用“血流成河”、“横尸遍野”这样的词汇描述印巴分治暴力十分常见。有时，一个女人回忆起了逃亡的图景，但她马上又警告我说，这种回忆很危险。这种回忆有时被比作毒药，它可以使女人的内在消解，就好像固体消融在腐蚀液中一样（andarhi andar ghul ja rahi hai）。有时，一个女人可能又会说自己就好像一本被废弃的记账簿，那上面还保留着对过往一切关系的清算。虽然隐喻可以用来描述贮藏有毒知识的自我，但无论如何，这些女人并不使用任何这样的隐喻来强调表达这种隐匿知识的必要性。相反，承纳这种隐匿知识的是表达知识本身。

经过军事疏散组的努力，这些女性从绑架者的家庭，或是从那些为延续正常的亲属关系和姻亲关系而嫁过去的家庭（因为对她们身体的强暴从未被公开），返回到自己的家庭以后，这种沉默的编码保护了她们。这些女人并没有担负起见证她们所臣服的无序状态的任务，相反，她们所使用的隐喻是指，一个女人饮下这杯毒药，然后把它藏在自己体内：“之所以造出女人的身体，就是为了使她能够隐瞒丈夫的错误，如今这种错误深藏在她的体内，所以，她能饮下所有痛苦——呈现出一副沉默的姿态。”正如一个女人向里度·梅农和卡姆拉·帕辛讲述的那样：“女人是什么？她永远是被利用的！”[①]她或者这样跟我说：“女人的身体里有什么值得骄傲的呢？它因为每天被消耗而被玷污了。”日常生活表述中的身体逐渐变为容器式的身体，承纳着有关印巴分治事件的有毒知识，这种转换或许帮助了这些女性把她们的经验吸收进日常生活中。

这里，见证行为使言语和沉默之间的关系发生了逆转，这种逆转同样发生在身体的表层和深层之间的关系上。男人要么幻想民族主义者的口号已

---

① Menon and Bhasin, *Borders and Boundaries*.

经印刻在女人的身体上(胜利属于印度!巴基斯坦万岁!),要么声称自己占有了女人的身体(这些东西,这些——战利品(ye mal)是我们的!)。他们的幻想或许创造了某种远景记忆,让敌对共同体的男人永远记住:女人好比领地,他们这些男人有权对这些女人提出要求,并且已经占领了她们。女人的身体好比文本的表面,写满了拿来阅读的新民族偶像。然而,女人把消极的涂写转化为行动,她们使用的隐喻好似"怀孕"——隐藏起痛苦,赋予它归所,就像用自己的身体给婴孩找到了一个家。朱利亚·克里斯蒂娃(Julia Kristeva)对怀孕(虽然我没有亲眼见过)的形容也可以用来描述这种暴力。① 但是,只有经过身体这一环节,记忆的结果才能使这些女人的亲身经验从身体表面深入到体内。这一点与诞生出来的孩子不同,女人可以把婴孩呈献给丈夫,但是,却不能表露出对痛苦的内在守持。同时,这种由表至里的运动也将消极转化为行动。

再回到明都的作品,他为这种贮藏有毒知识的身体赋予了文学化的表达。在小说《流苏》(*Fundanen*, *Tassels*)②中,一个女人坐在镜子前,她说话

---

① "就好像一个他者嫁接在身体中,它不屈不挠地生长着。在这个二元的,同时也是异己的空间中,没有出现任何人来见证所发生的一切。'这一切发生的时候我并不在。''我没有意识到究竟发生了什么。''为母之道不可能是个三段论推理。'"Julia Kristeva, "Motherhood according to Giovanni Bellini", in Julia Dristeva, *Desire in Language*: *A Semiotic Approach in Literature and Art*, tran. Thomas Gora, Alice Jardine and Leon S. Roudize (New York: Columbia University Press, 1980; first published 1977):237—271, quotation from 237。

② 虽然我以前曾把 fundanen 这个词不太雅致地翻为"丝绒球"(pompons),但这里我采用了琳达·温庭克(Linda Wentink)的译法,将它译为流苏(tassels)。温庭克的译法见于 *Journalof South Asian Literature* 20, no. 2 (1985):107—112。关于文学和追忆存在的一些问题,夏希·觉希(Shashi Joshi)给出了一个非常有趣的讨论,"The World of Sa'adat Hasan Manto", *Annual of Urdu Studies* Ⅱ (2001): 141—153, 也可从如下网址获取:www. urdustudies. com/pdf/Ⅱ/13world. pdf。虽然在觉希的阐述中,大屠杀原型带来了震撼人心的影响,但是她的分析减弱了女主人公"打开"这一动作所具有的特殊力量。迈克尔·耀赫(Michael Jauch)对叙事中的这个要点作了精微的解读。参阅"Witnessing Violence: Perspectives on Sa'adat Hasan Manto's 'Khol Do' and Rajinder Sigh Bedi's 'Lajvanti'", Annual of Urdu Studies 13 (2003): 189—202, 也可从如下网址获取:www. urdustudies. com/pdf/13/15jaunchwitness. pdf。

时完全语无伦次，好像创作韵文或乐谱时使用了一串不和谐的音节，它的语音学属性与戏剧化或音乐化表达类似。散布在这些只言片语中的音节是些富有意义的语句，表达着精确的信息，比如这个女人穿越边境时搭乘哪路公共汽车等。这个女人在自己的身体上画下许多奇形怪状的图案，只有坐在镜子前面时才露出它们。她说自己设计的这副身体颇合时宜，她讲述道，在那些日子里，女人们好像都长出了两个胃，其中一个是正常的胃，她们用第二个胃消化暴力在体内酿成的苦果。言语和身体的扭曲似乎具有更深的意义。痛苦的语言只是一种歇斯底里——身体的表面展示出各种图像，而身体的内部则孕育了歇斯底里——这种语言包含了所有过剩的歇斯底里语音，从而毁掉了表象意义。在泰戈尔那里，当毗玛拉对山谛普能否从她身上看到民族的力量这件事感到惊异时，她似乎预示了明都那里的女人形象，从明都笔下的女人身上我们看到，他借用某种超现实主义手法将民族和女人的形象并置在一起，彰显出民族事业。

因此，如果说男性从殖民征服下挣脱出来，成为一个独立民族的自治公民时，那么，他们同时也变成了一头一头怪兽。为了能给这些游魂在宇宙中找到一个位置，应该表演什么样的死亡仪式呢？因提萨尔·侯赛因(Intizar Hussain)在他的小说《悲情城市》(*The City of Sorrow*)中谈到了这个问题，小说描述了三个无名男人之间的一场对话。故事以第一个男人的讲述开始："我无话可说。我死了"。小说随着他垂死的过程逐渐展开了了一场对话。当他阻止另一个男人拿着剑威逼他的妹妹剥去衣裳，这个男人死了吗？不，他还活着。当他看到同样是这个男人，强迫另一个老人剥去自己妻子衣服的时候，他死了吗？不，他还活着。那么，当他强迫自己的妹妹剥去衣裳时呢？他仍然还活着。只有当父亲凝视着他的脸，死去的时候，他从妻子的声音里听到了这个问题："你难道不知道吗？死的人是你呀！"这时他才意识到自己死了。然而，他被判处无论走到哪里，都要背负自己的尸身。

对我而言，正像女人饮下痛苦才能继续生活，男人因殉难才能获得永生，这样的男人可以邀请恶魔回到自己体内，从而把高大、模糊的民族形象和性形象人格化。然而，并非政治话语才能实现这一点。立宪会议有关被绑架妇女问题的辩论,充满了被修复起来的民族名誉的意象,通过找回那些被敌对方绑架的女性,并把"自己"的女人送回到穆斯林家庭,这种民族名誉得以恢复。圣雄甘地在《德里日记》同一页上记录下交换女人和交换战俘这两个问题,他写到,令他痛心的是,很多男性印度教徒不情愿归还这些女性穆斯林。他敦促他们尽快行事,以此悔改。尼赫鲁力劝男性印度教接纳这些返乡女人,不要因为绑架她们的人的罪而惩罚她们。在这场双边交换妇女的话语中,一旦这个民族要求归还自己的女人,那么,它便恢复了自己的名誉。这好比你把一块记事板抹得干干净净,将那些可怕的事一股脑抛在身后。

正是在这套意象的语域中形成了这样一个问题:对于那些占据着这一既无法言说,又不予听闻的地带的人来说,什么构成了她们的激情?这个地带介于由女人所占据的两种死亡之间,但它不许她们说话。试想一下,她们又能用什么"正确"的语词来谴责在她们身上犯下的那些大错呢?因而,明都笔下的莎奇娜默默地重复着一个姿势——尸体的运动(murde main kuch jumbish hui),从而把这个社会最可怕的真相宣讲出来。男人的任务就是要聆听这种沉默并观看这样的姿势,根据它们的表现把它们塑造成别的东西。所以,老父亲会高兴地叫喊着女儿还活着。这样的"生"介于两种死亡之间,见证了女性遭到强暴的真相,并且,处于两种死亡之间地带的哀悼才可以定义这种"生"。因而,这不是一个安提戈涅式的问题——为了哀悼死去的兄长而藐视克瑞翁的法律,宣称一个人既然被赋予了姓名,就要得到保护。正如拉康在对《安提戈涅》经典章节的阐释中向我们证明的那样,安提戈涅并非为了丈夫或孩子而死,而是说这关系到她同父同母所生的兄长(罪恶的欲望和知识的产物)。[①] 然而这里的问题是,女人饮下有毒的知识,男人用自己的语词塑造了女人的沉默。真理在这里不是拉康意义上的"美

---

① Jacques Lacan, "The Splendor of Antigone", in *The Ethics of Psychoanalysis: The Seminars of Jacques Lacan, Book VII*, ed. Jacques-Allan Miller, trans. Russell Grigg (New York: W. W. Norton, 1997), 7, 243—257.

之封笺(the envelop of beauty)”,而是要弃绝“美”,就像泰戈尔笔下的尼基尔后来所指出的那样。

人们常常以为,应该用史料打破这种宣布了禁忌地带的沉默。甚至,能使这些女人说话,并让她们出声的做法多少也会带有某种英雄形象的意味。我自己就发现这是一项非常复杂的任务,因为当我们使用类似的意象来打破沉默时,我们“打破沙锅问到底”的能力就像一柄利剑,很可能使这一切戛然而止。除非我们发现,由一种文化演化而来的语言与痛苦之间的关系,否则,即便我们意识到了这些叙事是不能被说出来的,我们那种自认为应该恢复暴力叙事的想法甚至也会引发大问题。我发现,考虑到男人和女人在哀悼工作中的劳动分工极为重要,通过这个模型才可以深入思考痛苦、语言和身体之间的关联。顺着维特根斯坦的思路来看,这种将痛苦之谜概念化的方式使我们从这样一些表述中解放出来,即,痛苦是指:对我们自己或他人的痛苦表示确定或怀疑。换句话说,我们开始把痛苦思考为“承认”(acknowledgment)和“认可”(recognition);否认他人的痛苦不是理智的失败,而是精神的失败。在意象的语域中,他者的痛苦不仅要在语言,也要在身体中找到归宿。[1]

彼岸和此岸并非浑然相接,暴力和悲伤在这里交汇,即便如此,如果我们能记住:言说和聆听之间存在着复杂的关系;创建一个生者能与他们的损失共存的世界,与创建一个亡者能找到归宿的世界之间也存在着复杂的关系,那么,只要当我们从此岸移换到彼岸时,我们便能理解这一过程中发生

---

① 阿米尔·R·穆夫蒂(Amir R. Mufti)指出了极为精妙的一点:在费兹·艾哈迈德·费兹(Faiz Ahmad Faiz)(巴基斯坦诗人,他的诗在边境两岸广为传颂)的抒情诗中,像 watan 或 quam(民族,人民)这样的术语没有直接的指涉。穆夫蒂这样写道:“甚至可以这样讲,在 Faiz 的语境中,谈到 watan 和 quam 这两个词是为了在面对它们所指涉的那个对象时有意保持沉默……换句话说,究竟何处是诗人的家呢”? Aamir R. Mufti, “Towards a Lyric History of India,” *Boundary* 31, no. 2 (2004): 245—274。穆夫蒂也提出了这样的观点:在这首诗中,与心爱的人离别的主题塑造了集体自我这一形态。与历史学家比起来,穆夫蒂对印巴分治时期民族观的介绍,提出了更为复杂的诠释。

的微妙转换。令我焦虑的是,当印度自治公民在诞生的同时又变成了怪兽,那么,我无法为已死的东西命名。然而,我只是想提醒自己和那些试图为之命名的人,比如明都等人——他们已经触碰到了疯狂,并为转型中的印度迷失了的激昂梦想抱憾而死。此外,我也要提醒那些在立宪会议政治辩论上,就被绑架妇女一事大放厥词的人,他们在处理暴力问题时,还在大谈特谈民族名誉。事实上,自印巴分治以来,这些女人在每次集体骚乱中都不得不忍受着这样的暴力。

四

见证行为：暴力、性别和主体性

最近，很多主体性理论研究成果都认为，成为主体的经验总是以某些重要的方式与屈服的经验相连。[1] 正如我们已经看到的那样，印刻在女性身体上的暴力（无论从字面意义上，还是比喻意义上），以及围绕这些暴力形成的论证形式，使这个民族把自己想象为一个**男性化**民族。这一切对于女性的主体性意味着什么呢？我们要问的是：种族暴力或集体暴力如何通过如强奸等特殊的暴力性行为显现出来？此外，我们还要问的是：女性如何担负起这些有害的暴力印记，并且通过家庭生活、仪式化以及重述来重新安置这些印记？我以前就曾主张，通过这些论证形式，民族国家把一种独特的主

---

① 参阅 Judith Bulter, *The Psychic Life of Power*: *Theories in Subjection* (Standford: Standford University Press, 1997)，和 J. Mohanty, "The Status of the Subject in Foucault", in *Foucault and the Critique of Institutions*, ed. John Caputo and Mark Young (University Park: Pennsylvania State University Press, 1993)。

体性类型强加给这些女性,视其为强奸和绑架的受害者。虽然这些女性自身的主体位置(subject positions)形式深陷在这些结构当中,但是它们并不完全由这些结构决定。前篇已经指出,女性将她们的话语集中于哀悼和挽歌这两种体裁,由此讲出自己的经验,而这两种体裁已经为她们在哀悼文化工作中指定了位置,然而,这些女人既是在这些体裁**之中**,又是在这些体裁**之外**讲述暴力和痛苦。通过身体和语言之间的转换,她们既能说出(voice),又能**展示**(show)出自己遭遇到的伤害,此外,她们还见证了那场对整个社会结构的伤害——这个伤害恰恰涉及了如下观念:在这个世界上,不同群体栖居在一起。

我想在这一章中考察一点,见证暴力的意义是为了证明关系的终止。[①]在西方文学的想象中,安提戈涅作为见证者,她的形象提供了一种神话基础,考察了这样一个问题:良知根据各种处境,在女性当中寻求某种声音。众所周知,黑格尔洞察到了这个故事蕴涵的结构冲突。在他看来,克瑞翁反对安提戈涅,其实是一种法律原则反对另一种法律原则,即国家法律和家庭法律之间的对抗。[②]"这里,国家的公共法律和那种对兄弟出于天性的家庭

① 有些人类学家提出这样一个问题:能否用分析的方法来使用"见证"(witnessing)这一概念,以此作为写作的起点?他们论证说,这一概念有很强的基督教色彩,人类学研究使用这一概念不太合适,甚至这是一个颇让人怀疑的概念范畴。我觉得这一观点过于苛刻,仿佛其他文化(如,伊斯兰教和印度教)就没有"见证"这一概念似的。首先,"见证"这一概念在这些宗教中具有不同的意思,如,伊斯兰教的"见证"(shahadat);印度教虔信派(Bhakti)传统中的见证(sakshi)和见证者(sakhi)之间的关系。在任何一种情况下,使用一个概念都是合理的,因为它原初的意义位于彼此相关的话语中,如宗教话语和科学话语,否则我们要指明这一概念给描述造成的具体影响。在我看来,这里使用"见证"这一概念并非为了证明面对被损毁的身体时所持的信仰,而是为了证明生命的创造性。这并不是说其他见证概念,如纳粹集中营使用的那些概念绝对没有力量。特别参阅 Giogio Agamben, *Remnants of Auschwitz: The Witness and the Archive*, trans. Daniel Heller-Roazen (New York: Zone Books, 1999)。然而,并非所有暴力和记忆形式都可以用这一模型来分析。

② George W. F. Hegel, *The Philosophy of Fine Art*, vol. 2, trans. F. P. B. Osmaston (London: G. Bell & Sons, 1920).

之爱与责任,二者构成冲突。作为一个女人,安提戈涅可悲地被家庭利益支配着,而克瑞翁,作为一个男人,则被共同体的福祉支配着。波吕涅克斯与他父亲的城邦陷入战争中,阵亡于忒拜城前,因此,克瑞翁登基称王,他向天下昭示,任何人如胆敢埋葬城邦的敌人,则要面临被处死的危险。然而,安提戈涅拒绝接受这项命令,因为它只考虑到公众的福利,却限制了她向兄长虔诚地奉献,安提戈涅作为妹妹,实现了她安葬亲人的神圣职责。"①

如果我们顺着黑格尔的思路来考察构成这场戏剧的对白,除了这两种话语之间的冲突以外,我们也很难在这部悲剧中再找到其他寓意了。相反,拉康则要求我们转移注意力,不要盯着《安提戈涅》的**悲剧背景**不放。② 在这一背景下,由安提戈涅占据的那个地带,它的本质是什么? 根据不同情境,拉康把它阐释为界限(limit)、发生在两种死亡之间的事件,以及死亡与生命的交汇点。安提戈涅之死这一场景正是在这一特殊地带上演,只有通过这个地带才能说出那个特定的真理。

拉康反对黑格尔的解释,黑格尔认为克瑞翁反对安提戈涅,其实是一种法律原则反对另一种法律原则。而拉康则与此相反,他更同情克瑞翁的观点——打击波吕涅克斯,克瑞翁早已超越了界限。拉康觉得问题不在于一种法律对抗另一种法律,而是说,克瑞翁的法律能否容纳一切,包括为死者举行葬礼。在拉康看来,这绝不是一种权利对抗另一种权利的问题,而是对抗其他一切不便命名的事情而犯下的一种错误。他坚持认为,安提戈涅的激情不是为了死者的神圣权利,也就是说,她要求得到家庭权利不是为了对抗法律。相反,拉康把注意力放在了安提戈涅最著名的一段独白上,这段话曾引起很多《安提戈涅》注疏者的讨论。这段话是安提戈涅被捕入狱、违抗法令、声讨克瑞翁、吟唱挽歌之后说出的。安提戈涅面对着自己将要被活埋的坟墓,说下这番话,拉康把它意译为:"你们要理解这一点。我不是为了丈夫或孩子而公然违抗城邦的法律,对他们来说,走进坟墓是根本不可能的事。因为毕竟

---

① Hegel, *The Philosphy of Fine Art*, 210.

② Lacan, "The Splendor of Antigone".

如果我失去了一个丈夫,我还可以再找一个;即便我失去了一个孩子,我还可以和另一个丈夫再生一个。但是,这是我的兄弟,同父同母的手足。"①

显然,这里有两个要点:第一,安提戈涅在朝向一种界限,在这个临界点上,自我割裂为两个,一个是可以被毁灭的自我,一个是必须忍耐的自我;第二,虽然按照城邦的法律来衡量,波吕涅克斯是个罪人,但是对安提戈涅而言,他是唯一的。当安提戈涅想象自己已经死了的时候,她说出了那段话——然而,她却忍受着这场可怕的痛苦游戏,坚持声称这并非出于她自己的欲望,而是因为哥哥是任何人都替代不了的。拉康替安提戈涅这样说道:"我的哥哥或许是个罪人,她说,但是从我的观点来看,我的哥哥就是我的哥哥,有名有姓的人就应该得到保护。"②

在拉康看来,安提戈涅显然是在两种死亡的中间地带说这番话的,她说出了存在之唯一性这条真理。她言说真理之名的时候,远远超越了国家法律,可能有人会说,为了坚持她那犯了罪的哥哥存在的唯一性,她的激情招致了潜藏在城邦法律之下的那些罪行。这个重要的表述阐释了"声音的溢出"(emergence of voice)这一概念——它强调了,在犯下过失的那一刻,声音一跃而出。虽然,每年会涌现出数以千计的研究论文来讨论欲望、快感、过失、行动定位等问题,但是,拉康的观点仍然区别于这些论述。这些研究声称:存在的唯一性对抗法律条文,需求或欲望的直觉无法压制这种唯一性。与此相反,拉康将两种死亡之间的地带看做是这样一种地带:通过它,才有可能讲出那个有关法律的犯罪本质的真理。当国家法律已经宣判了一个人是罪人,并且希望永远将他遗忘,安提戈涅为什么还要坚持这个人的唯一性呢?

对拉康而言,安提戈涅所说的真理让人难以承受,它太可怖,以至于人们看不到它。一种规则可能彻底抹杀了存在的唯一性,即便这个存在已死,因此,通过质疑规则,安提戈涅指出了社会秩序本身的罪恶性。拉康说,这条真理需要"美的封笺"来隐藏,却又要让它能够被窥视到。虽然很多评论

① Lacan, "The Splendor of Antigone", 255.

② Lacan, "The Splendor of Antigone", 278.

者都注意到，在拉康那里，存在某种怀疑视觉的感觉，①然而，声音和视觉在表述这种让人难以承受的知识方面，二者之间的关系颇为复杂。

印地语中有一个重要的主题，即女人占据着两种死亡之间地带的同时，获得了声音：这个主题建立的基础是哀悼挽歌中言说和沉默的性别分工，同时，它又与这种性别分工剥离开来。② 然而，在这个地带上讲出的真理很难再包裹上一层"美"或"荣耀"（splendor），印度神话中那些著名的女性形象，如迦梨女神（Kali）*，或天花女神湿陀罗（Sitala）**就能证明这一点。与其在

---

① 参阅 Jay Martin, Downcast Eyes: *The Denigration of Vision in Twentieth-Century French Thought* (Berkeley: University of California Press, 1993)，和 J. F. MacCannell, *Figuring Lacan: Criticism and Cultural Unconscious* (London: Croomhelm, 1986)。

② 从某种意义上讲，安提戈涅的形象证明了我们在前一章中所讨论的哀悼工作。在黑格尔看来，共同体的出现与家庭构成冲突，因此也与女性构成冲突，因为女性的位置与共同体相反——她们是内在的敌人。正如蒂纳·钱特（Tina Chanter）指出的，黑格尔分析女性的位置所用的反讽说明她们使城邦作为整体成为可能，然而，必须给她们定义一个与城邦相反的位置，使她们成为威胁城邦整体性的局外人。参阅 Tina Chanter, Ethics of Eros: Irigaray's Re-writing of the Philosophers (New York: Routledge, 1995)。卢斯·伊里格雷（Luce Irigaray）雄辩地指出这样一些问题："她们（即，女性）与生俱来的责任是**保证每个死者都能被埋葬**，因此，她们把一种自然现象转变为精神活动。进一步来看（否定地来看），女性作为血统的护卫者，她们的任务是要把男人拼合为他最终的形象，使其超越一切混乱的偶在生命，以及那些烟消云散的存在时刻。"Luce Irigaray, *Speculum of the Other Woman*, trans. Gillan C. Gill (Ithaca: Cornell University Press, 1985)。了解与这类问题相关的重要讨论，也可参阅 Carol Jacobs, "Dusting Antigone", Modern Language Notes, Ⅲ, no. 5 (1996):890—917。由上一章可以清楚地看到，印度的哀悼仪式在男人和女人之间做出了一套非常复杂的声音和劳动分工。

* 亦译"时母"。印度神话中湿婆之妻提毗（Devi）的别名之一。作为迦梨女神，其形象为黑色皮肤，面容丑陋可怕并滴着鲜血，身缠毒蛇，披挂着骷髅和人头。受某些印度教徒的崇拜。吠陀神阿耆尼（火神）有七根用来舔食祭品的火舌，其中黑色可怕的一根名为迦梨。迦梨女神之称即来源于此。——译者注

** 湿陀罗，印度南部的天花女神。名字有"颤抖"或"发寒"的意思。湿陀罗头顶着一个装满天花疫种的花篮，疫种掉到谁身上，谁就得天花。湿陀罗一手拿着一个水罐，她的水一洒，就把天花的脓包洗去；另一手拿把扫帚，一扫就把天花扫得无影无踪。——译者注

神话和文学所表达的想象的层面上进行对比,我宁愿选择从其他视角来进行考察。社会规则的罪恶性沉潜于日常生活之中,使存在的唯一性被永远地遗忘,是什么驱使见证者忍受着这种罪恶感?他们运用一种戏剧化的抵抗姿态,不完全是为了说出损失,也是为了在哀悼中栖居此世,或者更确切地说是为了**再度**栖居于世。在这一语境中,人们可能认为,眼睛不是用于观看的器官,而是流淌着泪水。发生在日常时刻的暴力,以及那种渗入到正在发生的关系之中的暴力,变成了某种不可"排遣于外"的氛围,这两种暴力之间的转换塑造了一种性别化主体的形态。按照维特根斯坦的理解,不存在任何外在的存在,并且他还提供了一种"返回"(turn back)的形象,恕我借用他的论述来引出对上述问题的思考:"在我们的思想里,理想稳如磐石。你无法脱离理想;你终必返回理想。也根本没有理想之外;外边没有氧气。"①

这一"返回"的形象让人想到的,与其说是理想的回归,不如说是转过头,面对如今已被毁坏的那个空间,栖居下来,再一次活下去。因此,在维特根斯坦那里,日常的意义在于它是可以被恢复的。如何把一种毁灭的空间变成自己的,并不是要超拔出世,而是要沉潜于日常之中,接下来我将要描述一个女人的生活来说明这一点,她的名字叫阿夏(Asha)。② 如果说安提戈涅的形象为我们提供了某种思路,使我们把声音想象为一种惊人的对抗力,它是由主体通过言说这一行为而创造出来的,那么,阿夏这一形象所展现出来的创造力是性别化主体与那种有毒的知识进行的对抗,但是这种创造力则通过日常的修复工作得以表达。正如我们将要看到的那样,在阿夏这一个案中,印巴分治暴力最初发生的时刻,已经卷入到她的生活事件之中,因为,

① Wittgenstein, *Philosophical Investigation*, para. 103。也可参阅第97节,他在这一章节中谈到,语言卑微的使用方法颠覆了等待建构的完美语言这一概念。(参见路德维希·维特根斯坦:《哲学研究》,陈嘉映译,上海人民出版社2005年版,第53、51页。——译者注)

② 本案例所用的姓名都是化名。这是我为她编的名字,意思是"希望"。

按照印度上层种性亲属制度普遍的道德观来看，她那会儿已经是个脆弱不堪的寡妇了。然而，脆弱不堪不等于说她是个受害者，那些为守寡女人设定了各种社会规范和期待的人，往往不由自主地转向这种设定的对立面，他们需要关注的是规范和规范的现实化之间的鸿沟。这里之所以要举出"个案"，并非是为了例证一般准则，或是一般准则的例外，而是为了说明，如何根据生活经验，在自我创造的精神层面上形成新的规范。个体如何为自己设定规范？这些规范与那些想象出来的社会规范又如何勾连在一起？

寡妇和她的脆弱性

我认识阿夏的时候，她已经55岁了。阿夏嫁给了一个富商家庭，和她的丈夫，还有两个已经结了婚的大伯子生活在拉合尔的老宅子里。1941年，丈夫染上了伤寒，病发三星期后身亡，阿夏因此守寡，时年20岁。她的丈夫在兄弟中排行最小。此外，他与两个出阁的姐姐关系最紧密，自从他们的母亲难产死后，是这两个姐姐一手把他带大。阿夏说，丈夫死时，两个姑姐跟自己一样伤心。

阿夏回忆说，在她丧偶的早些时期，婆家人给了她莫大的慰藉和支持。她继续和大伯子一家生活在一起。她无儿无女，这一事实重重地压在了她身上。阿夏说，她对生活丧失了全部兴趣，整日里心神不定。[①] 为了让她振作起来，二姑姐把自己的亲儿子"过继"给她。这个孩子和自己的生母生活在一起，但是，一旦他成人之后，他就要像对待生母一样，负责照顾阿夏。甚至在三十多年前，这种安排在亲属群体中也很常见，因为女人经常把她们的孩子看成是"共享的"（Bache te ji sajhe honed hain，直译过来是：孩子是大家的）。所以，各种庞杂的关系结合体逐步演化出分享一个孩子的现象不足为奇。这也是女性共同体照顾一个丧失亲人的成员所采用的一种方法。有

---

① 在旁遮普语中，这个词的字面表达是：man nahin lagda，根据语境，它表达了因脱离生活而生发出来的轻微的厌倦情绪。

人可能会说,女人逐步发展出一系列文化潜台词,它们扎根于这个社会家长式的统治背景中,然而,它们却为形成一些新型的、充满关爱的人与人之间的关系,开辟了空间。比如在这个个案中毫无疑问的是,让一个寡妇在亲属群体以外收养一个孩子——二姑姐从亲属群体中挑选出一个孩子给寡妇当孩子,特别是这孩子还是她自己的,她希望用这种办法在她们之间发展出一种特别的关系。按照这些女人的理解,以及人性的结构,一个女人如果缺少为人母的经验,会被当成一个很严重的问题,因此,阿夏的二姑姐才会极力填补她生活中的空白。也可能有人会提出异议:所谓满足女性"需要"的结构束缚了女性,使她们把欲望倾注于母性,而不是"性",如果我们可以这样讲的话。因此,这种结构根据那些具有支配地位的文化范式建构了女性的自我。此话虽然不假,但是我们要看到,文化表征并没有完全绘制在"自我"之上。一旦社会语境突然改变,女人自己以及她那个社会世界中的他者,可能就会为女性的"需要"设定出一套不同的定义。因此,个体生活是由语境定义的,同时,它们也会生成新的语境。印巴分治动荡时期对于阿夏而言,已经变成了一个事件,它揭开了社会规范与新的主体性形式之间的关联。旧的主体位置并不是简简单单地被抛到脑后,或是被放弃了,而是说,它们形成了某些新的方式,通过它们,那些伤害的标记甚至被重新涂写了。从这个意义上讲,一个人如何让世界成为自己的,这一问题依赖于女性自己以及她所采取的不同方式,在面对渗透到各种关系之中的有毒知识时,女性为自己重新创造这些关系找到了方法。

印巴分治期间,阿夏的婆家失去了一切,他们不得不两手空空地从拉合尔逃了出来。她的大姑姐在这场骚乱中毙命。她是自杀的,还是被绑架了,谁也弄不清楚。从这个家庭对拉合尔的描述中可知,这一时期成了空白。例如,我发现在各种全家福中,这个已经死了的女人出现在各种欢乐的背景中。这些场景通常会引发家人对照片上所发生的事件进行各式各样叙述,但是凡涉及她现在为何不在场的问题却避而不谈。比如我问:"她出了什么事?"这样的问题,总会碰上这样草率的答复:"她那会儿死了。"

我在第一章就曾解释过,印巴分治发生前后那几个月里,为了找工作、找房子或是各种生存之道，人们居无定所，从一处搬到另一处。阿夏的娘家住在阿姆利则离印度边境最近的一个小镇上，所以，娘家就成了资助她夫家的第一个来源。阿夏回忆说，那个时候，总共有 40 人把他们的住处当成了自己的避难所。慢慢地，这几个月间，其他来自西姆拉、德里和法罗兹堡的亲戚赶来帮忙，她婆家人开始散落各地。阿夏和她“收养”的儿子一起住在她父亲家中。虽然父母甚为支持，但哥哥和嫂子却不想背着这么一份多余的重负。他们从来没有明说，然而，或许一些口是心非的话、花架子的做法道出了这一点。就像任何表述（utterance）都是从语境中获取意义（但这并不是说，表述本身不是由语境生成的），我接下来将要引用的是阿夏的一些只言片语，这些言语的碎片满是一些没有说全的语词，表演（performative）的姿态，以及围绕着口述而展开的一整套密集的文化观念。因此，尽管我不想提出意义的客观化概念，但是，很显然，每个碎片都指向这套文化观念，对我们而言，填充这套文化观念是为了把意义建构成一套程序，由此，口头表述从生活世界中汲取意义，而不是从抽象的、结构语义学（structual semantics）的概念中汲取意义。我发现，结构语义学的规则把表述的意义诠释为各类语言实体，然而，它们却脱离了表述本身。主体作为这种言语的创造者被引入进来，这就势必要引入语境——不仅是语言学意义上的语境，而且要把生活世界当成语境。然而，是否要在这里引入“意向性”（intentionality）这一概念，我还有些举棋不定，因为，正如伽达默尔指出的，语言作为一种**口头言词**（parole），它的规定性要求某种对言说行为的遗忘。① 事实上，当印巴分治这一场景被唤醒时，阿夏并没有明确告诉我这期间究竟发生了什么，而是东扯扯西扯扯，她那个世界中的碎片使这种遗忘成为叙事内容的重要组成部分。

通过处理语词，我们才能把握住不断变化着的、在生活中运行着的语言、时间和政治行为。我们怎样处理语词呢？罗伯特·德雅莱（Robert Desjarlais）对这一问题做出过评述：“一切都在语词自身当中。然而，往往是 Yolmo 教派的信众才能听到这些语词。如果非尤尔莫（Yolmo）教派的读者

① Hans-Georg Gadamer, “The Hermeneutics of Suspicion”, in *Phenomenology and the Human Sciences*, ed. J. N. Mohanty (Boston: Martinus Nijhoff, 1985), 73—85.

独自聆听基桑(Kisang)的讲述,我想,他们可能遗漏掉很多内容,比如她的噪音,她的言辞暗含的意思,它们如何与尤尔莫教徒生活中的那些言词和情境结合在一起。"[①]我对阿夏言辞的分析得益于这些评论。她哲学化地分析了哥哥不愿意供养她的原因:"一个女儿的口粮决不会成为父母的负担,但是父母又能活多久呢?如果两片面包成了亲哥哥的负担,那么,还不如保持点名誉好。平静下来,在命中注定的地方活下去。"阿夏的阐释,既是一种暗示性的表述,同时也构成了她对生活的指摘。我想换一套不同的表述方式解开这些密集的文化编码,希望我的解释能够为理解她的责难提供一种语境。这里,我想提醒诸位,印度有很多表演体裁,特别是在舞蹈中,一个微小的表述方式也可以在任何情况下,通过面部表情和眼神被夸大。

碎片一

一个女儿的口粮决不会成为父母的负担(Beti di roti ma pyo te kadi pari nahin hondi.)。阿夏在这里引出了一种文化观念,按照亲属制度规范,虽然出嫁的女儿应该主要求助于婆家,但一旦她遭遇到什么不测,娘家人也要对她负责。女人总是可以在困境之时向自己的父母提出要求,请求资助。父母出于对女儿的爱,不会觉得义务资助她们是一种负担(但需要强调的是,这只是生存资助;如果父母试图为女儿提供更多的资助,那么儿子就会产生怨恨,因为他们认为自己是正统的继承人)。因此,女儿从父亲家里要些吃的,他们不会觉得这是**沉重**的负担。这里,当阿夏声称一个女儿应得的权利时,主体性的形式显然归因于父母,然而,在旁遮普人的家庭生活中,最令人痛心的一个观念是,这种应得的权利被忽视了,因而女儿们长期背井离乡。[②]

---

① Robert Desjarlais, *Sensory Biographies: Lives and Deaths among Nepal's Yolmo Buddhists* (Berkeley: University of California Press, 2003), 107.

② 这些女性歌曲的体裁,特别是那些年轻姊妹吟唱出来的腔调,清晰地表达了这种伤害,在印度很多地区都很常见。参阅 Egmore, "Internal Iconicity in Paraiyar 'Crying Songs'", and Ann. G. Gold and Gloria G. Raheja, eds., *Listen to the Heron's Words: Reimagining Gender and Kinship in North India* (Berkeley: University of California Press, 1994)。

碎片二

但是父母又能活多久呢(Ma-pyo kine din rehenge)? 当一个出嫁的女儿面临夫家发生的巨大灾难时,她向父母提出要求,但她忘记了,时间可以抹平一切关系。毫无疑问,父母终有一天会不再站在那里,欢迎她回家——权力将会转移到兄弟和兄弟媳妇手上。这样的话,她向双亲家里讨要的那两片面包将会成为兄弟和兄弟媳妇们的**重负**。女儿要谨记一点:她向父母家提出的要求实质上都是暂时的。时间概念好似一切关系的毁灭者,它出现在旁遮普人的家庭生活中,永远束缚了他们的生活,同时,它也说明了这样一个事实:一个人生活在一个现实的时刻,这种现实在想象中与终果联系在一起。因此,主体被设想成一个双重存在,一方面栖居于当下的时刻,但她说话的同时就好像她已经占据了未来不同的时刻。这里有一些很重要的暗示,有助于我们理解时间纵深,主体通过这种纵深被建构起来,此外,还有助于我们理解创伤记忆(traumatic memory)①开启时间的方式,这说明,对当下的盲目其实出自一个已经设计好了的未来观。

碎片三

两片面包成了亲哥哥的负担……(Jad do rotiyan wi apne hi pra nun pari pein lagan…)众所周知,在旁遮普社会中,兄弟之间的关系充满了紧张,这是由于他们同为继承人的身份所造成的。等级制度原则和平等原则之间有更深层的紧张关系:按照等级制度原则,对待长兄要像父亲一样,因为他继承了照顾弟弟妹妹们的道德责任;而按照平等原则,每个兄弟平等地享有继承家产的权利,而且这些权利也要享有平等地对待。相反,兄弟和姊妹之间的关系被认作一种神圣关系,姊妹在这一关系中为兄弟提供精神保护。作

---

① 我是在技术意义上使用这一术语的,但是,这本书的一个任务是要提出一些新的方式来考察暴力经验、伤害和创伤。

为交换,她在兄弟家中是一个备受礼遇的受赠者。[1] 出嫁的姊妹往往举行仪式时前来拜访兄弟,她们会给侄子、侄女带来一份适宜的礼物,并且也会收到兄弟慷慨相赠的礼物,人们会说,姊妹给双方家庭带来了荣誉。但是,一个赤贫的出了嫁的姊妹被迫离开婆家,在兄弟家落下脚,这样的姊妹会成为怀疑的对象,特别是嫂子,她怀疑姑嫂可能会利用自己备受关爱的女儿的身份来谋求与哥哥共分财产。很多女性歌曲都捕捉到了出嫁女的这种背井离乡的感情——她渴望拜访老父亲,但是哥哥却把这种渴望当成要求分享父亲财产的借口。这就是为什么"两片面包成了亲哥哥的负担"——这句话讲的就是姊妹在娘家**肠断无人听**的那一时刻。这些术语对未来的勾勒对阿夏来说是无法承受的,她无法想象自己的形象从一个关爱备至的女儿和妹妹转变为家庭的负担。值得注意的是,阿夏并没有抱怨她所经历的那种被忽略的感觉,只是想象自己的故事可能会走进这类故事的社会情景设置中的哪个地方。

碎片四

还不如保持点名誉好……(. . . apni izzat bacha ke rakho. . .)阿夏知道,世事变化多端,婆家很难再扶持她。她说,与其在婆家忍受羞辱,还不如保持点名誉好——她认为这是一个女人的命运。相反,父母家往往被想象成**有资格**获得名誉的地方。因此,如果她预料到那些关系和她所要求的权利势必要走味,那么,她将会失去自己的名誉。然而,这里暗含更多的是一种失望:个体故事无法超越文化的设定,这种设定构想出兄弟姊妹之间暂时性的关系。

平静下来……(. . . shanti banaye rakho. . .)在这里,平静下来不是一种消极顺从的感觉,而是积极地投入——持续不断地做些琐事,使婆家另眼看

① 对比 Lynn Bennett, *Dangerous Wives and Sacred Sisters: Social and Symbolic Roles of High-Caste Women in Nepal* (New York: Columbia University, 1983),在谈到拉贾斯坦邦(Rajasthan)的案例时,这本书提出了相似的论证。

你，而不是像看待寡妇一样，觉得你是一个负担。比如，阿夏一方面必须彻底清除自己的性欲，另一方面她要一直担负起那些其他人不愿意干的家务劳动——给一家人做薄饼*，给小孩洗屁股，碾磨香料等等。与此同时，她也要小心地控制自己表达激动的感情。作为一个寡妇，阿夏的脸上必须总是挂满悲伤——发线也被清除掉了那种吉利的朱砂色，她跟我说，这象征了宇宙的真空状态。表演寡妇性别身份的过程具有一种强制性社会仪式的力量。如果悲伤没有被炫耀出来，这会令人很不舒服，好像他们嘲笑、玩弄了一个特殊的受害者，背叛了死去的兄弟或叔叔。这里存在着一种特别的审美感受。一个寡妇，特别是一个年轻的无儿无女的寡妇，她很理解自己的脆弱性，因为她的行为必须吸收这样一种文化信仰，即，寡妇是不祥的——她不祥的身份通过一切外在标准传达了出来，而这些标准又体现在她那些具体表现当中——然而，她与自己身体之间的关系，决不是简简单单的外部自我对内在化的自我的刻画，她提醒着家中每一个人，他们失去的那个亲爱的兄弟虽然早折，但是有关他的记忆决不能阻碍生活前行。她的面容和身体必须展现出这种美感。此外，我的意思并不是说，情绪、思想和感觉是“内在的”，而行为是“外在的”。但是，整个身体得体的举止提供了外在的标准，通过它们，他人可以读出“内在”的东西，这个个案说明了印度社会中，包含在寡妇的语法系统中那种重要的文化运转。我想强调的是，这样的身体变得越来越富有表达能力，以至于让人无法承受。

……在命中注定的地方活下去(直译是，命运写在哪里，就在哪里呆下去)(... jithe kismet which likhya hai othe hi raho.)这里引发的是这样一种文化观念：女人命定要待在丈夫家里。这个主题总是被反复讲给女孩子们，她们的社会化过程强调了她们的未来要在丈夫家中完成。上了年纪的妇女经常会提到这个观念：一个女孩子上了花轿(doli)就算进了夫家的门儿，直到出了夫家的门儿，也应该是四个男人把她的尸体抬出来。

上述分析表明，父权制给寡妇设定的那套规范在多大程度上塑造了阿

---

* 薄饼(papad)，一种用豆粉做的印度小吃。——译者注

夏的声音。然而,需要记住的是,印巴分治以前,阿夏并没有考虑过这些选择。先前这套规范也没有什么不同,但是,后来家庭成员构成发生了改变,特别是她与二姑姐之间的亲密关系,在此之前并没有强制性地采用这些规范,而是后来逐渐形成的。阿夏虽然是一个寡妇,但是她感受到了爱并且得到了家族的支持,这些支持使她觉得和婆家住在一起算是待对了地方。

印巴分治的到来使这个家庭运穷福艾。以前结合起来的家庭单位现在面临着许多似乎难以克服的新问题。他们住哪儿呢?孩子们到哪儿上学?其中一个孩子本来准备去医学院,可他父亲怎么为他筹学费呢?如今家里每日都面临着新的不安,在这种紧张状态下,阿夏觉察到其他人对待她的态度有了微妙的转变。[①] 过去,家人觉得丈夫的死给阿夏带来巨大的不幸,现在,纷至沓来的是因丈夫的死而对她的责备。她慢慢地被推向了一个替罪羊的位置上。有时,妯娌和姑嫂含沙射影地指责她,认为她不应该引诱她的丈夫从死亡之界回到生活之中。阿夏这样描述道:"她们开始暗示说,他看到我一定很失望。他是那样一个帅气的男人,而我不过是个普普通通的女人。她们说,或许他失去了对生活的兴趣,因为他根本就没真正喜欢过我。这些话让我感到十分羞愧和懊悔,我常常想杀了我自己。"接下来的四年,阿夏一直在娘家、大伯子家和姑姐家之间迁居:

> 不管到哪儿,我都努力使自己有点价值。我从早到晚地工作。我太喜欢孩子们了,为了他们我忍受着一切。很快,冷嘲热讽愈演愈烈。后来,最让我难以承受的是,我的姐夫(jijia ji,字面义是"姊妹的丈夫"。这里专指阿夏大姑姐的丈夫,如今他是个鳏夫)开始对我有性暗

① 我注意到德雅莱曾经很漂亮地提出过这类问题。他在谈到他的对话者基桑时说:"当各种各样的死亡方式呈现出来的时候,我们最好不要认为它们直接反映或呈现了她的'活的经验',而应该把它放在一个更广义的领域中考察,她随时调用这些拖沓的语词,或者沉浸于秘密的思考中。"Desjarlais, *Sensory Biographies*, 361。正如我们将要在接下来的叙事中看到的那样,阿夏也生活在这种传达方式中,所以我会质疑我和她之间的关系,关于这一点我会在这本书稍后的部分讨论。

示(ched chad),这让我很难抵抗。一方面我要忠于死去的丈夫,因为我深爱着他的姐姐,另一方面开始新的婚姻关系的种种可能性又唤起了我心里的欲求,我在这其间左右为难。我发现,一直以来我自己就是个实验品。自从我住到他们家以来这么长时间,姐夫从未提议要结婚,因为这会带来丑闻。(这里暗示一点,这样做的话会产生流言飞语,说他们已经有了很长时间稳定的性关系,现在不过是要把它形式化。)

最后,我给一位与我丈夫关系非常好的朋友写信,他当时住在浦那。他提议我到他家做客。我到了浦那之后,他说服了我:我的生活还有很长的路要走,如果我不希望自己就这么一直堕落下去的话,我应该结婚。浦那住着一个很富有的男人,他的妻子抛弃了他,他比我大好多,这个朋友给我们主持了婚礼。接下来,我同时给娘家(peke)和夫家(saure)写信,告诉他们我结婚了。这引起了轩然大波,他们诅咒说再也不想见我。他们说,我的所作所为让他们觉得耻辱。确实,我让他们丢脸了。他们用爱沐浴了我,直到他们自己的生活衰败,而我却玷污了他们白色的包头巾(pagdis),以此回应他们的爱。[①] 他们再也不能在这个社区中抛头露面。但我真的很无助。

接下来的日子对阿夏而言充满了巨大的张力。虽然她再婚了,并在接下来的四年当中生了两个孩子,但是,她似乎无法忘记她与前夫家的种种关联。她的新丈夫似乎也不愿切断他与前妻的关联,他经常去乡下拜访他们母子,反复重申前妻的子女有继承财产、获得父爱的权利。事实上,他前妻的一个儿子已经过来和他一起住了,而且这个孩子似乎也认为自己才是父亲财产最正当的继承人。在我的印象中,好几次与阿夏的非正式谈话中都跳出来这个话题,她觉得自己更像是新丈夫的姘妇,而不是他的妻子。比如,我问她,丈夫的前妻拜访他们家时,作为一个年轻的女人,她是怎么感觉的,阿夏看上去有点吃惊,她说:“可是她有权来看他啊。”

---

① Padi是名誉的象征,白色在这里指未被玷污的名誉。

这种建立新关系却无法放弃旧婚姻关系的情形，表达着一种对婚姻关系强烈的宗教承诺，根恩纳特·奥贝耶色克雷（Gananath Obeyesekere）认为，这是婆罗门教的一个核心价值。[1] 然而令我震惊的是，前夫似乎并不像健在的二姑姐和阿夏"收养"的孩子那样，令阿夏着迷。每次提起"那个家"，阿夏都尽可能为重建她与前夫家庭之间破裂的关系做着努力。这一点值得注意，这些关系本来可以轻而易举地从她的生活中清除出去，因为它们是那些痛苦记忆的源泉。虽然阿夏从未讲过这一点，但在我看来，对她而言，或许很难根据这场众人都不赞同的再婚，向任何人解释自己为什么继续与那个家庭保持联系。在阿夏嫁给第二个丈夫的头五年里，她继续给健在的二姑姐写信。阿夏从她那里得知再没有修好的可能。我谈到过，她前夫的大姐死得不明不白。这个女人的丈夫对阿夏表现出一定的性趣，阿夏对抗着这种关系，这或许使这个男人对她心存戒备。果然，他恶毒地攻击她的道德品行。但是，二姑姐却不遗余力地希望修好，最终，阿夏再婚八年后在浦那得到邀请，拜访前夫家。

令我好奇的是，为什么继续与前夫家保持关系对阿夏那样重要？她自己的回答是，她太依恋二姑姐了，是二姑姐把自己的小儿子给了她。阿夏还觉得，由于她的离开，这个孩子觉得自己在她的生活中不那么重要了，然而事实上，阿夏认为自己在生活上欠这个孩子和他的母亲太多太多。她从他们之间的关系中看到了一条时间性的鸿沟。

她说："我结婚那会儿，我丈夫的二姐还很年轻，她渐渐喜欢上了我。我们做的游戏象征了我们之间特殊的关系，比如，我们经常交换披巾。每当我们坐下来一起吃饭时，我们吃同一盘菜。她喂我一口，我喂她一口。家里每个人常常笑话我们，但是我们真的很开心。"阿夏并没有明说她与二姑姐之间的关系是一种私人关系，而是把这种关系追溯到她到亡夫之间的关系。因此，我们可以说，这两个女人之间的关系笼罩在父权制阴影之下，因为她

---

① Ganath Obeyesekere, *The Cult of the Goddess Pattini* (Chicago: University of Chicago Press, 1984).

们只以一个死去的兄弟或丈夫为媒介,来承认她们之间的爱:“我不知道。我和丈夫在一起没多长时间,好比一朵花,刚开没多久就被从枝上摘下来了。但是,我又有很多欲望,它们一定会适时适地结果。对我而言,唯一重要的事在于我必须与这个家的关系继续下去。”①我们不能不问,第二次婚姻对她的意义又是什么呢?毕竟,这次婚姻结果了。他们有两个特别招人爱的女儿。有一次她特别难得地向我解释了这种关系:

> 我那会儿特别幸福,我觉得特别幸运,嫁给了这么好的一个人。他真的很照顾我。凭良心说,我对他也关爱备至。但是,我因为自己痛苦的身体而被拽入这场婚姻中——这个身体有需求,它是实在的,我根本无法控制它。我不是说我只有需求。当男人用他们充满欲望的眼神看着我的时候,我真的不能自已。不是我,而是我的身体吸引了他们。如果姐夫最初没有对我性暗示(ched chad na karde),我可能就会过着禁欲式的生活,这对于一个身在丈夫家中的寡妇来说是再得当不过的了。但是,我们之间发生了这一切后,我还怎么面对二姑姐呢?我在接下来的生活中又怎么面对我的丈夫呢?我与他的关系是永恒的。而与我现在这个丈夫之间的关系,就好比从暴风雨的海中长出的两根枝,缠绕在一起,只是暂时的结合,最终是要被湮没的。我想在此生跟他算清楚——一切给予和索取(lena dena)必须了结。这样我才能不带悲伤地离开此世。毕竟,他有一个妻子,在神的眼里,是她,而不是我,将与他在一起。我是个罪人(papin)。

从上面的自白中似乎可以看出,阿夏深爱着死去的丈夫。然而,在与她的谈话中我时常感到,对她而言,丈夫这个人好像影子一样。她说过,当她看

---

① 以此类推,在孟加拉,离婚是一种尚未被完全意识到的关系,而不是说两个人在亲属制度体系内分开了。Ralph W. Nicholas, “The Effectiveness of the Hindu Sacrament (samaskara): Caste, Marriage and Divorce in Bengali Culture”, in *From the Margins of Hindu Marriage: Essays on Gender, Religion and Culture*, ed. Lindsey Harlan and Paul B. Courtright (New York: Oxford University Press, 1995)。

着自己与丈夫合影的老照片时,觉得自己好像看着两个陌生人。另外值得注意的一点是,在她的叙事中,对二姑姐的记忆似乎更具体、更重要,正是前夫的二姐逐渐使阿夏克服掉对这个男人的印象,把她带回到他们的生活中。

我认为,对很多像阿夏这样的女性而言,印巴分治的暴力不仅贮藏在她们于大骚乱期间经历的那些遭遇中,也贮藏在对她们身体的暴力以及她们的见证中,她们见证了背叛可能被编码在她们日常生活的各种关系中。想一想,阿夏的自白为生活做出了怎样的假设,这种假设揭示了她只有在这些展开了的事件中才能意识到自身。谁能料想,一场重要的政治事件暴露了亲属制度关系中那隐蔽的、可能制造背叛的一面?我在田野工作中还遇到了类似的案例,关键的问题是,集体骚乱中发生的那些骇人听闻的暴力使一个群体的成员团结一致,但是从另一方面来看,它也可能会打破这种最为亲密的关系。反过来说,人们总是身不由己、出乎意料地扶持他人(如,冒着生死危险向另一个共同体的邻人提供避难所),因此,一个人对这些事件的体验纷繁复杂,不仅包含仇恨和暴力,也包含同情,这种同情展现出英雄式的德性,切断了发生在日常生活中,由“要求”和“回应”扭结而成的长长链条。然而,把这些激情的环节融入日常生活中,需要一种不同的讲述故事的方式,令我不安的是,从很多有关这种充满激情的仇恨或英雄时刻的描述中,看不到这些环节融入日常生活中。

我曾在别处描述过曼吉特(Manjit)的个案,我将在接下来的一章中展开分析。[①] 她记得,印巴分治期间,哥哥丢给她一小包毒药,每天出门时都指示她,一旦穆斯林暴徒闯进家门,要毫不犹豫地吞下这包毒药。曼吉特当时年仅13岁,她模糊地感觉到,虽然哥哥本人和一伙年轻人干着不可告人的勾当,但却期望她死,以免蒙受羞辱。[②] 这种经验与那种每天等待着,料到自己要么遭到侵害,要么被军队救走的经验一样可怕。在阿夏的个案中,

① 参阅 Das,“Composition of the Personal Voice”。

② 我想,成人之后再来回忆、反思孩提时代感受到的那种模糊的知识,这种知识变得确定起来。接下来的一章我将讨论,曼吉特如何在自己的故事中对这一知识进行编码。

不久以前的保护人如今变成了侵害者,以至于她不得不重新规划生活。整个过程中,女人彼此之间形成了一种团结,不仅帮助她逃离这种令人窒息的环境,同时也把现在和过去勾连在一起。然而,她无法承认,在一系列男人支配女人的关系下,正是女性共同体治疗并搭建了这一关系。或许这说明,即使一个女人,像阿夏那样打破最重要的禁忌后,她可能也不会觉得她真的侵犯了那些理想化的规范:阿夏不觉得她已经成了另一个人,她只是觉得自己进入到一系列临时的安排中,而真正的关系暂停了。

我认为,阿夏讲述故事的方式也告诉了我们一些重要的东西,即合法性和违法之间的关联。这并不是说先有了一个法律,然后出现了违法,或者说,个体首先完全是由一系列规范定义的,然后才有人违反。相反,再婚以及由此遭受到的诘难打碎了寡妇身上的禁忌,阿夏觉得自己保持了规范的完整性,然而却没有遵从它们。她的讲述验证了这一点,这些讲述把她自身割裂开来——“我是个罪人”——“我们之间发生了这一切后,我还怎么面对二姑姐呢? 我在接下来的生活中又怎么面对我的丈夫呢? 我与他的关系是永恒的”。

拉康谈到安提戈涅的激情时认为,她讲述了界限的经验,从中发现自己身体力行,实践了的生命。阿夏的言语远不是戏剧性的,将它与安提戈涅戏剧性的言语并置在一起,我希望能够说明这样一点:在沉潜于日常生活的过程中,像阿夏这样的女人以一种沉入日常而不是超拔的姿态,栖息在不一样的地带。然而,我们看到,在这两个案例中,女性作为见证者具有两种意义,她不仅身处事件框架中,而且她自己也被这些事件标记出来。阿夏在日常地带上言说,这个地带只能通过重新占据伤害符号,才能被恢复起来,伤害符号在毁灭的空间中形成自身的连续性。

透过孩子的眼睛

到目前为止,我主要是透过阿夏自己的声音来描述她生活中的事件。接下来,我想简短地描述一下她再婚后第一次拜访养子苏勒杰(Suraj)的情况,这个孩子当时8岁左右。和我谈话时苏勒杰正值青春年少,他仍然记得家里人谈论阿夏再婚时有多么伤心。他们都说当年在她身上倾注了多少爱,但是她竟然背叛了他们。比如,她前夫的哥哥这样说:“我们用心抱紧她,觉得她是我们那死去的兄弟的象征,可她却别有用意、心怀不轨。”(matlab kadna 在旁遮普语中指,为了服务自身的目的而操纵他者)。在城市旁遮普人中,普遍的家庭交谈体裁是把一个不在人世的人描述为他(她)好像还健在。在这一个案中,阿夏成了被奚落的主体,[1]比如会有这样的话:“哦,女王,荣誉属于你——你真正保有我们的名誉。”(vah ni ranitu badi laj rakhi sadi)。阿夏的养子说,生母总在他面前嘀咕:“女人的生活是什么啊?”

苏勒杰要见到他“另一个”妈妈阿夏时特别紧张。家里人已经把阿夏的婚姻说成是一个不知廉耻的女人对家庭的背叛,特别是对给予她特殊信任的背叛,因为阿夏放弃了她“特殊”的儿子——苏勒杰。阿夏来的时候神采奕奕,看样子穿戴了很多新衣裳、新首饰。她的身体并没有宣告出她的寡妇身份——苏勒杰很想避开,不想见到阿夏,好像她太使人目眩了。然而,阿夏并没有表现出她现在很富有;她安顿下来,帮助家里操持各种家务,就像她以前一直习惯的那样。苏勒杰还记得一个特别的场景,他固执地要求和阿夏一起去吃冰淇淋。全家人合起伙来反对,特别是长辈,他们极不鼓励。但是,苏勒杰要阿夏不要理其他人的意见。阿夏对他的要求做出了让步,她走进里间更衣,出来的时候身着一件颜色鲜艳的纱丽。阿夏、苏勒杰和他的一个表兄叫来一辆马车,准备去集市,他们一行三人登上车时,苏勒杰的姨夫(就是那个要和阿夏发生性关系的男人)说:“没必要摆出一副富婆(sethani)的媚态(nakhre)。”从字面意思上来看,sethani 字面的意思是富商(seth)的老婆,但是,旁遮普人使用这个词一般是说一个女人很懒,什么家务都不干,一心只想着穿衣打扮,炫耀阔气。阿夏的眼里噙满泪水,当他们坐上车之后,她抱着苏勒杰说:“看见没,我看在你的面子上才忍下这番

[1] 旁遮普语也吸收了 taunt(奚落)这一英语词汇,特别用于现在分词形式。如,bada taunt karde si(他们对此大加奚落)。

奚落(boliyan sun-ni paindiyan hain)。”

反　思

近些年,一些历史学和人类学著作深受文学叙事分析的影响。然而,拜伦·古德(Byron Good)注意到,在疾病叙事文本中,自传体故事的讲述者与未完成的故事息息相关;德雅莱也说过,有一个被讲述的“我”和一个正在讲述的“我”,所以叙述中有两个纽结在一起的暂存性的东西。[1] 在印巴分治文本中,历史学家往往会搜集一些口述来解释发生了什么事儿。我不希望用这套术语考察这个问题。相反,对印巴分治暴力如何在日常关系中展开这一问题进行考察,鼓舞了我的工作。换句话说,印巴分治事件作为过往的事件,怎样呈现在当下的意识中,这不是我的问题,我的问题是,它们如何被纳入到暂时性的关系结构中,尤其是,如何保存在人的心智特征中?

在阿夏的个案中,我们看到,她大多从关爱的理念上定义了亲属关系,在她的故事中,印巴分治暴力要么改变了亲属之间彼此认同的方式,要么使他们拒绝认同彼此。因此,我们不能把阿夏生活中对印巴分治的记忆理解为是对过去的直接占有。通过不断地干预和调节,这些女人在当下的世界栖居下来。相对而言,一些女人似乎还很幸运,因为她们躲开了直接的身体伤害,身体上与他者相连的记忆使过去像一团空气一样围绕着当下。我之所以要寻找各种办法来讲述这些见证者的经验,其意义恰在于:如果一个人与他者的联系(being-with-others)被残忍地破坏了,那么,进入到当下的“过去”不仅成为一种创伤记忆,而且也是一种有害的知识。只有通过一种苦难的“知”(knowing)才能获取这种知识。正如玛莎·努斯包姆(Martha Nussbaum)所指出的:

---

① Byron Good, *Medicine*, *Rationality and Experience*: *An Anthropological Perspective* (Cambridge: Cambridge University Press, 1944), Desjarlais, Sensory Biographies.

> 这种"知"通过苦难发挥作用,因为在这些个案中,苦难以一种恰切的方式对人类生活表示出承认。一般来讲,理智捕捉到的要么是爱,要么是悲剧,但它们对获取真正意义上的人类知识是不足的。阿伽门农自始至终都**知道**伊菲戈涅亚是自己的孩子,如果因为这一点我们就说他拥有正确的信仰,他能真正解答有关伊菲戈涅亚的问题。事实不然,他的情感、想象和行为并不承认这种关联,我们希望参与到合唱之中,指出他的陈述绝不是一种知识,而是**谬见**。他并非**真正知道**她是自己的女儿。那部分真正意义上的理解丢失掉了。[1]

对于阿夏来说,她也是通过自身的角色——一个备受宠爱的兄弟的寡妇——而"**知道**"她自己的,她的身体被吸收到亡夫的身体中,这不仅通过仪式,也通过家庭日常生活中的那些互动关系。这仅仅**承认**了她的一部分存在。然而,或许还有其他一些潜台词,比如,她与二姑姐之间的爱;对她这样一个有着七情六欲的人的认同;丈夫的死和家庭名誉的要求则抹杀了她的性欲。在我看来,之所以出现这些潜台词恰在于印巴分治期间诞生了动荡不安的新奇事物。

一旦有人能用新的眼光凝视阿夏,承认她是个有七情六欲的人——这个人替代了兄弟的位置,暴露出自己情人的身份——那么,她便陷入到两难境地。[2]

---

① Martha C. Nussbaum, *The Fragility of Goodness: Luck and Ethics in Greek Tragedy and Philosophy* (Cambridge: Cambridge University Press, 1986), 46。我发现,这个引用可能更恰切地抓住了努斯厄姆早期的洞见,即便对于现代印度个案,她可能无法做出如此敏锐的分析,但我们不能不说,对于希腊神话中复杂的伦理问题,她的感觉相当敏锐。

② 只有我们进入到一种生活、一个世界之中,我们才能够理解阿夏所面临的那些道德界限,在这种生活或者说在这个世界中,她觉得自己的来世岌岌可危,关于这一点,我们还有必要强调吗?一位读者对于这样一个问题甚为不解:一个"好色"的姐夫的出现,为什么会给阿夏带来进退两难的局面,这个意见促使我重新考察了这样一点:阿夏从她面对的那些关系中看到了时间性的鸿沟,比如,她深信自己与第二个丈夫之间的关系只是出于利益上的暂时结合,然而,她在圣火的见证下嫁给了前夫,这种关系将在未来的生活中复生,这说明,跳出这一框架我们将无法理解她生活世界中的那些道德限制。但这并不否认这个故事说明了印度社会"内在"的父权制结构。

阿夏是否愿意维系这样一种秘密的关系并且守持这种"坏信仰"？因为在布迪厄看来，亲属政治正是建立在这种"坏信仰"之上。[1] 还是说她愿意接受公众的羞辱？因为为了寻求对自身的新定义，阿夏把家庭名誉置于这种羞辱之下，虽然这个新定义排除了阿夏早期为自己制定的那些生活规划，但它承诺了一种确定的整体性。在整个决定过程中，主体可能彻底碎片化，自我也变幻无常，但是，我想我所做的描述展现了主体的形成过程，即，割裂、破碎的主体位置形成一套复杂的行为。这一点并非必然在暴力发生的那一刻显现出来，但是，经过多年耐心的磨合，阿夏和二姑姐修复了彼此之间破碎的关系却证明了这一点。所谓有害的知识是指，阿夏那些年长的婆家亲戚背叛了她，还有她的亲哥哥，他并没有担负起长期照顾穷妹妹的责任。对阿夏来说，另一种重要的知识还包括：想象自己的不忠诚，使自己的"养子"感到被弃绝了，从而使自己好像背叛了亡夫和二姑姐。这绝不是一种瞬间的英雄式姿态，而是承受新知识的耐心——不仅要用理智**真正地知道**，而且要借用激情——使两个女人之间不断磨合，从而使这两家之间的关系继续进行下去（ais ghar nal sambandh bana rahe），这一典型的例子说明，行为被视为施暴者、受害者、见证者这些不同主体位置的产物。

按照我的分析，阿夏和她的小姑子之间的磨合是为了克服这种有毒知识。这一分析可与卡维尔的一部分反思结合起来，他认为，被诅咒和被嫌弃的感觉往往出于"知"本身，卡维尔所说的"知"更多是指"知"的处境。他通过分析《冬天的童话》（*The Winter's Tale*）对这一问题进行了反思：寡助无能的父亲承认儿子是自己的，是自己造出了他。在莎士比亚的表述中，知识被浸染了，好像一盆清汤搅进了鼠粪。莎士比亚谈到了整个怀疑论者不信任各类关系这一主题，怀疑论者总是要求做更多的论证，然而，治愈这种处境并非通过更多的知识，而是承认某些怀疑是正常的，决不能在怀疑中治愈

---

① Pierre Bourdieu, *The Logic of Practice* (Standford: Standford University Press, 1990).

怀疑。卡维尔看到,这是一个承认与弃绝知识的问题。[①] 然而,正如他反复指出的,**现代**主体的处境位于怀疑主义之中(哲学意义上的上帝之死昭示了这一点),这是一个历史定位的问题,所以在我看来,从印巴分治扩大了的关系中产生出的怀疑具有自身的特殊性。一个人只有沉入日常日世界中,并为它哀悼,才能修复这种怀疑。痊愈并不存在于对世界的复仇中,而是栖居于为世界哀悼的姿态中。[②]

福柯借助于监狱的隐喻分析了身体规训这一问题,他的分析捕捉到了主体的形成和征服的经验二者之间的关系:“这个灵魂是肉体的监狱。”[③]福柯根据监狱这一语境提出,监狱的纪律不仅使囚犯的行为规律化,而且也侵入到人的内在之中,在事实层面上塑造了它。虽然颠倒了的内在和外在、身

---

① Stanley Cavell, *Disowning Knowledge in Six Plays of Shakespeare* (Cambridge: Cambridge University Press, 1987). 特别参阅第 6 章和第 196 到第 197 页上的讨论。有毒知识这一概念再次出现在有毒的写作幻想中。请看卡维尔对埃德加·埃伦·坡(Edgar Ellen Poe)的两篇小说——《玩童》(*The Imp*)和《黑猫》(*The Black Cat*)所做的分析:“一种小说的作者捕捉到了自身、束缚了自身并深陷责难;另一种小说好比照亮阅读的烛灯,但它有毒。这两种小说都是书写的描绘或幻想,通过书写,在我们面前被塑造出来……如果我们幻想语词既是枷锁也是巢穴,一边阅读它们,一边觉得自己领悟它们的意思或作用,难道这不是中了毒的表现?难道我们就不曾听过这样一些说法,作者和读者之间是互为受害者的关系,读者和作者必然触及不到彼此真实的东西?写作是避开还是招致了死亡天使呢?”Stanley Cavell, *In Quest of the Ordinary: Lines of Skepticism and Romanticism* (Chicago: University of Chicago Press, 1988),123。对于我来说,这种说法也描述了民族志经验。民族志提供了“知”的形式,使人类学家的自我和对话者的自我陷入危险之中。这并不是人类学的大男子气概,也不单单是某种权威实践,而是一种知道世界的方法,它跟所有知识一样,自身具有传染性、蔓延性和毒性。

② 这里我想说的是,日常的情感与复仇的神话幻想恰好相反。印度最经典的例子是朵帕娣(Draupadi)拒绝换掉她沾满经血的衣裳,蓬头垢面,直到她的耻辱得到昭雪。阿尔夫·锡尔特拜尔(Alf Hiltebeitel)曾经写过一篇经典的论文讨论过这一问题,“Draupadi's Hair”, in *Autour de desse hindoue*, ed. Madeleine Biardeau, Purusartha 5 (1981): 179—214。

③ 〔法〕米歇尔·福柯:《规训与惩罚》,刘北成、杨远婴译,三联书店 1999 年版,第 32 页(Michel Foucault, *Discipline and Punish: The Birth of the Prison* (New York: Pantheon Books, 1977), 30.)。

体和灵魂之间的关系会引发动荡，但在我看来，福柯还是困囿于对内在语言和外在语言的理解之中。

起初，政治暴力通过阿夏的生活潜入到正在进行的亲属制度关系中，为理解这一过程中产生的那些复杂关系，我发现，“权力—对抗”模型和监禁隐喻模型的解释过于粗糙，这些工具不足以让我们理解自我创造的精巧工作。相反，我发现，正像卡维尔指出的，通过探究暴力最初发生的环节历经的时间性鸿沟，日常生活把自身揭示为向外寻求（quest）和向外探索（in-quest）。[①] 因此，与其用监禁的隐喻来把握外在标准和内在状态之间的关联，不如说人们可能会认为这两者之间是相互勾勒、互为比邻的关系，然而，它们又结合起来，使合法性和违法性联结在一起。

正是标准合法性和违法性之间这种前后相继的关系，似乎令阿夏觉得自己正向那些特定的文化和早已征服她的那些关系提出要求。显然，阿夏早已知道，印巴分治期间发生的那些恐怖暴力昭示了她所在的世界的死亡。暴力提供了一种新的方式，使阿夏重新栖居于这个世界。从她与过去之间紧密地联系这一角度来看，我们可以借用监禁隐喻来诠释：她无法摆脱这一隐喻的束缚。然而，从另一角度来看，阿夏在这条时间性的鸿沟中建构了自身的主体性，展示出一个人如何通过叙事行为，修复关系工作，以及承认那些遭到官方规范谴责的人的方式，来占据创伤符号并赋予这些符号意义。我发现，诠解见证行为那个恰切的隐喻是我们理解暴力和主体性关系的一种出路。

① Cavell, *In Quest of the Ordinary*.

五

边界、暴力、时间的工作

深入思考近些年来对暴力问题的研究工作，令我颇感讶异的是，许多学者居然有这样的论调：面对暴力问题，我们的表述能力达到了一个瓶颈。当"恐怖"的修辞呈现在我们面前时，它常会引发我们这样的思考：人类如何能在大规模范围内表现出如此可怖的行为？比如卢旺达或前南斯拉夫发生的那些暴力事件。正如我们看到的那样，印巴分治暴力为印度史学提供了类似的"恐怖"修辞。在我看来，只有当我们勾勒出人的主体是如何被建构的时候，我们才能解释这类难以想象、骇人听闻的行为。因此，虽然这些描述给我们提供了一幅人的主体完整无缺的图景，但它们还是强化了文明和野蛮之间的诸多边界。[①] 与这种丰富的言语相对照的是，我更愿意提供一

① 特别令人震惊的是，消费暴力公开在北美语境中展现出来，大多数敏锐的观察家认为它创造了病理学的公共领域，同样的，他们认为，其他社会出现的消耗、损毁身体的问题跨越文明与野蛮的分野，表达了某些文化价值。想了解更多有关对病理学公共领域这一概念的分析，可参阅 Mark Seltzer, *Serial Killers: Death and Life in America's Wound Culture* (New York: Routledge, 1998)。

幅贫乏的图景，特别表现在语词的贫乏，还要在德性的层面上反思这种贫乏。有人可能会说，人类学就是列斐伏尔（Henri Lefebvre）所说的哲学："哲学思考的任务是消除那些不成熟的解释，这些限定性的假设妨碍我们洞察、支配有关我们自身存在的那些惊人的内容。"[①]无论如何，这种抑制的形象让我想起卡维尔勾画的哲学：哲学并不是**先**说出来的，它的德性在于它所做的回应——诲人不倦，发人深省，唤醒迷睡中的人。[②] 一个人对暴力心存戒备，无论暴力发生在生活织网中的哪一处，都会使他变得异常敏感，这番景象不禁让人产生这样的问题：暴力行为真的一目了然吗？我们如何解释可能性和现实性之间的关系？更进一步说，如何解释现实和终果之间的关系？如果说暴力的发生颇为戏剧化，它与那些频发的、非传奇剧式的事件息息相关，那么，人们如何用不断被修订、改写、涂满了评注的文本形式，而不是用单一的叙事来讲出这一点？面对阿夏和她的修复工作，有人可能会认为故事尚未完成，它们还在一点一点地被制造着。虽然我们会经常陷入到故事的图像中，好像它就是文本，但是，或许我们更应该说，通过在不同的自我语域与社会性语域之间创造边界，故事与日常生活逐渐融合。当我描绘这些过程时，我这里关心的是时间的**工作**，而不是它的图像或表述。

我在上一章提出，正是通过见证行为，阿夏和她的女性亲属才将这种有害的知识转化为对彼此存在的认同，从而用苦难构造了知识。但是，意见不和、背叛变节的故事并没有消失，它们悬置着，随时在不被注意的情况下闯入到当下。旁遮普人在生活中清醒地意识到了这一点，所以，有关亲属之间背叛的叙事不得不被小心地安排在婚礼、葬礼、亲属集会等场合。尽管这类潜在的故事中断了，但是，在印巴分治语境下，人们对彼此实施的暴力缄默不语，这种情形仍令我震惊。我说过，如果我不开口问，那些人不会吐露一个故事，但是，这只是说他们没有展现出表述的姿态，驾驭故事时也未显出

① Henri Lefebvre, *Dialectical Materialism*, trans. John Sturrock (London: Cape, 1968).

② Cavell, "Declining Decline".

挣扎、斗争,日常生活中也没有一丝讲故事的迹象。相反,讲述印巴分治的整个过程,展现出来的是言语的凝冻状态。留在拉合尔的一代人,他们日常交谈的内容包括烤面包(puris)、酸乳饮(lassi)、金银线浮花织锦(zari)、刺绣、清新的蔬菜、拉合尔政府公学院(Lahore Government College)对知性生活的贡献,阿娜卡利集市(Anar Kali Bazzaar)*购物,以及四处流传的钻石市场**的神话。然而,人们不能自发地讲述他们在印巴分治期间实施、见证和忍受的那些暴行。一方面是精心处理、表演的叙事,讲述了亲属制度网络间发生的那些暴力、背叛和不信任,另一方是逃避当下的沉默,好像一块沉重的幕帘,那么,这两者之间的关系是什么呢?

不稳定的开端

基尔西南(Micheal Gilsenan)在论述黎巴嫩暴力及叙事时,曾这样写道:"生活是一套算计的表演,形式和技巧的美学安排,这种修辞手法明确地为人们寻求真正的利益、共同的目标提供了理由。在这个意义上,暴力并不是对身体的压制,它具有一定的扩散性,对描述人类关系是不可或缺的,因此它是普遍的。"①贾特锡克族(Jat Sikhs)人讲述彼此间世代结仇的问题时,涉及了男性化观念,掺入相似的人类关系定义,我和我的同事巴瓦(R. S. Bajwa)曾在另一篇论文中指出过这一点。② 印度旁遮普人的家庭认为贾特锡克族人不过是"大脑发热"。他们自己对男性化概念的理解是:克制,审慎

* 这个集市建于四百多年前,是拉合尔最大的集市和旅游景点。——译者注

** "钻石市场"是一个著名的红灯区。那里其实没有钻石出卖,市场上的卖品是舞女。——译者注

① Michael Gilsenan, *Lords of the Lebanese Marches: Violence and Narrative in an Arab Society* (Berkeley: University of California Press, 1996), 64.

② 参阅 Veena Das 和 Ranjit Singh Bajwa, "Community and Violence in Contemporary Punjab", in *Violence et non-violences en Inde*, ed. D. Vidal, G. Tarabout, and E. Mayer, special issue of Purusartha 16 (1994): 245—259.

地控制公共场合。然而,生活是一套算计的表演,一个人必须在公共空间中谨慎地处理家族叙事,才能保持自己的名誉(izzat),这样一套理念的确是生活修辞手法的一部分。Duniya ki kayegi? ——全世界会怎么说? Logan di zaban kis ne pakadi hai? ——谁扼住了人们的声音? Apni izzat apne hath hondi hai——一个人的名誉掌握在自己手上——所有这些劝诫调节了日常交谈,它们不仅在文化意义上谈到人要行为恰切,而且告诫人们还要控制自己的叙事。然而,家族内部和亲属制度群体内部这种不确定的关系似乎从外部获得了稳固的基础,围绕着名誉和羞耻问题做出岌岌可危的平衡。

1974 年,我参加了几个家庭举办的一场盛大婚礼。新郎的父亲早先在拉合尔遭受经济重创,恢复过来后,在德里重新创业,事业如日中天。整个婚礼给新娘家造成巨大压力,以至于可能出现很多问题。比如,新郎家可能为了更高档的嫁妆提出出人意料的要求,或者突然借口有人过世,导致婚礼延迟甚至取消,还有可能出现其他一些让人无法想象的各式各样的阻碍(badhas)。在这个个案中,新娘和新郎的近亲之间的紧张关系实际上达到了很高的程度,只不过在宾客面前掩饰起来了。我想讲一讲这种紧张关系的来龙去脉。

新郎的母亲曼吉特,在印巴分治期间遭到绑架,后被印度军队营救出来,然而,大多数人都不知道这个情况。[①] 曼吉特的双亲死于骚乱中。她和舅舅(mama)住在一起。可以理解的是,曼吉特的舅舅根本没有能力履行落在他肩上的新责任,他很快就把曼吉特嫁给了一个很老的男人,是他远房的一个亲戚。由于印巴分治之后经济萧条(所有要婚嫁的女孩儿都会戴上花环),也因为无能力保护女孩儿的名誉,两人由此产生出分担不幸的责任

① 这个化名的意思是:"赢得人心的人"。我应该强调一点:如果这个故事浮现出来,那么一定暗示她遭到了绑架,但是,军队直接将她营救出来,所以人们也就不再讨论她是否遭到了强奸还是虐待。

感,所以,他们忍受了这场结合。[1] 不像其他大多数女孩所遭遇到的那样,曼吉特的亲属并没有与她断绝关系,但是,他们也没到处宣扬她的故事。这个共同体似乎用沉默保护着这个女孩。

然而,曼吉特婚后不久,困难接踵而来。她的丈夫总是怀疑她曾被强暴,他可能也听到了别人的嘲弄,说自己娶了个"被人糟蹋了"的女孩——因此,他怀疑曼吉特有个穆斯林情人。当丈夫喝醉了酒,与曼吉特和生母大吵大闹时,除了用"嘲讽奚落"这个词以外,[2]再没有什么词能描述这种状态了。"Chupchap sundi gayi, sahendi gayi"(我就这么不声不响地忍受着,忍受着)正是曼吉特对自身处境的形容,通过延伸前一个语词,这句话使过去就像一场持续不断的聆听工作:

> 我封住了嘴巴,甚至他们对我父母和舅舅品头论足(bura bhala kya)[3]的时候我也不敢回嘴。但有一件事:他从没打过我。
>
> 我婆婆(saas)说我妄自尊大——"一个女人的生活有什么值得骄傲的?"她说,"女人不过是要吃下男人的屎尿(aurat da ki hai——auratte admi da gun khandi hai.)。"
>
> "妈妈,可我们吃的是面包!"(Manjit, asi tan roti khande haan.)我说。她对我特别生气,两天没再跟我说话。

---

① 很多家庭遭遇到这种集体不幸时,都采用了各种各样的策略。相关描述可参阅 Veena Das,"Masks and Faces"。

② 这是个很常见的词:taunt karde si——他讥讽我。在旁遮普语中,它的意思等同于——tane dena, boliyan sunana——这在女人的日常修辞中很常见,但是正如我在上一章中描述过的那样,这个英语词汇也经常被使用。

③ 如果一个人暗指自己的亲戚时,表达一些失礼或侮辱性的意思,那么他就会使用这种好坏夹杂的委婉说法。还有其他一些微妙的不同表达方式,如 gali(虐待)或 bak-bak(废话)——这些烦琐的言辞是一种表达名誉和耻辱的策略,他们使用这些言辞时暗示的意思十分不同。通过这种横向差异,我想指出这样一类语词之间的差异,如"加冕典礼"(coronation)和"就职典礼"(inauguration)、"有希望的"(promising)和"有预谋的"(intending)等等。我从卡维尔那里借鉴了这种用法。参阅 Cavell, "Declining Decline"。

这段小对话展现了日常家庭生活内部发生的争夺语词的斗争。曼吉特力图用复数的“我们”来指出，她所属的那个女性共同体吃的是面包，这与婆婆所属的女性共同体完全不是一类，她们要女人吃男人的屎尿。女人在“性”的层面上对丈夫表示服从，这一文化图景在这里翻转了过来。正如司各特所说，这不是隐藏在脚本背后的失权，而是对掌权者的权威构成威胁，掌权者因为不知道如何掌握语词，所以面临失去面子的危险。[①]

丈夫和婆婆把对曼吉特的愤怒撒在了她的第一个儿子身上，他们觉得这个叫迦格特（Jagat）的孩子比其他几个孩子长得更像他的母亲。曼吉特的第二个孩子患有唐氏综合症（Down Syndrome），然而，他的父亲却从未对他产生任何敌意，只是冷漠而已。曼吉特的丈夫以各种方式将矛头对准长子。曼吉特说：“一切就是一场斗争。”如果迦格特坐下来学习，他的父亲便给他派活儿。如果他要钱买书，曼吉特不得不从丈夫那里偷钱给他。即便如此，由于迦格特自己目标坚定，外加母亲的支持，他还是完成了学业。正因为如此，父亲让他加入到自己的事业中，“在他的商店工作”。迦格特拒绝了。他再也不想直接面对自己的父亲，他告诉母亲，自己宁愿在大街上讨饭挨饿，也不愿意在父亲的商店里工作。

自从迦格特的人品得到了很好的口碑，并且这个家族的事业日渐兴隆后，上门提亲的人越来越多。父亲希望自己的儿子娶个富家女子——他想要个 kunba（远方族亲或姻亲），这个圈子里的男人喜欢迦格特的父亲，因为他们能在一起喝酒赌博，寻花问柳。但另一方面，迦格特很明确地提出了自己的婚姻条件，他只想娶受过教育的女孩。一段时间内，双方陷入僵局。接着，一名退了休的上校联系到了他们，他的女儿是个大学毕业生。这个家庭虽然是曼吉特的儿子所喜欢的类型，但他们没有什么钱提供嫁妆。曼吉特的表兄担当起中介人，为女孩的父母、曼吉特和她舅舅安排了一次会面。曼吉特跟我说：“你知道，我们没有跟他们隐瞒我们这一家之主的真正想法，

---

① James Scott, *Domination and the Arts of Resisitance*: *Hidden Transcripts* (New Haven: Yale University Press, 1990).

但是,那姑娘的父亲说:‘我们与迦格特想法一致’。”但是,我们怎么能让他父亲满意呢?

当着这个冥顽不化的外甥女婿其他年长亲属的面,曼吉特的舅舅召集几次会议处理这个问题。作为一个理性的“局外人”,我也被邀请进来。“毕竟,我们不能拒绝每一个提亲的人。否则人家会怀疑你们家是不是出了什么问题”,我的提议限制了各种讨论。曼吉特的丈夫坐在墙角的椅子上。曼吉特自己坐在地板上,她哭丧着脸,不抬眼皮瞅任何人。她丈夫看上去紧张不安。大伙儿本以为他会咆哮、发怒,但他只是点点头,闷闷不乐地说:“你们爱怎样就怎样吧(jo twadi marzi)。”

“你不用做什么。我们会打点好一切。”曼吉特的舅舅说。

“嗯,随你们吧。”

“但是,他是孩子的爸爸,必须要在婚礼上说点什么啊,他不能让我们难堪啊,”曼吉特要求道,她对丈夫没有任何抵抗便屈服深表怀疑。

婚礼筹备开始了。但是“障碍”接踵而来——婚礼敲定两周前,曼吉特的丈夫彻底否认自己答应过这件事。“那不过是装装样子罢了。”他说。事情发展至此,曼吉特和儿子彻底厌倦了。他们宣布婚礼如期举行。如果他这个父亲拒绝和他们站在一条线上,那么,他们就不举办盛大的婚礼,而是到金殿(gurudwara)(锡克教寺庙)或者圣社长老那里举行一个简易的宗教仪式,丢尽他的脸面。丈夫看他们如此坚定,再次屈服了。这一次,他闷闷不乐的默许变成了莫名其妙的狂热。婚礼声势浩大,亲属群体内部无人能比。人们都说,钱花得就跟淌水一样。曼吉特心里却忐忑不安,她说:“这一切的意义又是什么呢”?她觉得,总有一刻会大难临头。但订婚仪式却顺顺当当地结束了。

举办婚礼的这一个月内,麻烦又开始了。曼吉特的丈夫萨尔达尔(Sardar Ji)坚持要把新娘赶走。[1]“我就没答应过这场婚礼”,他说,“那不过是

① 此前,锡克师尊(Sikh Gurus)为避免灾祸,可以接受一个信仰印度教的女孩嫁给一个男性锡克教徒,甚至也允许自己的儿子放弃信仰锡克教,以实现誓言。

装装样子罢了。”所有那些跟他一起商议过婚礼的人都被叫来参加会议，这其中也包括我。他态度强硬，曼吉特也不示弱：新娘是别人的女儿，是别人的妹妹，你不能这样糟蹋他们的名誉。人们会说新娘之所以被遣回家，是因为她脾气不好。可是谁知道呢？一些冤家可能还会说男孩子阳痿，根本没有能力同房完婚。难道萨尔达尔就没想过这些潜在的问题吗？萨尔达尔只是一笑，就像演戏一样——这一切好似戏院，难道你们都瞅不出来吗？接一个新娘回家，甚至不用庆典汽车，而是让四个格哈尔（kahar，一种种性群体，代表他们的主人行使一些仪式，如给新娘抬卧轿。现今，这种习俗在城市已经不流行了）用卧轿（palaki）把她抬回家，现在这还有什么意义呢？这世上还有这样的婚礼吗？不，这完全是萨尔达尔设计的一出戏，字面上看好像是从一出印度电影中剪辑下来的，但是电影结束了——女主角必须要回来。

曼吉特拒绝遣送这个女孩回家。接下来发生的就是每日不断地斗争，保护这个女孩免受公公淫威的伤害。萨尔达尔常常喝醉了酒，把儿媳叫到自己的房间，开始打她。邻居们有时会看见她蓬头垢面地跑出家门。于是，谣言四起，人们都说萨尔达尔迷恋这个女孩。有一次我走进他们家的时候也看到了这一幕，我威胁他说要打电话报警，他反倒要挟我。曼吉特祈求大家都平静下来。唯独这个女孩缄口不语。

有时候，要是看到这个女孩子站在大街上，等公公耍酒疯平息下来，好心的邻居就会叫年轻的新娘到自己家来坐坐。每当邻居递过茶来，女孩子都会委婉地谢绝，为了掩饰家丑，她也很少气急败坏地谈论这些事，这样的场合总是保持着一种伪装：听与不听。最终，在曼吉特的同意和鼓励下，儿子打破了一个联合家庭所有的文化规范，和他妻子一起分家过。[1]

---

① 很多文学作品都描写过印度联合家庭中感情投资的问题。虽然家庭分裂是家庭群体正常发展循环过程的一部分，然而，与这一过程相伴而来的是情感混乱，这与北美家庭中的离婚现象十分相似，仿佛不得不把一种分割的语言应用于那些本不应该被分割的东西上。了解对这类文学作品的评述，可参阅 Patrica Uberoi, "Beyond the Nuclear/Joint Family Debate", in *Oxford India Companion to Sociology and Social Anthropology*, ed. Veena Das (Delhi: Oxford University Press, 2001)。

曼吉特和儿子、儿媳以及两个小孙分开长达五年。他们常秘密见面，一旦被萨尔达尔知道了，他就会虐待她，有时候还会抽她耳光，这在以前是从未有过的。曼吉特好像化成了一块顽石，脸上毫无反应。她既不会责骂丈夫，也不会责骂这个家庭。“我不能容忍他出手打其他人的女儿，至于我自己，现在已经习惯了忍受。我总是按时祈祷（puja）、诵经（path）。我尽可能地服侍他，但是我绝不会坐在他身边，跟他说话。”

曼吉特的儿子成立了自己的公司之后，威望与日俱增。他父亲的身体却越来越虚弱。嗜酒成性，暴饮暴食，一个亲戚这样讲：“好像有什么东西从体内一点一点吞噬掉他。”这导致他患上了很多慢性病。他的体力衰退了。六年后，曼吉特的儿子携妻儿回到了这个家庭，显然，一家之主的权力落在了他手上。那时，他父亲的视力减退，脾气也好了很多，最后，他彻底卧床不起。

我想强调一点，没有人对这位父亲打击报复。虽然他被照料得很好，但是家里人除非出于必要，否则没有谁会主动跟他说话。曼吉特在儿孙身上找到了很多乐趣。回顾自己的生活时，她觉得没有什么好抱怨的。接下来的几年我屡次拜访她，“你知道所有的事，”她这样说道，“那是段艰难岁月，但是感谢神，让这一切都过去了。我再不用为我的儿子和儿媳忍受这些屈辱了。”

草图还是碎片

曼吉特的耐性在于她等待了这么长时间——她紧紧跟随着时间，俟机实现自己对一个真正的家的设想——这一切使她成为一个高瞻远瞩的人，而不是一个叛逆者。的确，她谈话时，陈述中总是加入了时间的成分。Vakat di mar hai，vakat ne bade sitam dhaye，vakat kadna si——时间冲击着我们，涤荡一切残忍的行为，一切都会过去的：这些陈述把时间看做一个残忍的作恶者。曼吉特作为一个女人，有责任来表现出耐心（sabar）；有人可能会想象她在这里表现得很消极，只是等待事情改变。然而，我想指出一点：

曼吉特做出极大的斗争来摆脱这种叙事定位，这个定位是由更强大的表演者——曼吉特的丈夫和婆婆给她设定的。众所周知，曼吉特的丈夫虽然暴躁、好斗，但他似乎缺乏资源，成为自己故事的真正“作者”。如果我们站在亲属制度网络中不同演员的立场来看，就可以解读这一情境。然而，这场叙事并没有用精确的线性运动揭示自己。相反，它是一部被反复涂写、扯碎的文本。此外，这部民族志融合了很多叙事的声音：曼吉特、她儿子和她儿媳妇的，我们无法确定对新娘实施的暴力有没有起到作用。旁遮普人的生活充满了琐细的小事，在父辈活着的时代，叙事权力在这些事件中无法发挥作用，而到了儿子的时代，这些权力开始进行新一轮的伤害、暴力和复仇。[①] 然而，我相信我在曼吉特的个案中所描述的一切是一幅文化图景，是在代际冲突和性冲突中创建起来的一种生命形式。

显然，这种弥散的暴力以叙事形式、象征形式和社会形式交织在一起。人们总是表达着暴力，偶尔也会实践暴力，在这一过程中，暴力定义了边缘，在这些边缘上，出现了一场试验：生命形式变成了**人的生命形式**。“男性一家之长是一家的‘首领’，他怎么能在婚姻谈判中退居其位？”“他殴打别人家的女孩子，况且这姑娘又是这家的新娘子，我们怎么能沉默不语，容忍这种事？”“我现在应该让我的儿子走，还是应该维持这个已经破碎不堪的大家庭的表面形式呢？”在曼吉特的个案中，每个这类问题的产生都与暴力密切相关。在其他一些家庭中，暴力试验也发生在这类边缘上，但不是身体暴力，而是其他类型的暴力。然而更重要的是，这些成为言语的一部分，甚至在面对暴力时，一个人通过这些言语，要求得到他所属文化的认同，反过来，他还要认同这种文化。这场处理文化的试验不同于曼吉特屈服的其他暴力，但是她绝不能谈论这类暴力。接下来，我要考察这种沉默，它好像一帘厚重的帷幕。

---

① Krishna Sobti 对这一过程曾经进行过细致入微地描写。参阅 Krishna Sobti, *Zindaginama* (Delhi: Rajkamal Publication, 1972)。

处于言语边缘的沉默

上述暴力在这里形成了一种模式,它伴随着旁遮普人的生活织网——家庭内部和亲属制度中产生的各种各样的变化而出现。"内部"在这里不是完全被遮蔽起来的东西,而是展现自身或揭示自身的东西,表演者利用表述行为技术使冲突和暴力呈现在公共场合中。言说暴力的能力产生于表演文化和讲述故事的间歇中,位于家庭和亲属制度范围之内。时间不是一种纯粹被表述的东西,而是"作用"各种关系的一大要因——时间使这些关系重新获得解释,重写或被涂盖——因为不同的社会表演者尽力书写各种故事,通过他们,集体才被创造出来或被再造出来。在这一语境下,印巴分治暴力混入了各种声音、形态试验,由此,家庭叙事才得以发展。

让我们把这一点和叙事(narrations),或者更确切地说是印巴分治暴力本身的"非叙事"(non-narrations)凝冻不变的特性进行对比。曼吉特本人同意跟我谈一谈印巴分治事件,她决定记录一页文献,满篇用了很多血淋淋的字眼,像"血流成河"、"横尸遍野"等等。一般有关印巴分治事件的故事往往涉及一些著名事例,比如,一个村子里的男性村民杀死了所有女人,因为他们担心本村即将遭到穆斯林暴民袭击;还有个村子,水井里再也填不下一具尸体,因为所有年轻的女人都投井自尽了。[①] 这类故事往往在英雄主义叙事中

---

① 在幸存者的讲述中,陶阿·卡萨尔(Thaoa Khalsa)的轶事备受推崇。这个故事讲述的是九十多名妇女儿童集体自杀——公民请愿书中曾引述过这个故事,女性主义历史学家布塔利亚(Urvashi Butalia)和韦德(Sudesh Vaid)也叙述过这个故事。布塔利亚和韦德把这个故事解释为幸存者的证词,却没有反思,英雄牺牲的题材如何影响了传达本身。参阅 Urvashi Butalia,"Community, State and Gender", in *Economic and Political Weekly*, *Review of Women's Studies* 17(1993): WS12-WS24, and The Other Side of Silence。潘帝曾经提出过一个很有意思的讨论,探讨了这个故事如何在官方讲述和流行讲述之间传播。参阅 Pandy, *Remembering Partition*, 84—88。曼吉特的讲述指出了传播的那些东西是一般记忆,它们不是必然与事件相关,它们只是每个人自身经验的一部分,与一些特定的记忆混合在一起。

设下很多插曲，普通女子的行为就像一些著名神话故事里的形象，如伯德玛沃蒂(Padmavati)*或克利希那黛维(Krishnadevi)，这两个女人为了洗刷耻辱而选择牺牲自己。[1] 这类故事在人类经验的边缘将暴力吸收进文化试验中，从而构造了暴力。即使面对这种可怕的死亡时，男人也知道他们的行为要具有男子气概，而女人则明白，她们的所作所为是为了保护丈夫的名誉。

从这一边缘上更深一步看，印巴分治的故事的写作来源丢失了。比如，我听到过一个女人的故事，她被一伙同族(biradari)男性轮奸了，丢弃在庭院中央，赤身裸体、不省人事，同族女人好不容易让她恢复了意识，给她净身，披上衣服。但她拒绝起床，在地板上一边打滚一边叫喊着她想死，赤身裸体，倚在门口(dalhiz)，绝食而亡。还有一个奇异的故事，一群住在德里的穆斯林女人被绑架了，在乐队的伴奏下，她们赤身裸体地游行到河边，好像婚礼队伍一样，在颂神圣歌(Sanskrit)伴奏下到亚木纳河(Yamuna)净身，这样，她们改宗，皈依了印度教。所有这些故事都以匿名的集体声音为框架："那些天听到了……"或"有人听到了这么一些奇怪的故事"。这些故事没有署名作者，仅仅是道听途说而已。

虽然曼吉特自己从没跟我说过，也没提过任何有关她被绑架以及被军队营救期间的遭遇，但是我感觉，印巴分治期间对女性实施暴行的故事广为流传，它们造成一个特定的势力领域，曼吉特后来的讲述都在这个领域中运行。看这样一个例子：曼吉特丈夫觉得自己特别生气的是，他这么一个穷亲戚、上了年纪的老男人，娶了一个"被人糟蹋了"的女孩，成了一个献身的替罪羊。曼吉特自己的感觉则是，她不能讲话，否则她的婆婆就会含沙射影地点出女人要吞下男人的屎尿。这些暗示指出这样一个事实：这个家庭固守

---

* 耆那教的女神。——译者注

① 勒梅什瓦利·尼赫鲁(Rameshwari Nehru)对比了帕蒂米尼(Padmini)的牺牲和这些女人的牺牲。参阅 Rameshwari Nehru, "Punjab ka bhayankar hatyakand"(旁遮普省发生的大规模恐怖杀人事件), *Deshdut*, December 28, 1947, cited in Pandy, *Remembering Partition*, 87。

在原来由绑架和被强奸的故事所形成的那个势力领域中。然而,与这些原初事件息息相关的那些情绪又转移到了其他故事中,在旁遮普人家庭的亲属制度领域中,这些故事是可以“讲出来的”(sayable)。

我曾尝试对这种暴力进行概念化处理,它出现在生活织网中,一旦它在亲属制度领域扎下根后,便具有承袭过去的感觉,然而,那些突发的创伤暴力早已成为印巴分治经验的一部分,它们似乎已经冻结了。时间无法在第二类暴力中起到书写、改写和修订的作用。让我试着把这一区别与双重语域(double register)联系在一起,维特根斯坦在《哲学研究》中提到的“生命形式”这一概念曾涉及这一点。

“生命形式”这一概念一般用来强调语言和人类行为的社会性质。然而,正如斯坦利·卡维尔指出的,如果维特根斯坦的所有意旨在于破解使用自身语言的孤独个体这一概念,那么,这个概念并没有给我们提供更多的意义。卡维尔提出,维特根斯坦谈到了人类同意他们所使用的语言,但我们不能把这种同意理解为对意见的同意,或是一种契约式的同意,即共同分享理念和信仰。相反,对这一“同意”的概念有两种解读方式:第一,同意生命所采取的那些**形式**;第二,同意人独具生命这一理念。

至于生命可能采取的形式,《哲学研究》中列举了大量的例子,比如,在代际之间讨论人这一概念;文化超越了这些辩论而被继承下来。因此,卡维尔提出,人类生活所采用的形式存在一些横向差异,比如婚姻或财产制度中存在的差异。在这个意义上,对生命形式的同意,是指对那些构建了不同形式的东西,而不是对构建生命本身的同意。卡维尔之所以抓住了这一区别是因为他注意到,相邻术语之间的意义有别,比如,就职典礼和加冕典礼这两个词之间存在差异,再比如,“吃”、“啄”和“用爪扒”这几个词之间是有区别的。

后一串术语表明,解读生命形式这一概念在这一时间侧重于“**生命**”这一术语。这特别涉及了这样一个概念:人的身体具有特殊的力量和尺度,人的感觉和声音并不是被预先规定好了的。因此,我们常常拿进化标准的观点来检验人的界限,衡量人自身的处境。例如,“**痛苦**”的标准不能应用于无机王国或机械王国。同样地，按照维特根斯坦的看法，我们可以说动物表达了恐惧或喜悦，但是我们能说它们表达**希望**吗？正像“就职典礼”和“加冕典礼”这两个词，它们之间的区别表达了横向差异的概念和形式差异，所以在卡维尔看来，语言学表达，即“吃”、“啄”和“用爪扒”表达的是纵向差异，是人类、鸟类和某种动物的生命之间的差异。对“人”这一概念所设的界限似乎引发了这样一种感觉：“生命”本身成了一大问题，仿佛人一旦将生命宽泛的意义带入到危险境地，那么他自身也将从人的位置上堕落。

我想，“生命形式”这一概念在纵向上检验“什么是人”的标准，这就为理解曼吉特为什么不讲述自己遭到绑架、强奸的经验这一问题，提供了一点暗示。男人殴打老婆，对她们实施性侵害，用自创的男子气概来羞辱她们，然而，在旁遮普人的生活中，这种侵害可以通过各种表述姿态或以讲故事的形式“说出来”。[①] 在幻想的暴力中，女性被剥去了衣裳，赤身裸体游行在大街上，我们可以把上述一点与那些复杂的量值，以及将政治标语写在女性私处的幻想，进行对比。那些扯碎了生活结构的暴力制造了身体，这一制造过程不可能通过辩论向文化提出要求。现在，一旦语词显现出来，那么，它们好像是日常语词运行破碎后的倒影。毕竟，一个人怎么能说出像“她名声丧尽(os di izzat lut gayi)”这类损毁的话？这就好比说，一个人怎么能大肆渲染强奸一事，怎么能说女人每天被使用、被交换、被消耗(aurat tan roz varti jandi hai)这样的话？的确，其他一些研究者也发表、记录过这样的言辞，然而，仿佛一个人触碰到了这些语词，也就触碰到了生命本身，因而，自己或被灼伤或变得麻木了。曼吉特对印巴分治的叙述充满了夸张手法，这让我们想起维特根斯坦的一个观点：夸张手法往往与无根无据紧密相关。

因此，我认为，曼吉特讲述这次暴力时没有说出的那部分内容，其实是日常生活形式中不能说出的那部分内容。此外，正因为针对日常生活的那些辩论，检验、定义并扩大了人的范围和尺度，通过那场不可思议的印巴分

① 我的意思并不是说，由此就可以被动地接受这种侵害，事实上，曼吉特整个故事都表现出对这种侵害深深的憎恨。我也不是主张我们要跨越人类社会来讲述暴力形式。

治暴力,它们进入到生命形式中,所以,人们认为它们与生命本身不合宜。也就是说,这些暴力试验引发了对生命本身的怀疑,而不仅仅是对生命所采用的**形式**的怀疑。强奸完一个女人之后,把匕首插进她的私处,这究竟是男人干的还是机器干的?到处销毁或收集被阉割的阳具,以此来显示自己英勇无畏,能这么干的究竟是男人还是动物?然而,这些并不仅仅是对人的质疑,因为,印巴分治最可怕的侵害恰恰在于,受害者**知道**强奸她们的是人:这就使生命本身成了一大问题。拒绝描绘某些对人的身体的侵害,这其中蕴藏着很深的道德力量,因为这些侵害行为一方面被看做是"反自然"的,一方面也定义了生命自身的界限。**人**的生命形式最精确的范围和尺度无法预先可知,而语词意义的精确范围更是无法预先可知。但是,如果说某些侵犯行为不能在日常生活中表达,那么这种直觉承认了这样一点:焦灼和麻木的日常不允许讨论这类行为。

难道我的观点接近于这样两种很危险的论点,第一,痛苦从本质上看是不可传达的;第二,对人的自然所做的假设,为人成为人设定了界限?针对这两种说法,我想说,痛苦的遭遇不是一次性的,也并非轻而易举便可处理好的。我前面曾论证过,否认一个人所宣称的痛苦并不是理智的失败,而是精神的失败——我们之间的未来岌岌可危。这些对身体的侵犯是不能被说出来的,因为它们使一个人觉得自己是物、是兽,也是一架机器;当时间逐渐起到再造或改写暴力记忆的功能时,这些对身体的侵犯与那些嵌入在日常生活之中的侵犯形成对比。

有人可能会说,在曼吉特的个案中,她参与日常生活的能力与这样一个事实直接相关:只要一提到印巴分治事件,语言便抛弃了她。或许,当生命本身被重新定义时,曼吉特在纵向边界上讲出的或听到的文本缺乏社会性,她的沉默也延续了她的责难。我相信,虽然这一责难的性质淹没在曼吉特的叙事表述中,却与她生活中那些可以言说的暴力息息相关。

海德格尔认为,事物存在的模式与工作存在的模式截然不同,或许我可以借鉴他的这一观点。非凡暴力和日常暴力之间的摆动并不像钟摆那样。事物模式与工作模式之间的对比指出了我一直以来想努力阐清的那种差别。在曼吉特这类女人的生活中,工作模式定义了她们与日常生活暴力之间的关联。相反,曼吉特遭到绑架,也可能遭到强奸的经历,不在她生活的工作范围内。但是,我们必须记住这样一点:虽然,关于印巴分治的叙事有意推崇那些英勇赴死的女人的生活,但是,大骚乱发生期间及之后,数不清的男男女女继续操劳着日常活计。女人和绑架她们的男人讲和,她们拒绝"救援",有时候会哀叹绑架者丧心病狂地对待她们,但她们决不会反抗,那些英勇献身的故事并没有记录这类女性。让我们来看一看两个穆斯林妇女纠缠不清的故事,她们双双被一个锡克族男人绑架,怀上了身孕。军队找到了她们,把她们安置在军营中,等着把她俩送回她们在巴基斯坦的亲属身边。一天晚上,这两个女人不见了。第二天,她们回来了,面对军队的审问,她们坦白说,她们想再看一眼她们尚未出生的孩子的父亲。[1] 由于日常的介入,以及建构暴力表述的语词极其贫乏,一个人是否"为人";一个人所遭遇到的是否就是生命自身的界限,这些焦虑在描写印巴分治的文学作品或影片中被克服了,虽然这种克服只是暂时的。

这里,我想到了德勒兹,他要求我们注意"什么才是**一种**生命"这个问题。[2] 在他看来,如果我们把不定冠词当成"先验的标志"(index of the transcendental),那么,没有谁能比狄更斯更好地描绘出一种生命了。德勒兹接下来讲了这样一个故事:有一个名声很差的男人,人们都很鄙视他。但是,有一天人们以为他死了,那些照看他的人对他表现出了尊敬,甚至爱戴。然而,一旦人们发现他没有死,这些人便又重新回到鄙视他的状态中去了。德勒兹要我们思考这样一点:他在生死间的那一刻人们紧紧围绕着他,这意味着,此时此刻,**一种**生玩弄着死。正如德勒兹所说:"个体生命向非人(an impersonal)让步,然而,单一生命把一种纯粹事件从意外不测和外部生活中解放出来,而这个单一生命本身则源于已经发生了的事物的主体性和客

① 见第二章。

② Gilles Deleuze, *Pure Imminence: Essays on a Life* (New York: Zone Books, 2001).

体性。”①

在德勒兹看来，这一刻并非个体化，而是单一化。我自己与曼吉特之间的关系值得注意，我发现，曼吉特承认，侵害她的是一种秩序，整个生命的原则都被亵渎了，除非是在极其犹豫不决的情况下，否则，整个生命的原则无法交付给语词。因此，曼吉特在说话和展现之间创建了一系列边界，我们没法用“告诉我发生了什么”这样一句漫不经心的话来引出一场谈话，因而也就无法跨越这些边界。

女人和死亡

人类学为女人和死亡勾勒的画像说明，女人表演的任务与死亡密切相关。这一章通篇论证表明，死亡与生命之间现存的位置关系不是被简单假设好了的。我不是从教科书那里明白这一点的，而是从我亲自观察的那些男男女女，从他们之间的关系，以及他们与日常之间固执的关联中才明白这一点的。“**一种**生命”和“生命”之间的关系颇为复杂，所以，一个人怎样生活在自身之死和他者之死的关系中，最终转化为：一个人不仅要保护生命的一种**形式**，以此对抗各种变化无常的争辩、批评、认同，同时，他还要维护生命制度，使**生命自身保持独一无二性**。

我只想强调阿夏和曼吉特各自生命的独一无二，但这并不是说，她们俩从某种程度上代表了印度妇女，我担负起寻找声音、留住声音这一棘手的任务，目的在于保护它们，这两位女性展现了回复到日常状态的种种可能性。实现自身生命的精神性，并不是单单要走出一名印度妻子或寡妇生活的格局，而是要找到一种声音，向立宪会议辩论会上浮出的那些虚幻的声音提出挑战。

卡维尔研究最多的一部电影是马克斯·奥菲斯（Max Ophuls）执导的《一个陌生女人的来信》（*Letter from a Unknown Woman*），在这部电影中，奥

① Deleuze, *Pure Imminence*, 28.

菲斯表现了这样一个主题：一个女人的死亡和她以书信的形式浮现出来的声音，如何攫走了男人对存在的感觉。[1] 这里不便复述他整个论证，我只想提一提我所感兴趣的一点。影评开头，卡维尔这样写道："马克斯·奥菲斯的电影《一个陌生女人的来信》中的男人，收到了一个陌生女人寄给他的一封遗书，根据设计好了的蒙太奇轨迹，这个男人表现出一副被困扰的样子，而困扰他的正是电影最开始那些段落中出现的一系列形象。这些扰人的形象原来是场死亡交易。"[2]为什么会这样？我们有必要听听卡维尔的原话：

> 当然，他们必须使这个男人感到愧疚和失落；但问题是，为什么对于一个男人而言，他交换出来的情感会是懊悔和失落，此时，这种感情是致命的。的确，这一切从死亡的语域开始（"你读到这封信的时候我可能已经死了"），到怀旧主题作结（"只要……只要……"），整个都跟这封书信有关。当然，这个问题也与双重书信这一事实有关：一封是描述性的信函，一封被冠名"一个陌生女人的来信"，这部影片收尾得很仓促，然而很明显，从一开始讲述完之后，一个死了的女人的声音浮现出来的是写出来的幽灵。[3]

卡维尔在这里描绘了，我们这些观众在观看这部影片时，怎么会身不由己地想知道这样一点：这部电影是一个写出来的幽灵。当我们再次看到那些形象时，我们会陷入到短暂的过去，那个女人的声音已经成了一个幽灵的声音。我承认，阅读这些"印巴分治叙事"的学术文献时，我自己常常有这样的感觉，它们就好比写出来的幽灵。也许，卡维尔并没有想到民族志。然而，作为民族志学者，显然，我们的心头必然萦绕着这样的疑问：或许我们的文本有一些语词触碰到了生命本身，而这种触碰已经迷失了自身或变得麻木了，难道它们不像写出来的幽灵吗？我希望，当我们说出"我的铁铲卷了

---

① Stanley Cavell, *Contesting Tears: The Hollywood Melodramma of the Unknown Woman* (Chicago: University of Chicago Press, 1996), 81—115.

② Cavell, *Contesting Tears*, 81.

③ Cavell, *Contesting Tears*, 108.

边儿”这句话时，我这里描述的那种生命的独一无二，可以把我们自己吸收进日常的民族志中，使我们承认，当我们说这句话时恰恰是精神开始的那一刻。

维特根斯坦在《哲学研究》中这样写道：

> 但人们究竟怎么传达某件事情的？我们什么时候说一个人在传达一件事情？——什么是“传达”的语言游戏？
>
> 我想说：你把人们能向一个人传达些什么这件事儿看得太过不言自明了。这是说：我们太习惯于在谈话中通过语言传达，以至于我们觉得传达的整个要义似乎在于另一个人把握到了我的话的意义——心灵里的某种东西，就仿佛说把这个意义装进了他自己心里。至于他随后再拿所传达的干点什么则不再直接和语言的目的相干。①

维特根斯坦在这篇文本和其他文本中都曾关注这样一点：语言模式的界限假定，语言的目的只在于交流。我们从曼吉特的个案中看到，讲述出来的与展示出来的东西之间存在着一条边界。说话和展现之间存在差别，虽然这种差别并不仅仅是语词和姿态之间的差异。语词能够展现出一个人与生命之间那种麻木的关系，就像姿态能够向我们传达出生命的形式是什么，死亡的形式是什么一样，它们为语词提供了土壤，语词在这片土壤上要么生长，要么死亡。②

---

① 〔奥〕路德维希·维特根斯坦：《哲学研究》，陈嘉映译，上海人民出版社 2005 年版，第 133—134 页。——译者注（Wittgenstein, Philosophical Investigations, para. 363）

② 语词和姿态之间这种复杂的关系指出了一种不同的思想领域，也就是说，它并不是 W. J. T. 米切尔（W. J. T. Mitchell）所理解的那种语词和图像之间的关系，米切尔在一篇令人着迷的讨论中，称这种图像为“想象文本”（imagetexts）参阅 W. J. T. Mitchell, *Picture Theory: Essays on Visual and Verbal Interpretation* (Chicago: University of Chicago Press, 1994)。

六

思考时间和主体性

本章是对“时间性”的相关问题的反思。这些问题在本书的第一部分便已出现，同时，它们也成为开启下面几章的桥梁。在接下来的章节中，我将对1984年德里暴乱中的幸存者所遭遇的暴力进行分析。我的讨论并不是要对人类学中的时间概念进行全面梳理，而是基于我对印度两个历史事件所做的民族志研究中出现的问题。上一章中我们看到，曼吉特经常会提到时间的作用。她说，时间既打击人，又疗治人。此外，还有一点引起了我的兴趣，我注意到，但凡涉及印巴分治期间发生的那些特殊事件，总是充斥着恐怖的集体记忆，比如，刚刚到站的火车上装满了死了的或受了重伤的人，这些人都是在印巴分裂后逃往邻国途中惨遭不测；还有一些则涉及集体大骚乱期间，恐慌谣言中提到的那些夸张。因此，我开始对“时间性”这一问题产生了兴趣，并不是说它代表了什么，而是它所起到的作用究竟是什么。时间对于主体的创造起到了什么作用？这里，结构和事件之间的关系是什么？

人类学史上探讨时间问题由来已久，它紧紧围绕着这样几组关系建构自身：自然韵律和社会韵律、共时性和历时性、轮回时和线性时、重复性和不可逆性。[①] 一些关于历法的文献指出文化的多变性这一问题，它们提出：哪部历法适合实践活动（播种或收获的季节，定制时令等等）；哪部历法提供了一种表征抽象概念的方法，如，吉利与不吉利。围绕着这些概念，特定社会中的成员为自己确定方位。[②] 仪式历法或家谱象征了时间的**路径**，还是**抑制**了绵延（duration）这一概念？的确，这是一些非常重要的问题，但它们仅仅指出时间和主体性的间接关系。这里，与后一组论证框架相关的几点评论需要逐一展开。

哲学家和人类学家思考主体性问题时都认为，现象的时间和物理时间之间存在差异。他们试图为这些差异设定一套结构，这种设定往往围绕"发生时"（time of occurrence）和"传达时"（time of telling）之间的区别展开，有时，又体现为"历史真理"（historical truth）和"叙事真理"（narrative truth）这两个概念之间的差异。[③] 例如，盖尔（Alfred Gell）最值得称道的思想是，他力图清除笼罩在人类学时间问题讨论上的形而上学阴云，重申这种差异。盖尔将他对"时间性"的讨论，建立在由麦克塔加特（McTaggart）提出的 A 系列和 B 系列的差异这一基础之上。[④] 他认为，A 系列时间概念根据过去、现在和未来对时间进行分类，反之，B 系列的分类则指它们**彼此**之间前后相继

① 参阅 Alfred Gell, *The Anthropology of Time: Cultural Constructions of Temporal Maps and Images* (Oxford: Berg, 1992)。

② E. Evans-Pritchard, "Nuer time Reckoning", Africa 12 (1939): 189—216 以及格尔茨对巴厘岛人历法的讨论，"Person, Time and Conduct in Bali", in *The Interpretation of Culture* (New York: Basic Books, 1973)。

③ Nelson Goodman, "Twisted Tales: or Story, Study, and Symphony", *Critical Inquiry* 7, no.1 (1980): 103—119.

④ R. 盖尔（R. Gale）曾经详细阐述过 A 系列标签和 B 系列标签。参阅 R. Gale, *The Philosophy of Time* (New York: Doubleday, 1967) 和 *The Language of Time* (London: Routledge, 1968)，然而，按照盖尔的说法，第一个在论文中系统阐述时间的非真实性的人是 20 世纪早期的哲学家 J. E. M. 麦克塔加特（J. E. M. McTaggart）。参阅 Mctaggart, "The Unreality of Time", *Mind* (1908): 457—474。

的关系。盖尔的基本论点是："粗略来看，A系列的时间性因素应用于人类科学中，因为，各种动因总是包含在情境语境中，人们相信，情境的本质和演化是一个环节对应着一个环节；相反，B系列中，时间性因素也可适用，因为各种动因为自己的世界构建了时间'地图'，也构建了这一世界在可能世界的投影，可能世界的B系列特质真正反映了它对宇宙自身的设定。"[①]在我看来，尽管盖尔采用了命题逻辑的方法来澄清上述观点，但是，他的讨论基本指出了这样一个事实：我们可以把日期加诸于事件，比方说，甘地逝世前后，印度教徒在印度是否享有政治权，即便对这一点我们尚存争议，但是，我们仍然可以说，圣雄甘地死于1948年1月30日。我赞同，给某类事件加上一个日期，就可以使它在时间中确定下来，但我们也要意识到，还有其他一些类型的事件不可确定日期（即，它们不是无时间性的，也不是永恒的）。比如，一个人能否为恋爱或者失恋确定一个精准的日期？尽管这些事件可以在婚礼上公布出来，但是，它们能否被"固定"在一部客观的日历上？从表层来看，我们可以把这种区分比作公共时间和私人时间之间的差异。然而从深层来看，对于那些公开的、引人注目的事件，我们不能给它冠名一个看得见的"现在"。例如，维特根斯坦解释时间的变形时提了这样一个问题：我们能否假定行走变成了跳跃，说话变为歌唱？这并不是说存在着一个时刻紧接一个时刻的信念，由此形成固定时间性地图，而是说，主体通过特定模式渗透到时间中，而这一特定的模式又塑造了事件的轮廓。为什么围绕时间和主体性的现象学解释产生出来的问题，寻求一种不同的敏感度，而不是假设，以这些差异为基础，物理时间和现象的时间之间截然分离？为了说明这一点，我想援引古德曼（Nelson Goodman）的观点，他说：

> 尽管现象的时间和物理时间彼此之间并非交互运动，然而，它们之间的关系远远不是那样简单。物理时间分割成许多微小粒子，我们很难觉察得到；物理时间中的事件位于现象的时间之外；某些物理同步事

---

① Gell, *The Anthropology of Time*, 154.

件并不是现象同步事件。的确,现象的时间可能以某些令人惊异的方式穿越了物理时间;我可能在一瞬间看到一片叶子飘落,在几秒钟前,听到有人说话,同时我又发现,一个恒星在此之前的几个世纪发生了爆炸。此外,一个简短的物理事件可能占据着相当可观的现象的时间,而一个很长的物理事件也可能占据着片刻的现象的时间。[①]

换句话说,现象的时间层面上同步发生的事件,在物理时间中彼此分离,这种同步事件使过去的一切同时发生成为可能。我们将会看到,过去、现在、将来——时间的这一特质为谣言注入了某种力量,同时它也说明,语言在恐慌现象学中所具有的致命性。

过去的感觉

我在本书第一部分就已提出,如果按照可测量时间的同质性单位标准来看,印巴分治早已成为过去,但是,它继续在故事、姿态和交谈中出现,从而延续到人们的生活中。[②] 虽然印巴分治早已过去,但是,它并没有带来一种已经过去了的**感觉**。我在 1984 年访谈当时的幸存者时,我一点也遇不到什么因为年代久远导致的困难,因为暴力及其直接后果可以通过各种感官直接感觉到:看、听、闻、触。除此之外,我在访谈幸存者时,他们遭到强暴、杀戮的危险根本没有成为过去时。对当下的感受往往以恐惧的预期为标志。那个地方的幸存者不仅活在那些房屋里的墙壁、烧焦了的门框、大街上一堆堆灰烬所体现出的记忆当中,而且活在那些施暴者的言语和姿态所呈

① Nelson Goodman, *The Structure of Appearance* (Boston: Reidel, 1977), 274.

② 我所指出的这种经验不同于普鲁斯特(Proust)提出的非自愿性记忆(involuntary memory)概念,他认为,非自愿性记忆把早先的时刻引向意识边缘,据说它可以同时反映出过去和当下,因此,事件既不能复归到过去,也不能复归到当下。参阅 Marcel Proust, *Time Regained*, *Remembrance of Things Past*, vol. 3, trans. S. K. Scott Moncrieff (New York: Vintage, 1981)。

现出来的威胁当中,这些施暴者仍然和受害人互为街坊邻居。因为对“现在”的感觉盲目而复杂,人们很难为甘地夫人暗杀事件划出边界。这一事件什么时候开始,又是什么时候结束的?我想通过思考时间和主体性之间的关系,以及那些算是已经发生了的事件,来反思上述问题。对于从当下时刻的唯我论中产生出来的逻辑困惑,我并不感兴趣。我所感兴趣的事实是:作为一个民族志学者,我在1984年仍然在面对暴力,只不过我面对暴力的方式,与印巴分治事件留在我的田野志上的方式,完全不同。

绵延是一次性的,还是多次性的?这个问题困扰着很多人。针对时间问题,柏格森有段著名的分析:“我们坐在河岸上,河水流动,船只航行或是鸟儿飞翔,还有我们内心生命不停地低语,对于我们而言,这是三件不同的事还是一件事,其实无关紧要。”[1]德勒兹对这段论述发表过深刻的洞见:柏格森赋予“关注”(attention)以一种攫取的力,而不必分割,因此,它既是“一”,也是“多”。“一”和“多”之所以可能同时发生,是因为柏格森认为,绵延具有一种能包含自身的力量。用德勒兹的话来说就是:“河水流动,鸟儿飞翔,我生命的低语——形成三股暗流;但是,只因为‘我’的绵延是其中的一股,各种元素便包含了其他两股。”[2]由此,绵延不完全是主体性的一个面向而已,它恰恰是主体性自身的处境。

很多人类学家都曾讨论过主体性和时间的问题,其中最出色的或许是德雅莱。他注意到,经验意义上的时间具有多样性,这与牛顿意义上的时间不同,后者具有多种曲度和变形方式。[3] 一个女佛教徒基桑向德雅莱讲述了自己当时对生活和死亡的反思,她不断提到时间,不像阿夏和曼吉特那样,她有时把时间当成一个残酷的暴徒,有时又把它当成疗治者。因此,德

---

① Henri Bergson, *Duration and Simultaneity* (Indianapolis: Bobbs-Merrill, 1965), 52.

② Gilles Deleuze, *Bergsonism*, trans. Hugh Tominsom and Barbara Habbersim (New York: Zone Books, 1991), 80.

③ Desjarlais, *Sensory Biographies.*

雅莱提出了这样一种观点：基桑在时间文化几度轮回中生生死死。他说，死亡出现在生者的生活中，它往往利用时间的路径和作用，有效缓解痛苦。德雅莱甄别了基桑思考时间时所采用的几种手段，基桑为什么会认为这些方法实际上有助于她思考自己的死亡时间呢？德雅莱罗列了这样几种：**时间的作用**侵蚀着身体；**处于时间中的人**预先活在死亡之中；在基桑的意识中，**死亡时间**有时需要特意等待死亡，有时又需要释怀；**未知之时**并不是死亡发生的精确时刻；**宿命之时**是早已写在前头的死亡时刻……凡此种种。①

我十分欣赏德雅莱一丝不苟的精神，他注意到了这种多样性，也注意到基桑反思自己生活在死亡之界的经验时，怎样将这种多样性编织到自己的思考之中。这源于这样一种描述：好像这些多种多样的时间流位于某个平面上，眼睛可以从一种时间移动到另一种时间上，仿佛它在空间中运动一般。② 我觉得，曼吉特和阿夏则以另外一种方式启发了我们。在曼吉特个案中，一方面，过去被保存起来，仿佛已经冻结，另一方面，曼吉特结婚生子，不断修复关系后，过去成为她生活事件的路径，这两者之间的差别引发了我们的反思：过去以各种形态出现在我们的生活中。曼吉特反复强调，时间是她生活真正的动力，这意味着什么？在阿夏个案中，她的存在

---

① Desjarlais, *Sensory Biographies*, 203.

② 我不否认，有时将时间和空间进行类比是有意义的。比如，古德曼曾指出，空间指示、个体指示和时间指示之间具有相似性。（见 Goodman, The Structure of Appearance）然而，我感到惊讶的是，很多研究经常会把时间作为动因，而不是空间。这里，我不希望对这一主题做更细致的探讨，但是我想指出一点差异。人们经常会同时谈到自己的直接空间和当下时间，在当下时间中，人自己好比大环境（mahual）。因此，一个人可以说，“这地方的环境真差”（yahan ka mahaul bahut kharab hai），或者说，“这些天的环境真差”（aajkal ka mahaul bahur kharab hai）。空间指示“yahan”在“这里”将说话者放置到空间中。时间指示“aajkal”（今天—明天）谈到的当下好似幽灵一般。虽然一个人离开一处空间之后还可以进入到这个空间，但是，一旦他离开一个时间点，他就再也不能回到这个时间点——一个人安排自己的生命时，总是谈到那些坏时刻，希望这一切都能过去。正如我们将要看到的那样，这种时间观也说明了这样一种概念：希望存在于第二次时机中。

感体现在两种时间性中：第一种时间性将过去与她构筑的“某种未来的生活”联系在一起，在第二种时间性中，当下的关系好比“海中央缠绕在一起的两根枝”，它们为当下涂抹上一层特别的色调。我一下子罗列出柏格森对于“过去”的看法，是想看看这些概念在这里能否帮助我们思考时间性的本质这一问题。

德勒兹援引过柏格森一段独特的论述，极具冲击力：“完整的记忆通过两种同时的运动回应一种现在状态的召唤，其一是**移动**，记忆通过它完全面对经验，从行为角度来看虽然没有被分，不过多少有些**凝缩**(contracting)；另一种则是自身**旋转**，记忆通过它转向能显示其最有用的一面的时间境况。”①德勒兹引出这一段是想讨论这样一个问题：纯粹的反思怎能呈现出某种心理存在？事实怎能与现实共存？② 德勒兹认为，在柏格森那里，当下根据现时情境的需求、需要提出要求。为了能做到这步飞跃，一般而言，我们不是要把自己置于过去的诸要素中，而是要置于过去特定的区域内。为了某些目的，我们类比了空间和时间、时间绵延和空间广延。然而，如果时间没有被想象成另外一种空间维度，那么，就不能比较这种过去的区域和所谓部分图景，这幅图景位于黑暗之中，只有光投射在上面，它才能显现出来。相反，每一个层面都与凝缩了的过去相符合。德勒兹这样解释了这一过程：

> 柏格森补充道：也存在一些特别突出的回忆，它们像一些**惹人注目的点**，从一个层面到另一个层面变化着。有人当着我的面说了一个外文词：根据假定的情境，猜想这个词所属的一般语言，或什么人曾对我说过这个词或相似的词，这不是一回事。根据这种情况，我不是跳入过

① Deleuze, *Bergsonism*, 62.（见〔法〕吉尔·德勒兹：《康德与柏格森解读》，张宇凌、关群德译，社会科学文献出版社 2002 年版，第 153 页。——译者注）

② 为揭示潜在、现实以及事实（澄清了的模型）之间的关系，参阅 Paola Marrati, *Gilles Deleuze: Cinema et philosophie* (Paris: Presses Universitaires de France, 2003)。

去同一个区域;我并不置身于同一个层面;我不诉求本质相同的特征。[1]

因而,对于柏格森来说,记忆装满了过去的一切,但是它经过某些过程又能回应当下的召唤,柏格森认为这些过程是转移和回旋。前一种包含着收缩,后一种包含着指向。正如我所理解的那样,在前一情形中,我们从一般过去转移到收缩层面上,这种收缩回应了此刻的召唤,比如,上述例子谈到了,如何确认我想要回忆起来的那个外文词。在回旋的情形中,好像过去把它自己最有用的一面朝向了我们。这里,我并不想具体展现柏格森理论(对此我不是很精通),而是从中汲取让我最感兴趣的两点。第一,记忆并没有把过去当成是"现在"的继承,相反,正因为整个过去以某些方式被一次性给出了,它便在一种收缩的形式中实现出来。第二,虽然现实化的过程包含了召唤当下的转移,但是,在回旋的过程中,意志的独立性和过去某些区域成为现实,开始定义当下时刻的情感性质。[2] 在田野工作中,我在谣言语域中体验到了后一种情况,过去在谣言中整个呈现了出来——凝缩在对集体的回应中,我们将在下一章中看到对这个问题的详细阐述。这里,语言获得了传染性——语词肆无忌惮,按照流行的说法,它像野火一样蔓延开来。同样,谣言在曼吉特所经历的生活中呈现出来的样子,好像那个没有说出来的过去已经成为事实——它们围绕着曼吉特生活中的各类关系,却从未用言语直接表达出来。这就把谣言致命的力量赋予了语言。

我发现,转移工作以这样一种方式实现,即,希望的理念不是被看成超拔到,或逃到一个不一样的未来,而是说,它能沉潜入日常生活之中,我称之

---

① Deleuze, *Bergsonism*, 62, 强调部分是原文自带的。(参考张、关译本,个别处有调整。——译者注)

② 虽然,日常语言提到过去存在是为了表明,空间分类如何为思考时间提供语言,但我想强调的是,感情几乎是由事实的性质决定的,这种事实虽然不是现实,却仍然具有真实性。

为第二次机会的时间性。[①] 在第一章中,我关注了这样一点:如何在一个已遭毁灭的空间中,再度栖居下来,如何与那些破裂的碎片共存,如何逼近时间,如何在哀悼的姿态中栖居于世——这一切使日常生活恢复起来。这绝不是东方人的宿命论思想,而是以一种姿态接受界限,它假设,希望总是反对一切证明(不然的话,岂不成了一种期待?)。接下来,我也不得不考量这样一个问题:如果返回日常的路阻塞了,这项计划也可能会失败。

化身为石

从文学理论到心理学理论,通过创伤模型来解释暴力问题的方法在这一广泛的理论体系中占有突出的位置。与此同时,很多学者曾指出,将病理学的公共领域引入到一种流行文化中,是十分危险的,那些痛苦的故事和死伤遍野的景象似乎迷惑了这种流行文化。[②] 我不否认,围绕苦难而创建起来的共同体,包含着一个悖论,这一悖论可能会导致这些共同体充满怨恨,然而,在我看来,一切似乎危如累卵,否则,社会科学助长了无声的苦难也不会成为一个岌岌可危的问题。这里,为了给稍后的讨论做些铺垫,我想通过梳理有关暴力的两个不同理论,来探讨这一问题。

第一个是创伤理论,它广泛从各种文学资源和历史个案中汲取养料。创伤理论认为,伤害折磨着自我(这不同于身体伤害),不是单单用时间就可以治愈的。根据弗洛伊德的观点(或者至少也参考其中一个解释),文学

---

① 关于这一联系,可以参看西尔万·珀迪贡(Sylvan Perdigon)的一篇重要论文。在这篇论文中,他称流亡到贝鲁特的巴勒斯坦难民有一种苦乐相煎(pessoptimism)的情绪。这里,他细致入微地刻画了包含在日常生活中的事实、现实和潜在的性质。参阅 Sylvain Perdigon, "Yet Another Reflection on Pesooptimism", 这篇论文发表在"全球文化、权力和历史"研究学会上(Institute of Global Studies in Culture, Power and History), Johns Hopkins University, March 2003。

② 参阅 Arthur Kleinman 和 Joan Kleinman, "The Appeal of Experience: The Dismay of Images", in Arthur Kleinman et al., *Social Suffering*。

批评家卡路特(Cathy Caruth)提出,"心灵的创伤,在心灵经验到的时间、自我和世界中打开了一个缺口",创伤就像能很快被体验到、始料不及的事件,无法被完全吸收为经验。[1] 只有当创伤以噩梦的形式或强迫性冲动,把自己强加给意识的时候,幸存者才会考虑这一经验。卡路特这样总结这一问题:

> 创伤和声音的寓言告诉我们,同时,弗洛伊德论述创伤时,也通过讲述和故事,不经意地告诉了我们他对创伤的理解:创伤绝非一种病理学,也不是受伤心灵的疾病:它永远是一个伤害的故事,这种伤害要呐喊,要努力告诉我们一个真相或真理,而通过其他方式是不可能实现的。这一真理姗姗来迟,它不仅不能与已知的东西挂钩,而且,也不能与我们的行为和语言中未知的东西挂钩。[2]

创伤概念见证了某些被遗忘的伤害,这种修辞经常被运用于印度历史,和有关宗派暴力问题的公告中。这种暴力通常被解释为最初由印巴分治的伤害造成,然而,印度社会和印度政府从未完全承认过这一伤害。在卡路特和费尔曼等人的文学作品中,个体创伤往往沦为了集体创伤,[3] 而文学声音这一概念将这两种创伤结合在一起。因此,卡路特认为,因为创伤经验发生时并没有被完全吸收,所以,我们不能直截了当地追问见证这一问题,这些问题必须放在某种文学语言中,并且这些问题不能简化为文本的主题内容。正如卡路特所说,语言的文学性超越了我们所知道的东西,并且也超越了我们所建构的理论,它"不断见证着某些被遗忘了的伤害"[4]。

---

① Cathy Caruth, *Unclaimed Experience*: *Trauma*, *Narrative and History* (Baltimore: Johns Hopkins University Press, 1996).

② Caruth, *Unclaimed Experience*, 4.

③ Felman, *The Juridical Unconscious*.

④ Caruth, *Unclaimed Experience*, 4.

我曾在别处指出过，见证既非全体，也非空无，[1]相信前一章已经展现了一幅完全不同的见证图景——它深入于日常生活中，把握着有关侵害、背叛和受伤的自我的有害知识，而这一自我已渗透到社会日常生活中。卡路特和其他创伤理论家在个体经验和集体程序之间进行直接转化，然而，我认为，过去在集体层面上再度扮演了一个**不断重复的强迫者**形象，这一观点似乎简化了很多复杂的路数，使我们能够理解，特定的过去区域如何通过谣言，或是独一无二的个体生活中实现出来，这些个体生活紧密结合成各种关系，而这些关系本身却已经磨损了。

例如，卡路特反复重申的观点很有说服力：

> 现代创伤理论注重强调，创伤具有毁灭性的重复作用，它支配着一个人的生命。现代神经生物学家指出，倒叙中不断重复创伤经验可以使其自身再度受到重创；就算不会导致生命危险，至少也威胁到了大脑的化学结构，最终会导致脑功能恶化。这似乎解释了幸存者中自杀率高的现象，比如，越战或集中营的幸存者，他们恰恰是在发现自己已身处安全之**后**又产生了自杀之举。人类经验支配历史的一个典型例子是，创伤失序的外在表现是人们挣扎着要去死。弗洛伊德最终在《超越唯乐原则以外》(*Beyond the Pleasure Principle*)中谈到了死亡的动机，这一假设似乎只承认了毁灭力量的真实性，这种力量是历史暴力强加给人类心灵的，历史形式好像是以往暴力无止境的重复。[2]

从一个人的生活不断遭到毁灭，到神经生物学，再到无止境地重复先前暴力的历史学，这些论证从某种程度上讲一脉相承，每一步都需要我们仔细推敲。例如，蕴藏在每一个案中的真实性其实是某种不同的秩序。从另一层面来讲，创伤事件之后，当人们处于相对安全的环境时，出现了自杀的现象，对这一问题的证明不能支持其他论证，比如，就像战争期间或集中营里

---

① 参阅 Veena Das 和 Arthur Kleinman，“Introduction”，in *Remaking a World*，1—31。

② Caruth，*Unclaimed Experience*，63.

的同室囚犯所报道的情形那样，一个人放弃斗争而甘愿赴死。[①] 我承认，这种创伤和见证模式承袭了犹太种族大屠杀的研究成果，但是，我们不能把它简单地应用于其他语境中，因为在这些语境里，暴力被纳入到完全不同的社会性类型中。[②] 除此之外，文学和日常之间的关系需要仔细研究，所以我们要留心文学体裁如何影响了日常生活经验的叙事化，我们还要认识到，日常生活中还可以通过其他方式来创建并维系关系。当然，任何一个经验理论的核心概念都是“无人认领的经验”（unclaimed experience），但是，我想，把这一概念植根于日常生活中会结出不同的果实。

有时，我在田野工作中会遇到这样一些情况：我不能肯定地说我知道了，这个意思也就是说，我觉得我无法**精确地**传达我所知道的。比如，当阿夏谈起她和前夫之间的关系时，我看到她的表情告诉我，有一条时间性的鸿沟，她从这条鸿沟中看到了这些关系，而这些关系在我看来就像某种神秘的时间碎片。她仿佛是想让我知道有关她的那些关系的事情，但却什么也没向我**传达**，好像强调这些事只不过是为了满足我的好奇心而已。这种感觉和我看到的那些生活在苏丹堡的女人一样，她们不声不响地坐在街上烧焦了的房子里，我到达的两天前，这里发生了几起大屠杀，在我看来，这些女人的形象与其说代表了那些受伤的世界，不如说表达了这样一点，即维特根斯坦所说的，身体是灵魂的图景，我想以此来说明，身体是灵魂的表达，它既不是灵魂的居所，也不是它的象征。

---

① 阿伽本认为，Muselmann（源于德语 Muslim，在波兰语中是 Muzulman，这个词广泛使用于第二次世界大战纳粹集中营的收容监，指那些饱受饥饿之苦、气力耗竭、坐以待毙的囚徒。——译者注）体现在生不如死的集中营生活中。参阅 Agamben, *Remnants of Auschwitz*, 41。在阿伽本看来，Muselmann 暗示着，收容监意味着生不如死的人并非要像犹太人那样死去，然而，他并没有评判这样一个事实：赤裸的生命也可以被想象为另一种生命形式——比如，穆斯林的生命形式几乎等同于动物生命。

② 关于这一点可参阅 Lawrence Langer, *Holocaust Testimonies: The Ruins of Memory* (New Haven: Yale University Press, 1991)。我关心的并非是犹太大屠杀在神学意义上的唯一性问题，而是它的历史特殊性。

维特根斯坦认为,身体是灵魂的表达,卡维尔认为还可以把它理解为,身体是一系列神话,或是神话的碎片,这一神话不排除那些争论意见[①],比如,人有灵魂,对我而言意味着什么?或者,当一个婴孩绽开微笑或抿起嘴唇,来表达自己的灵魂处于运动中这一概念时,对此我们该如何理解呢?神话或神话碎片概念,把这样一种观念当做经验排除在外,即,一个人在其初始状态时便在场了。不在场的状态是必要的,因为,如果一个人特别好奇地想解释一种神话,那么他就已经不再生活于神话之中了。因此,当苏丹堡的女人不声不响地坐在那里,任由身体腌臜不堪,蓬头垢面,因此,她们也就熟视无睹并且也痛苦地忍受着这番污浊——这种想法在我看来有些像《摩诃婆罗多》中的黑公主(Draupadi)的形象,她公开宣称自己遭到的暴力,表达了受污之辱。[②] 然而我既不认为这些女人谋划了一种策略,也不认为这是一种运用到了政治王国中的日常生活策略。相反,我想说,把这种现象当做生活在神话碎片中,在我看来具有更深远的意义。仿佛过去把脸朝向了她们——而不是说,她们自己把这一过往的故事转移为当下的反抗策略。

"我"的缺席源于"我"的经验,或止于"我"的经验,这种思考有什么意义呢?"无人认领的经验"这一图景源于卡路特和其他一些创伤理论家,他们注意到这样一点:"我"无法表达自己的伤害,通过不断重复的噩梦等象征,"我"的伤口找到了表达的"声音"。我并不认为,当情境的某一特定的方面没有照临在"我"身上时,这就是一种缺席的图景。因此,卡维尔注意到了那个著名的"鸭—兔"图画(duck-rabbit picture),"我"从这幅图画上看到了鸭子却没有看到兔子。这并不是因为兔子在图画里隐藏了起来——如果从另一个角度来看,这幅图的确**是**一只兔子——但是,即便它在场,"我"也看不见。我认为,这一盲区恰好为思考生命缺席的意义提供了思路。

第二种想象是,通过这种缺席,我们摆脱了语词的束缚。从某些方面来

---

① Cavell, *The Claim of Reason*: *Wittgenstein*, *Skepticism*, *Morality*, *and Tragedy* (London: Oxford University Press), 365.

② 参阅 Alf Hiltebeitel, "Draupadi's Garments", *Indo Iranian Journal* 22 (1980): 97—112, and "Draupadi's Hair"。

看,“我”对语词的依恋表达了“我”对自己生命的依恋。然而,在谣言的情况下,恰恰是签名的失败才导致秘密言说的语词,或源于人群的语词具有致命危险。谣言最令我震惊的是,言说出来的语词不属于任何特定的人。从某些方面来讲,他者的容貌在“我”的心灵中得到了一种形象,因为“我”把这一特定的人当成他者,而与他的单一性进行斗争,或者说,与他(她)的独立存在进行斗争——这让“我”不能不承认,构成我们结合的,是那些“我”对这个人完全不理解的东西。相反,谣言引发的社会性类型以某种方式巩固了异质性,所以,围绕着人的分类所划定的那些边界中,一个人完全被他者替代了。因此,对于那些宣称自己印度教徒身份,并因为甘地夫人遭到暗杀而寻机报复的人来说,谣言的力量抹杀了锡克教徒这一具体的他者的真实面容。相反,逻辑上来讲,如果杀死了英迪拉·甘地的保镖是锡克教徒,那么,任何锡克教徒都会遭到报复而成为替代的受害者。至少,在谣言层面上的想象是这样。有意思的是,实际执行复仇的过程中,甚至暴众掀起暴动时,正在进行中的地方关系历史也不能被抹杀,它们在特定的地方共同体中,使暴力彰显出来。我将在第八章中讨论这样一个问题:声称要报复全世界——这样的暴力如何获得地方意义呢?尽管如此,谣言语域的声音具有致命的特点,它的力量如何取消了日常生活,这一问题一直萦绕在我脑际。当我基本完成有关 1984 年大骚乱写作之后很多年,另一位政治领导人,拉吉夫·甘地(Rajiv Gandhi,英迪拉·甘地的儿子)遭到了自杀式恐怖袭击,一名女暴徒暗杀了他,人们普遍相信这个女人是“猛虎”组织(Tamil Tigers)的成员。那个夜晚,拉吉夫·甘地的遗孀——索尼亚·甘地(Sonia Gandhi),在居所外面听到了群众高喊的口号。其中一条口号这样说道:

Bhaiya ke katil zinda hain
Bhabhi hum sharminda hain

杀死我们兄弟的人还活着

> 噢！Bhabhi（兄弟的妻子）[①]，我们真是感到耻辱！

第二天早上有报道称，索尼亚·甘地很有礼貌地给游行的人发去了消息，称自己不愿意在悲痛之时被人打扰。

这一群人做了什么样的陈述？从字面上看，这似乎是对当下的直接陈述，但是，对于一个受过印度政治语法教育的人来说，这显然是一种威胁。首先，它创建的亲属制度并不是以爱情或忠诚来维系的，而是复仇的修辞艺术——把刺杀当做义务，以此来构建手足情谊。其次，最后一句口号（Bhabhi，我们感到耻辱！）是一句悬在当下和未来之间的陈述。就像"凶兆重重"这句话，我认为这句口号是通过当下时刻来讲述未来——只有循环往复的复仇运动和大义赴死才能洗刷耻辱。索尼亚·甘地直截了当地拒绝忍受这样的口号，她是在拒绝一种复仇的政治信仰。英迪拉·甘地遇刺身亡之际，以同样的方式打造的这幅亲属制度图景（如，有一则口号声称：你们杀死了**我们**的母亲）并没有被克服，结果导致了悲剧（这并不是说，谣言引发了这些事件，而是说它认可了事件的发生）。

难道谣言致命的力量攫住了这群人，由此产生了这类幻觉的状态？卡维尔将它转化为这样一个问题：怀疑论下的身体命运是什么？我不主张对这一怀疑论问题进行文学、哲学及人类学分析，我想说，这是一个对称性问题。对于这些文学和哲学问题，恕我这里冒昧地引用卡维尔的观点：

> 我选用第二条，也就是最后一条更宽泛的解释，来研究怀疑论下的身体命运，这二者在某些环节上十分相似，多多少少是一组相似的观点。我想追问一点：我们如何站在《冬天的童话》的高度来理解赫美温妮化身为雕像？很显然，我是在问，我们如何理解列昂特斯为什么会接受把赫美温妮从雕像变为血肉之躯的那个"魔法"。这是一种最特殊的复活形式。接受这个魔法意味着接受了赫美温妮化身为石这一观

① 我不满那些贫乏的英文亲属制度术语，因为把 bhabhi 翻译成"夫或妻的姊妹"（sister-in-law）完全丢失了这个词的修辞力量。

> 念;从而也就接受了她从生命里消失的命运是正当的这一观念。列昂特斯确认了这一命运的正当性,而我想追问的是,这一确认的理由是什么?假定赫美温妮回到列昂斯特身边意味着他认可了她;而正因为他认可了她,才意味着他承认了自己与她的关系;尤其是自此他承认了自己曾经对她的否定。所以,列昂特斯承认,化身为石的命运是他独特的怀疑论的后果。我们看到,列昂特斯使他者生不如死,而他自己却对这种生不如死麻木不仁。①

卡维尔还认为,《冬天的童话》和《奥赛罗》相互应和互为集注,我将不再进一步引述他的这一观点以及对后一文本的评述。我发现,卡维尔解读《冬天的童话》时提出一个颇为深刻的观点:男人拒绝有关"自己的他者"的知识是对石头的想象。在这两种情况中,拒绝接受他者的血肉之躯——一个人自身的命运由此成为一种具体化的存在——这种拒绝以一个人逃避他者知识的方式来展开,它反而让一个人相信谣言的世界。

这使我想起另一个有关背叛的故事,故事中的女人被想象成由石头做的。这是梵语史诗《罗摩衍那》中的罗摩遗弃悉多的故事。罗摩知道悉多是贞洁的,然而,他还是把她贬为洗衣妇,宁愿看到人们的流言蜚语对悉多指指点点,也不愿意在自己心里看到她的容颜。② 迦利陀娑(Kalida)在诗篇中深入细微地描述道:Avaimi chenam anagheti kintu lokapvado balvan mato me——我知道她是纯洁无瑕的,但是,人们的闲言碎语(字面意思:谴责)太厉害了。罗摩放逐悉多之后,守着一个照她的形貌做的金质雕像,直到诗篇结尾,他才准备接受她,悉多要求她的大地母亲敞开怀抱接纳她,以证明她的忠贞,因为罗摩要她证明自己的忠贞,因为他根本不愿认可悉多。我想先把这样一个观点放在这儿:把他者想象为石头做的或许恰恰是男人自己的

---

① Cavell, *The Claim of Reason*, 481.

② 想了解更详细的讨论,可参阅 Veena Das, "Kama as Purushartha", in *King, Householder, Renouncer: Essays in Honour of Louis Dumont*, ed. T. N. Madan (Delhi: Sage Publication, 1982)。

怀疑——因此,怀疑论原来并不仅是特定时代的事件,也是一种性别事件。

交待了盘亘在本书两大部分之间的这些思想后,接下来就要回到有关谣言的民族志上去,回到谣言造成的暴力,及其与印度国家形式的紧密关联。最后,我将阐明,女性自身如何将这种“石头想象”纳入到静坐的姿态中,仿佛她们真的是由石头做成的,并以此作为从生命中缺席的象征。然而,这种不在场体现在对死者的召唤上,由此,这些女人重新栖居于她们毁灭的世界中。这也是一种“无人认领的经验”,但是,这一次是在扶植生命,扶植它的创造力和不可预见性。现在,我诚邀读者和我一起看看故事运行出来的这两条新轨迹。

七

谣言语域

作为语言的一个区域，谣言的力量是让我们经历某些事件，但它不是要把这些事件指涉为外部的，而是在讲述行为中制造事件。在这一章中，我将力图说明，我们认定的转移和回旋的过程如何使过去的某些区域现实化，并在事件之间创造某种连续性。从另一方面来看，或许这些事件之间并没有关联。这不同于我们能够在其间划出边界的对象，我们很难说清一个事件什么时候开始，什么时候结束，也很难说，一个时空构造中的事件如何模仿另一个时空构造中的事件。对于1984年英迪拉·甘地遇刺一事，我们既可以把它当成独一无二的事件，也可以把它看做发生在政治暗杀史当中的一个事件而已。其次，这次事件是在事件序列中展开的，包括印巴分治，旁遮普省的锡克族武装运动，以及相应的20世纪80年代的国家镇压行动，以金殿（the Golden Temple）（旁遮普省颇负盛名的祖师门［Darbar Sahib］）为据点的军事行动，最后则是甘地夫人遇刺。这里，我论述的重点并不在于因和果，而是一系列关系链条，通过它们，上一章提到的转移和回旋的过程才能将过去的某些区域现实化。它将引导我根据那些未完成的故事来思考社会。[1]

首先,我来大致描述一下这次突发事件,然后说明,语言和事件如何相互构造,如何聚集过去,并以凝缩的形式把过去呈现出来。我并非要证明,语言本身具有一种力量,可以使这些悲伤之事**划归为零**,而是说,已经变得迟缓的记忆以谣言的形式进入到生活中。这类谣言卷入到地方冲突史中,它们变成了具有破坏性的地方暴力场景的一部分。我想说,正如柏格森描述的那样,回旋的过程围绕着那些过去的面向,使它们活到当下。[2] 然而,把这些记忆真正转移为行动,依赖于大量的地方因素,没有它们的话,我们就很难理解暴力的这一特征。在这一章和接下来的一章中,我将试着展现出这两套程序之间的相互作用。

总理遇刺

1984年10月31日上午9时,印度总理英迪拉·甘地遭到随身两名或更多名保镖枪杀,这几人都是锡克教徒,直到晚间时分,她的死讯才公开。围绕这一事件有一股秘密的氛围。德里流传着各种有关甘地夫人是死是活还是受伤的推测,我在这里观察到了所发生的一切。官方直到第二天早晨才公布了行刺者的宗教身份。然而,官方消息出台前,有关甘地夫人的死讯以及暗杀者的身份的谣言已经流传开来。人们不知怎的就"知道了"甘地夫人是由她的锡克教保镖杀害的。那时德里还流传着一种猜测:甘地夫人的保镖之所以要射杀她,是由于锡克教徒要在这个城市中谋求安全。

---

① 史蒂文·卡顿(Steven Caton)在他的著作《也门编年史》(*Yemen Chronicles*, New York:Hill and Wang, 2005)中,曾就人类学对事件和未完成故事的研究,做过精到的民族志解释。正如他的研究所显示的那样,事件似乎源于对关系的偶在性无处不在的背叛(而不是揭露):它展现了记忆如何隐藏在对未来的创造中,如何嵌入到诗歌和叙事中。

② Bergson, *Duration and Simultaneity*.

至于这些事件的来龙去脉，很多人都将此次暗杀与蓝星行动（Operation Blue Star）联系起来，这一行动是由印度军队于1984年7月组织策划的。据称，锡克教武装领导人宾德兰威尔（Bhindranwale）就死在这场行动中。这支军队强行闯入金殿（gurudwara，锡克教寺庙，字面意思是：通向古鲁[Guru]的入口），在这一语境中，人们认为这是蓄意亵渎，因为大多数锡克教徒觉得这一事件深深伤害了他们。稍后我们将会看到对这一事件各种各样的建构和反建构。正是在这一意义上，我想指出，据暗杀前流传的谣言讲，正是蓝星行动后，一些锡克教徒在古鲁之门前宣誓，要在十月底以暗杀甘地夫人的方式报复这侮辱。特别是暗杀发生后，有一些谣言称，甘地夫人曾经得到由她授命的特别警备队人事部的警告，称她配置锡克教保镖十分危险，但她没有理睬这番忠告。平面媒体、街谈巷议争论不休，印度教和锡克教究竟如何从道德上评价？甚至锡克教共同体内部，也存在着分歧的意见：两名保镖能否被当成殉道者，因为他们冒着生命危险潜入到深不可测的印度国家安全体系中①——还是说应该给他们贴上胆小鬼的标签，因为他们杀了一个手无寸铁的女人，而且这个女人如此信任他们，以至于不顾安全警备队人

① 两名保镖成为殉道者这一观念后来广泛出现在锡克教徒的好战文学作品中。这一点解释了化身为英雄的两个刺客形象——苏卡·辛哈（Sukha Singh）和梅赫达布·辛哈（Mehtab Singh），1752年，哈沙拉迦（Harssaranga）在阿姆利则遭到了少数民族穆斯林首领玛沙拉迦（Massaranga）的侮辱，苏卡·辛哈和梅赫达布·辛哈为了复仇杀死了他。据我所知，这个故事当时在这一点上并未引起注意，但是，他们拿生命冒险的做法，跟中东地区一些武装组织集体自杀的行为比起来，不相上下。我曾在别处分析过这个故事在好战文学中是怎样流传的，参阅 Das, *Critical Events*。尼查万（Michael Nijhawan）对交战期间旁遮普地区的塔迪歌手（Dhadi Singer）进行过非常特别的研究，他举了一个案例：警察审讯一名歌手，据说他赞颂了那两名锡克教徒保镖，这个人反而大笑起来，回答说自己只是唱了资助人要求他演唱的内容。因为他口气狂傲，结果被拘禁了三年。尼查万（Michael Nijhawan）得出结论说，与其说塔迪歌手缅怀的歌声是中性的，倒不如说我们应该把维护历史的人当成中性的。参阅 Michael Nijhawan, "Dhadi Darbar: Religion, Violence, Agency and Their Historicity in a Panjabi Performative Genre"，尚未出版的博士论文，University of Heidelberg, 2002，即将出版的 *Dhadi Darbar: Religion, Violence and the Performance of Sikh History* (Delhi: Oxford University Press, 2006)。

事部的忠告。有一点十分有趣，我们需要注意：人们纯粹是通过谣言来猜测行刺者的身份。我认为，这是一种离奇的知识，可以上溯至未完成的蓝星行动，也就是说，这个故事并不包括武装运动中的宾德兰威尔之死，因而，有必要以民族灾难事件的形式来换取一个终结。

在这一章中，我的兴趣在于，这一事件如何被当成了暴力对抗锡克族的理由——不仅是为了报复施暴者，也为了以某种方式重新获得印度教徒丢失的男性化气质。从授命这一行动的那些推论形式来看，谣言的分析延伸了两大主题：民族主义，以及国家从本质上来说是男人之间、父亲之间的契约，在第二章中，我们分析了印巴分治后，是否要找回被绑架女性的争论中已经涉及这一点。但这里我要更深入一步，在下一章中，我通过一个位于德里外围低收入街区的暴力空间讨论这一点。因此，尽管男性化和女性化、自我和他者、羞辱和复仇，这些流传的图像创造了某种突发事件，但是，并非所有锡克教徒都成了靶子。为什么在一些地区，锡克教徒成为了暴力的靶心，而在另一些地区，他们却能幸免于难？

的确，我们很难同时持有这样两种解释：一个层面的分析着眼于恐慌的一般意义，而另一个层面则展现了一些特殊化的方式，由此，仇恨、履行复仇等一般图像转移为现实的暴力行动。我认为，甘地夫人遇刺这一政治事件引发了危机，它为那群标榜自己是“惹恼了的印度教徒”提供了基本条件，对锡克教徒施加暴力，据说这是代表广大印度教徒共同体而实施的报复行动。此外，即使很多印度教徒不直接打击锡克教徒，也会参与到遍及全城的恐慌和仇恨的氛围中。多数印度教徒和锡克教徒发现，他们根据经验的主体性建构着自我和他者的图像，而这些图像又通过漂浮的谣言中介散播开来。在制造和传播仇恨的过程中，以这样的视角看待并重新体验创伤事件和日常暴力记忆，施暴者和受害者的形象往往被颠倒了。此时此刻，暴力经验令人吃惊地颠倒了，恐慌谣言在这种颠倒中创造了这样的景象：侵略者把自己确认为，甚或体验为受害者。

前一章，我讨论了著名的“鸭—兔”图，当一幅图像或另一幅图像从视野中消失时，即便消失的图景并没隐藏在别处，这种图像也创造出了“盲点”。我发现这种“盲点”如今呈现出来：一个人在过去的观念中是受害者，而**现在**，用暴力打击所谓的侵略者这一想法似乎黯然失色。为解释谣言恐慌激发的现象学，我需要简略地描述一下已经提过的好战精神话语，以及这样一个问题：印度教徒和锡克教徒的形象如何被纳入到这一话语之中，并通过这一话语流传开来，灌输于公众的意识中？

好 战 话 语

印度锡克教徒和锡克教徒移民中出现了武装行动，这是20世纪80年代很重要的一个现象。[1] 我不打算在这里全面描述这一复杂过程，只想摘

① 20世纪80年代广泛出现了一种文学的形式，描写了武装运动、锡克教徒叛乱或是旁遮普地区遭受恐怖分子的袭击——每个术语都体现了特定的政治视角。我发现下面这几篇文章特别有用：J. S. Grewal and Indu Banga, *Punjab in Prosperity and Violence: Administration, Politics and Social Change 1947—1997* (New Delhi: K. K. Publishers, Institute of Punjab Studies, Chandigarh, 1998); Surinder Singh Jodhka, “Looking Back at the Khalistan Movement: Some Recent Researchers on Its Rise and Decline”, *Economic and Political Weekly* (April 2001): 1311—1318; Rajiv A. Kapur, *Sikh Separatism: The Politics of Faith* (Delhi: Vikas Publishing House, 1987); Harjot S. Oberoi, *The Construction of Religions Boundaries: Culture, Identity and Diversity in the Sikh Tradition* (Delhi: Oxford University Press, 1997); Shinder Purewal, *Sikh Ethnonationalism and the Political Economy of Punjab* (Delhi: Oxford University Press, 2000)。印度历史上最骇人听闻的侵犯人权的事件是国家组织的一系列镇压叛乱措施，记录在《人权观察》上，*Punjab in Crisis: Human Rights in Human Rights Abuses in Punjab* (New York: Human Rights Watch, 1991)，和 *Dead Silence: The Legacy of Human Rights Abuses in Punjab* (New York: Human Rights Watch, 1994)。我们很难根据族裔民族主义理论来理解这一时期，因为这个术语把这一现象看成两个种族地区之间的冲突。然而，武装领导阶层不只象征了所有锡克教徒的主观意志，较之印度是印度教徒国家的代表，这种象征的意义更为丰富。关于这一现象的复杂性，哈里什·K. 布里(Harish K. Puri)，伯勒姆吉德·辛哈法官(Paramjit Singh)和贾布鲁布·辛哈·塞肯(Japrup Singh Sekhon)曾做过一项研究颇值得我们关注，他们帮助我们理解好战状态为什么会在农村地区兴盛起来这一问题，参阅 Harish K. Puri, Paramjit Singh Judqe and Japrup Singh Sekhon, *Terrorism in Punjab: Understanding Grassroots* (转下页)

录一些相关文学作品中印度教徒和锡克教徒的形象，以及对他们的典型描述，以此说明，这一切如何反映出围绕男性化气质和公民身份问题而产生的焦虑，我们考察过，印巴分治后关于找回被绑架女性的辩论中曾涉及过这一问题。除此之外，我还要说明，这一切如何又变成了围绕印度少数民族地位问题而产生的新的焦虑。

1981 年到 1984 年年末这一时期，锡克教领导人组织了一系列大规模公民抗议游行，要求印度政府满足他们的要求，同时他们又声称，使用暴力手段才可了结这一切。在阐述这些要求的过程中，一些战斗文学出版物、海报及口头话语，创造了各种新的印度教徒和锡克教徒的典型形象。与此同时，许多典型描述都反映出，一想到那些印度教徒被人描述为“软弱”和“被阉”的人，[1]印度教正统教派组织按捺不住的好战情绪与日俱增。

在锡克教徒好战话语组织的这些图像中，锡克教徒把自我描述成殉道

（接上页）*Reality*（New Delhi：Har Anand Publications，1999）。尼查万对塔迪音乐体裁的研究精到、独特，它展现了国家施与人们的折磨，如今，这种经验被吸收了，同时，通过回顾早期锡克教传统中的殉道故事，音乐表演又塑造了这种经验。尼查万的研究还呈现出这种体裁如何表达了对国家和现代锡克教政客的批评。阿克塞尔也考察了少数派宗教群体的问题，参阅 Brain Keith Axel，*The Nation's Tortured body：Violence，Representation and the Formation of Sikh 'Diaspora'*（Durham：Duke University Press，2001）和 Cynthia Keppley Mahmood，*Fighting for Faith and Nation：Dialogues with Sikh Militants*（Philadelphia：University of Pennsylvania Press，1996）。

① 关于印度教民族主义话语如何看待被阉割的印度教徒，可参阅 Thomas Blom Hansen，*Wages of Violence：Naming and Identity in Postcolonial Bombay*（Princeton：Princeton University Press，2002），特别是第 93 页；Sudhir Kakar，“The Construction of a New Hindu Identity”，in *Unravelling the Nation：Sectarian Conflict and India's Secular Identity*，ed. Kaushik Basu and Sanjay Subrahmanyam（New Delhi：Penguin Books，1996）；Nandy，*The Illegitimacy of Nationalism*；以及吉安南达·潘帝编辑的多篇论文，Hindus and Others：*The Question of Identity in India Today*（New Delhi：Viking，1993）。

者，过去，他们的牺牲为这个共同体注入了能量。① 同时，这一话语认为，印度教徒软弱、带有女人气，或是诡诈、狡猾，早先他们不过都是依赖锡克教徒的保护，而现在，这些印度教徒却背叛了以前的保护人。锡克教徒用书面或口头的好战话语想象出一套印度教徒的“形象”，觉得他们威胁了自己的男性气质。这些话语进一步建构出一套镌刻在殉道者身体上的锡克教史，反思了锡克教徒的男性化特质，并把女性化的印度教徒特征印刻在印度民族史上。② 因此，男性化气质定义了锡克教徒共同体的特点，而印度教徒共同体则被刻画为具有被阉割了的女性化气质，这两种观点不知不觉一一陷入到印度民族理念之中。

共同体、亲属和男性化气质

这些口头好战的话语被广泛使用于男性关系的隐喻，在锡克教徒中创建了共同体感。早先我已指出，使用亲属制度关系是在两种意义上：第一，承认并推崇真正意义上的父子关系；第二，早先印度教徒和锡克教徒之间的关系，也被认为是母教（印度教）及其后代（锡克教）之间的关系，如今被想象为一种隐喻，暗示了私生的侮辱。比如，宾德兰威尔在一次演讲集会中说：“Khalsa ji（你们这些纯洁的人），锡克教徒是真正的古鲁古宾信（Guru Gobind Singh）的子孙。* 现在你们知道，儿子一定会长得像他的父亲。如果

① 想了解殉道士在锡克教徒政治想象中显著的象征，可参阅 Michael Nijhawan, “Dhadi Darbar”以及 J. P. Uberoi, *Religion, Civil Society and the State: A Study of Sikhism* (Delhi: Oxford University Press, 1996)。

② 这一点很好地反映了印度教徒的焦虑，他们担心自己与穆斯林建立关系时被剥夺了男性化气质，我们在 20 世纪早期的地方手册中就发现了这一点，印巴分治后，这些手册纷纷涌现出来，针对绑架、寻找妇女一事开展了论战。因此，印度国家是由男性建立的，建立在他们作为父亲和丈夫的能力基础上，但它的建立并没有消除这种对男性化气质的忧虑。

* 锡克教第十代上师，锐意改革锡克教，对锡克教的发展有重大贡献。——译者注

儿子长得不像他的父亲，那么你们也知道该用什么词称呼他（比如：杂种）。如果儿子的行为不像他的父亲，那么人们就开始用怀疑的眼光看他。他们（那些印度教徒）说，锡克教徒是印度教徒的后代。他们怎么能指责我们纯洁的祖先——一个锡克教徒怎么能忍受别人称他为自己的儿子？”[①]

建立“纯洁祖先”的同时又伴生对私生子和真正父子关系的怀疑，这种考虑其实是**男性**的怀疑。他们划定了一个想象出来的民族范围，无论是锡克教徒还是印度教徒，都把这个民族设想为一个男性化民族，而民族归属则被解释为父亲和儿子之间的家谱关系。赢得一个民族，自以为能拥有一个祖国，这一想象始终沿着一条轴运动，即，儿子应该拥有一位勇猛的父亲，这个说法围绕着这样一个主题：要像一个殉道者那样，牺牲自己，承受痛苦和艰辛。这里，我不仅需要简短指出，在印度教徒对民族的想象中，祖国就是**母国**（motherland），虽然民族被设想为具有男性化气质，但是，它是由一位母亲的儿子组成的。反抗英帝国殖民主义统治期间，民族主义者的话语意象把这个民族表述为一位母亲——她被外国统治束缚住了，要她勇敢的儿子们拯救她。因此，这种男性化思考以印度教徒和锡克教徒的好战话语为标志，但是，这种存在差异的家谱（父亲的儿子，还是母亲的儿子？），以及对一个人如何达到成年男性气概的想象，这二者以不同方式塑造了自我和他者的概念。[②] 甘地的非暴力运动使这种情形进一步复杂化，他转化了男性化

---

① 作者收集的录音。这一条和下面的引述都出自这篇广为传颂的演讲的录音磁带。他们无法确认时间和地点，因为宾德兰威尔与国家和武装力量在当时呈紧张的对峙状态。

② 卡维尔讨论了性别如何扭曲了怀疑论，对于理解这一问题至关重要。他解读《冬天的童话》时对这一问题做出了如下表述：“这里我所感兴趣的是如何理解认识论学家对存在这一问题的看法之间的共通性，所谓的外部世界的存在性，或是分析哲学家所称的‘他者的心灵’，如列昂特斯对儿子是不是自己的这一问题感到困惑……列昂特斯问自己的儿子第一个问题是：‘你是我的儿子吗？’……治愈列昂特斯的痛苦就是承认孩子是自己的，承认这种苦难，像每一个正常的父母那么做。”（*Disowning Knowledge*, 203）后来，卡维尔研究了好莱坞制作的陌生女人的传奇剧，最终承认了这样一个事实：这一问题指涉的是**父亲**，而不是**双亲**。在后来的研究中，卡维尔提出了性别扭曲了怀疑论这一问题。他在这篇研究中说，《冬天的童话》让人难以忘怀，“我可以这样讲，只（转下页）

气质和女性化气质的概念,采取的策略如禁食,让身体通过消极的臣服来接受伤害等,而不是更具有男性化气质的暴力抵抗策略。①

因此,有一点很有趣,需要我们注意:锡克教徒书面和口头的好战话语反复强调说,锡克教徒不属于这样一个民族——它将圣雄甘地这样一个女性形象认作父亲(bapu:广大民众赋予甘地的爱称)。非暴力原则定义了印度民族主义斗争原则,口头话语对这一"被动的"、"女性气的"原则越来越担忧,因为,它似乎对以继承男性化方式来对抗"恶"的问题构成了威胁,而这正是锡克教徒自然继承下来的方式。因此,据说甘地领导的非暴力运动只适于女性化的印度教徒。宾德兰威尔在一次演讲中分析道:对于锡克教徒而言,归入这样一个民族门下,以圣雄甘地作为自己的父亲,实在是耻辱,因为他的斗争技术纯粹是女性化的。甘地以一部手纺车作为象征,而这却是女人的象征。这位武装领导人追问道:"勇敢的古鲁王的象征是佩剑,这

(接上页)要一个人消除了自己的男性或女性特质,这种被性别扭曲的怀疑论可能会带来痛苦"。他观察到,这种性别的不对称不是因为怀疑的主体在不在场而消解的。相反,分析的视角不应该着眼于对孩子是否己出这一问题的不确定感(一个男性问题),而是说,谁是孩子的父亲(一个女性问题)。我从宾德兰威尔的演讲中发现,围绕着家谱所产生的这种不确定感说明,怀疑论的问题通过一些重要的文化差异呈现出来,我们不仅可以根据性别,也可以根据定义家谱和亲子关系的不同方式来提出这一问题。参阅 Cavell, *Disowning Knowledge in Seven Plays of Shakespeare*, ch. 6 和 *Contesting Tears*, 特别是第100—102 页。

① 为了进一步认清民族性别这一复杂问题,我注意到,几乎每一种想象要么将民族当做一位举世瞩目的母亲,要么是一个娼妇,有的又会认为它是一位女神,一个爱人,在不同时代不同群体的社会想象中都会出现一个鸡奸的父亲的形象。参阅 Sudhir Chandra, *The Oppressive Present*: *Literature and Social Consciousness in Colonial India* (Delhi: Oxford University Press, 1992); Partha Chatterjee, *The Nation and Its Fragments*: *Colonial and Postcolonial Histories* (Princeton: Princeton University Press, 1993); Lawrence Cohen: "Holi in Banaras and the Mahaland of Modernity," in *Gay and Lesbian Quarterly* 2, no. I(1995): 399—424; Sudipta Kaviraj, *The Unhappy Conscionsness*: *Bankimchandra Chattopadhyay and the Formation of Nationalist Discourse in India*(Delhi: Oxford University Press, 1995)。回顾一下第三章谈到的作为爱人的民族和作为母亲的民族之间的相互影响。

些古鲁王的子孙怎么能接受一个像甘地那样的女人当**父亲**？这些技术是软弱的，绝不是一个不向任何非正义低头的种族应有的——这个种族的历史是用殉道者的鲜血书写的。”

很明显，根据父子关系，家谱既建构了过去，也建构了自我和他者。这些话语认为，应该宣称自己真正继承了骄傲的古鲁（他们是锡克教的十个创始者），[①]渗透到锡克教徒身上的一切堕落都因过于接近印度教徒所致，应该予以驱除。这套特别的叙事网络把锡克教徒历史描述成殉道者的历史，从而创造出锡克教徒的英雄特征，而这一否定性的反面正是印度教徒女性化的特质。它转而认为，“印度教徒”历史的危险，并非在于锡克教徒在历史中的正当位置被否定了，而是说，尚武的锡克教徒转变为一个软弱的种族：[②]“锡克教徒越来越柔弱，过去50年来，他们容忍着那些对他们宗教的侮辱及其他形式的压迫，他们忍耐着这一切，没有一点反抗，他们受这种阴谋不轨的布道摆布，着迷于非暴力运动迷幻的祭拜仪式，越来越与他们的先知——古鲁王背道而驰，对一个暴君毕恭毕敬，丝毫不觉得他们的宗教、自我尊严乃至整个人类的尊严受到了侮辱。”[③]这段话认为，危险并不在于以英雄式的方式面对一个男性化的他者，而是那个女性化的他者完全消融了锡克教徒的男性化自我。它提醒道：“这个敌人会把你们的故事从这个世上彻底清除掉。”

这个共同体特别把自己表述为一个男性共同体，我们发现，它不是忧虑父亲——这是“**我**”的儿子，但是忧虑的儿子——“**我**”值得称这个男人为自己的父亲吗？除此之外，一切母性象征都从这一世系中清除出去了。因此，

---

① Guru 这个词字面意思是教师，而 Sikh 这个词源于 shishya，意思是学生。

② 当然，具有讽刺意味的是，作为一个尚武的种族，在锡克教徒的想象中，这种卓越的尚武精神是因为印度的殖民统治，从而塑造了很多尚武种族所致。参阅 Harjot Oberoi, *The Construction of Religious Boundaries: Culture, Identity, and Diversity in the Sikh Tradition* (Chicago: University of Chicago Press, 1994)。

③ 参阅 *The Massacre Skihs: A White Paper by* the Sikh Religious Parliament (Amritsar: Shiromani Gurdwara Prabandhak Committee, n. d.)。

这番口头好战话语在训告指示中,要求所有锡克教徒清除自身一切女性象征,这就一点也不奇怪了。在这一话语中,锡克教徒最具男性化气质的象征是他的佩剑。很多演讲中都有这样简明的训告词:成为佩戴武器的战士(shastradhari howo)。宾德兰威尔在演讲中强调最多的就是要求锡克教徒家庭收集武器,特别是卡拉希尼可夫自动步枪,只有这样,他们才能在时机将临时,捍卫这个共同体的尊严。

佩剑被看成是锡克教徒男性化气质的象征,这种男性化气质是历史的外部产物。据称,锡克教徒男性化气质的另一个象征就是胡须。宾德兰威尔劝告教徒们蓄须:"如果你们不想蓄须,那你们就该促使女人成为男人,而你们自己应该变成女人。要不然就命令自然不让你们的脸上长胡子。这样的话,也就没有必要劝告你们蓄长须了。那我也没就必要在这里布道(prachar karna),为这事绞尽脑汁(matha khapai karna)了。"[①]另一位领导人,Akai Dal 的一位官员称,锡克教徒的络腮胡是对国家权威的直接挑战。[②]以下言语表达了锡克教徒共同体面临的威胁:"他们"紧盯着"你们"的佩剑、"你们"的胡须(ona di nazar twadi kirpan te hai——ona di nazar twadi dadi te hai)。因此,我们看到,女性化他者这一主题的重要性剥夺了共同体的男性化气质,并赋予其女性化特质,从而毁灭了这个共同体。在这种情况下,集体仇恨的产物,不是以印度教徒和锡克教徒很长时间以来彼此的敌对史

① 这一点特别重要,我们需要谨记在心,印度教拉其普特人(Hindu Rajput,指印度北方一部分专操军职的人,自称是古印度武士种性刹帝利[Kshatriya]的后代。——译者注)的传统也宣称,佩剑是男性化和英勇气质的重要象征,而络腮胡是男性锡克教徒的标志。对比科纳顿的观察,他认为过去沉淀于身体之中。Paul Connerton, *How Societies Remember*(Cambridge: Cambridge University Press, 1989)。

② 阿卡利党(Akali Dal)是一伙政治党派,它在旁遮普地区的锡克教徒中有一定基础。然而,并不是所有的锡克教徒都效忠阿卡利党,因为国大党是它的死对头。历史上,国大党也拥有一部分锡克教徒组成的领导阶层,并且得到了锡克教徒的支持。在旁遮普地区,宗教组织和政治党派之间的关系是个非常复杂的问题,然而,我们应该记住,对于锡克教徒和印度教徒来说,政治忠诚影响到政党发展。早期有关阿卡利党政治的描述,可参阅 Mohinder Singh, *The Akali Movement*(Delhi: Macmillan, 1978)。

为基础,而是说,仇恨变成了一把剪刀,把一个共享的历史和环境的关联剪得七零八落。

有关锡克教徒史的叙事依据了一系列系统二元论,它把锡克教徒的自我从印度教徒这一他者中分离出来,通过一套“遗忘”系统建立自身,这一系统包括:印度教徒和锡克教徒日常生活中的亲密联系,特别是语言的联结、共同神话和敬拜仪式,以及通过交换而创建起来的共同体之间的联系。事实上,锡克教徒甚至也参与到反抗穆斯林的集体大骚乱中,历史教科书和人们的私生活都印证了这一点,但却没有进一步承认。把过去所有黑暗的一面都栽到印度教徒头上,从而清除了这些黑暗的面向。[①] 比如,这些出版物讨论了20世纪20年代以来发生的集体紧张事件,涉及印度教徒和穆斯林之间的冲突,但是锡克教徒的形象好像完全没有出现在这些冲突中。金殿最高管理委员会(SGPC)出版的白皮书一篇名为《他们屠杀了锡克教徒》的文章,副标题是“记往事”,这样写道:

> 据估计,在这一现象中,锡克教徒的宗教感情遭到了冒犯,他们被伤害了的尊严具有一定的历史渊源。本世纪后20年,城市中反锡克教徒的一小撮儿印度教徒,他们的文化先祖撰写、出版过一本小册子,声称这是一篇历史研究文献,冠以这样的名字——“兰吉拉·勒苏尔·穆罕默德(Rangila Rasul Mohammad),可亲可爱的先知……”面对这番针

---

① 最近几年,很多研究文本都注意到,记忆和遗忘之间的关系建构了共同体。格罗斯(Jan T. Gross)在一篇非常有意思的论文中展现了二战期间记忆对抗极权主义所起到的重要作用,同时,在波兰人和犹太人之间的关系中,对建构共同体的遗忘又弥补了过去的恶。他强有力地抨击了波兰人的认罪:“极权主义试图摧毁社会团结的胜利之路只走到了一半,如果波兰人不仅能通过国家的未来,而且能通过国家的过去将共同体的历史从政权统治的野心下拯救出来,那么,极权主义的努力可能会破灭。”然而,波兰人民发展出一套精巧的神话,遮蔽了波兰和犹太人的关系,以及波兰社会中反闪族现象的本质,从而导致他们半遮半掩地支持犹太人当替罪羊的法西斯政策。Jan. T. Gross, “Polish-Jewish Relations during the War: An Interpretation”, *Archives europeens de sociologie 28*: 199—214。

对穆斯林共同体的羞辱和攻击，整个印度穆斯林世界群情激愤，但是，他们遭到拉合尔城市印度教徒出版机构的嘲讽和责骂……然而，事件(sic)的整个过程导致印度各地一连串集体流血大骚乱，这种局面持续到印度和巴基斯坦分裂，各立为国才结束，由此带来悲剧性的损失：大批男人死去，金钱和财产流失。这一切恰恰可以直接上溯到以兰吉拉·勒苏尔为代表的一部分多数人共同体。①

可见，最初这种有意遗忘的行为与清除恶的共同体息息相关，现在，这种行为针对“城市多数印度教徒”。第二次遗忘行为解释了所有暴力行为，一方面直指锡克教徒共同体内部制度实践上不和，另一方面指出，表面的集体暴力是一种殉难式的暴力。最后，出现了这样的假设：这个国家是一种外部制度，事实上，也就是印度教徒的制度，这一假设被强加到锡克教徒共同体之上，而不是通过区域内部通行的惯例来创建这个国家。虽然有大量证据表明，这一时期，国家在印度本土制造了大量侵犯人权的暴力，但是，军队和警力并非专属于印度教徒。然而，凡涉及这个国家腐败制度实践，这种建构使锡克教徒共同体免受一切责难，并将它们归罪到印度教徒身上，同时，它还创造了一种背叛的话语。

被背叛的情人

好战话语中反复出现的隐喻之一是被背叛的情人，即，锡克教徒像被背叛的情人那样被印度国家背叛了。据说，虽然锡克教徒的牺牲为印度带来了自由，但是，他们被否认了在新转型的民族中正当的位置。比如，宾德兰威尔在一次演讲中称，虽然穆斯林取得了巴基斯坦，印度教徒在事实和法律

① *The Massacre Sikhs*, 29—30。这类抵制出版物发行的历史值得仔细分析，一方面，有关新闻审查和公共秩序的殖民想象牵涉到这段历史，另一方面，它又创造了新的阅读公众。我的这点思考得益于莫赫塔对这一问题的洞察，我期待着他对这段历史的社会生命及相关文本的研究能够问世。

意义上是印度的长期统治者，他们不允许圣旗(nishan sahib，代表锡克教徒民族的旗帜)在这个国家的上空飘扬。宾德兰威尔有时喜欢讲另一个故事：有一次，在国会开会时，曾就国旗进行了讨论，最终达成一致：其中，象征了锡克教徒中的殉道者的藏红花压倒了其他两种颜色——代表穆斯林的绿色和代表印度教徒的白色。这归因于这样一个“事实”：一直以来，正是一名锡克教徒领导了不合作主义者(satyagrahis 甘地用语，指那些非暴力运动反对者，字面上的意思是：忠于真理)这支队伍，因为印度教徒太软弱，无法行此使命。这里无需再加上官方叙事，来解释国旗上颜色的排列——但是，这个故事具有一股力量，它在漂浮的真理之上，印下了真实性。

在其他例子中，宾德兰威尔及其他人把印度教徒比作蛇。一幅海报这样写道：“印度教徒从来不杀蛇。他们让穆斯林去杀。如果蛇死了，印度教徒会很开心；如果穆斯林死了，印度教徒会很开心。”它总结道：“与这样的共同体交锋，甚至连你的名字都会从编年史中清除掉。”印度教徒不值得信任——这一主题通过他们的女性化领导人的形象进一步被细化。因此，据称，英迪拉·甘地，这位寡妇领导人出生于潘迪特(Pandit)家庭——锡克教徒对此的解释是，这个婆罗门种姓侍奉着有权有势的统治阶层。[①] 这暗示着，只有印度教徒才会接受一个女人的统治。所以，男性气质和女性气质的形象叠加到印度教徒和锡克教徒的形象上，它假设国家的存在好比一个穹拱，由此提供了一种语境，为这些竞争搭建了框架。进一步说，只有联系到这一穹拱存在，我们才能理解印度教徒和锡克教徒的形象如何被粉碎，脱离

① 杜蒙(Louis Dumont)把婆罗门种姓为代表的祭司制和亲属制与刹帝利种姓代表的亲属制之间的关系刻画为一个双头等级制度(a double-headed hierarchy)，但是，尽管“潘迪特”的仪式纯洁，他们却总在旁遮普的种姓等级制度中处于较低的位置。关于祭司制和政治权力之间的关系，可参阅 Lious Dumont, *Homo Hierarchicus: The Caste System and Its Implications*, trans. Mark Sainsbury et al. (Chicago: University of Chicago Press, 1980)。杜蒙对亲属制度和权力概念的理解遭到了广泛的批评，但这里不是我关心的主题。

了与他们日常生活的联结。[1] 这些负面的、仇恨的自我和他者的形象在公共空间中推行,并渗透到人们的理解中,形成了一套无意识语法,蓝星行动、英迪拉·甘地遇刺,以及1984年德里反锡克教徒的集体暴力——通过这些严重的事件,无意识语法被制造并体现出来。因此,虽然日常生活不是围绕着一连串重大事件,但这些事件一定是从日常土壤中生发出来的。

谣言现象学

现在,请让我把目光转向这样一点:甘地夫人遇刺建构了社会危机语境,在这种语境下,锡克教徒和印度教徒的特质在谣言现象学中得到了表达,对这一特质的理解也由此散播开来。这次社会危机的特点是:恐慌加剧意味着社会交往衰败,社会记忆激励被看做是由一些不完善、不连贯的社会故事构成的,恐慌谣言[2]的出现是一种无根无据的声音,然而,这样的谣言却附着在自我和他者的形象中,在好战话语中流传开来。信任从常态的基本语词中消退,建构了一种特别的脆弱性符号,导致一个人似乎失去了对行

① 我们会发现,印度教好战话语中也折射出类似的形象,比如撒赫维·黎散巴和乌玛·巴拉提(政客总是象征着一切“忘我”精神)在演讲中谈到印度教徒要弃绝假想出来的被动的、被阉割的形象时,话锋激扬。有趣的是,虽然印度教徒谈到穆斯林时总是持反对态度,但是,被国家背叛这一主题既呈现于好战的印度教徒的话语中,也出现在好战的锡克教徒话语中。

② 在动乱连年的时代,虽然谣言伴生的影响之一就是恐慌的出现,但是,我并不是说所有谣言都会导致恐慌。我们有必要区分谣言和闲话(gossip)。早期有关“闲话”的理论通过提供非正式评估和控制标准,强调闲话的功能是维护群体的整体性。参阅 Max Gluckman, “Gossip and Scandal”, *Current Anthropology* 4, no. 3 (1963):307—315。其他人类学家也颇感兴趣地观察到,闲话为个体提供了各种手段来对付社会规范,以及评估各种限度,文化规范正是根据这些限度达成一致的。参阅 Robert Paine, “What Is Gossip About? An Alternative Hypothesis”, *Man* 2, no. 2 (1967): 272—285。关于闲话在旁遮普生活中所扮演的角色的讨论,可参阅 Das, “Masks and Faces”。

为方式的一切控制。[1] 正是在这一时期,宾德兰威尔在演讲中制造的那些形象,后来又反映在印度教徒领导人的演讲中,如巴尔·撒克里(Bal Thackerey)、乌玛·巴拉提(Uma Bharati)和撒赫维·黎散巴(Sadhvi Rithambra),那些形象在社会群体的集体表演中找到了一个位置,将日常生活的主体性取代为另一种主体性:如果更恰切地描述这种主体性的话,它接近于一种死亡的形式。

与许多其他阐述方式比起来,强调在谣言中取代日常生活的主体性这一点,从颇为不同的角度看待谣言的功能。顺便简要地勾勒一下这种差异可能很有用,特别要指出的是,谣言有时候在一定的社会语境中会发挥批评功能,但是,在另一些时候,它却为传播仇恨创造致命的条件。恐慌谣言传播的速度紧跟怀疑论发展的速度,从某种意义上来说,这二者的功能使我们与语境的联结偏移了。正是这一点说明,谣言理论与生命形式(或死亡形式)无关,它不可能被插到这些形式的内部。

谣言以其积极的力量鼓动大众,我们对这一方面的理解得益于那些研究法国大革命的史学家,如鲁德(George Rudé),他对大革命的研究堪称经典。[2] 在鲁德之后,也有很多学者注意到,谣言鼓动大众时具有积极力量,

---

① 林哈德(Peter Lienhardt)在一篇论文中对谣言进行了解释,他得出结论:"由此,我认为,这类更具幻想的谣言表征着(或者说一般性地代表着)公众感情的复杂性,我们很难在更为理智的层面上表达这种感情。正因为如此,他们往往不假思考,至少是毫无批判地形成一致意见。或许这解释了为什么谣言这个词具有超出纯粹的愚蠢这一含义。这意味着向非理智投降。谣言未经思考就制造了整体,它是乌合之众未形成前的声音。"(131)这一结论反映了启蒙学者面对"乌合之众"不经思考的态度时流露出的不安情绪,但事实上,这份文本分析主要处理的是谣言,而不是"乌合之众",涉及更多的是对殖民地的殖民统治者的怀疑。参阅 Peter A. Linehardt, "The Interpretation of Rumor", in *Studies in Social Anthropology*: *Essays in Memory of E. E. Evans-Pritchard by His Former Colleagues*, ed. J. H. M. Beattie and R. G. Lienhardt (Oxford: Oxford University Press, 1975), 105—132。

② George Rudé, *The Crowd in the French Revolution* (Oxford: Clarendon Press, 1959), and *The Crowd in History*, *1730—1848* (New York: Wiley, 1964).

如为纠正道德错误而产生的集体行动。在印度史学界,仅能听到古哈(Ranajit Guha)一个人对谣言做出的分析,他认为,谣言作为一种传播形式,体现在广泛流行的农民起义中。[①]

按照古哈的阐释,谣言的重要性就像扳机和鼓动者:"对于推动造反,它是一种必要的工具。"古哈进一步指出,谣言的发起者是匿名的,它的能力在于建立起集体团结,并且几乎不可遏制地使这一团结迅速传递开来,这是谣言理论得以建立的重要因素。古哈多次注意到,谣言是鼓动小农阶级("特指无文字文化(pre-literate culture)")的重要手段,反映了"一种政治思维编码,这种思维与农民所处的半封建社会的处境相一致"。从官方观点来看,由谣言煽动起来的农民暴动恰恰说明农民具有非理性,因为,对于造反的农民来说,暴动是传播叛乱信息的手段。[②]

巴布哈(Homi Bhabha)灵敏地把谣言的两个面向从古哈的分析中剥离出来,他认为,建立一种普遍化的谣言理论非常重要。第一个面向是宣告,第二个面向是表演。他说,"谣言的不确定将自身的重要性建构为社会话语。它的主体间共有的粘附性体现在宣告这一面向上。传播结果的表演力量体现在它向周边扩散,几乎不可遏制地把这种力量传递给其他人"。巴布哈接下来得出结论:精神感情和社会幻想是有力的潜在判别形式,也是游击战争成因,因此,谣言对于推动这类战争扮演了主要角色。[③]

其他一些定位,特别是那些源于大众心理学的研究,都普遍强调,大众的情绪化、反复无常、气质性、飘忽不定的本性。法国学者勒・邦(Le Bon)声称,大众不管到哪里都会被认出具有女性特质。古哈认为,精英阶层对弱

---

① 参阅 Ranajit Guha, *Elementary Aspects of Peasant Insurgency in Colonial India* (Delhi: Oxford University Press, 1983)。

② Guha, Elementary Aspects, 256, 226, 251, 264—265。对谣言扮演的角色的分析,有助于理解甘地在农村人群中具有较高声望。参阅 Shahid Amin, *Event, Metaphor, Memory: Chauri Chaura 1922—1992* (Berkley: University of California Press, 1995)。

③ Homi K. Bhabha, "By Bread Alone: Signs of Violence in the Midnineteenth Century", in *Location of Culture* (London: Routledge, 1994), 198—212, 引自第 201 页。

势阶层的交往形式抱有偏见，按照他的阐述，我们很容易理解这种对大众的诽谤，但是，我们很难忽略这样一个事实：20 世纪也曾被看做是蔚为壮观的大众政治时代，如纳粹政权以及我们家门口发生的一系列集体骚乱。这些个案也设定了一些道德前提（根据它们自己对事件的理解），大众在这些前提的范围内行动，但是，非意识的图像交换利用了表演，古哈所写的弱势阶层政治无法使这种表演图式化。姆斯科维奇（Muscovici）分析纳粹民众时指出，大众被认为是扮演了女性角色，完全是为了掩盖"积极"的领导人和"女性化"的大众之间交换同性恋图像。[①] 我曾在别处指出，报复的主题支配着这一图景，其中，围绕着被强奸的女性或死去的儿童形象，大众被动员起来。除此之外，共同体的形象被阉割了，它要通过大众行为在性别语域内不同方式的表演来恢复自身的男性化气质。[②] 在这些不同的情境中散播谣言体现了共同的一点，那就是语词的言效之力（perlocutionary force of woods），谣言的能力体现在"说出点什么"[③]，语词通过说出来的东西，从交往媒介转变为力量的承载者。

---

① S. Moscovici, *The Age of the Growd: A Historical Treatise of Mass Psychology* (Cambridge: Cambridge University Press, 1985).

② 参阅 Veena Das, "Introduction: Communities, Riots and Survivors", in *Mirrors of Violence: Communities, Riots and Survivors in South Asia* (Delhi: Oxford University Press, 1990), 1—37。

③ 在奥斯汀（J. L. Austin）的经典分析中，言外之力（illocutionary force）和言效之力（perlocutionary force）区分开来，在前一种情况下，人是"**说着什么**"（*in saying* something），而在后一种情况下是"**说出点什么**"（*by saying* Something）。第一个人陈述的出现标志着言说具有"言外之力"。"言效之力"的情境比较复杂，但至少在谣言的情况下，我们可以这样讲，一旦谣言被限定在言说者的语词上，或者用"我传言……"这句话构造一则谣言时，谣言的力量便丢失了。此外，谣言在日常生活中展开，我们会发现某些人被誉为爱传闲话儿，我们转而更相信其他人。然而，谣言和怀疑论，两者的发展速度相似，它们都丧失了对日常功能语词的信任。参阅 J. L. Austin, *How to Do Things with Words*, ed. J. O. Urmson and Marina Sbisa (Cambridge, MA: Harvard University Press, 1975)，关于怀疑论和谣言之间的关系，卡维尔在分析埃古的形象时有过精彩的讨论，参阅 Disowning Knowledege, cha. 3。

希望这些预备性的评述能够确保我得出如下结论:我们所谓的谣言,其本质的语法特征(维特根斯坦意义上)是指,它被制造出来是为了**散播**。因此,虽然精英话语往往用蔓延和传染的形象来表述谣言,这也不是不可以用于理解弱势阶层交往形式**中**的精英:这也涉及了语言的转化,即,语言并非交流的媒介,而是成为可传染的、易传染的东西,它导致事情就像真的那样发生了。甘地夫人遇刺,离奇的是,不知道为什么,人们就认为这次刺杀完成了蓝星行动的故事。接下来我将分析转移到这两者之间的关系上。

我们需要记住这样一点:自 1984 年 7 月以来,蓝星行动事件本身成为各类争议的主题。政府部门坚持认为:阿姆利则神殿——即著名的金殿,成为武装分子和恐怖分子的避难所,而且神殿中贮藏着大量非法武器,威胁到公共秩序和国家主权。好战文学则认为,军队行动是对锡克教徒权利的公然侵犯,是对圣殿的冒犯。他们提出,蓝星行动蓄意污辱锡克教,因而,这是整个锡克教徒共同体未洗雪的深仇大恨。许多公民权组织也声称,大批无辜的朝拜者被枪杀,其中还有妇女和儿童。另一方面,军队争辩的焦点在于,他们进驻寺庙时手背在身后,因为恐怖分子①拿无辜的朝圣者当挡箭牌。他们声称,在这次遭遇中,军队的损失超乎预料,因为军队不得不保护那些普通公民。因为,每一个故事的特色都是充斥着断言和反断言。所以,故事具有一种未完成的特征——事件的大部分内容以不同的说法,深入到

① 在军队用语中,宾德兰威尔的信徒意味着"恐怖分子",而他们对自己的理解则是"殉道者",在传媒或大众交谈的流行用语中,不同的术语之间经常移换。正如考色尔莱克曾反复指出的,政治的丰富性标记出大多数社会科学概念。在这个案例中,很显然,旁遮普省及其他地区的普通人不得不忍受着暴力的重压,一方面是武装力量掀起的叛乱,一方面是警察和军队对叛乱的镇压。因此,如果我们假设一套术语,可以一分为二,一方面用于描述为自由或正义而战的平民,另一方面是实施压迫的国家机器,那么,这是错误的。参阅 Reinhart Koselleck, *Futures Past: On the Semantics of Historical Time* (Cambridge, MA: MIT Press, 1985)。显然,很多锡克教徒一方面对于武装分子拿金殿当避难所的行为感到非常愤怒,另一方面让锡克教徒怒不可遏的是,英迪拉·甘地政府先是在政治角逐中豢养了一群领导人来反对阿卡利党人,后来又使用了这样特殊的手腕——这并不是说这些行为可以扯平。

不同社会群体的社会记忆中。因此，当前的甘地夫人遇刺事件造成的不确定性，在大多数人看来，似乎通过蓝星行动故事未完成这一特征的形式，与过去相连——蓝星行动完成了这个故事的一个片断而已。好像故事中这个特殊的转折是自蓝星行动以来逐步展开的阴谋的一部分。谣言里面有关保镖身份的离奇知识，是这些事件逐步展开当中形成的系列化经验的一部分。然而，尽管这些事件在最初几个小时内被这种不确定包裹起来了，但是，当甘地夫人遭到枪击的谣言开始蔓延，并在官方媒体证实之前，正如我先前所说德里的大街上并没有出现恐慌的迹象。只是到了晚间，事件才发生了根本的转折。

庆典谣言：这个国家崩溃了吗？

对暗杀行为从推测到断言的整个过程中，这些故事便于10月31日晚间开始传播，大多是关于这次事件所处的那种不确定性的语境。有一些猜测认为，这就好比打开了一幅帘幕，宣告了更严重的事件的到来。据说，城市的很多地区都充斥着这种异常的勇敢行为，旁遮普的锡克教徒开始对印度教徒大规模实施暴力。一些人称，他们听说从旁遮普开来的火车上装满了死人。有一些谣言说，锡克教徒武装密谋要往德里的供水系统中投毒，还有谣言散布说，军队和警察队伍中发生大规模叛逃，印度国家即将覆灭。还有一些人称，金殿已经公布了这些事件，这就是为什么锡克教徒不害怕复仇，反而举国欢庆的缘故。有人估计，继印度的混乱局面不久，卡利斯坦(Khalistan)将宣告建国。谈判已经在几个大国之间举行，因此，虽然美国自己没有贸然承认卡利斯坦，但却说服一些小国承认这个新国家。甘地夫人遇刺被看成是接下来一系列阴谋行动的第一步。危机的表述从夸张的手法中获取能量，夸大印度国家的脆弱性，支持即将到来的武装力量。比如，宾德兰威尔在一次演讲中汇报说，一些记者问他，位于美国、加拿大和英国的卡利斯坦自由武装力量(Khalistani Liberation Force)得到了美国的支持，袭击印度，锡克教徒会不会为印度而战，他回答道，绝不止一个锡克教徒会举起武器对准这种神圣力量。注意到这样一点很有趣,这些图像深入到谣言和机械论中,由此宣称自己具有真实性——因此,这些图像变得极具说服力,实现了奥斯汀在某类言词中设定的言效力量。在接下来的描述中,我将说明,不管人们是否经历了早期那些事件,特定的谣言链如何从有关早期事件的故事中获取真实性。因此,谣言链与过去密集的故事挂钩,由此创造了真实性的效果。这种模式自称真实,它在政治事件创造的不确定性意义上获得了情感力量,这些政治事件揭开了某种安定的社会生活的理念。

“谣言的特色”和“断言真实”

一、旁遮普的锡克教徒开始对印度教徒大规模实施暴力。从旁遮普开来的火车上装满了死人。

(1)谣言的可信性这一特点是指它把印巴分治的经验当成证据——这类事件确曾发生。无论是在家里还是在街角,上了年纪的人总是对年轻人这样说:“你还太小,记不得这些……我亲眼看到……”仿佛“曾经看到的”那类发生于1947年的事,展现了于1984年听闻的那些事的精确性。

二、锡克教徒武装密谋要往德里的供水系统中投毒。

(2)据我所知,几乎每次集体大骚乱都会引发这段谣言。一个人害怕在一个城市中生活下来,意味着他无法控制生命中最重要的要素——饮用水,因此,他就成了敌人手中的人质,一方面展现了对城市生活的恐惧,另一方面反映了害怕遭到未知的敌人攻击的感觉。然而,不仅是这个城市引发了这种恐惧,向水井、水塘投毒的谣言也波及到了一些农村地区。

三、军队和警察队伍中发生大规模叛逃。

(3)人们从过去中唤起这些例子。比如,虽然1976年便发布了紧急预警,但是,甘地夫人引证纳拉扬(Jai Prakash Narain)的报告,告诉军队和警察不必遵守命令。同样,蓝星行动后,一名锡克教徒下等士官杀死了一名骑兵团的指挥官。这名指挥官被这个男人杀死的时候赤手空拳,因为他相信对军团的忠诚远远高于其他一切忠诚。这一特殊的谣言链说明,与传统制度比起来,人们认为,当前建构中的国家制度开始变得脆弱。然而,我必须指出,在蓝星行动期间,旁遮普省发生的另一则谣言声称,一个锡克教徒军队长官让一队朝圣者在他们面前贴着肚皮爬行,以此"来给他们点教训"。事实上,这两类谣言是在不同时期引发出来的,这提醒我们不应该太坚信流行意识中的国家和共同体的表述。

四、锡克教徒举国欢庆。他们在大街上跳舞,散发糖果。有个男人跟我讲,他办公室的一名锡克教徒同事买了一盒糖果,分给了他的印度教徒同事,他说他这样做是为了安慰他们,因为他们的母亲死了。

(4) 我相信这则谣言让其他很多人都相信了。如果锡克教徒庆祝,那么他们一定以某种方式知道即将到来的未来,而这一点并未向其他人显露出来。锡克教徒在英格兰大街上载歌载舞的形象,出现在BBC上,它们就像"证据之眼",证实锡克教徒正在印度各个市镇区欢庆。其他人也引用了类似的,只是听闻而来的事件,但却信以为真,因为BBC的谣言遮盖了这次事件,甚至在那些从未收听过BBC广播的人群中间也流传开来。具有讽刺意味的是,BBC反复强调,他们的报道不偏不倚,很多锡克教徒引述过这篇报道,证明他们举行过庆祝活动。

五、甘地夫人遇刺是第一步行动,接踵而来的是制造混乱和无政府状态;据说,紧跟这场混乱的是,卡利斯坦宣布建国。据称,本地金殿向会众发表这一系列声明,人们因此情绪高涨。由此可知,他们情绪高涨。

(5) 蓝星行动期间,德里经常会听到这一谣言。许多人那时要求政府必须采取行动,因为宾德兰威尔在寺庙中囤积了大量导弹,同时,在寺庙周边地区宣布卡利斯坦建国。现在,这则谣言也被反复提及,证明印度国家的脆弱。

我们可以看到,谣言在这里所起到的作用不再具有判断的意义。金斯伯格(Carlo Ginzburg)曾建议我说,应该区分那些确实发生了的事件(比如1947年大骚乱期间,从边境开过来的火车装满了死尸),和那些只是声称已经发生了的事件(比如,恐怖分子要往水井里投毒)。但是,明确区分那些确实发生了的事(残忍的事实)和只是声称已经发生了的事(想象),则非常困难,这种区分往往在事件发生后才能澄清。对真实性的要求固定于想象的区域内,而想象的区域的确多种多样——它们出自那些从电视上**看到**的形象,或是**根据电视上看到的形象报道**,以及**其他时间听到的故事**。有种看法认为,某些阶级群体不会被谣言效应迷惑住(如,那些受过教育的人群),相反,我发现许多职业官僚、教师和医务工作者一段时间内栖居于这样一个模糊的地带,在这个地带上很难知道,相信谣言安全,还是相信事件的官方版本安全。(一些职员、耶稣会神学院的成员以及学生,在一些受到影响的地区组织了很多基础性的救助工作,考察这些人在受到威胁的情况下如何抵抗住谣言,是很有意思的事。)

由此可见,这些蔓延开来的谣言在20小时内被创造了出来,这意味着,有一种对抗社会的阴谋,权威有责任保护公民的生命并维护公共秩序,否则这种阴谋实难控制。因此,谣言并没有塑造一个脆弱的锡克教徒群体形象,面对大规模暴力,他们需要法律保护,相反,现在,谣言的来源得自两方面:软弱无力的印度教徒形象;在大规模阴谋的攻击下已然崩溃的国家形象。我们很容易看到,武装力量领导人在书面和口头话语中频繁谈到,印度国家的特征是被阉割了的,他们教导所有的锡克教徒拿起武器,并反复声明,每个锡克教徒都应该做好准备,只要时机一到,拿起在家中小心贮藏好的卡拉希尼可夫自动步枪,为卡利斯坦的利益而战——人们怀着复仇的情绪相信这一切。甘地夫人遇刺,变成对锡克教徒力量的证明,同时,又证明印度教徒脆弱不堪,当印度教的男男女女们越来越恐慌地在彼此之间重复这些谣言时,这些观念引发了越发强烈的紧张关系。由于人们遭遇到的锡克教徒是有血有肉的人,并没有创造出描述他们的具体形象,所以,当下才出现了一个盲点。

锡克教徒的脆弱性

虽然印度教徒没有准备好什么谣言来回应锡克教徒挑起的攻击，但德里的大街小巷，店铺作坊(paan)自由讨论并传播着这些谣言，许多锡克教徒家庭很怕遭到袭击。[①] 10月31日，报纸报道说，一伙强盗和暴徒聚集在各个火车站，锡克教徒在很多地方都被强行拽出火车，有的遭到毒打，有的被杀死。在如此至关重要的公共场所，警察却未出现，事实上，官方报道完全否定有任何对锡克教徒的袭击事件发生，这一点使很多锡克教徒认识到，那些反社会言论得到了警方的支持。很多锡克教徒都把这次事件看做蓝星行动的延续，因为这两件事都是要给锡克教徒点颜色看看。为了说明谣言对大多数人来说事关生死，我想举一些例子。

11月1日清晨，在一条废弃的街道上，我和我丈夫遇到了一个忧心如焚的锡克教绅士，他拼命地招手让我们停下来。他是国防部的一名雇员，熬夜工作了一个通宵。他完全不知道甘地夫人死后发生了什么事，因为前一夜他一直待在实验室，但是他感觉一定有什么可怕的事发生了。这里既没有汽车路过，原来大街上熙熙攘攘的声音也消失了。他问我们能否帮帮他，载他到最近一处车站，以便他能回家。我们告诉他，有报道说锡克教徒遭到了袭击，最好躲开大街。我们有一个朋友住在附近，所以向他提议说，我们可以带他到朋友那里去，他可以在那给家里打个电话。我们还建议说，他也可以留在那里等到事态平息之后再离开。

正当我们谈话之际，我为他打开了车门，他一边嘀咕着道谢的话，一边坐在了后座上。就在这几分钟内，不知道从哪里突然冒出四五个男人，他们看上去倒不是胁迫威逼的样子，但是说话的腔调甚为阴险。除此之外，他们

① 店铺作坊是一种路旁的小店铺，这里一般出售蒌叶和槟榔，是交换新闻、闲话和信息的典型聚会场所。这是一些典型的性别空间：我们不可能发现女人站在这些店铺中闲谈。

还说有一群同伙。如果发现车上有锡克教徒,不仅要把**他**拖出车外暴打或者杀死他,而且还要攻击我们。我非常愤怒。这帮男人沮丧地摇摇头,声称这是他们所能做的最好的了——除了提醒我们将会到来的那些危险之外,**他们**还能做什么呢?他们建议说,这个男人最好藏在座位底下,我们应该赶快开车,这样从外面才不会看到他。他们既没有直接跟这个男人谈,也没有看他一眼,仿佛他们只是在讨论一个会带来麻烦的对象,而不是一个人。这个锡克教徒看上去特别恐慌。我跟他担保说,我们朋友的家也就一分钟的路程,如果他愿意的话,他可以待在那儿,会很安全的。"不,"那个男人答道,"为什么你们要冒生命危险救我?"他刚好在车驶发的那一刻打开车门,跌跌绊绊地跨出去,站到了马路上。"他不会跟我们走的,"我丈夫说,"他可能害怕我们骗他,把他送到暴徒手中。"我冲他大喊,他不应该穿越马路——他应该回到梅特卡夫(Metcalfe)大厦,国防部的所在地,在那里藏几天。他从我的视线里消失了,几个月后我在梅特卡夫大厦附近看到了他——显然,他幸存下来了。

虽然很多锡克教徒都被劝说在他们印度教徒或穆斯林朋友的家中避难,但是,一些零星的消息称,锡克教徒宁愿自己选择——全面的大暴力袭击还没有到他们的家门口。10 月 31 日晚间,对德里锡克教徒聚居地大规模的恐怖暴力袭击开始了,三千多锡克教徒毙命,但是,直到 11 月 1 日人们才知道这次全面的恐怖袭击,而官方承认此事却是更晚的事了。[1]

---

① 我们可以在如下文献中找到早期的报道和分析:Uma Chakravarti and Nandita Haksar, *The Delhi Riots: Three Days in the Life of a Nation* (New Delhi: Lancer International, 1987); Das, "The Anthropology of Violence and the Speech of Victims" and "Our Work to Cry: Your Work to Listen", in *Mirrors of Violence*, 345—399; Smitu Kothari and Harsh Sethi, eds., *Voices from a Scarred City: The Delhi Carnage in Perspective* (Delhi: Lokayan, 1985); PUDR/PUCL, *Who Are the Guilty? Report of a Joint Inquiry into the Causes and Impact of the Riots in Delhi from 31 October to 10 November*(Delhi, 1984)。我相信,对这次事件所做的第一篇学术报道是我和拉南德尔·K. 达斯(Ranendra K. Das)、阿希思·南迪(Ashis Nandy)、谢特(D. L. Sheth)刊登在 1984 年 11 月 7 日《印度快讯》上的专栏文章。

新的转变

经过报纸报道和一些志愿者组织的工作，人们了解到这次对锡克教徒的暴力袭击其规模和残忍程度，由此，谣言出现了新的转变。现在，小道消息从四面八方汇总过来：那些曾在印度教徒朋友家中避难的锡克教徒杀死了主人，偷走了他们的财物，或者半夜逃跑时强奸了他们的女人。许多聚居地的名字被罗列出来，居住在那里的人们声称他们知道一些目击者或听闻过此事的人，以及那些知道被袭击家庭的人。这则谣言被添加到甘地夫人遭到贴身保镖暗杀一事上。人们称，如果说，她如此信任以至于不顾安全部警告的贴身保镖都能因为宣誓过要复仇，从而背叛她的信任而杀死她，那么，锡克教徒除了忠诚于他们的宗教之外，再没有什么能让他们宣誓效忠的了，这一点难道还需要什么进一步的证明吗？锡克教徒的形象被比作毒蛇，他们一翻脸便会恩将仇报。这个以蛇作喻的类比卷土重来。例如，我认识的一个男人在救助站帮忙期间，跑到卖牛奶的人(gwala)那里给孩子们买牛奶。"你怎么需要这么多牛奶？"卖牛奶的人问，"你家里要办喜事？"这个男人回答说，他是给勒德洛堡难民营的锡克教徒的孩子们买牛奶。"你想给'蛇'的孩子喂牛奶——等他长大了，他就成了蛇，而不是人。Astin ke samp—mauka pate hi das lenge——蛇在你的袖管里养大[①]——只要他们寻到机会，他们就会咬你！"

谣言的多重含义中的第二层，是将神圣的锡克教徒的逃跑归因于他们正在准备复仇这一事实。我指出过，在那些早期谣言的多重含义中，突出的主题是国家崩溃，与此同时，权力交付到锡克教徒武装力量手中。直到暗杀发生之后两天，事实才明了，并没有发生谣传所说的那些事。新一届国家总理上任。有关锡克教徒遭遇到零星袭击的报道慢慢流传开来，报纸坚持把

① 这是通常的一种说法，指那些受抚养人，他们背叛了资助人的信任，或者对他们造成了伤害。

这些暴徒描述为“反社会分子”,因而,许多人害怕出去,或是走在马路上,他们担心暴徒会伺机袭击,不管是锡克教徒还是别的什么人。然而,谣言继续把锡克教徒建构为好斗、激愤、寻机挑衅的人。当大量锡克教徒躲在金殿避难时,人们又说他们聚集了可观的武器,会从那里突然发起袭击。一些本地的中产阶级组织起街区夜间巡逻队,以免自己神不知鬼不觉便遭到锡克教徒攻击。

锡克教徒出租车司机一般都是睡在出租汽车站,把这里当成避难的权宜之所,在10月31日当晚,当这群受惊的出租车司机听说城里的锡克教徒遭到了袭击,为了避免被人认出来,他们刮掉了胡子,剪掉了头发。人们发现他们的时候,他们正躲在一所女子学院塔墙的阴影下。谣言很快散开来:他们之所以聚在那里,是为了袭击学校,强奸那里的女人。警察接到学院的报案后赶往现场,把这些受惊的男人带到临近搭建的救助站。所以,对大多数人来说,锡克教徒直到最后还是一群侵略者。这些事件通过这一独特的视角把那些脆弱的受害者转变为侵略者,同时,也在那些本没有遭到特别威胁的人群中(如果以神的眼光来看的话)①制造了恐慌,这一视角在我的考察中尤为重要。稍后,我将逐步揭示这些暗示。

锡克教徒的特征通过另一条谣言链被构造起来,这里需要提一提。这一主题是有关锡克教徒的狂热,近乎于“疯子”的形象。叙事强调的重点可能有所变化,但是一种从勇敢到狂热再到疯狂的趋势分布在故事中。最初出现的是一个相对良好的建构。我们第一次造访苏丹堡期间,我在一处聚居地参与了救助和康复工作,一次,我们被带到一条街道上,那里似乎没有出现伤亡者。但是,一群男男女女大声呼喊着,声称他们是受害者。一个女人说:“我们统统遭到了袭击——我们的丈夫大批被杀,但是,我们要说,他

① 我想说的是,“客观”环境并不能保证害怕锡克教徒图谋反叛社会是有根据的。但是,这篇论文的问题恰恰是要设身处地地看到危机的存在,并解释这样一个问题:我们为什么把恶的力量归咎于那些最脆弱的人?

们并不是被谋杀的，他们是殉道者。"①学生队伍里一个年幼的旁遮普小男孩一边帮我一边说："锡克教徒都急切地称他们自己是殉道者。"他变了一种口气，模仿起假想的锡克教徒来："我们愿成为殉道者——请赐予我们时日和地点，以便我们完成使命。"(asi tan ji shahid hona hai—jagah te tarikh tusi pa lao)接下来，他开始讲述那些听来的故事：锡克教徒拒绝迁往难民营，寻求安全，他们几乎没有任何武器，赤手空拳地挑战全副武装的暴徒，最后他们全都死了。我也听说过这些故事，但是我的解释并不是说这些锡克教徒要殉道，而是在这种情况下，他们很难知道自己是被带往了难民营，还是被引诱到某个未知的地方，在那里，死亡和侮辱正等待着他们。我曾经提到过，人们在印巴分治骚乱的社会记忆中，以相似的方式被引诱到死亡之中，这促使他们往这个方向上去想。

现在，让我们进入到下一个主题——"狂热"转变到"疯狂"。在救助和康复工作期间，我努力为受害者组织起医疗服务，骚乱发生大约十五天后，我和一群医师聊天。在这群人中，主要和我联系的是一名富有社会责任感的医师(他是圣社的成员)，他在报纸上看到了有关我们工作的介绍。他说他想组织同事过来帮忙，却发现他们对锡克教徒抱有成见，所以不可能与他们合作。"请别以为他们(那些医师)就是坏人，"他说，"1978 年龙卷风袭击这个城市的时候，医院发现医务人员短缺，其中一位同事便夜以继日地志愿在政府医院中做着基础服务。然而，无论如何也说服不了他和锡克教徒一起工作。"我决定直接跟这个组织谈，告诉他们苏丹堡的受害者的惨状，

① 我在早期研究中就指出，生活在暴力重重的街区里的人们并不使用"殉道"这一范畴，也不使用其他对他们而言简单适用、现成的范畴。参阅 Das, "Our Work to Cry"。尼查万曾经列举过很多重要的例子来说明这类讽刺，塔迪歌手并不信任锡克教政客，他们用这些讽刺手段来处理这些政客所宣称的"殉道"概念。我想指出一点，虽然殉道者的形象是一种极强有力的形象，但是，那些经历过暴力的人很容易将他们的经历转化为一个事先给定的范畴，仿佛现实提供了一些现成的范畴，可以让我们把经验放置到这些范畴之中。我们很难在"殉道"和"争斗不休的暴力"这两个概念之间划出边界，关于这一点可参阅 Das and Bajwa, "Community and Violence in Contemporary Punjab"。

我想可能会得到他们的帮助。

在我描述所见所闻的过程中，我遇到了恼人的抵抗——对此我的理解是：拒绝倾听。之所以回顾这一点，是因为我控诉了印度教徒共同体，他们可能觉得受到这种控诉不太公平。那时，一个女医生这样说道：在她看来，锡克教徒自作自受，因为他们就像疯子一样。她这样向我证实自己的观点：她听说，在附近的轮胎市场有很多锡克教徒开的店铺，一伙愤怒的暴徒把烧着的轮胎套到店主的脖子上，把他们反锁进店铺中，活活地把他们烧死了。她说，正常人会大喊大叫，祈求怜悯或宽恕，但是有人却从窗子里看到一个锡克教徒在暴徒面前挥舞着拳头，露出恐吓的表情，一副歇斯底里的样子。另一个人嘲笑道，锡克教徒的头发又长又重，压在他们头顶上，所以使他们疯了。

创造出这些形象似乎并没有用到这些医师的经验。他们自己并没有围观那些被烧着的人群或是被洗掠的店铺，然而，人们在谈论有关锡克教徒与众不同的疯狂行为的谣言时，带有偷窥的快感。正当这番讨论形成势头时，其他人开始提供各种各样的证据。有一个人声称，在锡克教徒传统中，一个为古鲁而死的人甚至在备受折磨时也不会感到任何痛苦。他说，这就是为什么他们在面对生死问题时，行为如此迷狂，这也是他们在旁遮普屡遭暴力的原因。另一个人提供了另一个例子。这名圣社成员说，旁遮普省的锡克教徒曾经骄傲地宣讲过一个故事：蓝星行动期间，印度军队在金殿抓住了一批锡克教徒小男孩，把他们圈起来，要他们大喊 Bharat mata ki Jai——胜利属于印度母亲，但是这些小男孩却异口同声地喊 Jo bole so nihal—bolosri sat sriyakal，这是锡克教信仰仪式的口号，印度军队长官下令杀死这些小男孩。① 他问道：我们如何解释这种疯狂呢？它并不能估价这些孩子的生命。这个人似乎完全没有意识到这种反讽：我们明明是在讨论对锡克教徒残忍的杀戮，而他却引申出，**这些教徒**缺乏对生命的尊重，以此来证明他们的疯狂，

① 第一句用语可以翻译为“立此志之人必得终果”，第二句用语则是“永恒与我们的主同在”。在锡克教徒的集会上，引领祈祷的人通常会背诵第一句用语，信众以第二句回应。平日里邂逅，锡克教徒第二句用语用于彼此问候。蓝星行动之后，这个故事广为流传，旁遮普的一名高级警官在他呈给当时的印度总理宰尔·辛哈(Sardar Zail Singh)的辞职书中引用了这个故事。

因此，也就为那些针对他们的暴行开脱了罪责。对于这种几个链条重叠在一起的例子我还可以举出更多：锡克教徒好斗、报复心强，缺乏忠诚、疯狂，相应的，印度教徒脆弱，易受惊吓，以自我防卫的方式对抗强大的敌人。但是，我想用一个例子总结这些描述，从一个完全不同的视角诠释这一主题。

一个印度教教士对我讲，10 月 31 日，德里近郊新建的寺庙召开了一次会议，这个寺庙之所以出名是因为它奢华的装修，它的赞助人大多是政要和有权有势的黑社会成员。这次会议的主要议题是，锡克教徒是否为印度教徒共同体的一部分，由此，甘地夫人遇刺是否应当被看成是个体精神失常或个体犯罪所致，还是说整个共同体难辞其咎。公认的事实是，过去几年中，旁遮普省的锡克教徒武装和恐怖分子屠杀、恐吓、抢劫了很多印度教徒。① 所以，这个人会继续说如今锡克教徒看起来像神一样，却干着魔鬼般的勾当。② 这些"神"并非通过理性的交流来学习——应该痛扁他们以驱逐邪恶。他使用了这样一句印地语习语：laton ke devata baton se nahin mante（要想征服神，靠的不是言辞，而是拳头）。通常的说法是：laton ke bhut baton se nahin mante。devata 这个词的意思是"神"，而 bhut 则是"魔"。他用"魔"的意涵代替了"神"的意涵（devata 这个术语代表着较小的神）。因此在这里，驱魔和附体的语言变成了某种政治语言，通过政治语言，暴力用驱魔者和病人之间的模式把侵略者和受害者联系起来。③ 稍后我将要冒些风险，修改

---

① 有一篇讨论统计出锡克教徒在恐怖袭击中死亡人数远远超过印度教徒，但人们却总是"遗忘"了这一点。

② 印度教神话有很多类似的例子，devata chaddha hai（神灵附体）和 bhut chaddhaa hai（魔鬼附体）这两个表述被用来祛除精神苦恼。

③ 参阅 Bruce Kapferer, *A Celebration of Demon: Exorcism and Aesthetics of Healing in Sri Lanka* (Washington, DC: Smithsonian Institution Press, 1991)，联系他的另一本著作，*Legends of People, Myths of State: Violence, Intolerance, and Political Culture in Sri Lanka and Australia* (Washington, DC: Smithsonian Institution Press, 1998)，与此种情形类似，在斯里兰卡，附身和驱魔这两个主题出现在与泰米尔武装相关的政治卡通片中。卡普菲勒在文本中使用了经验这一范畴，David Scott 对此作了精辟的分析，参阅 David Scott, *Formations of Ritual: Colonial and Anthropological Discourses on the Sinhala Yaktovil* (Minneapolis: University of Minnesota Press, 1994)。

一些图式，这对呈现蓝星行动未完成的事件颇有助益，因为，这些事件以理想的典型形式出现在印度教徒和锡克教徒形象的建构中，由此，我们可以看到，在甘地夫人遇刺所引发的困境中，这些事件如何助长了印度教徒的社会想象力。我想补充一点，这并不是说所有印度教徒相信一种类型的建构，而所有锡克教徒相信这种建构的对立面。的确，在这一危机时期，共同体内产生了团结，我曾经举出过几个相关的例子来证明，这样的整体化遭到了抵抗。[①]

即便如此，谣言还是产生了两个重要的后果：第一，谣言建立了一种思考结构，锡克教徒的特质被纳入其中——他们的特征类似于偏执狂；第二，谣言使一种真实性稳定下来，这种真实性侵入到像苏丹堡这样经历过如此残忍暴力的聚集区的居民生活中。因此，这些形象在好战话语中塑造了锡克教徒和印度教徒特征的刻板印象，这些形象的运动始终贯穿于整个印度教徒的建构，赋予了谣言以形式，而谣言作为某种“深思熟虑”的回应，反过来又制造残忍的暴力来反对锡克教徒，甚至也针对了那些根本没有直接参与到这场暴力中的人。在接下来的描述中，我们能看到相同的事件，在流行的不同版本的印度教徒和锡克教徒话语中，那些在蓝星行动期间死去的朝圣者找到了生命。

印度教徒和锡克教徒版的蓝星行动

印度教徒：当印度教徒军队席卷金殿，挫败阴谋时，宾德兰威尔正打算在金殿附近地区宣告卡利斯坦国诞生。Mytheme A

锡克教徒：蓝星行动意味着要教训教训锡克教徒。Mytheme a

印度教徒：恐怖分子把朝圣者当成人体挡箭牌，而没有采取一般的战争规则，这导致大批平民和军队伤亡。Mytheme B

锡克教徒：印度军官们向无辜的朝圣者射击。Mytheme b

---

① Valli Kananpathipillai, “July 1983: The Survivor's Experience”, in Das, *Mirrors of Violence*, 321—345.

印度教徒：暴力分子甚至强迫那些小孩子当人体挡箭牌，为此他们就可以宣称自己是殉道者。Mytheme C

锡克教徒：这些孩子拒绝服从军官们的命令，没有喊民族主义口号，所以军官们让他们排成队，在金殿里把他们枪杀了。Mytheme c

印度教徒：蓝星行动期间，宾德兰威尔之死证明锡克教徒不是圣人。他死时像个懦夫。Mytheme D

锡克教徒：军队行动期间，宾德兰威尔并没有死。他就像头熟睡的公牛，一定会醒来，领导锡克教徒反抗印度国家。Mytheme d

印度教徒解读蓝星行动的方式和对锡克教徒的理解方式，渗透到他们虚构出来的甘地夫人遇刺的结局中。关于这一点示意如下：

1. 甘地夫人遇害显然是个天大阴谋的一部分，因为那些武装力量几乎已经宣告了卡利斯坦国诞生。

(1) 一方面，在印度教徒的看法中，蓝星行动必然是紧急的，因为那些武装力量成功逼近了他们的目标；另一方面，在锡克教徒的看法中，蓝星行动并没有成功消灭宾德兰威尔，他还活着，等待时机，领导锡克教徒反击印度国家。这两种看法都是有效的。[Mytheme A 和 Mytheme B]

2. 锡克教徒在任何一次交战中都能轻易地战胜印度教徒，因为他们有尚武的传统，而印度教徒却很软弱，带有女人气。锡克教徒甚至狂热到牺牲他们的孩子。

(2) 很多好战文学中都强调锡克教尚武的特点，以及印度教徒软弱、带有女人气的特点。Mytheme c 仅仅是一个例子，反映了有关武装力量和朝圣者如何招致死亡的谣言，这种谣言建立了这样的观念：锡克教徒内在地具有“英雄式”、“狂热”的特质。蓝星行动之后的七月，电视新闻播放了投降的恐怖分子当着军队的面鼓掌，然而越来越明显的是，从锡克教教徒的角度看，大骚乱发生的前两天，这些藐视死亡的人用自杀式袭击反击印度教徒。[Mytheme B/Mytheme b/Mytheme c]

在锡克教徒看来,境况是平行发展的,但不呈严格的对称。这是因为他们对于甘地夫人遇刺抱有很深的矛盾。每个好战群体谴责刺客的时候用语都模棱两可。有时候,锡克教组织对外发表声明,谴责暗杀事件,没过多久又会收回这些话。大多数锡克教徒不一定赞同这是由于好战,他们把蓝星行动看做是对整个宗教共同体的侮辱。因此,他们认为,暗杀事件之后,下一步就要给锡克教徒一个政治教训。很多人之所以觉得自己被冒犯了,并不是因为他们每个个体被当成制造刺杀事件的罪犯,而是因为这次事件把整个锡克教徒共同体指控为罪犯。因此,他们觉得,人们并没有把他们当成与犯罪无关的个体公民,而是把他们当成靶子来教训。如果假设锡克教徒中出现了同质的意见,由此产生情感的整体化,那么这是个巨大的错误:好战文学对殉道传统持称赞态度,从而不使"自我"介入刺杀行为之中,与好战文学不同,意见则彻底谴责这些锡克教徒的行为。

然而,在"锡克教徒特质"稳定化的过程中,这一变化并没有得到认可——虽然在社会实践中,每个构成共同体的人的不同个体性得到了清晰的表达。这种整体化行为似乎是集体暴力时代的一般特征,也是服务于暴力的种族和宗教动员的一般特征。然而,这里我想强调的是,大多数印度教徒通过运用这些概念,把侵略者和受害者的分类颠倒了。表 1 展现了在创造锡克教徒特征的过程中,固定在不同谣言中的那些片断。这些谣言在普通大众中广为流传。

展现这种图式表述是为说明,有很多印度教徒参与到集体暴力中,即便他们自己可能并没有杀人或抢劫。语言的形式——它的力量、它所缺乏的签名、它所追求的离奇效果——这一切赋予了语言以"言效之力",而这种力量又带来了一种新形式——这种新形式不是一种**生命**的形式,而是死亡的形式。的确,过去在这里以某种方式一下子呈现出来,但是,它在面对自我和他者的问题时,并没有创造一种多元化的局面和接纳的姿态,相反,它暴露了最黑暗的可能性——对生命的拒绝。

这里把不同的谣言链放在一起是想说明:(1) 这些谣言通过创造一个想象的世界从而创造了印度教徒的脆弱感,在这个世界中,人们认为,虽然锡克教徒自己遭遇到了暴力，但是，整个社会秩序之所以崩溃，仿佛是锡克教徒的大规模阴谋造成的。(2) 谣言使想象出来的锡克教徒脱离了人类的主体性，赋予了他们疯狂和恶魔附体的特性，因此，这些谣言得出假设，不能单凭一张脸就把锡克教徒当他者来对待。谣言缺乏签名的特殊本质，使它不可能将自己限定于某一个体行为，因而，谣言被打上了“危险的集体性”烙印。它把世界转变为“一个幻影，一群即兴表演的芸芸众生”①。

表 1　被创造的锡克教徒的特质

性格特点	谣言片断		
	背叛	侵略性	狂热/疯狂
锡克教徒只忠诚于他们的宗教。他们会背叛对他们最大的信任。	尽管甘地夫人十分信任自己的保镖，但是他们还是背叛了她。	锡克教徒聚集在金殿，大规模袭击了印度教徒，并宣告卡利斯坦国诞生。	锡克教徒相信：一个人为了自己的信仰而死，即使备受折磨也不会感到痛苦。
锡克教徒像蛇一样。他们恩将仇报。	那些曾在印度教徒朋友家中避难的锡克教徒偷走了他们的财物，杀死了他们的主人，强奸了他们的女人。		
锡克教徒本性好斗，痴迷于暴力。他们无视正常的社会约束。		锡克教徒聚集在女子学院附近，他们想利用大骚乱的机会强奸女学生。	
锡克教徒的性格几近疯狂。			一个锡克教徒即使被活活烧死，他表现出来的姿态也是愤怒，而不是求饶。对于那些为了锡克教而牺牲的孩子，锡克教徒为他们感到骄傲。锡克教徒好像恶魔附体。

① Jacques Lacan, “The Other and Psychosis”, in *The Psychosis*: *The Seminars of Jacques Lacan*, *Book III*, *1955—1956*, ed, Jacques-Alain Miller, trans. Russell Grigg (New York: W. W. Norton, 1993).

我想通过指出这样一点来得出结论，即，我所描述的是事件从日常生活中生发出来的方式，但是正如我们已经了解到的那样，世界却在日常生活中被淹没了，相反，产生出来的世界具有一个近乎妄想狂的结构。**“我”对他者的恐惧**被转化为这样一个观念：**他者是可怕的**。我想进一步说明的是，这些转化必定形成这样的概念：过去发生的重要事件“尚未完成”，同时，它们以某些出人意料的新手段塑造了当下。因此，并不仅仅是“过去”才有不确定的特质，“当下”也可能突然变成一个场所，“过去”的一切要素在这里被抛弃掉了，也就是说，当下并没有把这些要素整合起来，形成对过去稳定的理解，这些要素突然反复、顽固地压迫着这个世界，真实性凭借这种顽固在象征中创造了很多孔洞。正是在这个意义上，当人们突然无法识别真实性时，谣言丰富的真实性形成了私密的沟通模式，并把恐慌建构成为与这一变动不居的世界相对应的感情。怀疑和不确定性存在于日常生活中，然而，最糟糕的还不是人们所料想的东西就一定会每时每刻都发生。

相反，未完成的过去散布的形象标记出的那些紧急事件地带使他者失去所有主体性，并在这个世界上投下一连串变化无常的阴影。谣言的言效力量展现了我们栖居的世界是多么脆弱。实质(the virtual)比现实(the actual)更包罗万象：这里表现出来的是，只有在实质范围内才能体验到的那些不信任图景，在重大事件威胁到社会秩序的情况下，可能展现出一种变化无常的形式，因此，它们转化了世界，使最差的情况不仅可能发生，而且有望实现。在接下来的一章我将展现具体的地方处境，其中，暴力在苏丹堡的聚居区被现实化了。我想指出，事件如何从日常中生发出来，虽然印巴分治幸存者的个案已经对此有所说明，如阿夏和曼吉特回复到日常本身，接受了那个经由遗留下来的碎片而重建起来的共同体。但是，对于苏丹堡的个案，经过这么多年，到现在我都无法理解重新栖居于日常之中到底是什么意思。

八

地方的力量

本章伊始,我想引述德勒兹对事件的本质这一问题的反思:

> 这个"他们"(they)与我们在千篇一律的日常中所遭遇到的那些是多么不同。这个"他们"是非私人化的,是前个体的,也是独一无二的,**它**(it)在纯粹事件的"他们"中死去的方式与**它**(it)倾泻的方式相同。这就是为什么不存在私人事件或集体事件,而只有个体和普遍、特殊和一般。每样事物都是独一无二的,因此,集体和私人、特殊和一般,既非个体,也非普遍。比如,哪一场战争会是私人事件?相反,哪一种创伤不是战争造成的?哪一种创伤不是源于整个社会?[1]

我想寻求这样一个关于事件的概念:它既是集体的,也是个体的,是民

---

① Deleuze, *The Logic of Sense*, 152。德勒兹在这番引述的基础上进一步说:如果我们说每个人都有自己的战争,或是自身的创伤,那么,这种说法是很不光彩的,因为这对于那些苦难和怨恨的造物来说并不真实。自由和事件之间的关系存在一幅很重要的图景,这里,恕我不能展开。

族志描述的一个问题。虽然我不否认"作为整体的社会"这一概念在别处可能适用,但在**这里**使用它,则过于庞大、抽象。在第一章里,我曾提到过斯特拉桑的观点:在人类学中,我们通过一些具体关系来了解抽象关系。[①] 与这种思路相似的是,我想考察事件和日常之间的关系,将这种关系定位(locating)或地方化(localizing)于一系列时空条件内。[②] 我提的问题是:一个事件如何能与苏丹堡的居民保持一定距离——他们或许从电视上看到了这件事,或许从城里来的人那里听到了有关这件事的消息——而这个事件又获得了某种直接性,即刻对他们产生了影响。

甘地夫人遇刺如何成为苏丹堡特殊的本地要事,以至于城市周围殖民区为数众多的生命卷入到这场事件之中?我想论证的是,为理解人群的主体性,我们一定要读懂这样一点:国家制度、忠诚和敌对的政治地方网络,如何在暴力行为中遗留下轨迹。这些人群代表一个假想的印度教徒集体来实施复仇,我们已经看到,谣言揭出这个假想的集体,但是,对于先前我们讨论过的那些谣言产生的影响,人群又是怎么处理的呢?

我们在本章开头引用的德勒兹的那段话指出,在关于事件的语法中,第三人称"他们"和第四人称"它"之间的关系令人迷惑。[③] 如果"它"是事件仅仅在自然中发生的方式,由此,不可能在一个事件中读到任何人的痕迹,那么事件如何得到定位、表达或现实化?本章和下一章的任务就是要指明,行为的出现可能是绝对偶在产生的结果,我们可以用行为来展示出一系列轨迹:历史、制度的失败,德里低收入城区的日常生活中发生的经常性暴力。从某种意义上讲,日常生长出事件;即便暴力的样子很可怕,但是它分享了

① 参阅 Strathern, *Partial Relations*, ch. 1。

② 地方化(localization)最简单的意思可以定义为指涉的结构,这使我们在空间上处于不同的话语叙事安排。这里,我使用这一概念不仅为大骚乱勾勒出一幅详细的地图,而且也为人群的言语安置一个位置。

③ 梅赫达提出,流行病学语言提供了一种想象,从而将大骚乱构想为英殖民话语中的自然现象。他向我们展示出,如何在印度"大骚乱"构想的集体暴力形式中捕捉到这种语言。或许我们可以用第四人称"它"来表达这一点。

日常生活的异质成分。

第一类:报道

让我们回到英迪拉·甘地遇刺,以及由此在德里展开一系列暴力事件的那一时刻。我根据各类报纸建构出自己的解释,从而指出这样一个问题:如果特定的地方知识无法更正那些报纸的报道或官方报道,那么,这次事件如何通过这些报道成为媒介知识,深入到我们的记忆中。我们一起来回忆一下:1984 年 10 月 31 日清晨,甘地夫人遭到保镖枪击,随即被送往全印医学院(All India Institute of Medical Sciences,以下简称 AIMS)进行抢救。[①] 虽然关于她已死的谣言不胫而走,但直到下午 2 点,各大报纸最新头条新闻才宣布了她的死讯。与此同时,AIMS 门口聚集了一大群人。大约下午 4 点钟,医学院外开始发生第一起暴力事件。人们赋予了这次事件各种不同的解释。有些人把这次暴力描述为一群被激怒的人自发的反应。另一些人,包括退伍战地记者杜特(Dev Dutt)等人则称,他们看到三四十个年轻人逐渐从这群人中退出来,然后开始喊口号,破坏交通,袭击聚集在 AIMS 门口的很多锡克教徒。全印广播电台(All India Radio)于下午 6 时公布了甘地夫人的死讯,同时宣告,她的儿子,国大党成员拉吉夫·甘地,继任总理一职。

第二天(11 月 1 日),报纸报道说,随着甘地夫人的死,暴力开始蔓延。锡克教徒拥有的踏板车,驾驶的轿车和敞篷车被大量烧毁,他们自己也遭到了毒打。德里很多地区的店铺也被烧毁(见图 1)。11 月 1 日的报纸描述这些行径的时候用了这样的句子:“激愤的公众喷出了毒液”,“年轻人挥舞着警棍、铁棒和其他武器,向锡克教徒展开袭击”。报道将这一群众暴力归因于警察寡不敌众,无法控制局面。警方否认出现任何伤亡,虽然尚未有证据

① 接下来的描述建立在四篇民族日报报道的基础上:《印度时代周刊》(*The Times of India*)、《印度快讯》(*India Express*)、《印度时讯》(*Hindustan Times*)和《政治家》(*The Statesman*)。

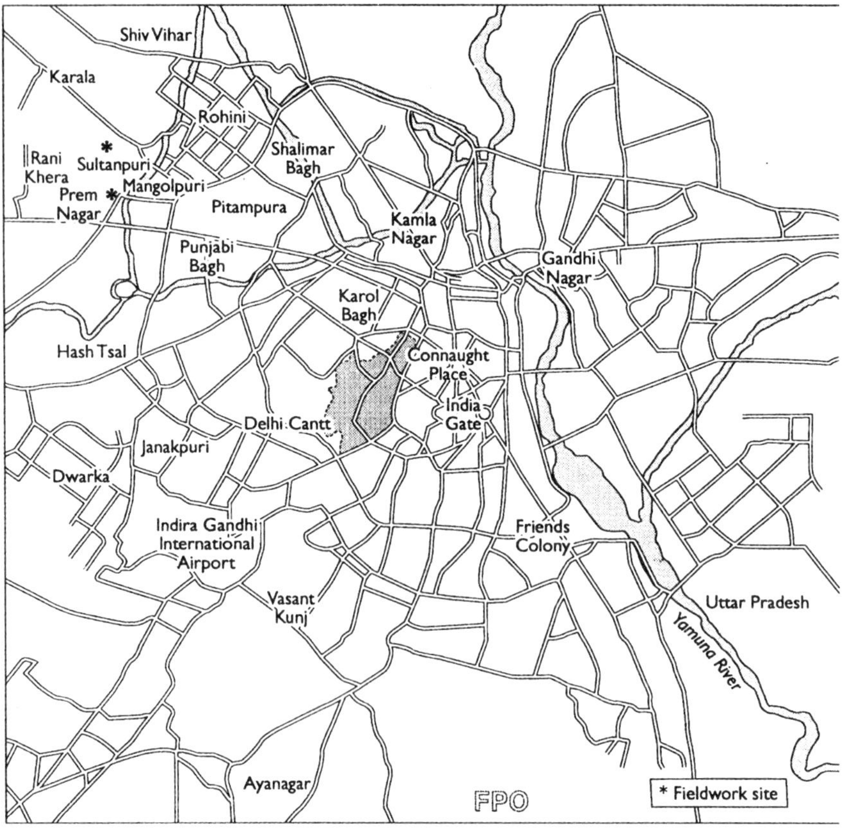

图 1. 我的田野工作地点。受到暴力影响的地区大部分在西德里，横跨亚木纳河的东德里地区也发生了恶性暴力事件。

表明，必须对不断升温的暴力强行实施控制，但是人们却认为警方办事不力，面对这样的指责，警方宣布晚间施行宵禁令。

甘地夫人的遗体被运往她的先父、印度第一任总理贾瓦哈拉尔·尼赫鲁的官邸(Teen Murti House)，遗体在这里被正式下葬，致使很多哀悼者寄予敬意。报纸描写到，成百上千(lakhs)的群众聚集在那里，悲伤中夹杂着愤怒。与此同时，绝大多数人都假设，报道出来的这些暴力行为之所以具有随意性，恰恰在于“暴民狂暴的情绪”，它们与事件本身无关。拉吉夫·甘地继任总理就职演说中确认了这种解释，他说：“当务之急是要保持我们的平衡。我们不应该让情绪打败自己，因为激情会遮蔽我们的判断。”上层公民发表社论和倡议书，请求人们冷静下来，超越集体的狂躁情绪。

11月2日头版标题是：德里焚烧一空，暴民控制街道。该报道称，多辆从德里郊外开来的火车遭到袭击，锡克教徒乘客被拖出车厢外，或被毒打，或被杀死。[①] 骚乱始于德里市中心和城南地区，并穿越了亚木纳河侨区。据称，总理严令官员不惜一切代价，查处暴行。根据报道的消息，有300人在这次“聚众暴力”中受伤，他们被带往洛希亚(Lohia)医院，AIMS接收了14名重伤人员。军队处于待命状态。

11月2日，尽管政府保证说暴力得到了控制，但是，一伙可怕的暴徒在特里洛克堡(Trilokpuri)第32号街区杀了人，该地远离城中心，横穿亚木纳河地区，直到11月3日，人们才知道这一消息。报纸于11月2日报道说，一伙人集结在32号街区，活活烧死了一百多号人。该地区一部分居民在记者的陪同下前往地方官员办公地，汇报这次大屠杀，此时，这伙暴徒正在杀人放火，烧毁了很多房屋和店铺，然而，警方没有采取任何行动控制暴行。事后，一些人权组织成员调查显示，有两名记者接到消息说，这里发生了暴行，于是来到这一地区，试图进入第32号街区，但是，他们被一伙敌对分子赶走了。这两名记者立即向一家高级警署报告说，对发生在32号街区的那些可怕暴行，他们感到十分害怕，他们紧急呼求警方采取保护行动，然而，警方并没有采取任何措施实施保护或控制这一局面。几天之后(11月5日)，其中一名记者，拉胡尔·库尔蒂普·贝蒂(Rahul Kuldip Bedi)，提交了一篇文章，控诉这些官方人员的渎职罪行。因为一些公民权利组织愤怒地声称，警方与暴徒串通一气，一些下级警官，如检察员苏尔比尔·辛哈(Surbir Singh)和卡里扬堡(Kalyanpuri)警署的责任官朱斯提·拉姆(Justi Ram)被捕，但是，对于警方是否采取统一行动，惩办渎职官员，报纸没有提供更进一步的消息。

---

① 回顾一下第七章所描述的谣言：来自旁遮普省的火车装满了尸体，后来人们发现这条谣言不符合实际情况，但是，这些谣言煽动人们在火车上对锡克教徒发动袭击。

虽然在此之前军队已接到命令要控制局面，但是在这一地区巡逻的军队吉普车当天没有得到任何关于准确出事地点的消息。报纸描写这群暴徒时，继续使用了同样的语言，称他们是“街头小混混”、“反社会分子”、“暴徒”和“失业者”，要不就形容他们是“怒气冲冲的暴民”或“汹涌而至的一群嗜血成性的年轻暴徒”。

特里洛克堡发生的大屠杀最终向公众清晰地显示出一种残忍和恐怖的状态，有关它的消息渗入到谈话圈中，然而，很显然，发生在边缘区域的暴力隐藏在人们的视线之外。蒙戈尔堡（Mangolpuri）与苏丹堡毗连的侨区，11月4日的报纸第一次提到这个地方。这篇报道是由四名大学教授（包括我在内）起草的，发表于11月11日的《印度快讯》上，第一次全面介绍了自11月3日以来在城郊地区，如苏丹堡等地发生的暴力事件，并且指出，一个有势力的组织和一些国大党政要卷入到大骚乱之中。与此同时，记者和公民权活动家为这些问题提供了具有决定性意义的信息。

甘地夫人的遗体于11月4日火化。当天，德里的警署专员，坦东（Tandon）先生发表公告说，德里只有40人死亡，但是他承认，城郊地区的状况很糟糕。第32号街区收回的这些尸体当天被抬上四辆卡车。德里的陆军官员加瓦伊（Gavai）先生拒绝承认事态的严重性，他被官方开除，由主管秘书瓦利（Wali）先生接替陆军官员一职。

11月5日，瓦利先生召开新闻发布会，他在会上称，450人丧生，20000人被安置在救济营的避难所里。他说，目前已建立起5家救济营，1809名反社会分子被捕，时局很快就能恢复正常。他对德里警署作了明确的评价，称他们在控制暴力问题上工作出色。瓦利先生将此次暴力归咎于反社会分子，排除了骚乱地区的居民参与到这次暴力行动中的可能性。

在志愿者组织的帮助下，救济工作开展起来了。很多锡克教徒都把金殿当成了避难所。11月4日，一些热心的市民为了应对突发情况，迅速形成了一个非常设机构（Nagric Ekta Manch），他们在一些公共场所，如中学或大学校园内，建立起一些救济站。这些工作主要得益于志愿者的努力，然而，在这样的处境下，英雄式奉献显然不能满足于大量遭到侵袭的人群的需要。德里一些显贵的市民，包括那些前任的官僚、公务员、退休法官、教师和一些政客，他们对本地政府施加压力，敦促军队处理暴力事件，并为那些被安置在救济站避难所中受到惊吓的锡克教徒提供安全保护，然而，他们的报告一律没有得到严肃的答复。与此同时，难民营中的人数激增到55000人。到11月5日，有28家救济站成立，可想而知，情况一片混乱。仅当天，行政部门就承认了10家这类的救济站，到11月6日，几家部长联合起来主管救济站的工作。1月份，德里的一些显贵市民成立了公民大会，讨论大骚乱一事，批评行政部门对救助受害人群不上心。这份报道包含着这样的指责："在这次事件中，几乎都是非官方机构负责提供食品、医药、衣物和避难所等救助服务，最重要的是，它们帮助日益增长的受害人群消除心理恐惧。"①

媒体报道在对这一情况最初的理解中，把暴力完全归咎于不服管教的群众，它形容这些人怒气冲天、疯狂、嗜血成性，构成了反社会的主要力量。这一模式用疯狂和隐喻来形容这些人群，其力量是显而易见的。这类报道最初的假设是，悲伤使这些人发了疯，失去了控制，然而，这种描述很快便被一种观念所取代：那些街头小混混、暴徒及反社会分子利用国家秩序动荡之机，实施抢劫和杀人。报纸报道假设警方的力量寡不敌众，从而对他们没有

---

① *Report of the Citizen's Commission*: *Delhi*, October 31 to November 4, 1985。五个官方调查委员会为了履行责任，对这些事件做出分析，但是，最终也未达成结果，因为每个委员会各执一词，并向政府提供新的调查委员会。部分成果直接与权力相关，也受到了一些政客施加的影响，这些人曾积极地参与了大骚乱，但是其他因素还包括，随着时间的流逝，一些证据消失了。官方委员会的调查是 *Report of the Justice Ranganath Misra Commission of Inquiry*, vol. 1 and 2 (Delhi: Government of India Publication, 1987); *Report of the Ahuja Commission of Inquiry* (Delhi: Government of India Publications, 1987); *Report of the Kusum Lata Mittal Commission of Inquiry* (Delhi: Government of India Publications, 1990); *Report of the Jain Aggarwal Commission of Inquiry* (Delhi: Government of India Publications 1993), 正当本书付梓之时，2005年，纳那瓦蒂报告(*Nanavaty Report*)出版，当时我还没有研究这份报告。

能力维持秩序做出解释。[1] 我把这样一种特殊的解释看成是大骚乱的官方叙事。正如从报纸中精选出来的描述表明的那样，所有主要政治党派的表述，以及那些热心的官员反复强调的基本要素，用“疯狂”一词建构起一切骚乱行为的动机。这类报道为这些人群设定了特定的表述，从而为权力机构开脱责任，因为疯狂是它们所做的唯一解释。

稍后我将报告一些志愿者组织深入细致的调查结果，他们提供了一个不一样的故事，挑战上述对暴力事件的看法。

第二类：叙事

与上述解释形成鲜明对照的是，一些志愿者组织开展的研究工作形成了第二类故事，他们对这次暴力做出的解释暗示出，各方国家官员与国大党的一些政要合作，打算利用这次大骚乱给锡克族一点教训，并动员印度教徒予以支持。我们可以在“公民之为民主”的报道中找到对这一观点的最有力的表述。该文作者谈到：“我们通过这篇报道表明，10 月 31 日最后几个小时中，德里各地召开了几次会议，包括市中心、城郊和跨亚木纳河地区，进行最后商榷，仿佛计划早已经精心安排好了似的，为成功地消除锡克教徒，他们眼睛分秒不眨地盯着所有细节，不敢出半点差错。”[2]这些志愿者组织提出了以下事实作为证据。

在访谈了成百上千的受害者之后，他们发现，“10 月 31 日当天，没有一个锡克教徒被杀”。其次，他们根据这些 31 日晚间的访谈记录推测，德里各地召开的国大党政要会议所做出的每步行动都是精心安排好的。作者推断

① 公共语言的属性承担着那个时代的签名，正如第二章简要介绍的那样，如今，媒体影响着人们对“大骚乱”不同的理解。社会科学工作者和人权组织的工作坚持继续调查此次暴力，而不是简简单单地假设有关暴众的流行图景是正确的，从某种程度上讲，这种工作对媒体会产生持续影响。

② Amiya Rao et al., eds., *Report to the Nation: Truth about Delhi Violence* (New Delhi: Citizens for Democracy, 1985), x.

说，这次会议做出决定，于11月1日上午9时至11时，在城区各地同时向锡克教徒发动袭击。他们说，这次袭击有四步：首先，袭击金殿；然后，抢劫并焚烧锡克教徒的住宅；紧接着，羞辱男性锡克教徒，迫使他们剪掉头发，刮掉胡子，然后把他们杀掉；最后，调戏并强奸女性锡克教徒，部分人遭到杀害。据报道称，这次大屠杀的目的在于争取印度教徒同情的选票，赢得即将到来的大选。

这些志愿者组织发表的其他报告更是几经斟酌，然而，所有人都发现了一些证据表明：以前一些组织机构，以及较低等级的地方领导和国大党（I）领导人卷入到这场事件中。他们总是发现，警方要么是一些党徒，要么就是一些跟从。① 根据这些描述，我现在转向更细致的讨论，展现一个地区暴力发生的情况，该地位于德里以西，北方邦和德里交界处。

地方化叙事

我在本书导言部分提到过，我之所以卷入到苏丹堡地区，并非按照田野工作的惯例行事。甘地夫人遇刺后几天内，面对锡克教徒所遭遇到的那些惨无人道的暴行，我感到非常愤怒，于是，我成为集体救济组织的一员，为救助和康复工作收集材料，同时与国家提出的主张进行辩论。无独有偶，我在救济站从事志愿服务时，遇到了几名来自苏丹堡的幸存者，我了解到，他们担心侨区的其他居民无法找到救济站，由此会面临更大的危险，因为那里的暴徒数量非常庞大，他们扬言要对这些人再施以暴力。在一位来自神学院（Vidya Jyoti）的耶稣会牧师的帮助下，11月5日，我们以小组形式探访苏丹堡。后来，我完全卷入到这一地方，特别是其中一个街区的事务中。

我很幸运，得到了印度快讯救助委员会的帮助，这使得我完全参与到救

---

① 特别参阅，People's Union for Civil Liberties and People's Union for Democratic Rights, *Who Are the Guilty*? Chakravarti and Haksar, *The Delhi Riots*；以及有关1984年大骚乱专论，*Illustrated Weekly of India*, December 23, 1984。

助幸存者的工作中去，特别是苏丹堡 A4 号街区的那些幸存者。[1] 然而，我始终意识到这样一个事实：我们与国家之间是敌对的关系，所以，对于每一个人来说，为幸存者争取权利时，要说得有理有据。[2] 这就意味着，即便是在毁灭性的暴力期间，我们也必须制定出问卷，统计死伤者的姓名，并记录每户人家的损失程度。值得注意的是，即使在这种恐怖和不确定的氛围下，一群由教师和学生组成的工作组聚拢在一起，收集数据。即便紧急状态过去之后，我又继续探访这一地区将近一年。我之所以要介绍这些情况，因为我认为它们说明了这份田野工作的特殊性，我不得不强调那些强有力的“事实”——至少在我心里，它们经住了官僚和法院的刁难。这次工作最初是收集调查资料，根据这些材料，我可以对该地区暴力演变的状况做以说明，并说明，按照地区特点，在早期的冲突分布中，这次暴力是如何被定位的。

我们的小组在苏丹堡 13 个街区调查了 523 户遭到侵袭的家庭。[3] 每个街区周围都遍布毗邻的街道（见图 2）。因为我们只调查了锡克教徒家庭，[4] 所以，我无法给出这些街区住户总数，然而，不同种姓的锡克教徒大量集中在 A4、B2、C3、D2、D6、E3、F2 和 F4 区，[5]F7 区还有一些锡克教徒居住的棚屋（jhuggis）。然而，值得记住的一点是，锡克教徒并不是同质群体——他们

① 这个委员会是由《印度快讯》的新闻组创立的，掌舵的领导人是当时很有预见力的责编乔治·菲尔吉斯（George Verghese）先生，领导班子中还有一些退休官员。

② 下一章，我将描述对国家更为细致入微的理解，虽然当时田野工作在进展之中，我却没能体会到这一点。

③ 其他志愿小组在其他受灾地区（包括 C3 和 C4 区）组织了救援工作。

④ 一方面因为我们迫切需要有关锡克教徒家庭的信息，另一方面也因为志愿小组搜集大屠杀数据时不得不面对敌意和恐惧。我们限制了自己在某些侨区的行动范围，是为了尽量减少学生们所面临的危险，他们是此次调查小组的生力军。

⑤ 隐含的事实是，这里居住的锡克教徒大多来自拉贾斯坦邦而不是旁遮普的工匠阶层，我们后来才明白这一点。这里，我只注意到，他们不了解旁遮普人，也没有参与卡利斯坦运动。很多人是罗陀斯瓦密（Radhaswami）教派的成员，这个教派既在金殿，也在其他寺庙举行礼拜。

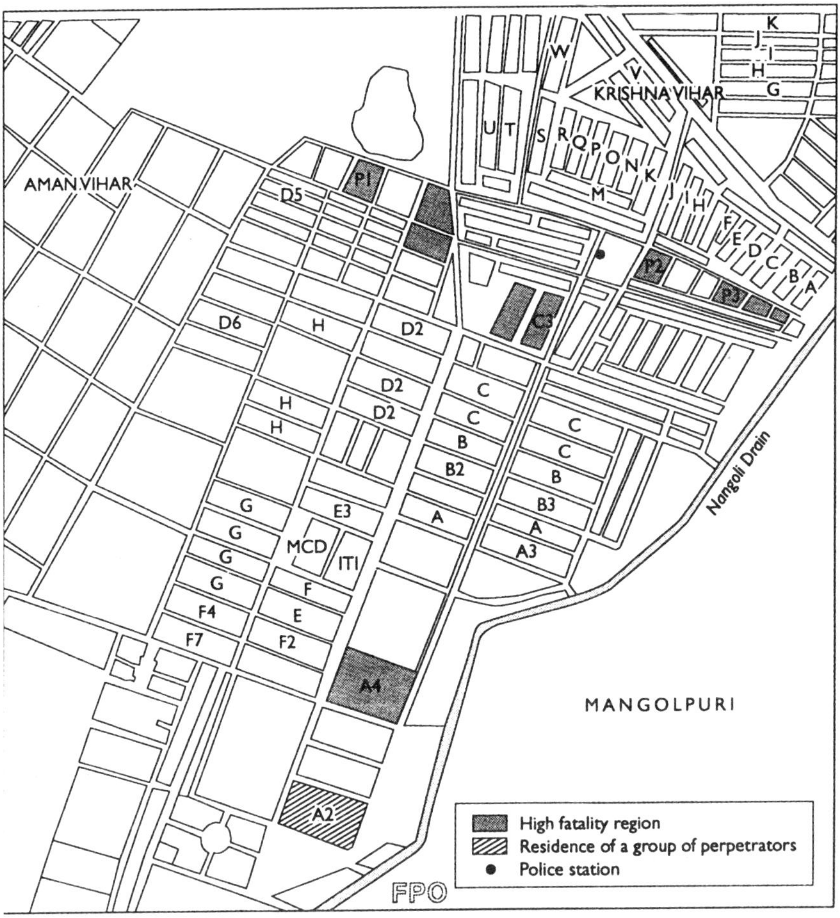

图 2. 苏丹堡

按照种姓、派别忠诚度以及原居地做出区分，这些差异可以在殖民居住区的空间组织中描绘出来。第一期调查这些家庭是在 11 月 18 日到 28 日之间。顺理成章的，第二次调查于 1985 年 1 月展开，评估救济受害者的数量及救助质量，此外，确定尚未得到赔偿或尚未得到任何形式帮助的个人。后来我们制定了一些小型调查来评估具体需求。

需要记住的是，之所以开展这些调查，并非出于中立的社会科学研究的需要，而是因为我们面临一项急迫的任务：我们希望收集这些信息，以便助于识别罪犯，同时也有助于我们自己更系统地开展救助工作。直到 11 月 3

日晚间，德里的陆军长官直截了当地称，各类志愿者小组至多不过是三四个寡妇，她们是德里这场城市骚乱的产物。11 月 2 日，军队大批出动，但是他们一直到 11 月 4 日夜间才在遭到破坏的侨区出现，然而这时，德里东西方向上的殖民聚居区的街道已毁坏殆尽。

所以，当我们开展第一期调查的时候，几乎没有得到任何物质帮助，我们也无法给受害者提供保障，除了经过每日斗争可以为他们提供一些食品，以及确保他们不再遭受袭击之外，我们没法再做什么承诺。最终，面对由许多志愿者组织（特别是印度快讯救助委员会）汇聚起来的救助工作，这些调查对于分配这些工作起到了巨大作用，此外，对于确认寡妇或死者的其他继承人也起到了不小的帮助作用，在一些公民权利组织的施压下，每位死者从中央政府那里得到了 10000 卢比的赔偿金。虽然我们因为官僚制目的，广泛使用这些调查材料，但是我最初写作这一主题的时候，是根据幸存者自己的经历。我花了 10 年的时间来系统阅读这些干巴巴的事实记录——每个家庭中被杀死的人，凶手闯入的时间，谋杀方式，现场围观的人群，可以联系得上的幸存者的其他亲属，暴动者掠夺的财物——这些资料除了作为工具帮助我们组织救助和康复工作之外，它们还说明了大骚乱期间的一些重要事件。①

① 就我所知，莫赫塔和查特吉曾对救援和康复工作以及集体暴力作过理论研究，"Boundaries, Names, Alterities", 201—249。按照他们的说法，"暴力和救援工作既相互独立，又相互关联，它们由此建立了自身的谱系，因此，如果我们把救援工作看成是对暴力的直接回应，那么这是错误的。就暴力谱系来说，大骚乱叙事铸造了先前那些集体暴力事件之间的关联……康复工作的操作与此相似，它冒称自己就是代理"（206—207）。莫赫塔和查特吉想要寻找一部细致入微记录这些过程谱系的民族志，他们的研究就是这类讨论的范本。类似的，阿帕杜莱曾经考察过塔拉维（Dharavi）地区的非政府组织的住房危机所暗示的问题，以此来理解民主在全球化世界中的作用。参阅 Arjun Appadurai, "Deep Democracy: Urban Governmentality and the Horizon of Politics", *Public Culture* 14, no. 1 (2002): 21—47。

一份描述：遭到袭击的城区

我前面介绍过，10 月 31 日，街道上只发生了几起零星暴力事件，但是从所有可靠的证据来看，这是一次匿名暴力。当天夜间在苏丹堡，有一户家庭遇害（这次事件的重要性稍后将会谈到），但是，有组织行凶是在 11 月 1 日和 2 日，造成最大规模死亡，至 11 月 3 日，只零星发生了几次凶杀事件。虽然其中一个街区只聚集着几户棚屋，里面住着一些新移民，但是，11 月 3 日夜间还是发生了一起暴力。

接下来我将介绍居住在每个街区的共同体的基本情况，并说明他们遭受到了什么样的暴力。

A2 区：街道边缘和街角的水泥建筑中有五户西格里卡尔锡克教徒（Sig-likar Sikh）家庭。人们称他们的工作是 pheri，意思是，为建筑工程供应铁质或其他金属的边角料，并维修铁制工具。他们是从阿尔瓦尔（Alwar）和拉贾斯坦邦（Rajasthan）附近的村子移居过来的，但是他们在德里没有别的亲戚。这其中有三个男人被杀了，一些家庭的财产也被洗劫一空。据报道称，有一个人失踪后又被找回。这个城区其他地方还居住着一部分低等种姓的成员。人们提到他们的时候，有时称他们是从邻近的北方邦过来的彻马（Chamar），有时又称他们是庞基（Bhangis）*。他们当中有一些人跟我说，他们是从巴劳特（Baraut）和巴克帕特（Baghpat）移民过来的，这两个地方位于北方邦的密鲁特（Meerut）附近。

A3 区：这里只有三户西格里卡尔锡克教徒家庭。房屋是水泥混合石棉瓦棚顶结构。报道称没有发现这三户人家遇害或遭到抢劫。这个街区还混居着其他住户，主要有一些穆斯林家庭、一些低等种姓家庭和尼泊尔移民。

A4 区：我们调查了解到，这里有 190 户家庭，其中 125 户是来自阿尔瓦尔和邻近村庄的西格里卡尔锡克教徒家庭。20 多户锡克教徒家庭来自其

---

* 制造大麻或者土酒的种姓。——译者注

他地区,他们租下了西格里卡尔锡克教徒家庭的住宅。每户有25码的住宅面积。西格里卡尔家庭坐落于A4区两条毗邻的街道上。住户总共有350人,另外,居住区数量达到500。我们的工作被限定在西格里卡尔锡克教徒居住的两条街道范围内。

这一街区的西格里卡尔的住宅是混凝土(pucca)结构。西格里卡尔锡克教徒的家庭构成单一亲属制度网络,具有双向血缘结构,即,亲属关系按照男性和女性两方延续下来。这些家庭的其他亲属居住在D2区和D6区,还有一些亲属居住在蒙戈尔堡和特里洛克堡。在我们调查的家庭中,在中东国家工作的男性主要集中于A4区。在42名男性中,有些人以前曾在中东地区的一个国家工作,有些人现在还在那里工作。来自A4区的被害记录数量最多:77名男性和2名女性或被活活烧死,或被殴打致死后焚烧,只有一例是被枪杀。所有家当都被洗劫一空,绝大多数家庭报告说他们丢失了2—10拖拉不等的金银,[①]大量现金、进口服装、手表和电子物品等。房屋焚烧殆尽,门框也被系统地破坏掉了。

B2、B3区:我们在这一地区仅调查了40家住户,因为这里似乎没有遭到什么侵袭。居民所属的种姓大多从事手镯制造和贩卖业。水泥结构的房屋看上去一点都不富裕。暴徒们也没有闯入这一街区——一起伤亡报告都没有。

D2、D6区:居住在D区街道的居民,与部分居住于A4区的西格里卡尔锡克教徒有亲属关系。这一街区表现得也比较富有,拥有很多混凝土结构的住房,配备双储藏室和家庭作坊(karkhanas)。有一例死亡报告是本区开一家jhatka肉店的一个人。[②] 虽然在救助工作刚开始的时候,部分居民试图登记抢劫案,但是,这一地区没有出现纵火或抢劫案报告。

---

① 拖拉(tola)是计量黄金的传统单位。虽然早先几个世纪,地方上有不同的精确计量方式,然而,直到英国统治时期,这些计量单位才得以标准化。通常交易是10拖拉的金条,每个等于0.375盎司。按照1984年的市价,10拖拉约合1200美金。

② Jhatka指按照锡克教仪式规范宰杀牲畜,它跟halal肉铺不一样,后者出售的肉食是按照伊斯兰教仪式宰杀所得。

E3 区：这一地区散落着几户以贩铁为生洛哈尔(Lohar)锡克教徒家庭，这些移民于1947年从拉合尔来到德里。有三户人家是开电动黄包车的。这一地区没有出现死亡报告。毗邻的一条街道的边缘，只有一户读经者(granthi，锡克教徒的一种职业，负责在金殿朗读经文)家庭，被圈进邻近的一处尚未建好的地区，他们在这处遍布荒草的地方被活活烧死了。女主人来自于北方邦的马吐拉(Mathura)，他们在这一侨区没有什么亲属。为方便起见，我将在表2中介绍E3区的死亡情况。

F2、F4区：位于两条毗邻的街道的家庭表现出很强的内聚性，因为他们全都来自于Lohar种姓。只有五户家庭报告说，他们的男性成员在中东一些国家从事泥瓦匠的行业。我们的记录显示，这两个街区总共有120家住户和一些低级种姓的印度教家庭混居，他们在F2区租房居住。这一地区总共上报12例死亡事件，但是与A4区不同，这里的街道和房屋没有焚烧或毁坏的痕迹。

F7区：这里的锡克教徒住在棚屋里。与那些遍布混凝土结构的住宅区不同，这里的男人白天在建筑工地做苦力，女人则被雇佣到邻近侨区做兼职家政服务。一部分棚屋居民属于西吉拉(Hijra，跨性界或第三性别，太监)共同体成员，西吉拉要么过单身汉的生活，要么就是一家人和整个家族生活在一起。据统计，住棚屋的锡克教徒家庭总共死亡4人。死者的种姓背景尚不确定。其中被害的两名死者是小轮摩托车司机，他们是在11月2日早上被抓住，在旷野里被杀害的。他们的小轮摩托车也被烧毁。其他两人则从藏身的棚屋中被人拖出去，活活烧死了。该地区没有抢劫案上报，然而，棚屋也没有什么东西值得抢劫的。

P区：P区位于自A4区起，整个侨区的边缘，但是，我们最初的调查不包括涵盖P区的棚屋区，后来我们在这里为那些幸存者工作。因为缺乏调查资料，这一地区锡克教徒家庭准确的数量和死亡人数并不清楚，但是至少有20户家庭报告说11月3日有男性家庭成员死亡。棚屋区是混合型构成。这一地区有两百多棚屋居民，包括大量的穆斯林，其人数超过其他任何街区。根据我们对穆斯林家庭数量的估计，大概在40—50户。蒙戈尔堡的棚屋(jhuggi jhopdi)侨区的住户紧邻一条下水管道,由此被分成两个侨区,他们都遭到了相似的暴行。据 PUCL-PUDR 报道,11 月 1 日,蒙戈尔堡的棚屋发生了谋杀和纵火案,尸体被抛进下水管道中。[1] 后来,马尔瓦(Ved Marwah)先生取代了早先的专员坦东先生,主持警署开展调查工作,把这条下水管道撬开了。至于发现了多少尸体并没有公开。

表 2:对以上信息的小结。

表 2 锡克教徒家庭分布及死亡人数分布(按街区)

街区	锡克教徒家庭	死亡人数
A2	5	3
A3	3	0
A4	145	79
B(2,3)	40	0
D(2,6)	180	0
E3	30	1
F(2,4)	120	12
F7	未统计	4
P1	未统计	20
总计	523	119

地方:非语内表述

很显然,从对这些街区及不同的暴力图景的简要描述来看,一般性的骚乱理论和人群行为理论都不能对这一存在差异的图景做出很好的解释。如果人群果真是理性行动者,并且,他们的行为恰恰是道德错误,那么,为什么 A4 区的西格里卡尔家庭成为主要的袭击目标?现在,假设印度教徒群体的反应是出于愤怒,他们要"惩罚"锡克教徒,因为这些人对于甘地夫人遇刺一事集体负有责任,那么,他们如何在 B 区以手镯制造为业的种姓和居住于

① PUCL-PUDR, *Who Are the Guilty*? Jhopdi 是个复合词,指"棚屋"。行政分类常常使用这个词来描述那些不是用水泥建造的房屋,它通常被纳入到德里发展署的贫民窟发展项目中。

A4 区的西格里卡尔特殊的亲属制度网络之间做出区分？相反，如果大骚乱仅仅表达了一种盲目的愤怒，在这种愤怒中，一切正常的禁忌都被悬置一旁，那么，这些人群在行动的时候，如何划分出不同类别的人，对他们施以暴行？最后，如果说国家是这场骚乱的“始作俑者”这一解释充分的话，或者说，像许多激进组织和学者论证的那样，这是由国大党精心策划的阴谋所导致的结果，那么，我们如何解释这些人似乎有意做出这些特定选择呢？

请允许我通过以下观察回应上述问题：①

1. 苏丹堡暴力显示，虽然从共同体的角度推论来看，印度教徒和锡克教徒被认为是两个整体，但是，这一阐述遮蔽了暴力的现实化，这种暴力说明，宗派之间的从属关系被种姓差异打破了，并被分割成“工作等级”的碎片。虽然在地方记忆之外，大屠杀的表述仍然认为这种暴力是两个宗派群体之间的“集体”冲突，然而，上述观察说明了地方冲突的形态。这并不是说那些推论形式是错的，而是说，这些视角或观点的引入使得叙事任务多元化了。

2. 我们看到，极端暴力是日常暴力的延续，日常暴力暗示出国家和共同体两个方面，同时清楚地说明，暴力和社会性息息相关，相反，暴力行为解释了，社会是被“制造”出来的实体，而不是事先给定的。此外，所谓极端暴力是日常暴力的延续并不是说这二者相同，而是说，日常提供了土壤，事件由此生发出来。然而，如果不把这次事件建立在甘地夫人遇刺及其谱系的基础之上，我们也就无法解释它的不同寻常。

3. 暴力具有两重性：它既是秘密的，又是公开的——显然，在这里，公开是通过暴力行为建构起来的，即，一方面是表演，一方面是运用各种口号，公开表示发生在苏丹堡的这一切仿佛是甘地夫人遇害事件的继续。这种把突发的民族事件与地方层面上的社会结构联结在一起的做法，使地方空间转变为一个表现民族戏剧的舞台——然而，制造这起暴力的公众以某些具

① 费尔德曼研究过爱尔兰的政治暴力问题，他提出的政治代理和主体性理论与这里的问题相关。Allen Feldman, *Formations of Violence: The Narrative of the Body and Political Terror in Northern Ireland* (Chicago: University of Chicago Press, 1991)。

有重要意义的方式创造了地方性。

4. 暴力划分了作恶者和受害者,但是这些划分并没有表达出现存结构上的不平等关系,这种不平等体现在以下方面:国家行为制造的无处不在的暴力更好地描绘出城市周边地区产生的社会性形式,国家行为使日常生活充满了危险,最终这种危险在大骚乱中显现了出来。

苏丹堡发生的大骚乱

甘地夫人遇害,以及德里市中心和城南等地发生的几起零星暴力很快便在苏丹堡流传开来,因为人们从电视台或工作在这些地区的居民那里得知了这些情况,即便如此,苏丹堡的锡克教家庭并不担心暗杀事件会引发报复行动。正如一些居民告诉我的那样,他们利用暗杀一事能做什么呢? 他们最担心的是两个地方领导人之间换任,这对他们将产生直接后果,至少他们清楚他们将要面临的问题。

暗杀事件前几天,A4 区的西格里卡尔共同体领导人和 A2 区的彻马(Chamar)共同体的领导人(Pradhan)之间发生了一起斗殴事件。这两个人经常吵架。每一方都野心勃勃地想排挤对方成为地方主导,他们都希望在这一地区将地方政治事务与国大党领导人的权势联合起来。我们给这样的领导人命名为 X。从这名保护人那里可以获得诸多好处。首先,在这一地区,给居民设定的那些法定的等级区域不再那么明显。他们都是棚屋居民,1977 年以前,他们一直占据着亚木纳河筑堤附近的土地,在非常时期,山齐(Sanjay Gandhi)为整饬该地,迫使他们迁到目前的居址。[①] 正如很多人告诉

① 塔尔罗曾对非常时期的住房政策做过精彩的描述,参阅 Emma Tarlo, *Unsettling Memories* (Berkeley: California University Press, 2002)。1975 年 6 月 26 日,英迪拉·甘地宣布国家进入紧急状态,理由是印度的安全受到内乱的威胁。人们普遍认为,甘地夫人之所以这样做是为了大选之后维护自己在政府中的权力,1975 年 6 月 12 日,阿拉哈巴德最高法院经过判决后宣布此次大选无效。甘地夫人的儿子山齐扮演的角色是粉饰太平,推动绝育政策。我将在下一章中讨论这个问题。

我的那样，他们的棚屋被一小班军队破坏掉了，他们被强行赶往这一地区，当时这里还只是一片空旷之地。“我们什么也没有，抬头就是脑袋顶上的一片天空。我们每个人得到50卢比，得知这片地域划归给我们自己。我们强行征用了附近村民的土地，他们由此对我们充满敌意。我们在这里建造混凝土房屋真的是一项艰难的工作。”领导人X在非常时期，在山齐·甘地的庇护下得到了升迁，居民们把他看成是一位保护人，他们相信，正是由于他的恩赐，他们征用这片土地的权利才有了保障。虽然他们称自己得到了法律文件，证明分配这片土地是合法的，但是他们却拿不出这些文件。从A4区那些家庭的情况来看，后来发生的纵火和抢劫使这些房屋片瓦不留，然而，即使在其他地区，也没有从居民那里发现这种法定文件。我怀疑这里曾出现大规模侵占土地的情况。

在过去七年里，这一社区越来越富有，一方面因为德里不断兴隆的房地产建设，一方面也是因为中东地区向半熟练的劳工敞开了机会。虽然对于他们来说，X的庇护十分重要，但是，拿到雇佣契约、签证和其他前往中东地区必要的文书更为重要，显然，他们必须要付给保护人一笔可观的钱财。

从海湾地区获得的财富以消费品的形式“彰显”出来。女人们拥有从这些国家进口的服装。家家都有电视机，有些家庭还有录音机，许多人家藏有从中东国家走私的金银。通过联合住在阿尔瓦尔以及与德里相邻的村子里的亲戚，这一共同体积聚了力量。与A4区的这两条街道上的居民所显现出来的富裕相对照的是，贱民居住的街道只建了一些水泥围墙，划定出个人居住区的边界，这些西格里卡尔的住户几乎没有什么消费品可以炫耀。过去两年的时间里，两条街道上的居民之间经常发生冲突，这期间，两个共同体的领导人扮演了重要角色。

我问这些人，A2区的领导人是做什么工作的，他们回答道：vaise to uski Corporation main naukri hai par vo goonde palta hai，大意是说，虽然他在市政公司有一份工作，但是，他主要的工作是监督那些小阿飞，督促他们工作。（人们通常用palta hai这个词来形容被驯化的动物。这个词也被用来诬蔑A2区的家庭豢养家猪）人们说，他的权力得自于他可以为任何行动提供人力扶持——谋杀、偷盗、破坏罢工、胁迫群众等等。他是一股重要的力量，可以确保侨区掌握在国大党领导人的控制之下，同时，他为组织政治游行或集会召集民众。虽然所有人都承认他对暴力的控制力，但是无论如何他也不是这一地区最有影响力的人。他反倒被那些来自附近村庄的贾特领导人、两个穆斯林头头和本地的商贾控制着。X 利用这一网络，反过来，这一网络又与他勾结在一起，本地警署（thana）的办公厅（Station House Office，简称 SHO）也为 X 卖命。

过去两年，斗争频发，这主要是因为西格里卡尔共同体占据了 A2 和 A4 区之间的一些土地，并在这些地皮上盖了一栋小型的庙宇。A2 区的贱民种姓的领导人觉得，这是公然挑战他的权力，因为控制那一地区所有的人以及共有资源构成了 X 及其代理人的权力，贱民领导人自己的权力源于他与这些人之间的关系。这里传达的一个重要方面是，地方要人的权力是要控制共同的空间和资源——公园、街道、水泵，正是因为他的庇护，居民才会得到这些。这种权力也可被转化为金钱，但这种转化不是必需的。对于领导人来说，人们承认他的“领土”就足够了。这似乎正是富足的 A4 区居民要挑战的。

其他争论也开始爆发，西格里卡尔说，因为他们的富裕冒犯了贱民（hum se jalte the——他们嫉妒我们）。最终，西格里卡尔中一部分女人贬低贱民说，他们自古以来就是靠吃别人的残羹剩饭活下来的（dusron ki juth pe palte the），以此来嘲弄他们自己相对较高的种姓。[①] 作恶者在“演讲”中清楚地表达了这些因素，在接下来的事件中我们将会看到。

我们最初是在 11 月 5 日进入这一地区的，当时我们坐在附近的一家路边茶摊（dhaba）上喝茶，一群男青年满脸杀气大摇大摆地走过来。他们津津

① Siglikar 是一个工匠种姓，他们不可能占据高级种姓社会地位，然而，低种姓之间的斗争在现代政治中越来越尖锐。我曾就种姓政治这一方面的问题做过阐述，参见 Veena Das，“Caste”，in *Encyclopedia of Social and Behavioral Sciences*，ed. Neil J. Smelser and Paul B. Baltes（Amsterdam：Elsevier，2001），vol. 3，1529—1532。

乐道地回忆着几天前发生的暴力,好像过节一般。我无意中听到一两句片断:"就像我说的,你吹嘘什么——你脑子不灵了?"后来我们得知,他们提到的是这样一件事:那些保住命的男人不得不承认,他们公开剪掉了自己的头发,讨好了围观的一群人。"那些女人是怎样的奴颜婢膝(gidgidana pada)——她们炫耀(ainth)的那些外国制造的衣服都是哪来的?"后来我们发现,日常用品怎样定义了西格里卡尔女人的身体,它们也导致男人们骄傲地用他者的身体来"言说"。我们搜集的这一证据和其他类似的证据表明这两条街之间平日里紧张关系的根源。但是,正如这个地区及其他街区的很多家庭告诉我们的那样,这里时不时就会发生紧张冲突,高潮时会彼此之间投石块(pathrav)。尽管也出现了街斗,甚至是身体暴力事件,但是,如此残忍的暴力也只是暗杀事件发生之后才出现的,在此之前没有发生过这样的集体暴力事件。

10月31日,A4区的西格里卡尔和A2区的贱民之间爆发了一场殴斗。双方之间投石块、谩骂。按照很多锡克教徒和其他教派的居民的说法,倘若两名领导人没有完全喝醉,事态不会恶化到如此严重。谣言不胫而走:锡克教徒庆祝甘地夫人身亡。贱民领导人开始叫喊,要求锡克教徒必须道歉,而来自A4区的领导人则奚落他是一个身无分文的贱民(do kauri ka admi——一个"只值二十便士的人")。一些上了年纪的人试图阻止领导人与贱民之间相互侮辱和谩骂。但是这位领导人跟他们讲,他们没有理由害怕。他非但没有阻止自己,反倒开始对贱民品头论足,嘲笑他们:chamar logon ke hath mein kabhi bnaduk ayee hai——pakadna bhi ata hai bunduk ko——一个贱民手里还能握有枪?——你知道怎么握枪吗?这是从另一方面回应这样的嘲笑:甘地夫人的保镖不过是几名懦夫,他们杀害了一个手无寸铁的妇人。

显然,当晚殴斗平息了下来。但是整个地区——包括其他街区——被谣言紧紧包围着:这个城市中的锡克教徒正在遭受屠杀。一些人想举行谈判,但是领导人的态度强硬,没人有胆量触犯他们。按照很多人的说法,他们后来听闻,贱民区的领导人、两名本地的穆斯林、配给店的老板和X举行协商,制定了一些计划。据他们所说,当晚在这一带多次看到X的轿车出人。31 号夜里 10 点钟左右，人们在家中的时候，一伙人在 A2 区的头头带领下闯了进来。他们由本地的 SHO 和巡警陪同。A4 区的居民说这伙人人数不算多——大概只有三四十人——大部分都是他们认识的邻居，有一些邻村的苏丹堡和布特（Pooth）的贾特人，还有一些人他们以前见过，但是认不清了。他们坚持声称，虽然事后他们告诉几个记者（akhbar wale），他们遭到了外来人的袭击，这只是因为他们太害怕了，不敢说出邻居的姓名。

这伙人闯进来，站在 A4 区领导人的家门口，挑衅他，让他出来。[①] 这名领导人有一把左轮手枪，他带上手枪走了出来。SHO 命令他出去，并把手枪丢下。其他一些人还听到附近汇聚起一股嘈杂声。这伙人吩咐所有西格里卡尔必须待在自己的家中，否则他们就会被带到警卫站。这些西格里卡尔半是害怕半是茫然地回到自己的家中。

这名领导人出来的时候没有佩戴左轮手枪，陪同他的还有两个儿子，这伙人开始辱骂他。至于他们这时骂了些什么，我不十分清楚，但是似乎这些谩骂和侮辱是各种话语碎片的混合物。这伙人不停地愤恨西格里卡尔发了家，警告他们说，现在他们要为自己傲慢地拥有这么多财富付出代价。然而，他们又抛出了其他谩骂之词。这伙人不停地挑衅（lalkar）——khun ka badla khun，tumne hamari ma ko mara hai——意思是，血债要用血来偿，你们杀了我们的母亲。当时，聚在医院外面的群众也曾喊过这些口号，接下来的几天里，他们群情激愤，直到葬礼结束。显然，暴力发生的那一刻，人们从电视的形象中拾起某种“民族主义”话语，通过身体把它讲出来。领导人遭到了毒打，这伙人反复要他请求宽恕并道歉。“为什么道歉？”他不停地反问道。因为高于西格里卡尔地位的那些特权被废除了，因为锡克教徒“杀死了我们的母亲”。他越是反抗，就越是挨棍棒（lathis）毒打。他的儿子试图过来帮他，也挨了打。最后，这伙人的头头们在巡警的帮助下，往他身上浇

---

① 这段描述主要根据 A4 区幸存者的讲述，但是，临近街区很多人虽然远离这次事件，也做过类似的讲述。其他人，如 A2 区领导人的支持者，或是那些害怕被套上莫须有罪名的人，则完全否定这些说法。

灌沥青，放了一把火。他的两个儿子也遭到了同样的厄运。他的妻子，躲在房子里，几乎无法控制自己，她听到孩子呼求她——她害怕极了，但还是坚持走到儿子身旁，也被杀害了。当这些尸体还在燃烧、那些正在死去的人呼求水的时候，SHO 喊道，如果有人胆敢出来干预执法（kanoon ke khilaf kisi ne hath uthauya），那么他也要被击毙。

这群人散开了——没有人能告诉我们这是什么时候——然而，SHO 下令，所有西格里卡尔如果还惜命的话，就必须待在屋里。人们说，起先他们都吓晕了。这难道是一次合法的行动？SHO 引出了法律的权威。假如这伙人第二天再来怎么办？他们是不是应该在夜幕的掩护下逃走？可是逃到哪里去呢？当一些人偷偷摸摸跑到邻居家商议的时候（这里我们必须记住这样一点：邻里之间很多是近亲），他们发现，两间房子的阳台上挂出一只钟，他们被警告说，如果他们不马上回去，就要被击毙。从声音上来看，以及他们对过去历史的个人知识来判断，所有人都认出这两股声音，一个来自本地的穆斯林，另一个出自布特村的一个贾特人。然而，一些人还在暗中行动着。从我的记录来看，有确凿证据显示，大约清晨 4 点，三个年轻人扮作妇女出逃。最初，他们被报告失踪，但是，两星期后他们又回来了。这三个年轻人告诉我，他们当时藏在 D2 和 D6 区的几个亲戚家。

第二天早上 7 点，这伙人又回来了，他们把男人从房子里揪出来，开始进行大屠杀，他们往这些人身上泼洒从配给店搞来的沥青，活活把他们烧死了。这一地区死去的绝大多数 76 岁上下的老人还遭到了警棍的殴打，随即被灌上沥青，烧着了火。还有一个男人被这伙人从二楼抛了出去。很多逃走的男人是这一地区的房客，即便如此，他们的房屋还是被洗劫一空。这伙人到处放火，捣毁门窗，抢走现金、金银、电子设备、不锈钢器皿，以及任何他们能抬走的物品。这场大屠杀整整持续两天。11 月 1 日，这伙人大约早晨 7 点钟来，接着，上午 11 点、下午 3 点和晚上 7 点再过来转一圈，每次都是在 SHO 和巡警的陪同下。第二天，陪同他们的人更多了，包括令人心惊胆寒的 X 的党羽和一名搞地下活动出了名的地方首领的副手。显然，这两个人使得屠杀更加技术化，他们使用了被人们称为“白色化学药品”的物质，加快了焚烧速度。两名荷枪实弹的男人在中间守卫着钟表，此外还有两名巡警被命令"负责"把守街区的入口和出口。至少有两名男子在他们以为杀戮平息下来的时刻试图逃跑，最终都被抓回来击毙了。11 月 5 日，当我们进入这一街区的时候，找到了子弹遗留的痕迹，喷溅到墙壁上的血渍，成堆燃尽的骨灰以及烧焦的房屋，从而证明了这些恐怖的讲述的真实性。

第一个晚上过后，这伙人的领导权似乎移交给了 A2 区的领导人，他现在不得不承担起搬运、处置尸体的工作。据说，X 安排了几辆小型卡车(tempos)，很多未完全烧尽的尸体被倒进卡车里，趁着暮色，运往亚木纳河附近的火葬场。后来我听说，有消息称，从多姆(Dom)和潘达(Panda)社区来的两名显贵的男子住在高止山(Ghat)火葬场附近，他们负责把这些尸体全部火化掉。

11 月 3 日清晨，家住 A2 区三个恐慌的锡克教徒试图逃跑，最终被抓住，殴打致死。4 日清晨，军队进驻，再也找不到什么尸体了——然而，证据还是涂写在那些早先被毁坏的房屋、弹孔、烧焦的门框和几小堆骨灰上，此外，还有大量伤痕累累的幸存者。

A4 区大屠杀的消息不胫而走，传到了其他侨区，许多街区以不同方式开展行动保护自己。A3 区所有家庭都证实，他们得到了印度教徒邻居的帮助，藏在这些邻居家中。一个男人和他的妻子躲在附近一个穆斯林邻居主持的清真寺中。在 B 区，一些手镯商贩并不领会他们将要面临的危险。他们得到邻居的保证，这里不会发生像 A4 区那样贱民和西格里卡尔锡克教徒之间的仇杀。虽然他们很害怕，但是他们说，他们觉得对于那伙人来说，自己太穷了，所以不会遭到袭击，因为这伙人犯不着来抢劫他们。

D2 和 D6 区的情况迥然不同。D2 区居民与 A4 区居民有一部分相同的亲属网络关系。他们也很富裕，拥有混凝土结构的住房和大量财物，以至于 A4 区的西格里卡尔锡克教徒都很嫉妒他们。当 A4 区大屠杀的消息传到这里来的时候，特别是这里的居民得知警方也参与了这次大屠杀，领导人断定，他们不可能从其他人那里获得帮助。所以，他们召集了所有强壮的男人，聚敛了一切他们能拿在手上的武器，到了晚上，就在街区的出入口上竖起路障。这个地区的印度教徒家庭几乎根本不与他们合作，他们好像间谍一样刺探其他街区的消息，带来各种各样的口风。

我们问A4区的家庭，有没有人在屠杀和抢劫的过程中寻求援助，在我们的调查记录中，一个不变的回答是：邻居当中没有一个人前来帮助，因为他们自己就是凶手。他们在D区的亲戚意识到，他们竟然把自己的亲属——出嫁的女儿或者亲近的表兄——交给凶手眷顾。但是，正如D区的亲属所解释的："我们能做什么呢？我们根本没有武器对抗警察。然而我们下定决心要像献祭的羔羊(bali ka bakra)那样赴死，如果他们靠近我们，我们就要反抗。"这伙暴徒似乎来过几次，但是显然，他们决定不与这一区的居民对抗。唯一一例死亡是一家肉店的老板，他出去解手的时候，在毫无意识的情况下被人抓到。

在F2和F4区，类似的死亡事件也是发生在出门后被抓。两名脚踏车司机出了侨区之后，被匿名团伙抓住并杀害。11月2日晚间，当部分暴徒回到该区时，他们在田地里抓住了两名出来解手的人。那两名脚踏车司机的尸首再也找不见了，但是有些人上报说，他们是在侨区附近被杀害的。

在F7区棚屋发生的又是另一个故事了。一个人(气球贩卖商，他的名字叫威尔逊)被警方怀疑偷窃，遭到了逮捕，在此之前警方与当地的棚屋居民发生冲突，遭到了封锁，这名男子被带往警察局，蹂躏致死。一群耶稣会的社工人员得到了当地的棚屋居民的支持，上书控诉SHO的暴行。两名锡克教徒在支持这些社工的活动中表现得特别活跃，他们被警察和巡警及其相关的陪同人员揪出来，活活烧死了。[①]

C区被杀死的人不计其数，以至于我们统计不过来。我说过，我们的确参与了P1区棚屋居民的救援康复工作，然而，我们最初并没有调查这些家庭的情况。P1区位于侨区的边缘，这里聚集着一些棚屋，一个公园和一条主干道把那些混凝土住宅区和棚屋居住区分割开来。离街区的另一头不远处有一条下水管道，即楠格洛伊(Nangloi)排水沟，这条管道将苏丹堡和蒙

---

① 也有一则报道称，这一地区一名锡克教巡逻官被活活烧死了，但是，我们没有追踪死者家庭。

戈尔堡划分开来,分出了棚屋侨区。P1 区的棚屋居民,既有印度教徒,也有穆斯林,他们向锡克教徒做出保证,与他们生活在一起不用花费任何代价就可以得到保护。11 月 1 日和 2 日,几伙暴徒有时在警察的陪同下巡视整个侨区,这一街区的锡克教徒躲在邻居的棚屋中。3 日晚间,一辆巡逻警车宣布宵禁令,威胁棚屋居民说,如果他们继续窝藏锡克教徒的话,他们整个族人将会被烧死,仿佛藏匿锡克教徒是非法的。这些锡克教徒觉得这事关邻居的生命安全,出于道德责任感,他们不愿意拿自己邻居的生命去冒险,于是他们决定跑到分割侨区的那条小水管道。一些人以为藏在田地里很安全,但是警察追踪过来,枪杀了他们。事后,SHO 声称,这些骚乱制造者公然藐视宵禁令。虽然我们不能做出准确的评估,但是,至少有 20 人在这次大屠杀中丧生。

还有一些零星的屠杀。比如,有一个脚踏车司机,从一幢混凝土房子中出来,和三个儿子一起藏在一幢被弃的房屋中。一伙人往这幢房子上泼洒沥青,放了一把火,他的遗孀和几个女儿认出这伙人当中有一些是他们的邻居。[①] 我们没有发现这些人以前发生过口角。这一点,以及类似的死亡都没有明显的模式,直到 11 月 3 日这样的杀戮才结束。我能给出的唯一解释是,以前的敌人卷入到这场事件中。正常的约束被打破了,社会语境敞开了,使得人们可以做平时不能做的事。仿佛暴力为长期滞留的问题浮现出来提供了可能性,并将这些问题一笔勾销了。

关于这种个体积淀的伤痕,我还发现了其他三个案例,这里我只讲述一个相关的故事。有个女人反复央求我去棚屋拜访她,她的哥哥住在那里,棚屋区是非常拥挤的居住区,靠近一条排水沟,这里离她的婆家大概两英里。据报道称,这个女人的丈夫失踪了。很长一段时间我都犹豫不决要不要去,因为她坚持要求我独自一人前往,我害怕遭人暗算,甚至暗杀。[②] 有一天我

① 第十章对这个案例有更进一步的讨论。

② 回头想一想,我意识到我当时夸大了自己的恐惧,但我不得不为自己说一句,X 的党羽曾经恐吓过我,或许正因为此,面对这个请求时我才会夸大自己的感觉。

终于让步了，独自一人前往棚屋，在那里，她告诉我，她丈夫没有被杀死，也没有失踪，而是被藏了起来。她说，她和另一个男人私通，他们夫妇俩经常为这件事吵架。看到这么多锡克教徒在大骚乱中丧生，她丈夫可能趁此机会杀了她的情人，然后就此躲开人们的怀疑。她害怕把这件事上报给警察，因为她情夫的家人不可能要求赔偿，反而要控告她，而她的婆家也会“将她扫地出门”。她为此征求我的建议，但我给不出任何建议。

暴力和地方主体

有关大骚乱类型和过程的研究颇具影响力，它们通常把地方当成一个宽泛过程的**实例**进行分析。汤百亚（Stanley Tambiah）在他的研究中，分析了不同地区及不同时期制造种族大骚乱的人群，由此得出有关集体暴力的一般性理论。因此在汤百亚看来，种族或宗派骚乱的突发事件是一系列宽泛过程中的一个实例，他将其命名为**聚焦**（focalization）和**重估**（transvaluation），以此来解释大骚乱从地方过渡到民族的轨迹，一方面是**民族化**（nationalization）和**编狭化**（parochialization），另一方面它又解释了相反的过程，“通过这些过程，一系列问题在全民族范围内集中呈现出来，由于地方分裂，它们在地方上表现出分散性和破碎性的特点”。这种反思通过很多方式普遍化为语言的一部分，由此，尺度的概念被理解为：地方象征着较小的东西，民族代表着较大的东西。类似的概念还可以被理解为所谓的“大传统”和“小传统”之间的关系，比如**普遍化**（universalization）和**编狭化**。因此，汤百亚认为，地方冲突导致一场像雪崩一样的“种族骚乱”。[①] 我自己看待地方的观点与阿帕杜莱的思想更为接近，他认为，地方是一个影响力结构，而不是某种包含在民族中的东西，两者之间的关系也不是包含与被包含的

① 参阅 Stanley J. Tambiah, *Leveling Crowds: Ethnonationalist Conflicts and Collective Violence in South Asia* (Delhi: Vistaar Publications, 1997), 266。

关系。[1] 汤百亚把这一系列过程看成是一套尺度运动的发展轨迹——从小到大或者从大到小的运动轨迹——但是,他没有抓住**暴力**的具体影响力。在我看来,我们必须进一步关注这样一个问题:语言通过什么具体方式,获得言效力量,从而将日常概念转化为致命的武器。

让我们再来回顾一下言说的语域[2]:一伙人在苏丹堡大街上公开上演的一幕幕暴力场景。

第一,种姓语域,比如,西格里卡尔恶意地称贱民是吃残羹剩饭的阶层,再比如,西格里卡尔的领导人贬低贱民甚至连枪都不会使。虽然这一语域仿佛点明了日常生活中现实的种姓关系——可以说,有一部分是**惯习**——但依赖这些推论形式可能十分危险。在日常生活中,西格里卡尔无法占据上层种姓保护人的位置,这种地位使贱民成为他们的护从,在城区,这类关系一般通过某种传统的 jajmani 关系类型构造出来。因此,种姓污点反映了抽象的种姓地位观念,它与那些鲜活的共餐交换关系或是主导的特殊化过程无关。

第二,这里提到了海湾地区进口的日用品,它们显示出西格里卡尔的财富。这些日用品包括进口衣物、电视和录音机。大骚乱和掠夺通过暴力获得一种能力,使他者的身体通过这些日用品来言说。因此,田野工作的第一个月,我有时撞见从贱民的街道上走过来的几伙年轻人,他们刚刚从西格里卡尔家中掠夺了衣物和珠宝,他们一阵阵嘲笑这些物品,而现在,这些东西已经披戴在他们女人的身上。他们嘲弄西格里卡尔男人说:"你们的女人的威风(ainth)现在都跑哪去了?"有人可能会认为这种做法是穷人报复富人,但实际上这是日常关系的扭曲,国家之间的移民过程促成了这种扭曲。

第三个语域由民众的口号构成,如"你们杀了我们的母亲",他们把甘

---

① Appdurai, *Modernity as Large*.

② 严格地说,虽然,"语域"指自然语言与社会形态(如社会等级、职业)之间关系的种种变化,但是,我这里使用这个术语是为指出,并非是词汇,而是语词的链条展现了群体的社会想象力,言说者向这些群体提出权利要求。因此这里,种姓、民族或全世界并不是索引式的实体。

地夫人当做母亲,从而把自己建构成这个民族真正的子孙。城镇社会最贫穷、最压抑的地区上演暴力是为宣称它与最高层的民族政体之间的亲密关系,从而说明推论形式通过这样的方式能够扩展为共同体,但是,这与民族的空洞时间概念还不是一回事,这个概念与安德森提出的民族思想家的共同体这一观念类似。[①]

上述三种语域致使我相信,我们只能通过日常来理解人群的主体性,日常通过想象建构具体,在想象中,民众同时将自己建构成为上层种姓、全球经济的参与者,并将自己与最高层的民族政治紧密地联系在一起。我更倾向于认为这是一种"被权力操纵的"主体性,它在苏丹堡大街上创造了公众,这些人以某种方式在几天之内就超越了地方,完全控制了这些街道。由此我们看到,颠覆主体,而不是实现他[②],最终揭示了那些作恶者和参与者在这场狂欢般的暴力中制造的悲剧。我想以我和 A2 区居民之间的对话为例。下面介绍这场对话变化的语境。

当德里志愿者组织工作开展得越来越有序的时候,政府反复要求给犯人分配任务。这项命令越来越公开化,许多官员传达着这项命令,一些新官员负责重新恢复城市稳定。在印度官僚制文化中,执行惩处的任务通常授予那些在组织权力等级中较为低级的部门。[③] 在苏丹堡的案例中,这项任务交付给了地方警官,这批人由此聚合起来,在大骚乱中成了地方参与者,搜查"犯人"的家,"寻找"被掠走的财产。许多来自贱民街区家庭的妇女抢了一些财物,她们没有遭到责罚,有一天,她们气愤地跟我说:"就是因为你们这帮人,跟警察一样,说我们应该跑在前面,拿走西格里卡尔家里的东西,

---

① Benedict Anderson, *Imagined Communities*: *Reflections on the Origin and Spread of Nationalism* (London: Verso, 1983).

② 经过反复推敲,这里使用阳性代词是恰切的。

③ 这是个让很多个体代理都觉得棘手得出了名的问题,所以,组织中的下等军官成了替罪羊,他们不得不为组织过失负起责任,但这里的语境是司法惩罚,不是组织中失败与风险文化的关系——这是卢曼的主张。参阅 Niklas Luhmann, *Risk*: *A Sociological Theory*, *trans. Rhodes Barrett* (New York: A. de Gruyter, 1993)。

因为他们杀了英迪拉·甘地,应当受到惩罚,现在你们又转过头来打我们的男人,因为他们抢了这些东西要逮捕他们。”

这些事件发生了六个月后的一天,这个街区的一名年轻男子拦住我,对我说:“大姐,你帮了西格里卡尔大忙——为什么你不帮帮我们——我们也是穷人。政府现在给西格里卡尔工作和补偿金,但是我们还是两手空空。”

这两段对话向我呈现出这样一点:暴力戏剧性的表演创造了某种主体性,时间并没有转化这种主体性。这促使我们重新思考我们设定人类学主体的方式,因为我们不能总是假定,主体把握着他们所展现出来的知识。在列维—施特劳斯著名的阐述中,神话的逻辑将自己镌刻在言说的主体上,但是,我们应用这一结构主义神话或亲属制模式时十分困难。[①] 众所周知,当我们问信息提供者如何解释他们在仪式表演中那些所作所为时,他们往往通过编造一些理由,或者追溯悠久的传统来草草作答。

对于低收入区创造出来的主体,国家效力标记在他们的身体之上,这种主体可不可以近似地被概念化为一种无知的行动?的确,许多人类学概念,如惯习工作,常常伴随着隐藏的概念:惯习在一系列处境中被制造出来,这些处境被认为是向惯习的主体隐藏起来,就好比“处境”对于“实践”来说要被现实化。[②]

当然,如果我们坚持要通过主体与知识之间的关系来定义主体,那么有人可能会认为,主体**只能**在迷失中建构起来。正如我们看到第三章对印巴分治的分析那样,这种迷失被看做是女性没有能力找到一种途径,从而无法把她们的故事表达为民族故事的一部分——但是,这些女性的小型共同体

---

① 我并非批评这套理论,因为我相信,很多语境对于我们寻找中介手段并没有多少作用,或者说,社会本身在这样的语境中是事先造好的。然而,这仍然是一个开放的问题。

② 比如,布迪厄谈到实践时说:“因此,我们只有联系社会处境才能描述它们,创造它们的惯习在这些处境中被建构出来,惯习在社会处境中得到贯彻,科学工作要处理这两种由惯习展现的社会世界之间的内在关系,在实践之中并通过实践将它揭示出来。”Bourdieu, *The Logic of Practice*, 56。

通过日常关系定义出来,她们在自己的共同体中通过表演修复工作来重新定义自身。所以我们不仅需要通过迷失和隐藏这两个主题,以及大骚乱中产生的那些几乎具有幻觉性的言语来理解这一点,除此之外,还要通过这样一些主题:一个人并不是从“知”的主体,而是从那个忙碌于缝缝补补工作,并联系日常生活各种纷繁关系的主体出发,才可能把目光转向栖居此世。在本书最开始,我就提出了有关国家的问题,以及独立运动如何在最开始被想象为这样一种形态,即男人作为丈夫和父亲出现在这场运动中,而女人则被安置到她们各自的共同体之中。国家图景源于暴力的兴起,我们在这一章中看到了国家暴力的维持。法律图景现在变成这样的问题:一方面,法律把国家表述为一种冷漠的权力,另一方面,它又将自己埋藏在日常生活中隐蔽、有裂隙的地方。从某种意义上讲,印巴分治时期,国家戏剧性地显露出来。在暴力对抗锡克教徒的事件中,例外状态更多地深入到德里周边侨区的日常生活中。国家如何在不确定性地发挥作用,这个问题是理论和民族志研究要解决的任务,我将在下一章具体阐述。

九

国家的签名：模糊性的吊诡

最新有关国家谱系的阐述受到了本雅明的讨论的启迪，他谈到了建构和维持法律的两种暴力之间的互动，特别是他洞察到，法律形式会与它本应该“表征”的内容分离开来。[1] 这一思路极为丰富地展现了位于法律内外的那些例外状态，认为最好把主权分析为过去的政治神学幽灵般的遗迹。相反，我想提出，如果说我们发现，苏丹堡低收入区的暴力语境蕴涵并解释了国家权威，那么，我们既不能把国家看做纯粹的理性官僚制组织，也不能仅仅把它看成是崇拜物，而应该把它当成一种规则的形式，摇摆于存在的理性形态和魔法形态之间。作为理性实体，国家在法律蕴涵的规范、规则的结构和执行的制度中呈现出来。从我所研究的那些人的视角来看，法律象征着一种冷漠、压制的权力，通过表述或表演各种形态的流言飞语、嬉笑嘲弄、模拟扮演，这种权力渗透到日常生活的框架中。但是，故事远远没有结束，因

① Walter Benjamin, "Critique of Violence", in *Reflections: Essays, Aphorisms, Autobiographical Writings*, ed. P. Demetz, trans. E. Jephcott (New York: Harcourt Brace Jovanovitch, 1986), 277—301.

为大骚乱幸存者们把法律看成是寻求正义的源泉，虽然他们知道，法律的运用充满了不确定性和危险。正如我将要论证的，国家通过一系列我称之为魔法般的地方实践，出现在共同体生活中。我在这里提到了魔法这一概念并不是说国家愚弄大众，克罗尼尔（Fernando Coronil）在委内瑞拉对国家的研究产生了很深的影响，他在自己的研究中使用了这一概念。[①] 相反，我希望在这一思想基础上提出四种具体想法。

第一，魔法具有真实的结果——因此，我宁可说“国家魔法”，而不说“国家虚构”。[②] 第二，为了魔法表演而汇聚起来的力量并不明显。第三，由于魔法仪轨产生出一种费解的权力，所以它们紧紧地与那些危险的力量结合在一起。最后，参与魔法意味着将自己放在一个易受攻击的位置。虽然我希望展现的是印度国家呈现于理性和魔法之间的那些形态，但是，这部民族志笔记，甚至是它所描述的那些戏剧化时刻，也依据日常实践。这就是我为什么不指望国家仪式的戏剧化表演，庸俗的戏院，或是陶西格（Taussig）所描述的双重葬礼的诡异模仿，[③]然而，我仍然将这种表演的背景看成是日常生活的惯例。这里，我提出“签名”（signature）这一概念，以此来书写国家技术，这或许对捕捉国家的两面性颇有帮助。

书写和签名

书写出现在尚未饱和的语境中，德里达帮我们获得了这一观念。[④] 德里达强烈主张，要理解书写，我们需要超越对书写的一般理解——即认为它是口头交流的延伸。在他看来，书写不仅是与不在场的人进行交流的手段，

---

① Fernando Coronil, *The Magical State: Nature, Money and Modernity in Venezuela* (Chicago: University of Chicago Press, 1997).

② 我清醒地意识到，虚构属于生命，但我之所以使用“魔法”这一概念，是因为它在某些方面回应了我在德里低收入区进行田野工作时所遭遇到的那些表述。

③ Michael Taussig, *The Magic of the State* (New York: Routledge, 1997).

④ Derrida, “Signature, Event, Context”.

而且更重要的是，它质疑语言作为交流体系（或者说仅仅作为交流体系）的形态。德里达的批判运用了意向性（intentionality）这一概念，他认为这一概念指人在言说行为中在场，以及附加于书写的签名，它指出了书写行为本身内在的破坏力量。[①]

因此，如果因为语境具有易辨析性（legibility）和可重复性（iterability）这样矛盾的两个面向，所以书写象征与语境分离开来，那么这可能意味着，一旦国家通过书写技术建构出一系列统治形式，同时，它也有可能建构出伪造、模仿和对自身权力的模拟表演。反过来看，这也会导致国家在面对公众王国时，陷入到不幸和寻找各种托词的境地中去。由此引申出一系列方法论观察，其中之一是，要研究国家，我们需要转变关注点，不要盯住权力所处的显眼的位置不放，它们可能位于日常生活的边缘和隐蔽处，正是在这些地方，这类不幸方才显现出来。当然，这里存在着一个矛盾，因为在模糊性王国中，人们通过各种不幸和托词解读了国家如何被赋予了一系列新形式。虽然陶西格谈到了突发性袭击，以及权力在生者和死者、国家和人民之间的循环，[②]但是，我更愿意通过一些具体刻画开始。

两个例子

首先请允许我描述一下两份截然不同的文献，甘地夫人遇刺后，我在调查苏丹堡地区的幸存者时碰到了这些资料。我发现这是一些保密文件。第一份具有典型的 FIR（First Information Report，头条消息报告）的形式，该文件记录道，蒙戈尔堡和苏丹堡地区的大骚乱得到控制后，很多幸存者到警察

① 我用书写这一概念是为了指出另一些形态，它们不同于国家执行权威时支配的文本形态，梅西克对此曾做过描述，Brinkley Messick, *The Calligraphic State: Textual Domination and History in an Islamic Society* (Berkeley: University of California Press, 1993)。

② Tassig, *The Magic of the State.*

局登记备案。第二份文档是由这些地区的五人长老会(panchayat)[1]起草的离婚协议,从而使寡妇和她死去的丈夫之间的"离婚"正式化——通过一纸盖了章的法院文书正式执行离婚。让我先来回顾一下暗杀事件后这两个地区大骚乱的情景,并谈一谈我是通过什么途径看到这两份文献的。因为我在前一章中已经介绍了大骚乱的时间表,所以,我想给读者描述一些情景,从而说明这些幸存者如何要求国家主持正义,以及在地方警察的活动中如何实现法律的图景。

烧杀抢掠三日后,大骚乱得到了部分控制,蒙戈尔堡和苏丹堡地区转移到救济站的一些幸存者鼓起勇气走进警察局登记案情,反抗那些不仅掠走自己财产,还杀死了自己亲人的那些暴徒。的确,越来越多的官方证据显示,这些让人如此痛心的事件发生之后,这些幸存者深受影响,因为他们意识到警方参与到大骚乱中,所以他们对能否将作恶者绳之以法并不抱太大希望。警察在警署的职责就是坚决按照 FIR 的判决框架行事。[2] 下文是用印地语书写的标准 FIR 判决格式:[3]

Dinank 31. 10. 84 ko Bharat sarkar ke pradhanmantri Shrimati India Gandhi ki unke do suraksha karmachariyon dwara nirmam hatya karne ke karan Bharat ki rajdhani Dilli mein janta mein bhari rosh hone ki vajah se kai

---

① 这个词字面的意思是"五人集团",指乡村地区或老年阶层享有的立法权和裁判权。

② 关于警署 FIR 档案中记录的标准做法,可参阅 Das 和 Bajwa,"Community and Violence in Contemporary Punjab"。

③ 虽然我不能保证所有案例都使用我这里摘录的 FIR 备案形式,但是不少人向我展示的很多文档都采用了这种形式来记录案例。格罗弗曾指出,犯罪程序编码(Criminal Procedure Code)规定了平时的刑事调查程序,终止这套程序导致"乌合之众"这一概念的产生。参阅 Vrinda Grover,"Quest for Justice: 1984 Massacre of Sikh Citizens in Delhi",2002,尚未出版。巴克西更深入地分析了法庭上诉决议,由此说明法庭判决如何制造了暴众概念,并产生出一套法学,通过制造集体主体性概念,这套法学剥夺了个体代理的权利。Pratiksha Baxi,"Adjudicating the Riot: Communal Violence, Crowds and Public Tranquility in India", *Domains* (待出)。

sthanon par janta nein majma khilafe kanoon banakar agjani, lootmar va katle aam kiya, vibhinn Gurudwaron Sikh gharon va unki dookanon ko loot liya.

1984年10月31日,由于印度总理甘地夫人被她身边的两名保镖残忍地杀害了,首都德里的人们群情激愤,他们纵火、抢劫、大规模屠杀,组织了很多非法活动。金殿、锡克教徒家庭和他们的店铺遭到了劫掠。

FIR 还细致地罗列了受害家庭成员的名单,以及被抢走或被破坏的财产名单。

那么,FIR 运用的语言如何搭建起一整套宣判,为这样一群人设定了主体性:他们宣称自己**因为愤怒而变得疯狂**,以至于攻击他人,抢劫财物?毕竟,受害者清楚地意识到,这伙人曾受到地方政客的领导和指示,并且听命于地方 SHO。首先,有些人到警察局提请诉讼,他们之所以这样做是因为地方上一些有权有势的掮客(dalas,这些人在地方上为人熟知)告诉他们说,如果没有法律证明,他们很难得到损失赔偿。警察局将一部分 FIR 的判决照本宣科地告诉了这些人。他们得知,没有类似的正式陈述书,诉讼不予成立。这种刻板的诉讼记录形式是警察局的惯例,它经常指向一种想象,即如何根据法律提出案例。即便如此,在这种情况下,像大规模屠杀(katle aam)这样的术语还是引发了对混乱的某种历史想象,在这场混乱中,入侵的军队杀害了大批的地方居民。经常出现在这种情况中的正是 FIR,它们所做的编码被人们称为国家的谎言,其他救助组织也需要用它来证明受害者是否具有诉讼资格。比如,即使金殿委员会向大骚乱受害者的遗孀提供抚恤金时,也要引用 FIR 来证明她们的丈夫死于大骚乱。因此,具有讽刺意味的是,由于机关职员制造出来的那些广泛流传的档案,那些与国家陷入争斗关系的人,以及那些可以直接证明国家罪行的人,[1]最终陷入到国家的牵制力量中。

---

① 各类公民权组织的报道,特别是 PUDR/PUCL 和公民委员会的报道(《谁有罪?》),都证明各派政客和警察在大骚乱中狼狈为奸。

我想举的第二例文献在离婚协议(talaqnamas)共同体广为人知。这些文献是西格里卡尔的五人长老会在盖了章的法院文书上制造出来的。它们记录了那些在大骚乱中死去的男人出生的家庭和他们遗孀之间的协议,从而使他们能够平分从政府那里得到的赔偿金。根据这份协议,已故男性的双亲准予他的遗孀"离婚"。我们会在下一章看到,由于这种共同体中保留着娶寡嫂制的习俗,所以,如果这个年轻寡妇的小叔子还是单身,那么,她就要承担很大压力嫁给他。政府决定为了那些死去的男人,向他们的遗孀提供赔偿,这意味着许多年轻女人因为有了现金收入而获得独立。除此之外,金殿委员会为这些寡妇筹备了一笔抚恤金,如果她们的丈夫死于公职,如战争,或者是死于意外,那么,她们就可以得到与政府提供的相似的补偿。在委员会看来,对于一个死了的男人,他的正当继承人是他的合法继承人——也就是他的父亲或兄弟。据说,和寡妇儿媳相比,甚至死者的母亲都更有资格要求获得赔偿。因此,各种规范源于他们所理解的继承人的概念以及国家规范,面对这些规范之间的冲突,这个共同体内部存在着巨大的张力。一种协议的解决办法是,如果一个寡妇拒绝嫁给她亡夫的兄弟或其他符合条件的男性亲属,那么,她本人与亡夫的兄弟划分完赔偿金后,便被准予"离婚",由此,她和婆家之间互相索要赔偿的请求便终止。我没能参加五人长老会组织的会议,因为会议都是在夜间召开,而且围绕着会议还有一系列秘密的操作。除此之外,我还受到了那些参与了暴力事件的人各式各样的威胁,对于我来说,冒险在夜间进入到这些会议圈内为鲁莽之举。所以,我更感兴趣的是,即便一个共同体达成了一致的意见,即对抗国家的命令,但是,他们觉得更应该唤起国家权威。令人摸不着头脑的是,他们试图通过唤起国家权威来使他们的决定合法化,即便国家恰恰是恐怖事件的制造者。

我希望这些例子能够展现出国家呈现于共同体生活中的形态——它位于理性官僚制实体和魔法实体之间。作为一种理性实体,它呈现在规范和规则的结构中:在这些规范和规则的笼罩下,共同体的惯习似乎变得有效了。但是,当国家深入到共同体生活中时,即便此时共同体是在对抗国家,国家以某种古怪的方式呈现出它所具有的魔法性质——仿佛共同体以某种特殊的方式解读国家,从而得以存在。

我意识到,“**共同体**”这个术语放在这里可能会导致读者形成这样一种印象:我把国家和共同体二元对立起来。我希望我的描述足以清楚地说明,共同体生活完全陷入到各种统治形式中,大骚乱过后,这些统治形式便运行起来。然而,需要记住的一点是,统治形式本身通过零星的、间断的契约形成,而不是某种有效的全景监管体系。国家也并不处置孤立的个体。一些城区,特别是城市边缘地带,由大量移民构成,他们的亲属制度和种姓制度网络如此强大,以至于与他们有关系的亲属开始在邻近地区盖房子,这些土地要么是政府根据不同的规划方案分派,要么就是直接由政府所有。这些物质条件使某些共同体的形式不断再创造,[1]但是,只有通过与国家代理——如警察、检察员等——进行各种谈判,才能维持这些形式。居住在这些地区的共同体,它们的功能就是要保护住宅以及那些“非法”家庭免遭蹂躏和破坏,而这一切需要共同体与国家代理协商才能实现——我将在稍后几章具体阐述这一点。

现在,我想进一步指出,正是由于国家具有模糊性,它才能够在理性形态和魔法形态之间获得双重存在。

解读法律

请允许我回过头来再谈一谈大骚乱期间苏丹堡地区的一条街道遭到破坏的情况。我在上一章中指出,从地方对民族事件构成威胁这一角度来看,我们很容易理解大骚乱中出现的各类空间类型,但这里我感兴趣的是,作恶者如何引出法律的图像。受害者很难解释他们在街道上所遭遇的那些事件,因为合法和非法之间的区分影响了他们的日常生活,以至于他们根本没法读懂究竟发生了什么。SHO 的一名警察纠集了一伙人,协同他们制造了一场暴力,这场暴力的幸存者们的讲述令我记忆犹新。前面我谈到过,很多

① 为此我要感谢格希尔(Peter Geschiere)的启发。

人都把两位领导人(Pradhan)之间的争论视为转折点,由此,暴力从口头辱骂转变为投石杀人。

有一种言论形式值得回顾一下。当暴徒放火烧了这位领导人和他的儿子的时候,这个快要死的人呼喊着要水,SHO 大吼道,如果有人胆敢出来,公然挑衅法律(kanoon ke khilaf kisi ne hath uthaya——这个意思是说,他们振臂反抗法律),那么他将被击毙。请让我再来回顾一下另一条街道,也就是 P1 区的棚屋居民,这个地区位于侨区的边缘,公园和一条宽敞的大街将 P 区的混凝土住宅与棚屋分隔开来。11 月 1 号和 2 号,时不时有几伙杀气腾腾的暴徒在警察的陪同下在整个侨区游荡,这一地区的锡克教徒都躲在他们邻居的棚屋里。3 日晚间,一辆巡逻的警车通告宵禁令,威胁棚屋居民说,如果他们继续藏匿锡克教徒的话,将会放火烧了他们这群人,因为窝藏锡克教徒是**违法的**。

这些例子说明了国家如何根据这些文献行事,一方面,它具体表达了一些言论,另一方面,它通过共同体的实践获得了某种生命。正是由于书写具有可重复性,它的言论又具有可引用性,致使整个社会实践王国形成这样一种形态:反抗国家,以一种新的形态重新塑造它。大骚乱期间,像"法律"等一些语词的传播,以及很多例子都显示出了警察领导了这几伙暴徒的事实,说明法律和滥用法律之间存在着一条污损的边界。人们在回忆 11 月 1 日发生的事件时反复提到,他们根本不明白,锡克教徒是否因为为了共同体的利益而犯罪就该受到惩罚。虽然很多人声称他们根本没犯什么罪,但是,对于他们来说,应该为这样的行为承担什么样的法律责任却并不清楚。因此,甚至他们归属于哪个共同体这一问题也与他们对法律的解读勾连在一起。他们究竟属于地方西格里卡尔共同体,与武装行动无干呢,还是像他们自己所认为的那样,他们是更为庞大的锡克教徒共同体的一部分,从某种程度上讲,他们相信自己对刺杀甘地夫人一事负有责任? SHO 穿着制服出现,他们呼唤着"法律"(如果任何人胆敢违抗法律的话),恰恰使作为一个统治实体的国家在缺席的位置上出现了。当法律已死,警察的声音唤醒了法律的权威,它宣告了国家像幽灵一般显现出来。国家的这种**模糊性**,规范和规则的不可解读性，以及惯习制度合法性的定位，如五人长老会照搬国家的文献记录等，使国家摇摆于理性和魔法形态之间，从而在这些边缘上定义了自身的形象。

国家的生命

我举出的这些例子或许说明，我在国家公务员和共同体成员之间做出了严格的区分，对于后者而言，国家是模糊难辨的。事实上，我想要论证的是，很多国家公务员自己都发现国家的实践具有模糊性。我没能采访到SHO，让他们谈一谈自己在大屠杀中扮演的角色，所以我转向对其他几个场景的分析。[①]

我访谈了另外几名警察，询问了他们在旁遮普省的镇压行动中所扮演的角色，我发现，他们谈到自己在维护法律的过程中所扮演的角色时态度很矛盾。他们谈话的方式并不像一群执行规范和规则的人。相反，很多情况下他们说话时就好像他们直接表达着法律。我想指出的一点，国家和共同体复杂地纠缠在一起，从而使这些警察的行为表现得就好像他们是国家的化身，特别体现在他们利用死者的力量上。这里我摘录了高级警官辛哈先生[②]的一段谈话，他在旁遮普省直接参与了镇压叛乱的行动。后来，这名警官被他的一名手下枪杀了，稍后，我将通过另一名警官的复述来简要地谈一谈这次事件。因为考虑到提供信息的匿名者的处境，为慎重起见，我不能给出明确的数据和地点。

德吉·辛哈（Tej Singh）任职于阿姆利则，这里是武装行动的另一个中

① 因为我当时正在这一地区和一些非政府组织处理文书工作，帮助人民委员会和军警委员会收集证据，以便为受害者提供赔偿，警方很容易就能认出我。除此之外，在恐惧和怀疑的氛围中，哪怕试着和地方警官谈话，都会让幸存者感到害怕。

② 这名警官的名字是我虚构的。虽然我没法在这份研究中直接向他们给予我的帮助表达感谢，但是，我还是想向那些广泛支持我的警察和律师表达我诚挚的谢意。

心。蓝星行动期间,他是包围金殿的行动队的一员,负责掩护军队入驻寺庙。在这次行动中,军队和警察付出了沉重的代价,然而,德吉·辛哈却很少抱怨他被迫承担了这样的风险。他在描述过程中实际上偏离了对这次行动的讨论,他谈得更多的是蓝星行动前大概一星期时发生在警署的一次小规模地方事件。他操着一口旁遮普话,偶尔夹带着一些英文单词。以下他描述了在那些紧张的日子里,警察局处于什么样的氛围内,以及他走访占星术士的情况,这些人通常给人们出谋划策。

> 潘迪特(Pandit)①来到了警署——他通常来这里是为了筹钱,我们遂请求他预测一下未来。我说:"潘迪特,看看我的手相,告诉我将要发生什么。"他仔细观察了我的手掌,摇了摇头,捂住耳朵说:"parlay,parlay。"(指的是印度经文中提到的洪水,这场洪水导致了轮回的终止)我说:"别胡说(bakbak)——告诉我你看见了什么。"他说:"Sahib, duniya khatam ho jayegi par tu bachuga。"(先生,世界将走向末日,但是你会活下来)当我站在街道一处房子的阳台上打掩护时,流弹四窜,有一枚擦过我的帽檐,那时,我想起了潘迪特。

这段小插曲从很小的侧面展现了警察如何承担起执行国家规范和规则的任务,除此之外,他们还是地方世界的一员,拥有自己的习俗和习惯。占星术士每周造访警察局,此时,警官们身处极端冒险的行动中,他们用荒唐来描述这种感觉——但是这种感觉指明了这些关联。然而,下一个例子展现了国家理性体现在地方命令中,这些命令导致德吉·辛哈获得了这样一种体验,他认为自己代表了这些涉及地方和种姓的充满矛盾的话语。在这次访谈中,他反思了此次武装行动,以及作为一名本属于"贱民"种姓的警

① 潘迪特(Pandit)是婆罗门次种姓(subcaste),但是,与印度其他地区不同,婆罗门在旁遮普省并不享有高级社会地位。人们觉得他们依赖那些有权有势的地主种姓。虽然他们种姓的纯洁性并不会遭到质疑,但是他们的形象让人觉得好笑而不是敬畏。正因为如此,潘迪特一般是些三流的占星术士、看手相的人。Pandta 是书面形式。这段是我翻译的德吉·辛哈的描述。

察,他自身的感受:①

我们了解这些男孩——我们知道,对于一些人来说,卡利斯坦意味着某种含义,对另一些人来说,则是偶尔纵酒吸毒——我们也知道,那些大人物利用这些年轻人实现他们的野心。这次运动真正的领导人很信任我,虽然我们身处不同的战线,但是其他人——他们真的很怕我。所以他们恨不得要给我放点血。(这个词他用的是英语)有天夜里,我和我的司机行驶在一条高速公路上,一辆卡车向我们猛冲过来,撞倒我们之后,卡车司机逃逸;我的司机昏迷不醒。我知道这帮混蛋——请原谅我这么说。我的司机在医院里待了两个月,逐渐痊愈。我奇迹般地逃走了。三个月后,我躺在自家的草坪上。我的下属走过来,轻声对我说,那个有意安排这场车祸的司机被他们逮住了。我知道现在最恰当的做法就是把他送上法庭,但是,我也知道这些混蛋——他们收买了法律(他特别强调了这一点)。我告诉手下人别等到第二天早晨,趁着今天晚上的夜色就把他带到这儿的公园来。② 随后我冲了个澡,穿了一套白色的传统衬衫和裤子(kurta pajama),喝了一整瓶威士忌,然后奔向公园。我把这个男人暴打一顿直到他讨饶。他是个贾特人(高级种姓,地主)——我是一个彻马(Chamar),* 我记得他有一次嘲笑说,彻马什么时候能自己举起枪?③ 所以我打死他的时候向他挑明,他能在警

---

① 印度的礼节形式和法律要求不允许使用"不可接触者"(untouchable)这个词来指涉彻马,因为这个词带有污蔑的意味。虽然在大多数语境下我都会使用官方可以接受的术语,如预定种姓(scheduled caste),或是这些种姓自创的术语——Dalits——我这里使用的是德吉·辛哈自己的用法,因为如果我使用其他词代替的话,会丢失掉他的感情所蕴涵的大部分力量。

② 这里省略公园的名字。

* Chamar:彻马,以皮革匠作为传统职业的印度下层种姓的成员。——译者注

③ 注意 Siglikar 领导人使用的类似的侮辱说法,德吉·辛哈已经将这个词内化了。这种侮蔑,即通过印巴分治时人们叫嚷的谣言传达出来,同时,它还内化于像德吉·辛哈这样的描述中,在语言的层面上制造了一条鸿沟——语词所承担的分量将这些侮蔑与纯粹的引用区分开来。参阅 Jacques Lacan, "I've Just Been to the Butcher's", in *The Psychosis: The Seminars of Jacques Lacan*, 42—56。

察局或者法院收买上层种姓，但是他不能收买我，一个下层种姓的彻马。

我必须承认，这个故事让我不寒而栗——这并非因为我不知道这类遭遇的确很普遍，而是说即使在那些激进分子中，这名警官也有正直的好名声。他从一个等级很低的贱民种姓一点点往上爬，由于自身具备的卡里斯马禀赋，他得到了村子内各级种姓的广泛尊重。这几次访谈结束几个月之后，他被杀害了，我得到消息说，他死后两天，武装部队正式宣布停止对抗，这样可以顺利举行葬礼。具有讽刺意味的是，他的死并非像他先前预料的那样——死在武装分子手里，或是被黑手党铲除——而是他的一名属下枪走了火，击中了他。

后来另一名警官告诉我一个故事，讲的是一名让人很信任的警官——苏卡·辛哈(Sukkha Singh)，受命深入到武装组织内部刺探情报。苏卡越来越陷到泥潭中，开始吸毒、洗钱。他逐渐成为这些黑交易活动中的一员，一方面是因为他不想暴露身份，另一方面，他变得越来越贪婪，为了自己开始收受这些黑钱。对此，这名警官这样向我解释说，一个人可能没法肯定地说这究竟是一些什么样的交易，因为合法和非法之间的边界太不明显了。最终，苏卡·辛哈还是被盯梢，不得不面对质询。因为他和德吉·辛哈的关系太近了，德吉跟他说，审讯期间自己会在那里，让他不要害怕。事实上，我得知，前一天晚上，德吉自己草拟了一份文书，回应了这名警官所面对的那些控告。审讯那天，一名高级法官负责要求苏卡交回他的配枪。要求一名受到指控的警官交还自己的武器纯粹是例行公事，一旦他罪名澄清，这把左轮手枪还会归还他。然而，令人不可思议的是，苏卡完全失去了冷静。他怒气十足地答道："没人有资格要求苏卡·辛哈交回武器。"于是他扣动了扳机，先是杀了德吉·辛哈，随后自杀。在场的人证实，这一枪并非有意针对德吉——他既是苏卡的上司，也是他的朋友，但是德吉挡了道，偶然被击中致死。德吉生前最后一句话是"Sukkha tu?"——意思是说：苏卡，怎么是你？所以这名警官感到很费解，他伤心地对我说，也许德吉·辛哈死的时候在想,苏卡·辛哈毕竟被武装分子收买了。

我在这里提供的故事和报纸或官方版本很不一样。这名警官向我讲述这个故事时并不把它当成一种例外。他坚信,这种误读经常发生,人们都习以为常了。因此,规范的模糊性,以及体现这些规范的人类行为似乎是一部分执行规范的方式。这并不是说,蕴涵在国家制度中的社会性形态以规范和规则的明晰为基础,这些规范和规则对于穷人和文盲来说是模糊的,相反,或许正是那些负责执行这些规范的人努力来解读这些规范。

接下来我要提出这样一个问题:在国家模糊性的语境中,法律和规则之间的关系具有什么样的关系,这一语境体现在1975年印度非常时期国家所采取的那些行动中,国家根据严格的标准一方面缩减人口数量,另一方面通过把贫民驱赶到周边地区来清理城市。正是这一系列过程导致西格里卡尔移往苏丹堡地区。接下来我想用一些例子来谈一谈,在各种语境中,甚至是在政治环境似乎“正常”的情况下,类似的过程如何在其他一些低收入地区发挥作用。虽然这些看上去有点离题,但是我想指出一点,大骚乱并没有使一切新事物实现出来。穷人们在周边侨区“再度安顿”下来,这些地区展现了国家规则的武断性,以至于地方官员和居民之间进行的各种各样的谈判构成了国家的日常经验。住房和绝育政策结合起来,当然,这出于非常时期所执行的特别行动,1975年,德里流行伤寒时也采用了这些政策。虽然早期这两项政策尚未结合起来,但是它们却导致城区穷人们的生活与国家勾连在一起,在稍后的描述中,我们将会看到在监督模式中,这两项政策之间的承继关系。在流行的想象中,人们认为非常时期是一个绝育(nasbandi)的时代。这一时期深刻地展现了位于法律和规则之间的身体政治。

民族非常时期:绝育时代

塔尔罗(Emma Tarlo)精彩地分析过两种行政管理方案——重新定居规划和家计规划——在民族非常时期,这两项规划成为国家标准的住房政策以及为穷人制定的家计服务政策,并且得到了执行。[1] 她分析的一个核心结论是,作为国家的这项强制程序的参与者,穷人们最终陷入到充满恐惧和贪婪的日常环境中。

在非常时期,一切基本权利飘浮不定,国家陷入到无政府状态的危险中。这一时期也是家计规划面临巨大压力要取得成果的时期——它的目标主要是针对那些住在城区的穷人。虽然这些目标是印度执行家计政策规划的一部分,但是人们普遍认为,非常时期的出现使政府陷入到危机之中,它不得不放松执行这些目标的监管力度。[2] 这些强制执行的项目缺乏计划性,在那些压力的推动下,它们最终在官僚制层面上产生了一定的效果,但是,这些压力也正是在那些较低的官僚制层面上才产生了冲击效果,从而实现了目标,促成了一定结果。甘地夫人在这一时期推行的独裁统治,以及制度的崩溃,促使官僚机构必须按照他们所理解的上级意愿,而不是按照那些规范和规则来执行政府的政策。从表面上看,国家似乎是甘地夫人个人的化身,她的小儿子山齐·甘地也逐渐得到人们广泛认可,成为宪法之外的权力中心。[3] 各级官员大多根据口头命令,而不是根据书面命令来执行国家政策,这是人们普遍认同的知识。[4] 社会上流传着那些公然反抗这些命令,或是不全心全意执行这些命令的人的下场,这些谣言使得那些下级官员十分担心他们的工作。所以,从一方面来看,正常的官僚制程序命悬一线,而从另一方面来看,人们普遍承认,山齐·甘地成为重要的权力中心,他乐此不疲地推行着整饬德里城区、控制人口增长的政策。这些规划在德里广泛推行起来,虽然这是人们公认的事实,但是,针对其中一个地区贫民窟迁居

---

① Tarlo, *Unsettling Memories*.

② 参阅 John Dayal 和 Ajoy Bose, *For Reasons of State*: *Delhi under Emergency* (Delhi: Ess Publications, 1977), 以及 Shah Commission, *Shah Comisssion of Inquiry*: *Third and Final Report* (Delhi: Government of India Publications, 1978)。

③ Vinod Mehta, *The Sanjay Story*: *From Anand Bhavan to Amethi* (Bombay: Jaico Publications, 1978).

④ 沙赫调查委员会(Shah Commission of Inquiry)。

的情况，塔尔罗还是一丝不苟地研究了大量文献。她的研究首先向我们呈现了这些贫民如何被迫地从这个城市的栖居地迁出，其次，他们争取城市周边的居住权要仰赖他们是否拥有绝育证明。虽然这并非严格合法，但是一整套烦琐的记录程序要求证实他们的手续是否完备，这就使这一操作显得似乎很合法。换句话说，档案生命延续下来，仿佛一切都可以公事公办。

政府并不承认它以某种方式将住房权与绝育结合起来，而在地方层面，这一政策被人们转译为一种同病相怜的结构——人们用钱收买那些比他们还穷的亲戚或邻居，诱使他们代替自己绝育。在一家非正规市场里，贫穷的移民、乞丐或是那些无家可归的人被诱拐到这里接受绝育，然后制造出绝育证明，卖给那些需要的人，使他们证明自己鼓励他人接受了绝育手术，从而保住自己的工作或住房。塔尔罗把这些穷人描绘成这次政府压制政策的积极参与者，而不是被动的受害者或是高贵的反抗者，由此展现了政权如何在民族非常时期利用人们的恐惧和贪婪心理，将他们推进政策实施行动中。问题的关键是，既不是那些下级官僚，也不是那些依据绝育证明才能迁居的人，划出了合法和非法之间的边界。一旦这些证明成为正常的官僚制记录操作的一部分，那么，它们也就证明了这些操作的“合法性”。地方办事处负责分配住房，工作人员有一整套记录证明的程序，根据证明批准人们提请的要求，这一切使整个操作显出一副“公事公办”的样子。

虽然塔尔罗认为，在非常时期，国家正常的实践和统治形式之间具有一定的连续性，但是她的城区田野工作研究并没有向我们提供任何民族志来说明这些实践的连续性。利用这个机会，我想简短地描述一下国家在日常生活中的功能，特别是那些在办事处工作的小官僚，或是在街角巡逻的治安官如何实施这些统治形式和监督模式。正是在这些地方进行收受贿赂的活动，如洽谈开设私家小型工场(karkhanas)；霸占国家用地的新移民学着如何逃避被驱逐的危险；或是通过贿赂、收买选票以及其他与私人生活相关的政策服务等方式逃避偷水、偷电的罪责。我并不想美化这些行为——因为在上层高收入的地区，也存在着类似的操作，为了偷电或在侨区开设工厂进行着各色的行贿受贿活动——但是，在棚屋侨区定居，洽谈在这样的条件下对于确保经济生存是必要的。由此可见,了解这些地方的情况,对于理解国家如何在边缘地带管理人口这一问题特别重要,同时,它也帮助我们理解生活在这些边缘地带的人们如何跨越法律及执法之间的隔阂。

让我举两个有关德里低收入区日常生活的例子,这个地区离塔尔罗调查的侨区不远。1999 年,我开始研究医疗业务和地方环境,我得到指引,来到本地领导纳图·辛哈(Nathu Singh)(化名)的家中。我见到了他并向他解释说我想采访他。几天之后,一名男子碰到了我,他**自称**是本地的领导,并警告我说,不要被别人误导,以为纳图是本地领导。隔了一段时间,我终于理清了这两个男人之间的复杂关系。看样子,第二个人是世袭领导,经过一系列竞争之后,纳图家族取代了他的位置,因为这个家族通过和国家力量进行谈判,为地区共同体提供了更好的服务。简而言之,事实证明,纳图更老练,善于和"外面的世界"打交道。谈起如何保住地方共同体领导人的位子时,纳图认为是因为自己有能力处理好这个共同体面临的那些新问题,这得益于他在一家高级饭店做"房童"(room boy)时积累的经验,这个地方迫使他在地区以外获得了某些新体验。他的童年是在一个村庄度过的,这一邻区的共同体的很多成员都是从那个村庄移民过来的,纳图在村办小学一直读到八年级。20 世纪 50 年代的时候,他的父亲移居到德里,所以,70 年代的时候,他也就跟着离开这个村子,和父亲住在了一起。纳图在饭店谋得一份工作,正像他所说的,他学会了怎样和人谈话,怎样在和有教养的人交谈时控制自己,怎样保持头脑清醒。除此之外,他还把饭店客人们给的小费积攒下来,存了一笔钱。1982 年,一些村民在他们占据的土地上盖起了棚屋。这导致他们与邻近地区的早期居民发生了严重的争斗。这个群体激怒了居住在附近地区的古贾尔(Gujjar)* 共同体的成员——其原因在于种姓等级之间的竞争,此外,古贾尔不愿意与"贱民"为邻。于是,一天晚上,一些来自古贾尔共同体的男人袭击了这个地区的居民。纳图纠集一群人反击,赶跑了侵犯者。这件事在居民的心目中奠定了他的权威地位。

---

* 古贾尔,牧人种姓,刹帝利的一个分支。——译者注

然而,令纳图担忧的是,他们能不能保住对这片土地的占有权。所以,他和一名警官进行协商,这个人负责地方巡逻,以交换"星期协议"(hafta)(即达成这样的条件:按照惯例,每周上缴一笔保护费)为条件为他们提供保护。纳图要求每个家庭每月自愿贡献两卢比(大概四美分),以此打点各路官僚,虽然他声称这笔捐资并不是指定的,但是慢慢的,在每个人的心目中,比起种姓领导来说,他显然成为这个共同体最有效的领导力量。这个角色很像安娜·逖辛(Anna Tsing)在印度尼西亚大人物民族志研究中所描述的那种调停人,[1]纳图·辛哈替代了那个传统的领导人,成为和新的国家力量协商的谈判代表。我想试举几例,谈一谈国家呈现出来的特征,以及他们要达成什么样的协商。

因为这个侨区未经授权,所以户内没有通电网,但是,每个住家都从街道的电线杆那边拉进来电线。几年前就曾盛传谣言:如果每一单位住户安装了一米长的电线,那么,这证明该住户最终占有这片土地,政府不得驱逐他们,也不得收回他们的土地。按照法律来讲,人们用于建造棚屋的土地为国家所有,但是,这项法条十分复杂。这是因为几年前纳图·辛哈操控最高法院,获得了延缓令,最高法院挟制政府不许驱逐这些居民,除非它能给这些居民提供新的住房。纳图又雇了一名律师,在他的帮助下为居民们注册了官方的贱民身份证明(Society of Harijans,计划范围内的种族,根据宪法可以享受特惠,因为他们的社会地位较为贫困),因此,这一做法保证了他们拥有合法的社会地位。法官根据这项法规准予注册社区延缓令。目前来看,这些家庭虽然不会遭到驱逐,但遗留的问题是,那些拉了电线却从未支付过电费的住家突然发现,德里新近发生的电力供应私有化导致的后果是,他们欠缴一笔巨额电费。他们根本没有能力支付欠款。这导致他们陷入前途未卜的困境中。

2002 年 12 月,我访问这一地区时发现整个地区漆黑一片。在我的请

---

① 参阅 Anna Tsing, *In the Realm of the Diamond Queen: Marginality in an Out-of-the Way Place* (Princeton: Princeton University Press, 1993)。

求下，纳图·辛哈告诉我，他听到有传闻说，政府官员要突击搜查这一地区，他们可能要拆除那些没有付电费的住家。但是，这会将所有住家推向危险境地，因为他们都从事着一些非法活动，牵一发而动全身。虽然根据早先的安排，政府官员完全理解这一点，他们宽待了这些违法行为（每周上缴的保护费起到了作用），但是，新一任官员有可能把这一切安排推翻。为了避免这一点，全体居民决定切断他们的电力供应，只有这样才不会让任何一届官员抓住把柄，造访该地区。我问他们，没有电力供应后，他们怎么处理这一问题。后来，我了解到，一些邻近地区的领导人聚到这里召开会议，他们打算到最高法院门口静坐示威（dharna）。他们全都寄希望于2004年召开的大选，于是，为投票成立了重要的储蓄库，这样，他们就能使这些侨区获得授权。让我们回过头来看一下，在民族非常时期，人们只有获得绝育证明才能保有合法的住房权。而现在，似乎这场斗争能够对地方政府施压，从而迫使它们赋予这一侨区以合法地位，这样，这些土地就变得有名有分，他们也就能获得水电，安装上排污系统了。我希望这些例子能够说明：非常时期导致政府出台一系列严格的减免政策，但是对于穷人来讲，这些做法不是例外。断断续续的政府控制、法律的模糊性，以及围绕着合法性和非法性之间那条脆弱的边界所进行的一系列谈判，构成了这些地区的日常生活的一部分。国家以谣言的形式呈现出来——它的签名无处不在。这里值得回忆一下本雅明的说法：压迫的传统教育我们，我们所处的这个非常时期的国家不是例外，而是规范。[1] 上面我所描述的这些地区动荡不安的境况使我们更相信这绝非是一句形而上学的判断，它切切实实体现在这些地区的生活和劳动处境中。

合法性和签名问题

言论和行为的模糊性使国家签名与它自身的起源脱离开来，转嫁到其

① Benjamin, "Critique of Violence".

他结构和意义的链条上,我想这一点已经显明。那么,国家在面对伪造活动,自身程序内部的腐败以及模仿自身结构的行为时,如何认定合法性呢?为了理解这一点,我想把话题转向“借口王国”——这是奥斯汀语言研究的经典主题,但是人们很少用它来理解政治王国。[①]

在奥斯汀的理解中,借口(excuses)指的是施为性言语(performative utterances)失败时所形成的不得体的话语王国(realm of infelicities)。一旦语境恰切,并且我们相信传统的可靠性,那么具有行事力量(illocutionary force)的言语便是恰当的。由此我们才能说,“我的言辞是我的黏合剂”这句话具有精确性和道德性的一面。然而,我在这篇论文中想要主张的是,签名并不依赖于人们通常理解的国家言论和行为概念,语境的脆弱性内在于这一情境。正是这一脆弱性说明国家摇摆于理性形态和魔法形态之间。由此可见,借口为我们开辟进入语言领域的入口,在这里,我们不仅发现了人类行为的脆弱性,也发现了人类言语的脆弱性。“我”的**行为**之所以脆弱,是因为人类的身体具有局限性,“我”的言语之所以脆弱,是因为我的言辞变了模样。[②] 日常生活是体现人类脆弱性的领域——“我”被别人断章取义,“我”的言辞要么成了笑柄,要么就赋予了另一种情感。在国家生活中,可重复性并没有成为脆弱性的象征,而是成为一种流传模式,国家权力通过这种模式被制造出来。

---

① John Austin, “A Plea for Excuses”, in *Philosophical Papers*, ed. J. M. Urmsom and G. J. Warnock, 3rd ed. (Oxford: Oxford University Press, 1979), 175—205。法律文学发展出“借口”这一概念,既体现在遭到重创的妇女的辩护词中,也是一种文化辩护策略。参阅 Mark Kelman, “Reasonable Evidence of Reasonableness”, in *Questions of Evidence: Proof, Practice, and Persuasion across Disciplines*, ed. J. Chandler, A Davidson, and H. D. Harootunian (Chicago: University of Chicago Press, 1994), 以及 Leti Volpp, “(Mis) Identifying Culture: Asian Women and the ‘Cultural Defense’”, *Harvard Women's Law Journal* 17 (1994): 57—101。我之所以要处理奥斯汀提出的“借口”这一概念是为了指出,通过承认这样的解释,公民王国得到了扩张。

② 参阅 Cavell, *A Pitch of Philosophy*。

FIR、离婚协议(talaqnamas)、绝育证明、定额配给卡,以及其他成百上千类似的档案文献的例子,展现了国家如何呈现在以其自身为主体的日常生活中。因为,通过这些法院文书、证明和定额配给卡,国家促进自身增殖,并且将自身阐释出来,而这一切是可以被伪造、被模仿,甚或被模拟,由此,国家深入到共同体生活中,但是,因为这些档案文献的真实性总是遭到质疑,所以我们永远无法从与国家遭遇的过程中假设主体的身份。[①] 档案文献可以被伪造,或是被断章取义,因为官僚制程序及司法程序并不是一目了然的,即使对于那些负责执行这些制度的人来说也是如此,虽然国家能够渗入到共同体生活中,但是它却保持着疏远的距离,让人难以捉摸。

接着,国家的官僚制理性总是向穷人再现它的模糊性,为自身辩护。考虑这样一个例子:任何一次危机发生时,官僚总是控制信息发布,理由是,穷人无知,消息也不灵通,所以他们容易陷入到恐慌之中。因此,为了维持公共秩序,必须控制信息。我曾经分析过政府在控制流行病时,惯例的做法就是运用这种借口。[②] 官僚制逻辑取代了非理性和恐慌观念,深入到容易轻信的公众心中,因此,它通过一系列缺乏透明度的谨慎措施,把自己建构得好像很"理性"。

1984年,我在德里参加游行活动,请求陆军部公开承认大骚乱中锡克教徒死伤人数,这时,我看到了容易轻信的公众表达自己的决心,而国家则显得很"理性"。国家告诉我们,公开宣扬这些数据将会激怒公众,以至于更大伤亡。我试举其他几例来说明,政府把这种缺乏透明度的做法解释为,为了维持公共秩序而必须采取的折中做法。在第一章中,我们看到立宪会

---

① 杰甘塔,普尔和费尔默曾指出这些遭遇具有不稳定性。参阅 Devorah Poole, "Between Threat and Guarantee", 35—67; Pradeep Jeganathan, "Checkpoint: Anthropology, Identity and the State", 67—81; Mariane C. Ferme, "Deterretorialized Citizenship and the Resonances of the Sierra Leonean State", 81—117, 上述论文收录在达斯和普尔编辑的《位于国家边缘的人类学》(*Anthropology at the Margins of the State*)一书中。

② 参阅 Veena Das 和 Alhigit Dasgupta, "Scientific and Political Representations: Cholera Vaccine in India", *Economic and Political Weekly 35*, nos. 8—9 (2000): 633—645。

议辩论标志着印度国家成立的那一刻，我们发现，只有男人作为丈夫和父亲的地位有了保障，他们才能进入到社会契约中，所以，国家成立的那一刻也是社会契约和性契约成立的那一刻。如今我们看到，国家不是建构暴力，而是维持暴力。值得注意的是，借口王国正是通过维持暴力，为公民设定限度，从而确立自身存在。我们如何对这些不同时期作以解释？建构国家主体和公民主体究竟意味着什么？通过参与近些年印度实施的为国家捐资的活动，我想试着来解释这一问题。

小　结

前面我们看到，国家成立的那一刻，促使社会契约和性契约紧密地结合起来，这种结合建立在特定的印度教徒和穆斯林移民之间新关系的基础上。我曾指出，整个国家试图努力把那些女性印度教徒从穆斯林家庭中“找寻”回来，并“交换”被绑架到巴基斯坦的女性穆斯林，这项决策成立的前提观念是，男性必须建立正确的性秩序，由此开启合法的社会契约，确立国家的独立。正如我们先前看到的那样，针对这些问题，印度学者中比较有影响的看法是，殖民地国家的外部特征导致某种防卫机械论，这种观点在家族，或者说在家庭范围与宽广的外在范围之间做出了区分，从而确保由前者所代表的内部领域不受殖民地国家的侵犯。然而，正如我在这一章所描述的，那些实践说明，我们可以说共同体和国家从理想的象征性层面表述出社会性的不同形式，但是，在共同体日常生活中，家庭和个人领域承载着国家在这种社会性形式内部，而不仅仅是在其外部被再创造的轨迹。

我们能否说，国家建构暴力和维护暴力是不同的，所以，开国时期从某种程度上讲是非常时期，这一时期建立合法性的过程不同于共同体日常生活中所体验的国家发展期建立合法性的过程？从这一视角来看，大骚乱可能会推动国家试图重建它的合法性。这似乎是韩森(Thomas Blom Hansen)在研究“后殖民时期”孟买发生的暴力事件时提出的分析框架，尽管他把某种坏信仰归咎于国家，认为国家过于维持自身的理性神话和中立性，很少能主持正义。[1] 乐福特(Lefort)[2]把坎托洛维茨(Ernst Kantorowicz)[3]中世纪王权理论引申到现代国家理论中,韩森吸收了这一点,他这样陈述自己的理论命题:

> 国王的两个身体的联合后来被改造成民族,人民和领导人取代了神圣身体,统治着整个经验世界,世俗之人代表着这种最高原则。乐福特提出,随着民主的到来,权力的这种神话起源完全被淡化了,因为现在只有人民、民族等其他代表把持着这种权力。通过全面占领权力,这些代表成了人民的象征,从而使这种占领似乎更持久,这就是国家一系列中央立法制度。[4]

有趣的是,韩森在假设中世纪王权理论时所提供的证明,可以帮助我们很好地理解现代印度的国家基础。[5] 首先,他提出,通过统治的行事尺度,国家主要在公众中确保自己的合法性。由此,他尖锐地批评"叙述"建构,包括"公开展示、政治修辞及相关'法律',公共司法过程等等"[6]。因此,韩森呈现了一场涂尔干式的思想运动,即国家的神圣性分裂为二——一方面是它的崇高性,一方面是它的世俗性。但是,涂尔干认为,世俗在日常之中,一个范例就是,社会呈现于经济活动中,这种活动在个体意识中淡化了,而在韩森看来,"统治技术具有不连贯性、残忍性、偏袒、沉浮的特点,谈判、折

---

① Hansen, *Wages of Violence*.

② Claude Lefort, *Democracy and Political Theory* (Cambridge: Polity Press, 1988).

③ Ernest Kantorowicz, *The King's Two Bodies* (Princeton: Princeton University Press, 1957).

④ Hansen, *Wages of Violence*, 129.

⑤ 我并不是说我们不能从莫卧儿人的亲属制度或者印度教徒的亲属制度获得启发,来理解当代印度政治进程,令我迷惑不解的是,即便说印度政治精英继承了欧洲中世纪王权观念,韩森通过仔细考察了这些观念来诠释当代印度,但是,这些精英对韩森的分析并不服气。这并不是说没有一种西方的观念在此可以应用,也不是说我们孤立原始的印度传统,而是说,我们要更深入地考察语言、生命和劳动在当代形式的演变。

⑥ Hansen, *Wages of Violence*, 130.

中政策粗暴、反复无常,而地方政治则显示了赤裸裸的自我利益”——这一切标志了世俗。

我问自己这样一个问题:为什么韩森认为谈判和折中政策包含着赤裸裸的利益,为什么他把“不连贯”和“残忍”这两个形容词并置在一起;而在我看来,恰恰是在这种看上去不连贯的缺口中,人们找到了源头,从而认为国家“既带来威胁,又提供保障”①。我想这是因为我和韩森的田野工作的性质存在差异,特别体现在我们与大骚乱事件之间的关系上。韩森像其他学者一样,喜欢依靠新闻报道,以及公民权或人权组织的描述,来勾勒大骚乱的景象。② 因此,这里描述的地方是“孟买”——但是,他却没有勾勒出城市暴力的样子。③ 虽然他谈到了一次反穆斯林“大屠杀牵涉到整个城市中

① 这个精巧的措辞出自德博拉·普尔,她用这个说法点出了国家的不稳定性,由于国家滥用权力,秘鲁的农民遭受重创,同时,这种不稳定性提供了空间,主动“修复了国家”。参阅 Poole, “Between Threat and Guarantee”。

② 这体现了田野工作的偶然性,因为我们并不总能在大骚乱期间做类似的描绘,但是正如莫赫塔和查特吉指出,即使这些事件过去很长时间了,然而,和那些亲历这些事件的人一起走访这些地区,仍然可以提供一幅重要的地图。参阅 Deepak Mehta 和 Roma Chatterji, “Boundaries, Names, Alterities: A Case Study of a ‘Communal Riot’ in Dharavi, Bombay”, in Das et. Al., *Remaking a World*, 201—250。阿里夫(Yasmeen Arif)最近参与了一项重要研究,考察苏丹堡人能否把记忆解释为一幅地图,这项研究是莫赫塔在德里 ISERDD 资助下领导的一个大型调查项目,研究乡村暴力问题。

③ 韩森在这本书有专门一章描述了街区(mohalla),向我们细致地介绍了穆斯林街区的历史,但是,这章的论述还只是停留在公共叙述的一般层面和一些零星的访谈,它经常偏离重心,涉及城市、城区想象力以及围绕着那些著名形象而传播的言论。当然,对于人类学家而言,关注谈话网络尤为关键,但是莫赫塔和查特吉指出,一般性观察之间存在着差异,人们可能会将这些观察和一些问题联系起来,即穆斯林的身份,对语言的割裂做出特别的解释,尤其是放在暴力语境中解释这一问题。当一个轻度精神失常的小孩把大骚乱说成“玩弄印度人或巴基斯坦人的游戏”时,当静态和动态的民族志研究以完全不同的方式建构我们的邻国时,我们对穆斯林身份的理解呈现出迥然不同的秩序,这种理解不是韩森所说的,在一般性的、不确定的谈话过程中所获取的那些观察。我相信,暴力问题特别开启了“语言”和“言说”这两个问题,它要求我们要更深入地关注这两者之间的割裂。Mehta 和 Chatterji, “Boundaries, Names, Alterities”。

成千上万人的生命,而最残忍的场景还是发生在广泛分布于城市的贫民窟和迁居地区",但是,我们仍然不能清楚地理解暴力产生的那些精巧网络和分裂地带。韩森设定了一系列分类,比如,"成百上千的人",并且,他为行为者设定了多种感情(如,"在内疚感和恐惧感的驱使下"),这些分类最终复制了谣言的结构,而言论在谣言中脱离了语境,没有形成签名。① 除此之外,我们经常会发现,韩森的描述将言论归因于民众,但是说过这些话的民众却并未被置于语境中。韩森也描述了很多他在地铁站或穆斯林大学碰到的公务员,我们从这些例子中了解到他们的意见,甚至是他们的恐惧和失望。然而,他所列举的这些自由飘浮的意见处于某种短时语境中,一方面,这与我深入到人们的日常生活中收集来的故事不尽相同,另一方面,也与那些实际上发生在谈判制度语境中的故事不尽相同。

韩森假定,国家神圣的一面位于公共表演中,如大肆宣扬克里希纳(Sri Krishna)委员会主持公共听证会,这个委员会负责调查孟买大骚乱事件,也负责深入检查工作。我必须承认,正像韩森所说的,政府之所以把这个调查任务授予这个委员会,是因为它要努力维持国家理性神话。然而,这并不是故事的结束,因为调查委员会要回应那些公民权组织施加给它的压力,这些组织已经学会要求政府做出说明。② 深入到调查委员谱系中的做法不太合适。我注意到,这类委员会在涉及法律时通常处于一个不明确的位置,传达

① Hansen, *Wages of Violence*, 122,123.

② 如果我们仅仅看到国家设置这些调查委员会的意图,我们就很难重视市民们付出的巨大努力,是他们推动公众承认那些在受害者和幸存者身上犯下的罪行。比如,普卡尔(H. S. Phoolka)律师在过去20年中,付出了巨大的努力,追踪1984年大骚乱期间那些行凶作恶的人,并组织公民行动,要求披露真相。正值我完成本书之际,2005年8月,纳那瓦蒂委员会报告(Nanavati Commission Report)出台。虽然这份报告令很多公民权组织不满意,但是它还是导致总理出于政府的利益,无条件地向公众道歉。具有讽刺意味的是,当今的印度总理自己是一名锡克教徒,但是任何参与了大骚乱的组织都没有暗示这一点。虽然正义的伸张并不尽如人意,但是,这些措施已经致使一名议会部长辞职。关于罪责问题可参阅纳利尼·孙达尔(Nalini Sundar)即将发表的论文,"Toward an Anthropology of Culpability", *American Ethnologist* 31, no.2 (2004):145—164。

着非常事件的信息。这就是为什么他们并不拥有司法权的原因,然而,通过委任退休法官主持这类委员会,政府试图展现出这个国家愿意承认它所犯的那一部分罪行。当然,调查委员会的发现最终会牵涉政府,要么呈现给国会的报告不被立法部门接受,要么在很多情况下,这些调查发现从未被公开。然而,我想指出的是,正义既不意味着全部,也不是无关紧要的。事实上,委员会可能会指责国家,这种可能性一旦成为公共资源,那么会引发斗争,或者通过在民族或国际论坛上公开这些事实来羞辱当权政府。事实上,在政府发布克里希纳的调研报告之前,报告结果就已在公民群体中得到广泛传播。1984 年大暴力事件中,公民群体成立了一个调查委员会,由退休公务员组成,恰恰因为政府坚持拒绝成立这类委员会。因此,在我看来,我们很难证明这些委员会的表述行为代表其全部功能,还是说国家仅仅利用这些表述来证明自身的合法性。这类证明也很难在不同调查委员会之间作出区分。1984 年大骚乱发生时,耆那·阿格尔瓦尔(Jain Aggarwal Commission)委员会主持了一场调查,审查案件报道不详及调查不完善一事,并且重新报道了最新案件。德里骚乱调查组负责撰写此次调查报告,重新审查了 316 起案件。实际上在这些事件中,有 151 起查无缘由,但是委员会还是穿凿附会出调查不当的证据,公之于众,以免受公众嘲笑。民主若想发挥功能,这些是它宝贵的资源,所以,批评机制仔细辨别委员会忠实调查所取得的成果,并加强程序执行力度,这比单单在法律和正义之间做出二元划分,更有实效。

最后,令人不解的是,韩森所理解的国家神圣性,并不是国家在公开展示中所呈现出来的感性,而是说这些公开展示是为了把国家建构成为一个普遍理性的宝库。下面我将这个问题推进一步。

的确,神圣性这一范畴与政治灾难问题的关系值得我们反复考量。然而,通过对里斯本大地震的解读,康德根据神圣性与自然恐怖之间的关系来阐释这一范畴,阿多诺要求对西方美学范畴进行改造,引入这些概念来解释人肆无忌惮制造暴力的能力(特别是继奥斯维辛之后)。[1] 利奥塔这样理解这一问题:“至于神圣政治,根本不存在这种东西。只有恐惧。但是政治中的确存在某种神圣美学。”[2]这就导致一个问题:对神圣的恐惧,这一形态是否依赖于审查制度。这里,我们回顾一下伯克(Edmund Burke)一篇论述神圣性问题的文章,他首先描述了国家如何公开呈现出恐怖,以此作为反思起点。[3] 因此,在我看来,很难想象建立调查委员会,或是广泛利用真理委员会如何成为这类过程的起点,然而,它们并不足以胜任眼前的任务,除非我们能进一步证明,公开展示出来的这些故事、图片或其他证据在公开传播过程中进一步美学化,否则很难说它们展现了国家神圣性的一面。我想这是完全可能的,就像阿布·格莱布监狱(Abu Ghraib)*铐打囚犯这一事实所显现的那样。然而,韩森却没有在考察克里希纳委员会时提供相关证据,来证明这种神圣美学。

由此可见,国家魔法的一面与其神圣性的一面完全不同,它之所以会出现,恰恰在于国家能够被模仿、被解释,并被包含进打破各种限度的方式中,很多理论都把这些限度视为国家的功能。因为国家事业总是一个未完成的事业,我们最好在边缘地带观察它,但是,这些边缘地带不单是外围地区——它们深入到政治身体内部,仿佛河流穿过版图。然而,如果我们假设处于这些外围地区的人们是国家操作的被动对象,那么这是极其危险的。我想说,即使寻求正义的事业并未获得什么结果,虽然一种理性和公平的法律过程本应产生这样的结果,但是,争取正义的斗争以某种方式形塑了国家程序。这或许正是阿帕杜莱(Arjun Appadurai)在非政府组织工作时发现的

---

① 参阅 Gene Ray, “Reading the Lisbon Earthquake: Adorno, Lyotard, and the Contemporary Sublime”, *Yale Journal of Criticism* 17, no. 1 (2004):1—18。

② Jean François Lyotard, *The Inhuman: Reflections on Time*, trans. Geoffrey G. Bennington and Rachel Bowlby (Standford University Press, 1991).

③ Edmund Burke, *A Philosophical Enquiry into the Origin of Our Ideas of the Sublime and the Beautiful*, ed. Adam Philips (London: Oxford University Press, 1990).

* 阿布·格莱布监狱在伊拉克,是臭名昭著的美军监狱。——译者注

一点,这段工作促使他谈到了深层民主问题,此外,查特吉(Roma Chatterjee)也从对塔拉维街道的研究中发现了这一点,大骚乱导致这条街道分裂为二,人们开始将自己组织起来,跨越宗派之间的隔阂,争取住房权。[①] 在苏丹堡,我没能用更多的时间跟踪这些家庭,尤其是他们迁居到提拉克·维哈尔(Tilak Vihar)之后,但是,在这一年中,我发现这些街区的人们英勇无畏,这些故事让我觉得我很难纯粹根据"损失"这种观点来解释他们的生活。接下来的一章我们将会看到这些故事。

① Appadurai, "Deep Democracy"; Roma Chatterji, "Plans, Habitation and Slums: The Production of Community in Dharavi, Mumbai", *Occasional Research Paper Series*, September 2003 (Delhi: Iserdd), 即将发表于 *Contributions to Indian Sociology* (n. s.)。

十

悲伤和哀悼的画像

山蒂·德维(Shanti Devi):一位母亲的悲伤

我想要安宁(sukha)——你能给我么?

——山蒂

我几乎清晰地记得第一次到苏丹堡拜访山蒂时,她跟我说起的每一句话。她坐在床上,房间黑黑的,没有窗。她裹着被子,身子缩成很小的一团。床的另一侧坐着她母亲,她专程从阿尔瓦尔(附近的一个城镇)来照顾山蒂。山蒂未出阁的妹妹坐在地板上。一个老邻居,大家都叫她老嬷嬷(amma),站在门口,一脚在门内,一脚跨在门外。"你这是什么意思?"我问山蒂,不知道该怎么回应她。她期待地看着其他人。这是我最初接触她时她说话的方式。她说话断断续续的,言语碎片中浓缩着过往的一切,其他人不仅了解这些事件,而且也和她一起分担。其他几个女人插进话,给我具体解释。"她要药吃呢——这样看来她会死",山蒂的母亲解释道,"我一遍一遍跟她讲,女儿,不要这样说。可她听吗? 在乎吗?"这句话好像提醒了山蒂,她答道："有什么好听的？有什么好在乎的？至少如果我的孩子还在的话，我还可以把他抱在怀里，我还可以活下去。"

我逐渐了解到，她的丈夫和三个孩子在大骚乱中被杀害了。她丈夫和孩子藏在附近一个废弃的房子里，希望能躲过这场浩劫，这场暴力几乎是在剧变将要结束的时候降临到这条街上的。山蒂和两个女儿，以及其他一些女人，缩在房子的平顶上。从整个谈话过程中我了解到，山蒂一度怀疑她的舅舅（mama）向暴徒告发了她丈夫和儿子藏匿的地点，通过告密换来了自家安全。"他们家连个勺子都没被抢走，"她跟我说。

有一次我拜访她，亲眼见证了山蒂冲她十岁左右的大女儿发火，说她真该被诅咒，因为她没能救出自己的父亲和兄弟。事情好像是这样的：暴徒得知山蒂的丈夫和儿子藏在另一间房子里，他们站在门口，冷嘲热讽地喊道："你们怎么都缩头缩脑的？怎么不敢出来见我们？"山蒂与其他女人一起藏在平顶上，她看到这一幕，害怕得呆住了，暴徒往房子上泼洒煤油，放了一把火。山蒂在恐慌中，让她的大女儿巴布里（Babli）向暴徒求情，巴布里拽着其中她认识的一个人，请求说："叔叔（Uncle ji），叔叔，我的小弟弟和爸爸还在里面呢！"[①]这个男人转过身来，愤怒地看着她说："为什么你不早告诉我们？你以为我们会杀**小孩子**？"这个时候大火已经吞噬了整个房子。

我和山蒂第一次见面时，她没有"讲述"过这件事，她总是说，"如果我的孩子还活着，我也许会鼓起勇气，学会忍耐。"这时一直站在门口的山蒂的老邻居，一个印度教教徒，打岔道："她总是这样吵，好像只有她一个人承受这种失去亲人的痛苦。看看这个世上，每个人都受到影响。仿佛一场风暴降临到我们头上，摧毁了一切。我们能从这场风暴里解救谁呢？"

接下来又发生另一个场景，我和朋友米塔[②]坐在那里，山蒂对我们说：

① Ji 是敬称，用以指代长者或高官，以示敬意。

② 米塔·博斯（Mita Bose）是一名在德里大学讲授英国文学的教师，她做了很多出色的救助工作，帮助了多名幸存者，深得山蒂信任。1985 年，我们一起为儿童成立了夏令营。我很感激米塔慷慨相助。

“只要我想到所有人都深受其害，我就能控制住自己。但是，一旦我走进救济站，看见别的女人能救出自己的孩子，我的心都碎了。我母亲把我带到了阿尔瓦尔，但我的心情越来越糟。我发现周围都是小孩子嬉笑打闹。我侄子——我觉得糟糕透了……为什么他们还活着，可我的孩子却死了？”

在山蒂的记忆里，最让她难以承受的一个事实就是孩子的死，而别人的孩子还活着。她拒绝承认女儿是自己的亲骨肉，仿佛正是母爱才夺走了儿子的生命。对于丈夫的死，她抱着一种斯多葛式的态度。“那两个司令官对英迪拉·甘地干出了那种事，这种恶行(karma)最终诞生了这样的恶果，难道不是吗？”然而，正如她所说的，让她难以理解的是为什么别的女人都能“救出自己的孩子”，而自己却不行。作为一位母亲，她是失败的，作为儿子的母亲，这让她难以承受。她轮番责备自己的丈夫、大儿子、大女儿、整个共同体，包括她自己，觉得所有人都应为这儿起死亡负责，特别要为小儿子的死负责：“我让女儿到她爸爸那儿，请求他把宝贝给我。但他却说，‘你妈妈太软弱，她保护不了我的儿子。’如果他多信任我一分，宝贝也不会死。”

有时候山蒂开始痛打自己的女儿，责怪她应该说服她父亲把小弟弟交给她，要么她就应该在那群暴徒烧房子的时候站在他们当中大喊，也许会有人听到，那样的话孩子就可能获救。有一次她又责备丈夫和大儿子：“为什么他们不打开门，走出来，向那些人投降？这伙人不会杀小孩子。如果他们能鼓起勇气牺牲自己，我的小宝贝可能就不会死。”①“他们怎么会知道呢？”我问道，“他们怎么能确定这伙人会放孩子一马呢？”她这样回答说，有个邻居就是这样做的，当时这伙暴徒也闯进了他家，但是他的孩子活下来了——这伙人觉得放了小孩子是无上荣光的事。我不好说这个故事就是真的，但是我知道这样一个观念，对于暴徒来说，出现在其他谈话中标志着一种荣

---

① 对于这句话的诠释，令我记忆深刻的是一场由艾因·拉尔(Ein Lal)指导，纳夫德吉·辛哈(Navtej Singh)表演的混合着印度古典体裁(Bharat Natyam)和现代体裁的舞蹈，这篇论文早先的那个版本说明了这一点。纳夫德吉说，那些男人爬到门口想要打开门，却发现根本做不到，这一席话还有山蒂的言语总是萦绕在我的记忆中，挥之不去。

誉。此外,山蒂有时也会因自己的处境而责备整个共同体:“如果女人们知道这伙人不会杀害小孩子,为什么她们不告诉我?她们只跟我说这伙人不会碰女人。”

虽然山蒂谈到其他人也应该为她孩子的死负责,但最后她还是把责任归到自己头上,内疚地说:“我丈夫说得不错,我这个人软弱,少智寡谋。我发了疯。这就是为什么我不能理解这伙暴徒究竟想要什么。他们想要找那些成年男人复仇,不想要孩子们的命。”

山蒂怎样把所有这些飘浮不定的内疚感归结到自己头上的?共同体又如何辅助她把这些内疚感归因于自身?这里,我不想给共同体这个概念下死定义,因为出生情境和婚姻情境定义之间有冲突,即,作为一母之女(因而要省亲)与作为一子之母之间的斗争(同时又不是女儿的母亲),因此,确认母亲这种身份是通过否定方式实现的。这个故事有关女性的非创造性(decreation),即,不仅男性个体摧毁了女性的记忆能力,使她们无法记得自己是母亲,但这正是社会所肯定的,而且整个男性世界似乎在这一问题上达成同谋。她为自己的生活付出了代价,彻底摧毁了女儿和她共度未来的可能性。

山蒂的母亲试图创造一种氛围,使山蒂退回到某种童年时代。她给山蒂洗澡、喂饭,带着她四处转转,让她明白自己不该作践自己。山蒂的母亲说,所有锡克教徒都饱受痛苦,所以她想告诉山蒂,并非只是你一个人活在悲痛中。山蒂的公公从阿尔瓦尔搬过来和他们一起建造房子,这时,山蒂周围的叙事环境发生了微妙的改变,公公说,既然没有男性能保护山蒂,那么他有责任伸出援助之手。从表面上看,这位80岁的老翁过来提供帮助,安慰他守寡的儿媳妇和孤苦的孙儿,事实上,他的出现改变了原来的情境,山蒂被迫退回到成人的世界中,她觉得根本无法控制这个世界。

毫无疑问,儿子和孙子的死深深影响了这位老人。Hum to ghar se beghar ho age——虽然和一家人在一起,但我们却感到无家可归。他使用这样简简单单的几个词描述了自己的困境。很长一段时间,我忽视了发生在这个家庭中的权力斗争。现在反思起来似乎这个男人表达了两种声音。他有时候苦苦哀求山蒂从沉溺于悲痛的状态中恢复过来，抛掉一切自杀的念头。我有一次看到他俯下身，抚摸着山蒂的脚，乞求她想想两个女儿。这些戏剧性的姿态总是意味着另一种意涵，即，一个像山蒂这样尽心尽力的妻子不可能从这样的创伤中走出来。老人每一次都会把这一点传达给当时在场的邻居。他叹着气说："我们尽最大的努力了——但是她怎么能恢复过来呢？死亡召唤着她。""可怜的女人——她发了疯。她心灵软弱，但那会儿总是我的儿子保护着她。天哪，这就是为什么Tehal（他的儿子）在最后几个小时里无法信任她的缘故。"为了帮她振作精神，为死去的儿孙带去安宁，老人精心安排了一场祷告仪式，但是，正如我们将要看到的那样，这场仪式剥夺了山蒂心中本来还保留的那部分力量。

作为死者亲属，山蒂得到政府10000卢比的赔偿金。随着日子的流逝，谁来把持这笔钱逐渐演变成一场斗争。老人为山蒂安排这场仪式需从她那里拿钱，这使她没法拒绝，因为拒绝是不孝的。然而，尽管山蒂对女儿抱有怨气，但是，为安抚死人而操办如此奢侈的仪式让她很不情愿，她觉得自己女儿的未来很不确定。这里我发现了悲剧的本质，因为，即使山蒂对女儿的关心只是一闪念的事，至少她是这样讲的，然而，她的公公总会认为这种关心是对男性亲属的背叛。还有一些迹象体现着这场斗争。老人坚持要把持家里的一切支出。他认定山蒂心灵软弱，没有能力管理她得到的这笔赔偿金。他还暗示说，作为家里唯一幸存下来的最年长的男性，他最应该从政府那里得到这笔赔款。面对交织在日常互动网络中的这类暗示，山蒂无动于衷。从外表上看，她似乎毕恭毕敬，但是，内心却充满愤怒的争斗，然而她又不得不忍下公公对自己的判断：正是自己给这个家族带来前所未有的灾难。

山蒂和公公之间的斗争体现在公公寻求对她的控制这个层面上。然而，从另一个层面来看，我们还可以认为这种斗争是在摧毁女性关系，山蒂母亲由于生养了她而形成的这种关系，而山蒂与婆家的关系则由姻亲关系确立。山蒂得到的这笔赔款是对男性亲属之死的补偿。她的公公之所以要试图确立自己把持这笔钱的合法性，恰在于他是这一男性链条上的一员。

虽然从表面上看山蒂默不作声，但是，她的反抗企图确保女性链条存续下去，以便在女性世界中确立自身，即使她这样做的时候还有些犹豫不决。所以，虽然老人为了安抚死去的儿孙，想要花掉这笔钱举行仪式，然而，山蒂却希望留下这笔钱，为女儿的将来提供保障。这是一场自我毁灭的斗争。同样，她恳求其他女性，其中包括她的母亲和米塔，一起来照顾自己的女儿，这种做法看似软弱无力，但它激发了内在于女性关系中的那些固有的潜质，正是高高在上的男性统治颠覆了这种关系。

女性关系和行使权威之间的这场斗争打碎了这些关联，将每一女性个体推入到男性链条中，这一点在山蒂的母亲决定离开女儿家之后便凸现出来。按照北印的亲属制度规范，母亲只能短期造访女儿的婆家。山蒂的公公暗示说，山蒂的母亲待在这里是为了和女儿一起把持这笔钱，这让山蒂的母亲很难忍受，她便离开了这里，回到了阿尔瓦尔。母亲的离开宣告了山蒂童年开始拥有的那一片土地，由降生于世所定义的那个娘家的世界最终消失了。虽然山蒂的妹妹留下来照顾她，但是谴责山蒂的声音却与日俱增。如今每每女人们围着她聊天，都操着一种家长式的口吻。一次，我听到一个女人这样跟山蒂说："如果你真的悲痛欲绝，为什么你不在儿子死的那天杀了自己？"

由此可见，山蒂的生活变成了一场声明，来反抗统治规范，这种规范只把女性的生活定位于儿子的母亲这一种身份。这个问题不仅关涉到权力，也不仅仅是女性自主性与男性统治之间的对抗。更重要的，也是问题的关键：围绕女性关系建构起来的生活被看成是一种不值得活的生活。这些女人自己占据着家长式话语，把这种声音当成了自己的声音（比如那个女人对山蒂质问：为什么你不在儿子死的那天杀了自己？），以至于包括一些亲属和邻居在内，整个围绕她形成的这个女性共同体挫败了她。最终，山蒂被这些女人深深伤害了，所以她自己也拒绝承认是自己女儿的母亲，因而也伤害了她脆弱的女儿："我怎么活啊？你们都跟我说要我照看自己的女儿——从她们那里得到安慰。但是她们不是我的孩子。她们都是假冒的（nakli）。我受不了她们陪在我身边。如果我的小儿子还活着，我会把他搂在怀里，和他一起活下去。但是我被骗了。”

对于她的大女儿Babli,山蒂心怀怨恨,她不停地拿自己的失败和女儿的失败作比较,因为女儿没有把小儿子从着了火的房子里抢救出来。邻居们跟我说,她只要一揪住女儿,就要痛打她一顿,责备她没有救出小弟弟。有时她也流露出对小女儿的一丝同情,却表现不出一丝爱意。一旦这个女孩靠近她,想要碰一碰或是拥抱妈妈,山蒂就会把她推开,只是不像对待大女儿那样充满敌意。有时邻居家的老妇人把这个小女儿推到山蒂的身旁,鼓励她抱一抱妈妈,希望这种心理交流能够唤醒山蒂自身被压抑的母性。但是,山蒂不愿意女儿碰自己一下。“带她走,”她总是这样说,“这不是我的孩子——她是个冒牌货,骗子——我的孩子早死了。”“你看看她,”邻居们回应道,“难道她不是从你肚子里爬出来的孩子,不跟其他孩子一样?为什么她就不是你的孩子呢?”“噢,她是个女孩。赶她走——带她走,我不想照看她。”

山蒂的女儿们很能理解这种拒绝,但还是想试图安慰她,直到最后一天。一天,山蒂告诉我,她的小女儿曾试图说服她相信自己像个男孩。“我不会结婚的。我想当个医生,照顾你。”山蒂被触动了,她甚至跟我说自己的丈夫最宠爱这个小女儿。“每当她父亲和她玩,她总是说自己要嫁的人要像妈妈嫁的人一样。”那一瞬间,母亲和女儿笑在了一起,女儿的言语暗示了对自己女性身份的否定,仿佛不结婚就可以恢复和母亲之间的关联。很快,山蒂故态萌发,又揪住女儿是伪造的孩子这一主题不放,因为她们无法传宗接代——她们的父亲得不到祖先祭献。[1] 她说,即便女儿们能在俗世供养她,也无法替代儿子在宇宙时间中的位置。从某种意义上讲,在这个家长制世界中,女人献给丈夫的亲族最重要的礼物就是后嗣,儿孙可以通过祖先祭献将他们的祖宗从地狱中拯救出来,而山蒂却因儿子的死失去了这

---

① 我这里提到的是印度教徒和锡克教徒的信仰,即,儿子向祖先呈上祭品,这种做法可以解救亡者免受地狱之苦。虽然问题是山蒂坚持这种信仰,但是,对于印度教徒和锡克教徒来说,他们会用各种文本和实践来处理例外情况。

一切。山蒂和她的家人被清除并淹没在宇宙这一尺度中。所以她觉得,仿佛没有任何可能再为她重新创造一种生活。

没有英雄主义的死亡

难道我儿子和丈夫的身体只是喂了猪狗不成?

——山蒂

不在场的死人之躯总是萦绕在幸存者的心头。山蒂经常起夜,踱步到家门对面的公园,捡些棍棒,聚成柴堆,接下来点燃一堆篝火。山蒂无法解释她究竟做了什么,但是一些邻居认为,她想要火化死者的身体。他们说:"那伙人把他们活活烧死了,但是死者的身体并没有被火化。他们一定像幽灵和精灵一样游荡。他们能得到安宁吗?我们能得到安宁吗?"[①]人们总是在问这样的问题,虽然为安抚死者举行了葬礼,通过虔敬的集会,为死者惠赐安宁,但山蒂觉得他们用这些仪式欺骗了自己。只要死去的身体没有被适时火化,那么,死者的灵魂将无法得到安抚。

按照邻居们的说法,一天清晨,山蒂走到公园散心,[②]这时,她发现几只猪刨开一个洞,从里面拖出人的尸骸。山蒂认定这是她丈夫的尸骨。她没

---

① 火是一个多面象征,这里具有恶毒和慈恩两个面向。所谓恶毒的一面是指,暴民放火活活烧人,但是慈恩的一面是指它具有净化和释放的作用,如火葬场祭火的内涵,那是对死亡的否定。参阅 G. Bachelard, *La psychoanalyse du feu* (Paris: Gallimard, 1949)。关于葬礼上的祭火,可参阅 Das, *Structure and Cognition*, 以及 Jonathan Parry, *Death in Banaras* (Cambridge: Cambridge University Press, 1994)。对这一问题最复杂的解释是马拉默德的经典研究,参阅 Chales Malamoud, *Cooking the World: Ritual and Thought in Ancient India*, trans. David White (Delhi: Oxford University Press, 1996)。

② 我应该澄清一点,这个公园荒草丛生,主要被用来上厕所用。很多家庭没有卫生间,虽然这个地区也有个公共厕所,但是,使用公共卫生间对妇女是很危险的一件事。大骚乱之后,很多重建的住房里装上了卫生间,但是,却没有安装与其相配套的下水管道和抽水马桶。

法正视这具已经腐烂了的尸体，只猜想这是丈夫的遗骨。虽然在很多印度传奇故事中都会讲到，倒在战场上的战士具有多重身体，女人在这些死人堆里寻找她们死去的丈夫和儿子，多重身体在这类传奇中象征了男性英雄主义。死在大骚乱中的人却并不被看成“英雄”。比如，某些公共话语鼓吹金殿，那些死了的人被当成是为了崇高的理想而死的殉道者。但是，对于大骚乱的受害者或幸存者，他们的死亡并不是什么英雄主义式的。锡克教分离主义的理念并不是他们的理念。正如山蒂反复强调的：“我们想要的是生活安宁、和平。我们不想为其他人的理想而死。”所以，她把那些尸骨当成丈夫的多重身体，并不是说这对她而言充满着英雄主义精神。这完全象征着一场微不足道、毫无意义的死。

丈夫和儿子的音容笑貌时时萦绕在山蒂的心头，最终有一天，她再也无法承受这一切，很快，找了个机会“了结自己”。她的大女儿描述了这一切发生的过程。山蒂的老公公去了配给站。妹妹跑到“田地”里（这是一种委婉的说法，意思是说到公园里解手），女儿们上学去了。山蒂的妹妹回来时发现门关上了，却没有上锁。她推开门，看见山蒂的身子吊在天花板上。警察来了，做了备案记录。办完了这些手续，他们把山蒂的尸体抬到火化场，为她举行了葬礼——山蒂一直渴望随夫而去。

对于山蒂自杀所引发的灾难性问题，我想我们也许无法回答。因为她经常谈到她想平静地死，我们也不停地问自己，如何阻止她轻生。心理学教授纳格帕尔（Ashok Nagpal）也是救助队的一名成员，他曾几次建议山蒂的家人劝说她到夏德拉（Shadra）的心理医院治疗。一次，我们正准备带她前往医院的时候，她的老公公和邻居们高声反对。我们自己也不确定为精神病人设立的国立医院的条件如何，因为自20世纪80年代起，这类医院流行的处置方式是把病人捆起来鞭挞，直到他们屈服。除此之外，我们听说，一位医生到本地巡诊，山蒂还得到了他的一些建议，服用了药物，但是，我们没有见到这位医生。我们越是强行要山蒂就医，我们在这个共同体的处境就越发危险，特别是一旦她死在医院里的话。

当我们提议要安排收养山蒂的两个女儿时，再度面临这样的困境。这两个小女孩渴望跟我和米塔生活在一起。祖父允许她们过来和我们一起住几个星期。然而，老人觉得，如果孙女离开这里，和养父母生活在一起，那么他将损失重要的生活来源。很多锡克教徒家庭虽然愿意收养这两个小女孩，却又不想应付来自祖父和其他亲属的威胁。唯一支持我们抚养计划的人是山蒂的母亲，按照惯例，她来参加女儿的追悼会。最后，我们终于说服婆家人允许我们收留这两个孩子，让一个锡克教徒家庭抚养她们，甚或可以安排她们去寄宿学校上学。两个女孩子可以在其他人的帮助下得到更多的照顾，这一想法令整个共同体对此深恶痛绝。我们不能强行提出我们的要求，也不能动用法律资源，因为这两种做法会使我们与这个共同体处于敌对的状态，我们打算长期救助这两个孩子，强硬做法无疑会造成阻碍。但是，事情发生20年后，我已经无法为责任问题做出判定了。

最后一点评论。为什么山蒂无法从女儿的生活中找到未来呢？当然，父权制社会文本使我们用不同的视角来理解儿子和女儿，但是与其他很多父权制社会一样，印度社会规定了各种机械论观点，家庭可以利用这些说法在失去儿子时，通过女儿延续下来。然而，山蒂生活的时代在大骚乱到来的那天冻结了。她这个人的出现不过是大骚乱结果和事件的逐步回放及精神再现。弗洛伊德认为，对过去的回忆好比从一辆疾驰的火车上“看”流逝的风景，而山蒂的情况与此不同，她根本无法通过这样的方式远离过去，以至于“当下”总会“出现”在她的意识中。火车上的旅人将他的过去看成消逝的风景，他会从距离的优势上描述这一点。[①] 相反，山蒂却无法远离事件发生的那一天。她为自己哀悼，或是因其他人不能正确解读她儿子无法获救

① 弗洛伊德曾对自由联想(free association)做过经典的表述，他对比了精神病人和火车上的乘客。病人观看消逝的风景之后会向不能看到窗外的同伴描述这一切形象。尽管这幅图景对于呈现在心灵中的“记忆”模型有很强的解释力，但是，这个模型并不适合我们理解对新近发生的创伤事件的记忆。Sigmund Freud，“Recommendations to Physicians Practising Psychoanalysis”，in *The Complete Psychological Works*，Standard Edition，vol. 12，ed and trans. James Strachey (New York：W. W. Norton，1976；first published 1912)。

的原因而哀悼。[1]

其中令山蒂悲叹的一点是，她独自一人没能救出自己的孩子。正如我们刚才看到的那样，这个事实比起其他经历更让她沉重。别的女人都试着将自己的苦难解读为整个共同体所遭遇的命运的一部分。她们的苦难被设定为与某种超越个体情境的东西相连，无论这是某种恶意命运的操控，还是一位不可理解的神，或是前世的业——恶的罪行和偶在性由此得到理解，并被制造成某种超越于个人的东西。仿佛苦难的偶在性提供了某种保障，以至于这不是受害者**特定个人**的失败，而是一种非人的力量，如暴雨或闪电，导致了这场灾难。这种中性力量对于它打击或宽恕的人来说无关紧要。别的女人可以救自己的孩子，而山蒂却失败了，这一事实是一种强有力的象征，意味着她作为一个儿子的母亲是失败的。

那么，最后一个问题是，山蒂对死者负有什么责任呢？任何死亡都会引发这样的问题：生者对死者担负什么责任。我们从阿夏和曼吉特的个案中看到了哀悼工作在女性的生活中所扮演的角色。简而言之，生命的责任不是要忘记死者，而是要咽下毒药，参与到修复关系的工作中来。山蒂把她对死者的责任框定在要回应他们的召唤。她是这个侨区的幸存者中唯一自杀的。在山蒂的意愿中，即便被迫谈到死亡，她也经常认为生命是自己所能提供的唯一证明，只有随丈夫和儿子的命运一同而去才能缓解内心的愧疚感。她无法冒着风险再度参与到生活之中，包括她本可能会在时间中“忘记”自己的死。这种遗忘还包括那种对女性的支配性定义，即女性个体完全纳入到男性亲属链条中，以及根据女性关系所定义的生活中。死亡和男性化气质最终摧毁了生命和女性的控制。

---

① 阿里夫如今在提拉克·哈维尔地区开展田野工作，这里很多受灾街区的妇女得到了住房补偿，这是她们要求的结果。阿里夫在论文中考察了这个无意导致的后果，发人深省，他描述了这一地区如何被人蔑称为“寡妇侨区”这一问题，代际之间传播的损失和创伤叙事导致这些女性冻结在1984年事件之中。这些寡妇过着后暴力生活，她们现在的任务是为整个共同体承担起大暴力记忆，作为损失的象征。Yamin Arif, “The Delhi Carnage of 1984: The Afterlife of Violence and Loss”, *Domains*（待出）。

女性的集体哀悼

前几章我曾描述过我们在A4区遭遇的处境。我希望这一节能够展现出哀悼活动中的性别分工,通过这种哀悼,私人悲伤和公共哀叹联合起来,为政治行为打开了一个空间。女人们不是用太多的语词,而是用音调和姿态使暴力和损失凸现出来。街道在这里变成了一个舞台,公开上演了一出对抗官方否认过失行为的反叙事运动(counterstory),正是在街道的这些边缘地区,人们上演暴力,曝尸于外。我们第一次访问这一地区时,一位自称是社工的人员紧紧尾随我们,后来,我们了解到他是被地方要员派来的,为的是庇护所有陌生来访者,给他们讲述发生在这一侨区的事件。[1] 我们终于找个托词摆脱掉了他,由瓦吉里·辛哈代为向导,他在大屠杀中失去了两个儿子。我们看到了喷溅在墙上的斑斑血迹、留下的枪眼,累累灰烬中仍然能找到碎发残骸。但我们在妇女中遭遇到的则主要是恐惧。她们的丈夫就死在她们眼前。孩子们虽然保住了性命,却被威胁说,一旦泄露了谋杀者便会招至不测。然而,愤怒、恐惧和悲痛汇聚成一股阴郁的反抗力量,蓄势待发。他们感到谋杀者盘踞四周,那些在殖民区内建立"营地"的人,表面上做着"减压"工作,其实是为了给那些前来报道大屠杀事件的媒体和社会组织留下好印象。正如一个女人所说:

> 他们让我们打扫好房间,搬进去定居下来。我们怎么能住在这儿呢?你们看到那些骨灰没?看到血迹没?这儿,把你们的手伸进骨灰堆里,你们会看到还在焚烧的头骨呢。他们甚至不允许我们找回这些尸骨。我们乞求他们:你们杀了我们的男人,至少也该让我们找到他们的尸骨吧——让我们为他们哀悼吧。整晚我们都能听到死去的男人的声音。我听到丈夫要水。杀人犯甚至都不让我们给垂死的人水喝。我

---

① 至少这是幸存者向这些"社会工作者"这么解释的。关于"大人物"这一概念,可参阅 Maurice Godelier 和 Marlyn Strathern, eds., *Big Men and Great Men: Personifications of Power in Melanesia* (Cambridge: Cambridge University Press, 1991)。

的儿子哭喊着，妈妈，妈妈——就像他小时候喊我一样。但是，我没法走近他。这条大街如今就是我们的火葬场。活着的人瑟缩在沉默中，而死者的哭嚎飘荡在天空，像重物一样压在我们身上。

妇人们默不作声，坐在门口，难以抑制自己哀伤悲悼，这比起语词来更具有力量。一些公民权组织和记者开始造访这一地区，收集故事，女人们总是害怕说出这些事，但她们哀悼的姿态不停地展现着死亡变幻莫测的意义。当地方政要给她们施加压力，催促她们打扫房间，净身更衣，看在诸多要员准备参观本区的份上，打扮得“体面”一些，但这些女人对自己的腌臜邋遢熟视无睹。既不走进屋子，也不生火做饭，更没洗浴更衣。那一撮一撮的灰烬，废弃的房屋，血迹斑斑的墙壁创造出一幅葬礼的景象，这些女人仪容不整，蓬头垢面的形象强烈地说明这样一点：哀悼和抗争是一回事。我想，她们认为把暴力呈现出来是她们对死者的责任。很长一段时间，这条街道到处肮脏不堪——因为这些妇人们根本不愿意回家，直到救助人员彻底整修并清理好这些房屋（这项任务持续了将近一个月）——每一个到这里来的访客都会注意到这些家庭的困境。

随着时间的推移，对死人的责任又引发了新问题，这些问题总是悬而未决，像空气一样围绕着我们。它们经常出现在各种谈话、警告和争吵中。时间具有腐蚀作用，所以，最初三个月这些女人结成的联盟开始瓦解，围绕着谁该得到政府的补偿这一问题形成了各种冲突。她们心中充满疑惑：一个女人是否应该永远缅怀死去的丈夫？还是说她应该为自己开辟新的生活？这种坚守的意义究竟是什么？对于那些年轻的寡妇来说，这类问题尤其尖锐。

西格里卡尔锡克教徒有娶寡嫂的传统，所以，人们总是期待年轻的兄弟或是其他男方亲属迎娶兄长的寡妻。[①] 然而，男性特定的死亡形态导致了

---

① 有关北印地区的娶寡嫂制传统，可参阅 P. Kolenda, “Widowhood among ‘Untouchable’ Churas”, in *Concepts of Person: Kinship, Caste and Marriage in India*, ed. Akos Ostor, Lina Fruzzetti, and Steve Barnet (Delhi: Oxford University Press, 1982)。描述这一问题最有名的小说是贝蒂写的，沉痛地描绘了笼罩在这种婚姻形式上的乱伦阴影。参阅 B. S. Bedi, *Ek Chadar Maili Si* (Delhi: Rajkamal Publications, 1969)。

复杂的新问题。首先，很多家庭失去了不止一个成年男性成员。亲族内其他男性并不符合娶寡嫂的要求。这就意味着这些寡妇要嫁给婆家之外的男人。其次，在印度现代司法和行政结构中，寡妇被认定为合法的继承人，所以，死去男人的寡妻有资格获得政府赔偿。正如查克拉巴迪（Dipesh Chakrabarty）指出的，[①]这不仅是一种司法技术，因为感情的结构十分宽广，印度寡妇的困境象征着一种普遍的苦难形象，引发人们的同情。虽然查克拉巴迪的说法很好地解释了寡妇的形象如何在政治和官僚制想象中流传开来这一问题，但是，像苏丹堡等侨区的居民却栖居于现代性的不同区域内，这一点查克拉巴迪的理论无法解释。因为，在大部分西格里卡尔共同体的成员中，不是寡妇，而是死者的父母，特别是母亲，承载着那份悲伤，并背负着对这类令人毛骨悚然的死亡的记忆，因此，他们更应该得到这笔赔偿金。[②] 年轻寡妇的娘家和婆家经常发生争斗，一方控告另一方拐走了钱，借用与死者近亲之机赚钱。很多妇女都曾这样跟我们谈起怎样被公公或小叔子毒打，以至于放弃了自己的合法继承权。

经过数月的斗争和争论，五人长老会召开会议，达成妥协条件。会议决定，只有寡妇同意和她的公公平分赔偿款，她才能被准予再婚。我发现，那些寡妇大多25岁以下，她们拥护这项协议。离婚协议以法律文书的形式草拟出来，寡妇的父亲和死者的父亲共同签署这份协议，寡妇同意拿出50%的赔偿金交给公公，后者则同意从今以后终止与她之间的一切关系。在前

① 参阅 Dipesh Chakrabarty, "Domestic Cruelty and the Birth of the Subject", in *Provincializing Europe: Postcolonial Thought and Historical Difference* (Princeton: Princeton University Press, 2000), 117—149。

② 这暗示出女人是最适合接受政府赔偿的人，这就意味着，一旦女人和其他男人建立了婚姻关系，她们就要继续将自己表述为寡妇。事实上，中产阶级的敏感构成了官僚制的敏感性，这一切向这些女性显现出来。

一章中，我已经讨论了这项协议为我们理解国家提供了暗示。[①]

一天，我和一位寡妇聊天，她苦涩地对我说："你不知道这个共同体到底是怎么回事。好像一头驴子在它旧主人死去的那一刻被拴在了新主人手里，所以，一个女孩在她丈夫死去的那一刻嫁给了新丈夫。这里举办火葬的同时也是在准备婚礼。"（这里字面的意思是，准备走向亚木纳河的同时就是准备加入新郎的队列——yahan jamuna ji ki taiyyari wahan barat ki taiyyari）[②]我常常震惊，这个年轻女人的描述引发了为死者承担责任这一问题，它证明个人的哀悼时间和强制恢复"正常状态"之间断裂了——所以，这个女人会说，整个共同体的哀悼者坐在大街上，对于地方要人恢复常态的命令不屑一顾，这些哀悼者完全忽视了年轻寡妇们要求与西格里卡尔"传统"实践建立关联的声音。我不知道该如何解释这一点，只想说，臣服于暴力并不能净化我们自己。正当这些女性卷入到政治运动之时，一些机构继续按照各种走向形塑自身的主体性，他们的声音消融在正在进行的父权制事业中。然而，并非所有这类事业最终都要关闭政治空间。令我着迷的是，国家一方面开展父权制事业，一方面用父权制诠释共同体的内涵，这两者的交点引发了诸多新形式，最终都体现在地方层面上。

有个例子可以说明这一点，这些女性将接受国家赔偿金的行为转译为一种责任，她们必须大声疾呼，不断讲述这些事件，参与到政府代理和司法过程中，通过现代民主程序寻求正义。我们一起回忆一下，很多妇女害怕向公民权组织提供证据，因为她们担心自己的孩子遭到报复。然而，一旦其他人开始申诉——"你们侵吞了死者的钱……现在你们还能为他们做什么"——一些妇女开始自告奋勇地讲出领导暴众的杀人者的姓名。她们向

---

① 一个基本假设是：在这种情况下，夫妻离婚无效，因为已婚妇女被当成了联合家庭的"财产"。因此，联合家庭必须通过准予离婚，终止它对妇女要求的权利。同样，在法律文书上签署协议也没有任何法律效力，然而，这些只是正式契约在共同体中的象征。

② 她用了比喻，在这类情况中，确定婚姻要通过一场仪式：新丈夫把一块新 chaddar，或者说一块新布盖在女人身上，同样没有婚礼过程。然而，丧礼和婚礼具有对称性，哀悼经常把它们当成有力的修辞策略。

公民权组织、记者、维德·马尔瓦委员会(Ved Marwah Commission,警方调查委员会)提供证据,某些情况下,这些女性还签署了宣誓书,要求将这些杀人犯绳之以法。[①] 在这些组织的压力下,一些地方罪犯被捕,但没过多久又通过担保人获释。我曾在日记里记录了地方杀人犯获释那天的情况:

> 贱民居住的街区正召开会议。会议气氛逐渐紧张起来,我们听到会场发出大声论辩。我们自己感到整条街开始紧张不安。锡克教徒居住的街道漆黑一片。一些人小声告诉我,杀人犯数目庞大——他们怒气冲冲,伺机报复那些出来作证的人。当我从一户人家赶往另一户人家的途中,一群妇女把我叫到一旁。其他妇女照常走来走去的,以免引起其他人的怀疑。她们告诉我她们需要向"德里最高长官"提交请愿书,因为她们明白自己的生活正处于危险之中。我说我会尽可能地联系我所能联系到的人,以保证那些负责保护这些女性的权威人士了解她们的忧虑。但是,她们催促我马上行动,因为没有时间拖延了。"你把我们的话写成英文,帮我们敲定好这一切,以保证我们能尽快见到最高长官。"我说,我只是个微不足道的大学教师,即便我努力联系那些"最高长官",也不是随随便便就能成的事。她们根本不理睬我的辩解。[②]

最终,我在一张从练习本上撕下来的脏兮兮的纸片上写下一封请愿书,她们在上面按了手印。我们同意第二天在指定地点碰个面,并且确保这个

---

① 过去20年至关紧要,很多律师做了不懈努力,维护法院判决案例,向各类调查委员会提交受害案件,其中比较突出的是H.S.普尔卡。

② 我保存下来的日记记录了一些事件,通常是用印地文。我的记录不成体系,一方面,我在侨区的大学里教课,四处开会筹钱,另一方面又直接参与到突发事件中。我没法定期写作。史蒂文·卡顿谈到,我们在田野工作中,对发生的事件的感受都是由一些没有被记下来的记忆组成:内心对地点的感受,对姿态的解读,面部表情,以及那些没有说出的话。参阅 Caton, *Yemen Chronicles*。这里以维特根斯坦的语言观为象征,非常合适。

侨区没人知道她们要递交请愿书一事。我决定担负起这些女人对我的信任,拨通了秘书长办公室的电话。早先我曾有过一次向秘书长代理处(Deputy Chief Secretary)递交请愿书的经历,幸存者提交赔偿申请书时碰到了很多困难,希望得到有关人士的重视,但那次经历很不成功。一名警卫官虽然很客气,但他坚决把我请出了办公室。当时,秘书长代理处给我的印象,仿佛他们觉得我会掏出手枪或者干出类似的事。[1] 这一次他们礼貌地接待了我,态度之转变让人甚为迷惑。秘书长同意看望这些妇女,考虑她们的请求。

第二天早上,这八名妇女作为该侨区的代表已经到了。我们在秘书长办公室前的草坪上召开了会议。我恳求她们以中肯的方式说明自己的情况,一次只说一条,避免陷入到争吵中,注意救助款分配,以及相互指控救助失败等问题。[2] 她们一一知道了该如何礼貌地使用"解手"和"寡妇"等词语,以便不会因自己粗俗的用语吓倒秘书长。[3] 秘书长彬彬有礼地接待了她们。这些妇女提了两点要求:第一,释放制造大骚乱的领导人,这使她们的生活变得十分危险。即使警察在这条街上巡视,也不能总是跟随这些人。比如,一旦她们到街上的厕所解手,这些杀人犯会跟她们搭讪、强奸甚至杀了她们。所以,她们必须到别的地方定居。第二,政府打算通过教给她们编织和缝纫等技能使她们振作起来,但是,她们都是铁匠,如果能在家门口建

---

① 我得承认,坦白地说我会无礼地掏出手枪,但是,我开始撰写这些问题时,我觉察到自己谈官僚制时过于轻率。在早先的描述中我对这些有所保留。

② 由这一经验我发现,让一群人避免陷入到彼此指控的状态中,这样的讨论是多么困难。

③ 印地语与其他语言一样,也使用一些委婉的说法,表达类似的身体官能,如大小便。这些妇女想了解这些委婉的表达。她们希望注意到,在请愿过程中,表达这些官能时会面临危险,无论在田地还是公厕,很多人遭到杀害。印度语用 vidhava 礼貌地表达"寡妇"一词,而在旁遮普语中,则是 beva,但是,在共同体中,她们往往使用 randi 来表达,这个词既指寡妇,又指妓女。上层种姓的礼貌用语中从不使用这个词。而在低级种姓的用语中,如 Siglikars,禁忌使用这类词。显然,对于她们而言,我好像一个在她们的世界和外部世界斡旋的人,而这个外部世界是由阶级、性别和文化定义的。

些铁砧(bhattis),她们就能化铁锻造。为此,她们并不想住进板楼公寓中,她们了解到,来自其他地区的寡妇被安置在那里;她们想开辟一方土地,住进棚屋中,在那里开些买卖。第三,任何想要把这些寡妇和整个共同体分离开来的政策不仅会引发安全问题,也给她们的经济生活带来危险,因为她们需要男人到外面兜售她们制造的商品。秘书长接受了她们的请愿书,并相信她们自己会尽最大努力减轻她们的痛苦。走出办公室的那一刻,一名妇女突然放声大哭,她一边不停地捶打自己的前额,一边说,既然政府(sarkar)是我们的父母——为什么你们却不保护我们?其他妇女轻轻地把她拉到一旁。虽然她们的要求最终并未兑现,[1]但是,她们建立了根据外部世界来调整自己现实的能力,而在几个月以前,她们对这个世界几乎一无所知。

儿　童

站在苏丹堡的大街上,总会有一群群成人和儿童围着你。在母亲和姨妈讲述的故事中,孩子们被塑造成故事中的人物——当这些女人描述到那些暴徒大喊大叫,受害者呼求水的时候,她们会指着站在身旁的孩子说,"他当时很害怕"。然而,听着这些故事的孩子们紧贴着母亲或姐姐的披巾(dupatta),在我看来,他们似乎感觉不到一点恐怖。比方说,一个孩子可能会羞涩地冲我微笑,从躲藏的母亲的披巾后面偷偷地瞄一眼,而这时,他的母亲正告诉我他的父亲如何被人拖出去杀害了。我有一次听到一小群孩子争吵不休,他们辩论,暴徒先进了这间房还是先进了那间房——wo hamare ghar pahle aaye the—ja ja, jhoot mat bol who to hamare yhan pahle aaye the,

① 另一个侨区的居民得到了复式结构的公寓,但不是他们想要的那种住房。后来,这个侨区成为著名的"寡妇区"。从这些新的面向来看,这一事件的社会生命是一个新的研究主题。亚斯敏·阿里夫和阿夏·辛哈(Asha Singh)目前正在这些地区调查,考察生活在这里的居民对大骚乱的记忆。

phir tumhare yahan gaye the——他们先闯进我家——别扯了，他们先是来我们这里，然后再去你们那儿的。我对这一问题的观察并不充分。在日记里，我写道，这些孩子好像谈论着发生在别人头上的事，他们在这些故事中就像第三者。

现在，儿童的形象正是我所指的萦绕于维特根斯坦《哲学研究》一书中的形象。他们开始了解这个世界，似乎并不意味着他们要盗取语言，从而使自己能在这小小的世界中占有一席之地。那么，当他们戏谑那些杀人犯和受害者的时候，他们如何将这个世界整合起来呢？接下来我将介绍斯坦利·卡维尔对儿童的思考：

> 我们也可以说：当你说"我爱你，我的爱"这句话时，儿童学会了"爱"这个词以及"爱"的含义。**这（你所做的）**将是孩子世界中的爱；如果你的行为中掺杂了怨恨和胁迫，那么，爱也就成了怨恨和胁迫的混合物，寻求爱即是追寻**这种行为**。比说你说，"我保证明天会带你走"，儿童开始学习时间持续的意义，**信任**的意义，你的所作所为将会展现出信任的价值。当你说，"穿上你的外套"，孩子学会什么是命令，什么是**权威**，如果施与命令使你焦虑不堪，那么权威也会令人焦虑不堪，权威本身便是不确定。[①]

又：

> 综上所述，"学习语言"时，你不只学习事物的名称，也学习名词是什么；不仅学习表述意愿时所需的表达形式，也要学习表达意愿本身是什么；不仅学习"父亲"这个词，还要知道"父亲"意味着什么；不仅学会用什么样的词表达爱，也要学会什么是爱。学习语言时，你不仅要学会发音、语法、语序，而且也要学会使这些语词言之有物的那些"生命形式"，按照语词的指令行事，举例来说，点名、呼叫、指向、表达意愿或感

---

① Stanley Cavell, *The Claim of Reason*: *Wittgenstein*, *Skepticism*, *Morality and Tragedy* (New York: Oxford University Press, 1979), 177.

情、喜欢或不喜欢等等。维特根斯坦也发现了这些形式之间的“语法”关联。①

卡维尔描述的场景关涉到对孩子的教导,这种指导一方面是平日里穿衣、抚摸小猫、慢慢成长的轻柔节奏,然而这些日常行动也蕴涵了一种可能性,即爱的焦虑、权威的不确定性,以及背叛信任。如果说这是初始的语言,那么,一开始进入生命形式之中不仅要学会语词所指涉的对象,然而对于苏丹堡的孩子来说,恰恰是这种生命的形象成了大问题。可见,当这些孩子到处看到他们的父亲、兄弟和邻居惨遭杀害之后,他们与日常生活的事件之间建立了怎样的关联?

在米塔和实验护理学院(Shiv Niketan)的几位朋友的帮助下,我在德里大学的老学院(Indraprastha College)成立了一个夏令营。我们寄予了这个项目以巨大的希望。当时,我们认为,这些孩子可能希望每日里用几个时辰来重述那些暴力。大约有40个儿童参加了这个夏令营。每天早上,我开着敞篷车把他们接出家门,晚上再把他们送回去。

很快我便发现,在这一个小时的接送途中,孩子们开始评论大骚乱,讲述其间发生的点点滴滴。经常出现的情景是,这些孩子突然认出了父母被害的地点,或者看到自己的家人曾经参与过的活动,然后唤起了这些记忆。这些本来默默注视侨区的孩子突然找到了语言似的,滔滔不绝地讲起来。有一种可能是,这群孩子只能在自己群体内部讨论这些事件,而他们的家长不鼓励他们这么做;还有一种可能是,我的在场使他们获得了讲述这些记忆的信心。

我们这个小组有一个孩子叫阿夫塔尔(Avatar),是11岁左右的小男孩,中耳严重损坏,人们都认为他是个聋哑人。他的妈妈经常对我讲,“他不能说话,但是他理解所有的事,他的行为表达的内容远远超过了语言。”

一天,我们的敞篷车行驶在一条与以往稍有不同的路线上,路过一条我

① Cavell, *The Claim of Reason*, 177—178.

们以前从未经过的街道。突然,阿夫塔尔指着一棵树,变得非常兴奋。他耸起肩膀,在座位上表演着一个上下跳跃的动作,虽然事实上他一点都没移动。他强烈要求我注意那棵树,一边指着树所在的方向,一边晃动身子,这时车还在行进途中,我问他,那儿究竟发生过什么。接下来他开始这样模仿:最开始,他的双手被假想的物体捆绑起来,他使劲要挣脱出来,他的面容说明一个人在反抗、斗争着,却被迫地陷入到厄运之中。接下来,阿夫塔尔张开双手,模拟一根绳子,做了一个绳结的形状。绳结挂在了树枝上,另一头悬挂下来,他又比划了一个绳套,套在了脖子上。这时,他的脸又仿佛一个脖子套着绳索的人的脸,绳套越勒越紧,最后他的头耷拉在胸前,脸呈一副死人模样。其中一个孩子可能以前见过这类表演(然而,我自己并不知道,因为我完全没有问过这类事),他告诉我们,那棵树上吊死了他父亲。"你看到了?"我问,他用力点点头,确认在整个可怕的过程中他都在场。在我看来,模仿过程中,阿夫塔尔的双手变成了杀人犯的手,面容则是受害者的。他的身体好像知识的贮藏库,记忆的确超越了他自身,因为他最初走进的状态就是一场死亡的形态。他的教导场景并没有展现出他走进了某种生命形式中,随着他的世界的成长,语词慢慢也积累起来。与此相反,在我看来,他的身体是一个远不能由他自行支配的知识贮藏库。

这些孩子尽管不断地挣扎,然而,他们彼此却一直走不出这些记忆。越是借助于那些麻木不仁或是不能言语的人表达这样的声音,这种表达便越发清晰。每一个人在回忆时,都将自己的语词贡献出来,记忆由此变成了集体事件。比如,有一个大约5岁的小女孩,她不会说话。然而,每次我们经过一个地方,孩子们总会说:"这是巴洛(Ballo)的爸爸被烧死的地方。"暴徒把他丢在那里,任其焚烧,巴洛奔向爸爸,握着他的手,然而他已经死了。巴洛总是胆怯地点点头,肯定同伴们所说的,但是她自己却一个字也说不出来。

这些孩子大多通过创造幽灵的形象来讲述他们死去的父亲或其他亲人。山蒂的女儿认定她们的母亲会化作幽灵回来。小女儿比姐姐哭得起劲。她的姑姑总是威胁她说,如果她还是这么哭下去的话,会招来妈妈的鬼魂，把她的身体带走。小姑娘特别害怕这种鬼怪，于是变得一声不吭。有一次，我看到她一个人站在那里发呆，我问她："想妈妈呢吧？她会想起你吗？"她点点头，说："嗯，可是姑姑（Bua）说，如果我哭，妈妈就会来缠着我。"

在我看来，和孩子们在一起的那段时期，我总是陷入各类对抽象人格的讨论中。政党、总理和暴徒属于他们的世界吗？还是说他们只是扮演着母亲的角色，或是地方要人的角色？①比如，一天我们开着敞篷车走在路上，阿夫塔尔兴奋地指着画在墙上的一只手的符号。然后，他期待地看着我。"那是一只手，"我说，他仿佛受到了鼓励，点了点头。我接着说，"这是国大党的象征"，因为手的旁边有一行号召为国大党（I）投票的标语。阿夫塔尔猛地摇摇头，不同意我的看法。"这难道不是国大党的标志吗？"我问。他握紧了拳头，指向墙，此时，这面墙早已从我们的视线里消失了。"你想告诉我那只手是什么意思？"是的，他点点头。接着，他用双手模仿了一段锡克教创始人纳拿克（Guru Nanak）的轶事。他一只手抓起一块鹅卵石，放在额头前。接下来，他一只手模仿一束光射下来，另一只手的手指舞动着，摆出了一副光挡住了石头运动的样子。然后，他举起右手，做出一副传统的保护姿态，形象地表现了慈恩的大神。片刻的工夫，他便活灵活现地再现出纳拿克。接着，他再次举起手，指向方才他第一次指着那只手的地方。此刻，他要给我讲国大党之手的故事了。他的脸上一副邪恶、杀气腾腾的表情。双手做着各式各样的动作——杀人、往人身上泼汽油，把人活活烧死。身体和面容再次用姿态表演了一场对话，双手描绘着杀人的动作，然而，面容却再现出死人的表情和痛苦。表演到最后，阿夫塔尔向我们展现了纳拿克的那只吉祥之手，呈保护的姿态；接着，他又变换作国大党的手，模仿出它的残忍，这只手必须臣服于它。或许，阿夫塔尔曾经从金殿听到过这类话语碎

① 用卡维尔的话来说，"我们学到的并不等于我们学的东西；传授给我们的那些东西也并不是我们想要学的。留在我们记忆里的也并不是我们想记住的那些东西"。*The Claim of Reason*，177。

片，但是，我从未听过成年人会将这两个完全不同的故事组合在一起。

孩子们对外部世界越来越好奇。那些原本为应付考试而背诵的教科书中的国名，如今成了他们生活的一部分。另一个名叫胡喀姆（Hukam）11岁左右的小男孩，有一天特别激动地对我说，所有锡克教徒的孩子不久将全被杀死，因为拉吉夫·甘地总理要去俄罗斯了，他的母亲曾经去过那里。他会下命令杀死所有锡克教徒——小孩子也不放过——只有这样，才能报答他母亲的在天之灵。我义正词严地向他担保说，总理离开之前从未发表过这样的声明，如果他从别人那里听到这则消息，一定要把它当成谣言。在我看来，孩子们内心的这部分焦虑可以很好地解释政治系统中的种种征兆，它们关切到每个人的未来，反映了成人自身的焦虑。成人经常根据未来所做的决定来解释这些征兆，而孩子们只是受到了他们的焦虑的浸染。然而，政治对于这些孩子的意义似乎只剩下杀戮。我并不是要描绘儿童长大成人的某种决定论图像，我只是说，他们的世界观以及他们在这个世界上的处境似乎不能不包含这样的内容：受害者、大骚乱、殉道士以及恐怖分子，这些语词的内涵，它们所煽动的行为只是针对那些在甘地主义世界成长起来的人们：非暴力不合作政治，公民不服从运动、绝食、非暴力运动。这些语词和这些世界将怎样交汇在一起？如今，这一问题似乎是民主面临的一大挑战。

我阅读卡维尔著作的时候，常常讶异于这样一点：生命的形象是运动着的——它是一系列似乎我不能分享的映像，不可预料的词域，它向我们揭示，你或许在我的世界中，却不是我的肉身，令我害怕的是，我们的语词能否继续表达它的内涵要依赖于别人，要么他们肯花时间来理解我们，要么他们到别处寻找讨价还价，决定他们自己是否属于我们的世界。[1] 为此，我想描述两场小交易，以此来说明发生了怎样不可预料的新交流形式。和男性的接触远比我和女性以及孩子之间的接触正式。但是，我只结交了几个朋友。一天，我说服其中一个穆斯林朋友陪我去德里警署，与一位高级警官进行一次非正式面谈。我愚蠢地以为这会是一个安全的地方，因为这家警署和侨

① 特别参阅 Cavell, *The Claim of Reason*, 179,189。

区隔得比较远。我们到达那里后，我递上通行证，巡警好奇地打量着我。与此同时，我的朋友说："大姐，你把我带哪去了？难道你不知道我都是晚上干活？"事实上，我对此一无所知。然而，令我欣慰的是他实际是警方耳熟能详的惯偷，这名高级警官没等他把话说完就把他逮捕了。

没过多久，这个朋友问我："你有录像机没有？"

"没有。"

"电视机呢？"

"有，不过挺小的。"

"想要录像机不？"

"不想要。"

"大彩电呢？"

"不想要，不想要——请别说了。"

"那好，让我教教你怎么拿手提包。你这么拿包，我就很好奇里面到底有什么。这简直就是要人家来偷。你第一次来侨区的时候就引起了我的注意。你在这儿为那么多人办事——至少我也得为你做点事。"

我恐怕自己不是一个好学生——不过这是另一码事了。

还有一个人，他是一名卡车经营商，总是想知道我过去背了什么样的罪孽，使得我来到他们中间，整日里和一堆穷困潦倒的人在一起。我开玩笑地说，可能我在还过去的债吧——以前的生活欠下的那一屁股债，他说："你在浪费自己的时间。卷进这些事，你什么也得不到。毕竟，我们的死毫无意义。活着，我们对政府有用，他们把我们当成抵押品，换回旁遮普省印度教教徒的命。死了，我们对恐怖分子有用，因为我们能为锡克教徒的冤屈录上添上几笔数字。"

我知道，好像找不到什么更好的言辞可以浓缩一整套堕落的哲学。

十一

再谈创伤、证词和政治共同体

第三章末尾，我曾暗示出自己的隐忧：刚刚独立的国家的公民要求获得自己作为丈夫和父亲的名誉，与此同时，他们又变成了怪物——至少我读到的文学形象大多是这个样子。那么，在这种情况下，我无法为已死的东西命名。我想，这不是将创伤观念直接吸收进历史档案，从某种程度上讲，某种尚未被吸收的经验纠缠着这个民族。我并不是说，我们不能从这些历史理解中获得启发，但是，在我看来，流传的幽灵观念、出没的鬼怪，以及所有源于创伤理论、沉积在我们日常语言中的那些修辞往往很快被唤醒——这些过程建构了日常生活在当下呈现的方式，好像它们也很难说清人们如何制造并承受这些暴力。

如果说为暴力命名的过程带来一场挑战，这是因为这类命名牵涉很多政治利害关系，而不仅是因为语言在暴力面前瑟缩了。在任何集体暴力事件中，各类社会行动者交汇在一起，这使我们很难确定这类事件的命名，它究竟是一次“宗派主义”暴力，“教族”暴力，还是“国家主导”的暴力。用“大骚乱”、“大屠杀”、“公民骚乱”、“种族灭绝”的解释框架，或是综合这些来描述暴力是否恰切？莫赫塔(Deepak Mehta)曾细致入微地分析过，“**大骚乱**”这一术语出现于19世纪末，它是殖民政府控制技术的一部分，各种冲突陷入到不服管教的民众的想象中，通过官方话语、学术著作，以至于个人证词，冲突转化为协议。①

政治学家布拉斯(Paul Brass)提出，“**大骚乱**”和“**大屠杀**”这两个术语都没能抓住大多数暴力涉及众多民众这一动态。② 他说，虽然一个前提是，大骚乱是一种自发的暴力行为，是对挑衅事件的响应，矛头直指某些种族群体、宗教群体或是语言群体，然而大屠杀则是一系列暴力事件的集合，通过国家代理实现出来，这二者之间的边界变得越来越模糊不清。为暴力命名不单单是语义斗争的反映，而是说，语言身体与世界身体越来越难以区分；命名的行为建构了某种施为性言语。

甚至，我们在预期结构中也能看到这些术语中存在大量问题。比如，紧接着2002年3月，印度古贾拉特发生了一起针对少数民族穆斯林的暴力事件，据说，当时的总理阿塔尔·比哈里·瓦杰帕伊(Atal Bihari Vajpayee)曾警告议会反对者，不许他们用“种族灭绝”一词来描述这起暴力事件。他说，“你们不要忘了，使用这类表达有辱国家名声，国际舞台会利用这个词来反对印度。”③从另一方面来看，印度有一群法律活动家，他们运用了司法策略形式来观察是否存在这样的可能性，即借用国际法庭对卢旺达和前南斯拉夫的司法论证，在印度法庭上进行论辩，即便印度宪法不允许使用“种族灭绝”这个词，但是，宪法对这类罪行也有所记录，因此，制造暴力的人应该为犯下种族灭绝的罪行而受到审判。另一些人则尝试了不同的司法策略，像众多幸存者所面临的处境一样，尽管这些尝试的成果仍然面临着胁

---

① Deepak Mehta, “Documents and Testimony: Violence, Witnessing, and Subjectivity in the Bombay Riots—1992—1993”, 手稿，待出。

② Paul Brass, “Introduction: Discourses of Ethnicity, Communalism, and Violence”, in *Riots and Pogroms*, ed. Paul Brass (London: Macmillan, 1996), 1—56.

③ “All-Party Panel on Gujarat Riots”, *The Statesman*, March 17, 2002.

迫，但是，很显然，命名的斗争反映了政治和司法之间激烈的斗争。下面请允许我简要地谈一谈自己对这些问题的反思，它们大多建立在我自己的观察经验基础上。

我一直把1984年当成理解印度集体暴力的主要标志，同时，它也有助于我们理解市民社会在争夺建构公认的集体暴力图景时所扮演的角色。这并不是因为以往缺乏相关的学术研究，而是因为1984年印度拯救民主事业时，制造知识和直接性需求之间关联的重要性凸显出来了。人民民主权利联盟（People's Union for Democratic Rights）和公民自由联盟（People's for Civil Liberties）等公民权组织筹备的报告对于流行意见产生了重要影响。[1] 虽然行为形式的发展对于动员形式的扩张尤为重要，但是，它难道不是一个重要的暗示，可以帮我们理解究竟是什么建构了民族志这一问题吗？

现在想来，引发我思考如何撰写国家民族志这一问题完全出乎预料。因为我们是德里大学救助与康复小组的成员，这个组织得到了《印度快讯》的支持，但它的定位却一直很含糊，我们不得不在各种分裂的教派之间开展工作，我们发现在这个国家中，各大分裂的宗派可以汇聚一定资源，使我们能在受到影响的地区开展工作。显然，从这个意义上讲，正当国家代理忙于颠覆法律的时候，我们仍然可以利用国家的某些资源，因为很多行动者在系统中都内化了现世主义和民主规范。事后很多年，我才开始反思这对于人类学知识表述苦难的意义——这一点交织在本书整个结构中。正像舍珀—胡夫（Scheper-Hughes）分析的那样，[2]对于这些问题，我们不能为了符合学术工作和实践工作之间的区分，而将自身的活动整齐地分割为各个部分，相反，直接性需求或者说能动论塑造了人类学研究的形式。

---

① PUDR and PUCL, *Who Are the Guilty*?

② Nancy Scheper-Hughes, "The Primacy of the Ethical: Toward a Militant Anthropology," *Current Anthropology 36*, no. 3 (1995): 409—420。我并不是说，好战人类学这一概念不重要，而是说，这不代表我的研究模式。舍珀—胡夫自己的研究展现了这个研究视阈。

1984 年，各家公民权组织、法律活动家以及大学教师（包括我在内），在印度集体骚乱中所做的重要一点，即所谓远离国家这个中立行动者，它的工作是在纷纷成立的社会群体及各派利益之间进行调停，事实上，一些国家官员积极地参与到暴力活动中，至少他们与那些反对锡克教徒的暴力分子沆瀣一气。然而，在书写暴力的过程中，我越来越明白一点，除非我们能够理解，大骚乱其实发生于地方日常生活中，否则，我们就无法看到那些分散的愤怒和仇恨的情绪如何转变为事实上的杀戮行为。因为我是用一名人类学家的视角观看这一情境，所以，我可以说明这样一点：大骚乱的地方空间类型表现出，在甘地夫人遇刺后，地方层面要素和民族危机感之间错综复杂的关联。因此，受民众图像继续支配的印度官方对这次集体暴力的表述，在本能地响应一些群体的挑衅行为时，虽然表现得极荒唐，然而，学理上对大骚乱的理解已经发生了相当大的转变。

然而不幸的是，很多研究都倾向用二元对立模型来理解暴力问题——国家与市民社会的对立，印度教教徒和穆斯林之间的对立，全球化与地方化的对立等等。我们在大骚乱期间收集事实资料是出于救助这一目的，然而，这份工作使我意识到，这些二元对立的实体间存在着颇为复杂的区分和联系。我们意识到，国家各方行动者串通一气，与暴力形成不同的关联，我对国家的理解还存在不能自圆其说的问题。比如，一方面，国大党内部的一个小派别积极煽动大骚乱，他们希望在政党等级制内部进行动员，支持自己的领导人，另一方面，那些在国家结构中处于平等地位的派别对这类事件表现得十分震惊。因此，我们能够动员那些上层官僚、警官以及退休官员给予我们帮助，从而在地方上营造出一种权威的氛围，使得救助和康复工作得以开展。在其他情况下我们装糊涂，这是我们迷惑暴力分子的一种重要策略，这些人得到了很多地方警官的支持，因而他们觉得自己可以凌驾于法律之上。幸存者和公民权组织的工作人员受到了这些人相当大的威胁和折磨。由此可见，除了伪装之外，我们如何在这样的环境中开展工作呢？

我举例来谈一谈我们所使用的伪装策略：大骚乱那些日子，一名刚刚退休的预备警卫中心（Central Reserve Police Force）的长官帮助我们组织，向尚末转移到救助站的受害家庭发放定额食品。[1] 他和我们一起坐着卡车来到这个地方，还有六名穿着制服的警卫中心的警官陪同，我们设置了一整套专门的程序，以甄别受害家庭，给他们配给食品，这一切都是在地方警署的警察监督之下进行的。[2] 因此，当我们随后到该地区开展其他工作时，这些地方警官和其他暴力分子不再辨识我们的社会立场。我们是不是经过核准的官方机构？还是站在与官方相反的立场上？我们之所以能在这一地区开展工作，随意走动，或许是因为任何人都不清楚袭击我们的话会带来什么风险。掩饰我们的立场，潜入到不确定的一系列地方关系中，为我们开展救助工作、搜集证据创造了可能性条件。请再看一例：高级民政部门一名官员与另一警备地区的官员进行调停，使我们在该地区工作时有警察陪同。这保证我们发放赔偿款时人身安全不受侵害；同时也保护我们不会遭到地方暴力分子胁迫；除此之外，这一措施使我们能够为受害者重建家园；也使我们能在警察监督的某些固定的微观空间内自由活动。我可以理解，那些公民权组织和律师需要把自己定义在与国家完全相反的立场上。然而，我自己的立场总是不断变化，一方面需要搜集证据，这有助于司法程序和救助工作的实现，另一方面，我也充分理解代理和道德责任这些问题颇为复杂。这正是很多人类学家面临的问题，因为他们总是复杂并且专业地理解地方文本，

---

① 我利用这个机会做了记录，我要再次感谢已逝世的拉吉格帕兰（C. R. Rajgopalan），他的生命和他的工作见证了那时很多公务员身上所具有的勇气和灵活性。

② 尽管人们支持无辜的受害者形象，但是，在任何一次集体灾难之后参与整个康复工作的人，特别是那些亲历大暴力的人，他们全面意识到地方网络利用各种方式吸收资源。甚至定额配给都会在这些幸存者中引发争吵，他们争论着谁该得到救助。从另一方面看，灾难过后，救济站日常生活用品消耗殆尽，这反映了整个全球化世界如何认知"慈善事业"发展的轨迹。最新一个例子谈到，一家全球咨询公司向救助站的儿童发放一种玩具，玩具的样子很有名，是美国人拿着手枪的形象，这些儿童刚刚亲历他们的父母和亲戚在古贾拉特遭到枪杀和棒打致死的场景。关于救助工作发展轨迹和暴力发展轨迹之间的关系，可以参看莫赫塔和查特吉更细致入微的分析。Mehta 和 Chatterji, "Boundaries, Names, Alterities"。

然而,他们又不得不赋予他们所见证并记录的事件以一定的价值。[①] 这个问题特别暗示出人类学扮演的公共角色,围绕着它所产生的一系列斗争,值得我们重新思考这一问题。他们引出的问题是:当我们这些人类学家,看待那些引发严重道德问题的当代事件时,我们自身如何栖居于这个世界,然而,因为我们对地方文本做了复杂的理解,这种行为在局外人看来很难理解,所以,我们使情境变得含糊不清。

距1984年大骚乱已经20年了。我觉得必须要回应这些事件:孟买大骚乱发生后的1992年,巴布里清真寺(Babri)遭到严重破坏,1999年,我的一位挚友在科隆坡遭到暗杀,2001年,美国发生了"9·11"袭击事件,2002年3月,古贾拉特发生恶性袭击穆斯林暴行。当然,这期间还发生过其他类似的暴力事件,但是,谈一谈那些在我生活的世界中意义重大的事件,我更游刃有余。

令我震惊的是,很多年轻人,无论要人还是平民,全都反对官方公布的对于2002年古贾拉特宗派暴力事件的说法,他们所引发的社会运动是早在1984年成立的那些组织不断发展壮大的结果。大骚乱期间,平面媒体的新闻编辑和记者,揭露政要和警官沆瀣一气这一事实时,面临了相当大的风险。同样,2002年,巴尔卡哈·杜特(Barkaha Dutt)和拉吉迪普·萨尔德赛(Rajdeep Sardesai)(他们是NDTV的记者)揭露了政府掩盖大骚乱的谎言,播出暴民实施抢掠的录像,他们为此付出了沉重的生命代价。[②] 1984年,我带着山蒂(Shanti)(她的丈夫和三个儿子在大骚乱中被活活烧死,后来山蒂自杀了)的两个儿女和我住在一起,直到我们把这两个孩子安排给另一户

---

① 众多人类学家中,只有凯博文通过他的研究,从概念和伦理的层面来讨论这些问题,特别体现在他的论著中。参阅 Arthur Kleinman, "Where Our World Is Taking Us: Remaking Moral Experience in the New Era", Tanner Lectures, Stanford University, 2000。

② 比如,巴尔卡哈·杜特曾经描述到,他在古贾拉特总理居所对他进行了采访,总理自信地声称目前古贾拉特的情况正常,他们的人员只是在自己居所一英里外的地方遭到暴徒袭击而已。Barkha Dutt, "The Invisible Women", in *Lest We Forget*, ed. Amrita Kumar and Prashun Bhaumik (Delhi: Rupa & Co., 2002), 57—61。

领养家庭。山蒂的小女儿只和我最小的儿子桑迈聊天,桑迈比她大4岁。最近,我读到了桑迈童年时的玩伴普里古(Bhrigu)的讲述,他谈到了自己和其他孩子一起在艾哈迈达巴德(Ahmadabad)的和平广场(Aman Chowk)为幸存者所做的不凡的工作。[①] 我猜,很多参与到古贾拉特三月骚乱中的年轻人很像1984年那拨孩子。仿佛印度政治参与形式出现了各种分野——一方面是暴力,另一方面是对这种暴力的陈述——火光标志着这一切的开始。人类学家在这一场景中是否扮演着特殊的角色?他们是否远离了那些更庞大的事业,如,为司法指控收集证词,开展康复工作,为受害者和幸存者配备救护人员?甚至更重要的是,学科之间,职业之间,受害者和学者之间是否存在边界?我之所以谈到这一点,是因为我的经历深刻地塑造了这一点,我想说,在这个意义上,从事人类学研究或多或少具有内在的德性。然而,当我们面对暴力带给我们的创伤时不得不做出决定,这些决定形成了我们对自己在这个世界中的位置的理解。人类学和制造公共领域之间的关系是由它们之间不同的交点产生的。我们只有注意到这些不同的建构,才能逃离被知识彻底工具化,这种知识被国家和市场轮流支配着——相反,我们必须保持直接需求和长期需求之间的平衡。现在危险的是,学者谈及这些问题时要么不够小心谨慎,要么不够练达圆通。"说"与"做"之间的边界暗示出这样一种劳动分工,即康德所说的"较高"的神学、法律和医学能力,与"较低"的哲学能力之间的区分,这些边界是很难维持的。

本章剩余部分结构如下:第一部分,我将考察针对创伤问题的批判理论,它产生出各种充满怨愤的共同体。我不太明白的是,用流行的伤痛文化来强调受害者的苦难,这种主张很难承认过去,因而,它陷于当下的自我创造中——还是说,表达苦难和恢复这一问题时不可避免地会导致这种充满怨愤的命运。我不否认,受害者和幸存者的故事形成了大量的证据,它们欺骗了流行文化,其中,"无辜"的受害者这个修辞掩饰了窥淫癖的行为。

---

① Bhrigupati Singh, "My Work in Amman Chowk", *Seminar*, *Special Issue on Securing South Asia*, 517 (2002): 67—72.

至少，这种潜在性打开了怀疑的空间，人们将“无辜”的受害者和“有罪”之人区分开来，这种割裂将苦难的故事置于这些空间中。但是，我仍然想问，一幅不同的受害者和幸存者的图像是否具有这样一种可能性——即使时间冻结了，它仍然能发挥作用。第二部分，我考察这样一个问题：在人类学话语中，道德责任感，也可以说，说话责任究竟意味着什么？我试图通过人类学知识图景与苦难之间的联系来提出如下辩护：在生命的织网中，无论暴力出现在何处，人类学知识都会对它产生警觉，面向他者的痛苦，人类学文本的主体敞开自己，以此拒绝与暴力同流合污。

牺牲、证词以及怨愤的共同体

苦难和证词的观念体现在制造政治共同体这一问题中，对于我来说，换一种方式进入这个问题的讨论中，最好的切入点就是像克瑟莱克（Reinhart Koselleck）那样，对比批评理论的预言模式和诊断模式。[①] 为此，我希望运用这种对比来回应姆本伯（Achille Mbembe）的某些重要观点，他在处理苦难和自我创造问题时谈过这一点。[②] 我之所以请出姆本伯，是因为他的表述彻底和学理上关于暴力和苦难问题的观点脱离开来，令他满意的理论，大多根据制造暴力特定文化的内在属性来解释苦难问题。值得注意的是，后几种解释完全忽略了文学批评所做的工作，文学批评认为，在西方国家的公共领域中，为消费而制造的暴力象征着一种**病态的公共领域**（pathological publics sphere），然而，当动画、广告等文化产品出现在布隆迪、卢旺达以及斯里兰卡的报纸上时，它们具体地表达了亲属制度或魔鬼的观念，在机械再生产时代，它们很快被当成文化表演正常发展的象征。批评理论如何在这类“常态”和“病态”的语境中表达自身？如何划分常态和标准，如何认识标准

① Reinhart Koselleck, *Kritik und Krise* (Frankfurt: Suhrkamp, 1973).

② Achille Mbembe, "African Modes of Self-writing", *Public Culture: Special Issue on New Imaginaries* 14, no. 2 (2002): 239—275.

化映照了病态而非常态这个问题？纵观本书，我一直试图把苦难这一概念和生命勾连起来，而不只用假定的或现成的文化概念，或是法律、规范来理解苦难。

现在回到克瑟莱克，正如我所理解的，批评理论的预言模式扎根于这样一种体裁中，即戏剧化地咒怨当下，因为先知（与牧师不同）的言语代表着共同体未来的利益。与此相反，当疾病转好或转坏时，我们用医学诊断作出评述——这种情况要求我们仔细察看症候，注意微小细节之间的关联，疾病往往通过这些细节呈现出来。我认为，一旦面向苦难的姿态是预言性的，那么它更可能创造出怨愤的共同体，虽然预言总是披着一副面纱，仿佛它是某种诊断，仔细察看种种症候。最近，姆本伯提出了颇具轰动性的解释，他称之为非洲集体想象的失败，这种理论清晰地分析了非洲人自我书写的模式。显然，姆本伯对这些问题的解释源于他近期通过美学对解读社会关系和自我问题的思考。这种美学如何把碎裂和暴力的图像，以及未来诸多不可能性纳入到自身的体系中？我希望，对非洲经验的思考可以使我将自己的问题带入到与一些学者的论辩中，这些人越来越把自我看成是一种幻觉书写的场所。

姆本伯提到的一些致命的表述把非洲描述为战争和瘟疫之地，他指责当代社会理论对这些危机进行概念化处理时完全缺乏深度。与其说我关注姆本伯对社会理论的拯救，不如说我更注重他所提供的诊治方式。姆本伯主张，非洲的集体主体（a collective subject）书写忠于经验，但是，它受到了阻碍——牺牲话语充斥于奴隶制、殖民化和种族隔离的历史经验中。他认为，非洲的批评理论忽略了真正的哲学研究，不同于犹太人经历的种族大屠杀，促进了真正的哲学研究，而非洲的批评理论并没有将苦难问题放到历史中讨论，从某种意义上讲，历史导致了主体的诞生。用姆本伯自己的话来说：

> 第一个问题涉及苦难在历史中的地位——历史力量以各种方式给集体身体造成精神伤害，暴力由此也形塑了主体性。我相信，在这里，与其他历史经验进行对比的做法是恰切的。犹太种族大屠杀为我们提

> 供了这类比较经验。当然,犹太大屠杀、奴隶制和种族隔离全都代表了苦难最初的形式。它们用无名的力量,通过剥夺自我得以刻画自身……**的确,从最终的功能来看,这三大事件见证了生命与自身的悖逆……那么,问题是:生命怎样才能得到救赎,即,如何将它从这种不断的自我否定中拯救出来?**[①]

尽管姆本伯提到,犹太种族大屠杀、奴隶制和种族隔离这三大事件见证了生命与自身的悖逆,但是,他却并未考察生命本身的形象。姆本伯反而开创了一种话语,他发现,在非洲的集体想象中,阻止自我痊愈的障碍在于一系列否定。在他看来,最强有力的否定就是非洲人缺乏自我表述能力这一观念,它建立在仪式化的术语反复基础上,如"表达自己的声音",恢复真实的"非洲人"身份,它们大多基于各式各样的本土文化保护主义。针对非洲人试图恢复自我的做法,姆本伯提出了三点批评,这里我只介绍第三点:"在接下来的批评中,我想论证的是……它们将牺牲的意义赋予了主体,显然,这最终源于本土文化保护主义所理解的历史观,这是具有巫术色彩的历史。"在姆本伯看来,这种具有巫术色彩的历史成立的前提,不同于犹太人对于种族大屠杀的记忆,恰恰非洲人的记忆不曾涉及奴隶制,最多也就把奴隶制体验为一种创伤,它的意义属于潜意识领域,存在于巫术的王国,而非历史的王国中。[②]

复原有关奴隶制的记忆困难重重,究其原因,姆本伯指出了一条阴影重重的地带,在这一地带上,非裔美国人和大陆非洲人对奴隶制的记忆隐藏着某种断裂。对于非洲人来说,这是对内疚保持沉默,拒绝勇敢地面对这场罪行中不幸的一面,是审时度势的做法。他进而指出,抹去现代黑奴制苦难的这一面向的做法,创造了虚构的东西(或者说是幻想),即,大西洋两岸暂存的奴役状态和痛苦仿佛不相上下:"事实并非如此。正是这段距离使大西洋两岸所承担的创伤、缺席和损失迥然不同。只要大陆非洲人忽视对奴隶制的反

① Mbembe, "African Modes of Self-writing", 259.

② Mbembe, "African Modes of Self-writing", 245; 特别是第259—260页。

思——不仅是他们作为受害者所承受的这场灾难，而且是作为历史的产物，他们在塑造这种历史时扮演了积极的角色——这种反思将种族视为团结的道德和政治基础，从某种程度上讲，这不过是一种海市蜃楼般的意识而已。”

这里有一些很重要的前提，我们有义务来解释记忆对塑造集体身份所具有的原初意义，这对于我们用一整套术语来理解人类学与痊愈图景之间的关联和区分非常重要。首先，显然，犹太种族大屠杀形成了一种模式，它造成了非洲自我书写的事业走向“失败”，为此，姆本伯指出，创伤理论的一切前提假设是那些尚未完成、未经认可的经验。因此，这就假定了，制造集体身份与恢复记忆的任务紧密联系在一起，从而把个人在这种记忆中的角色，建构为代理人而非受害者。其次，自我创造被概念化为一种书写形式。虽然姆本伯没有明确指出这一点，但是，据我猜测，自我书写指出了这样一种承诺：创造一个未来的共同体。姆本伯似乎不赞成按照一些隐喻来解释自我观念，这些隐喻包括：发现(finding)和创建(founding)，**成为**创建的发现，因为，姆本伯对自我模式持怀疑态度建立在对过去的发现的基础之上。然而，我们还是心存疑问，姆本伯所谓过去的观念位于线性时间概念中，因为他似乎拒绝承认这样一种可能性，即，一个人可以不用逃避的姿态，而是用哀悼的姿态，栖居于当下被破坏的空间。如果书写自我是指制造某种未来共同体，那么，它的字面义和比喻义还需留待进一步考察。[①] 最后，据说

① 比如，福柯考察了“自我写作”，细致入微地分析了蕴涵在自我技术中的写作行为。他定位了三种不同的形态，在基督教时代来临之前，书写通过这三种形态对自我进行哲学陶冶，后来成为早期基督教苦修形式的标志。参阅 Michael Foucault, “Self-writing,” in *Ethics, Subjectivity and Truth*, ed. Paul Rabinow (New York: New Press, 1994), 207—223。在我看来有意思的是，姆本伯颠倒了“写作”这一概念，他没有将这一概念置于他所研究的历史和文化传统中，而且，他没有耐心地分析非洲人口头和书写之间的差异，尽管他坚持强调，这些讨论是在种族基础之上处理相似性概念，因而遮蔽了那些差异。可以肯定的一点是，通过处理那些游移不定的形式，他得出了自我生产实践这一结论，但是，这并未使他避免在分析中经常使用“非洲人的思想”或“非洲人的主体性”这些概念。

新的自我形式出现在战争实践中，在非洲情境中，这些形式如今是日常现实的一部分，它们并没有建构某种例外的状态。在姆本伯看来，这些新的自我书写形式与恢复记忆失败息息相关。比如，最后一点证据这样写道："醉步颤颤，他（她）是一件由残酷雕刻而成的艺术品。正是从这个意义上讲，战争状态成了非洲人自我新实践的一部分。通过牺牲，非洲人的主体转变了他（她）自身的主体性，并且创造了某种新的东西——它不属于那个迷失了身份的领域，根本不需要重新找回那些已经失去的东西，相反，它向变革敞开自身，我们需要发明与它相关的理论和语汇表。"姆本伯进一步阐释道："这里还出现了最初有关主权的想象，主权的作用范围针对的是普遍的生命。生命要屈服于某种经验性的死亡，即生物死亡。然而，普遍经济学同样也可以把主体视为抵押品，按照经典马克思主义理论模型提出的资本、劳动力和剩余价值的概念来看，大屠杀为这种经济学提供了一系列条件。"

生命的形象再度出现，但这次，它尝试用战争和惨案来"书写"自己，却成了抵押品。[①] 前面我说过，我关心的问题是，"生命怎样才能得到救赎，即，如何将它从这种不断的自我否定中拯救出来"，然而，我们如何从身份最终恢复的映像中辨别出**生命**的形象？如果脱离非洲现实的"沉重感"，脱离行为和生命的风格化，我们将无从分析这个问题。

我并不想再继续讨论姆本伯所选的分析领域，因为，我本人并不清楚**非洲自我书写**方案是怎么回事，特别是因为姆本伯以往将书写视为一种充满幻觉的映像。[②] 然而，我感兴趣的是他提出的问题：我们如何对暴力进行表

---

① 我并非认为，考察奴隶制在非洲语境中作为买卖策略的意义，这样细微的历史研究无关紧要，我只想说，从现代非洲战争谱系，到那些悬而未决的罪责（当代的生命力和劳动力也没有调解这一罪责）所产生的鬼怪幽灵，这一系列问题后来既没有被全面描绘出来，而且，零星的研究碎片也没有被拼合完整。他的语言具有诱惑力，更容易导致预言，然而，接受这类对危机的诊断方式，对我们是否有益？

② 姆本伯专辑论述过后殖民时代，他谈到了幻觉写作，却没有把幻觉当成后殖民时代一种独特的力量。在姆本伯的分析中，写作被理解为解释这类经验的行为，而主体则表现为幻觉的主体，"这个主体无法对自己所说所做的一切负责"。参阅 Mbembe, *On the Postcolony* (Berkeley: University of California Press, 2001), 169。就我所知，这本书并没有处理自我书写这一概念。

述？它见证了生命与自身的悖逆（而不是所谓的，生命是某种特定身份的悖逆）。这一次，自我创造包含种种伤害象征，并将这些伤害转化为形成主体的方式，自我创造能否通过其他路径，栖居于被破坏的空间，实现自身？我并不想在预言宣称的范围内讨论这一问题，相反，我想转向日常领域，人们可以通过日常拯救生命。为什么要发起这项挑战，以人类学调查的体裁进行书写？我只想利用这个机会铺陈我看待问题的不同方式，这些问题也就是人类学在面对暴力和苦难的关联时产生的问题。我希望能说明这样一点：在暴力场景中，鬼魂被驱逐了，但是日常生活并没有遭到驱逐。

在本书第一章，我试图定义自己与暴力和痊愈问题之间的关系，民族志语境为我的定义方式设定了框架，印巴分治暴力成为每个人生活的一部分，也照临到我身上，然而，1984 年大骚乱则不同，我被迫地卷入到这场暴力中。面对阿夏和曼吉特这样的女人，我不知不觉成了她们的合作者，或者说是某种交叠更替的自我，我既可以通过它来访查过去，也可以与当下的映像保持亲近的距离。虽然印巴分治事件形成了一个力量的场域，这些故事不断在这个场域中运动，无法得到明确的表达，但是，我认为自己并没有把大分裂说成光怪陆离的现象。1984 年大骚乱，暴力的直接性有时通过表面义，有时又通过比喻义说明了这样一点：如何确保幸存者再次获得一席栖居之地，这些具体问题构成了民族志的内容。这里我所指的并不是那些声势浩大的救助工程，而是这样一个简单的问题：如何完成日常的生存任务——也就是说，能在没有袭击威胁的情况下，送小孩子上学，做些日常工作。我发现，自我塑造并不是在过去魂影重重的语境中实现的，而是在栖居的日常语境中实现的。因此，我想指出，人类学的主体知识模型依据一系列处境定义了主体自身，在这些处境中，主体可能讲述着经验。所以，不存在一元的集体主体（如，非洲自我或印度自我），而是各种各样栖居世界的形式，每个人都试图使这个世界成为自己的，或者说，每个人都在体裁内外寻找自己的声音，只有沉潜于日常生活之中，这一切才得以实现。因此，幸存者是讲述者，而受害者则讲述不出来，在我看来，将幸存者证词概念化的最好方式并不是通过书写的隐喻，而是“讲述”和“展现”之间的差异。

让我们简短地回顾一下那幅图像：女人们默默无声地坐在苏丹堡的大街上，不愿洗漱更衣，打扫房间，不愿向特雷莎嬷嬷(Mother Teresa)这样的要人展现一幅正常的面貌。这些女人坐在那里，一副哀悼的姿态，她们也不交头接耳地讨论，只是拒绝呈现整洁的面貌。我曾说过，对于在哀悼语法文化中受过熏陶的人而言，这些女人展示自己的身体，以此来证明她们遭受了极其痛苦的损失。从一方面来看，她们并非是为了让身体展现出传统哀悼。然而，从另一方面来看，他们之所以保持这种污浊的状态，是为了“展现”损失、死亡和毁灭。正如我曾说过的，我经常会想起《摩诃婆罗多》中的德卢帕迪(Draupadi)鲜明的形象，她在杜尤丹(Duryodhana)国王的法庭上被剥光了衣服，因为丈夫拿她当赌注和国王赌博，这时她处于月经期。她在14年时间里一直都穿着这件被经血浸染的衣服，保持蓬头垢面的样子。

显然，这些女人保持污浊的状态，并不是直接模仿德卢帕迪形象，她们的“展现”行为也不是用理性对抗官方叙事否定大量锡克教徒遭到屠杀这一事实。相反，她们的证词可以通过新的方式建构出来，即，在集体想象中占据象征性表述空间。在我看来，对比姆本伯的提法，采用征服象征将自身创造成主体，这种创造形式以不同路径指出了成为一名受害者的意义。这些女人所能“展现”出来的并不是对损失和苦难的标准化叙事，而是某种映像，只有通过再度栖居于毁灭空间中的图景，才能**重新**理解这种映像。因此，非但受害者或幸存者的暴力经验与其主体经验不相对立，而且，这些女人重新制作哀悼象征和体裁的能力，使她们能积极地对抗政治统治。这一点使这些女人和我们自己(她们的同伴)能够将广大公众与这种暴力的意义勾连在一起。人类学家往往遭到这样的指责：他们对社会的理解过于复杂化，以至于对施政毫无助益，政策目的要求简化复杂性。然而，根据我的经验，只有当人类学家能够按照事件在日常中的定位来弄清它们的意义，不单单把社会行为假设为直接物质化的文化脚本，并且承认它能反映出这些共享象征发挥作用的轨迹，那么，这种研究才最有实效。如今，姆本伯坚持认为，在很多非洲国家中，战争变革伴随社会左右，而不是摆脱了它。然而，他的描述具有单一性——残忍地雕刻自己的整个过程是平缓流动的，中间没有断裂,因为自我创造是连续的。一个最基本的事实是,姆本伯根据这些术语来解释非洲人自我书写的“真理”,揭露了以某些形式隐藏起来的参与者,他称这种形式体现了非洲人的独立性,然而,我自己对民族志的理解则有所不同,正是当我们的记录达到某种局限的时候,我们才可以说:我的铁铲卷了边。

人类学家曾将叙事这一概念设定为一种模式,经验通过这种模式得以塑造,但是,故事像其他社会现象一样,它们带来的结果难以预料。早先我和凯博文合写的一篇论文中曾谈到:“伤痕累累的大众所占据的社会空间,打破了故事的常规文化编码,从而表达一种反话语,这不仅攻击了事物理所当然的意义,甚至还颠覆了它们。绝望、挫败的经验呼唤出故事,有时候,故事促使变革,彻底改变了那些平凡的事——这一点不仅发生在集体经验层面,也发生在个体主体性层面上。”[①]故事在媒体中具有戏剧性的潜在性,它们对准了灾难性事件,相反,人类学的潜在性体现在两方面:(1)什么构成了危机;(2)事件如何反反复复在时间中展开。这两个问题依次与这样两种能力相关:观察能力,以及记录充满种种事件的日常的能力。针对被暴力破坏的共同体经验,以及像软刀子一样的日常压迫,凯博文和我得出这样的思考:

> 显然,双重运动对于共同体来说是必要的,它使共同体遮盖了这些报告记录的伤害:在政治系统的宏观层面,双重运动要求创造一个公共空间,承认幸存者的苦难,并且在民主进程中恢复某些信仰;在共同体和幸存者家庭的微观层面,双重运动要求恢复日常生活的每一时机。这并不是说,通过惩恶扬善,将罪恶和清白分离开来就可以达至成功,因为从这里描述的大多数情况来看,我们很难分辨罪行,查清法律责任,但是这并不意味着,在共同体生活中,正义是可有可无的——这种要求公共承认伤害的过程为恢复日常生活创造了新的机会。

① Das and Kleinman, “Introduction”, in *Remaking a World*.

换句话来说，我认为，日常生活领域中的自我创造是小心翼翼整合生命的过程——重新创造的具体任务即是注意将这样两种表达术语结合起来：**日常**和**生命**。一方面，它指出日常充满了诸多事件，另一方面，它说明塑造伦理主体的尝试是在日常场景中进行的。

人类学和责任伦理

马克斯·韦伯在《以学术为业》(*Science as Vocation*)一文中命名了伦理类型，它标志着对科学的追求是一种责任伦理。[1] 但是，我们很难通过"做"和"说"之间的对比，来定义责任与人类学之间的关系这一问题。在**当代人类学**公共论坛上，哈尔(Charles Hale)这样阐述这一问题："我们必须一往无前，勇敢地担负起描述事件的任务，制造出我们自己的译本，即便它们不可避免的会以偏概全。相反，如果我们决定不去钻研当代历史，那么，我们便会因为强有力的利益取向，成了患有遗忘症的官方的同谋。"[2]哈尔的目的是从"说"和"做"这两个层面上揭露官方的谎言。在这种英雄时代，人类学家拥有一定资源来揭露官方谎言，比起我们随着时间的推移，追踪受害者或作恶者的时代，这时的伦理诫命似乎更为清晰。像曼达尼(Mahmood Mamdani)在最新研究中论述的那样，[3]我不仅谈到了受害者向杀人犯的转化，而且，我还谈到，暴力越来越深地嵌入到社会结构中，以至于很难将它与社会区分开来。早先，我提到了姆本伯的观点：在非洲，战争已经成为日常生活的一部分，但是，对于是否接受他的阐释，我有些犹疑不决，他认为，过去的结果是很难把握的，所以它们还会回来骚扰生者。

---

① Max Weber, "Science as Vocation", in *From Max Weber*, ed. H. Gerth and C. Wright Mills (New York: Oxford University Press, 1946).

② Charles Hale, "CA Forum on Anthropology in Public: Consciousness, Violence and Politics of Memory in Guatemala", *Current Anthropology* 38, no. 5 (1997): 817—838.

③ Mahmood Mamdani, *When Victims Become Killers* (Princeton: Princeton University Press, 2002).

针对上述一点，乃尔森(Diane Nelson)新近对危地马拉的研究提出了很有意思的观点，给我们很大的启发，她提出这样一个问题：同样一个国家，一方面是大屠杀代理，一方面又实施焦土政策，如今，我们为何将它视为欲望的对象？[1] 她指出，国家被理解为具有两面性，它设计行骗，贪得无厌，谎话连篇，是非常危险的。因此，乃尔森灵活地运用了具有两面性的本土文化，改变了国家伪装的刻板形象，她的国家民族志很好地呈现了国家发展轨迹，表现了它的恐惧和欲望。经过了反叛乱政策实施的最糟糕的这20年，时间的作用似乎淹没了国家这一压迫者和人民这一被压迫者之间的严格区分。举例来说：1999年，真理联盟(United Nations Truth Commission)发起了危地马拉内战，任命蒙特(Rios Montt)将军实施种族大屠杀。1982年政变夺权后，蒙特的政府督导焦土战役，举国实行种族大屠杀。然而，真理联盟成立几个月后，蒙特的政党在大选中胜出，他本人也当选为国会首脑。那些原本固定的位置神秘地改变了。我们并没有清晰地看到一幅国家作为压迫者的画面，它远远地与无辜的受害者保持着距离，相反，我们遭遇到这样的概念：一切都不是看上去那样简单。昨日的斗士今天成了国家事业的合作者。那些代表国家的人，以及那些反对国家的人都在散播着闲话谣言，腐败无处不在。

或许我们会产生这样一种观念：理论认为主权建立在"同意"的基础上，讲述真理的实践围绕着同意展开，而这与民族志所展现出来的情况有一定差距。哈特(Hardt)和尼哥里(Negri)对现代主权样态过渡到帝国主权样态的途径，做出了一般性解释，他们认为，启蒙运动提出的真理观念的视角具有局限性，他们批评道：

> 在国家恐怖、神秘的语境中，倾向于把真理概念放在首位的做法是一种强有力的，也是必要的反抗形式。在公众当中为过去建立并制造

---

① Diane Nelson, *Finger in the Wound: Body Politics in Quincentennial Guatemala* (Berkeley: University of California Press, 1999).

出真理——根据特定的法令，将责任归咎于国家官员，在某些情况下要求赔偿——在这里，这些做法似乎是实现民主未来的必要前提。启蒙运动的一些主要叙事这里似乎并不显得特别压抑，同时，真理的概念也并非变动不居，摇摆不定——事实上恰恰相反！所谓真理就是有步骤地普遍对联盟领导人实施折磨和暗杀，于是，这位陆军上校便在村子里领导了一场种族大屠杀。在公众中制造这样的真理是经典的现代政治启蒙事业，在这些语境中对真理提出的批评，只是有助于政权在这样的攻击下强化自身神秘、压制的力量。①

对于公共空间而言，作恶者和受害者之间清晰的界限标志了一种怀乡病，大多数有关真理联盟的研究不同于这种怀乡病，它们说明这样一点：证词这一观念大多排斥了某些其他见证和记忆模式。② 因此，讲述真理的实践可能并不像典范的启蒙运动事业，强调大写真理，对于地方共同体来说，讲述真理的方式不过是抓住国家暴力和游击暴力之间的地带，从而为地方共同体自身开辟一块空间。如果说，对于长期陷于暴动与反暴动境况中的社会来说，信奉启蒙理性为建立民主创造了条件，那么事实上我们可以说，在这个污浊纷杂的世界上，以这种手段进行变革的尝试注定要失败。

人类学家不能仅满足于纯洁的受害者这一观念，或是将文化功能当成一部假定的脚本。文化不仅涉及传统化或契约意义上的社会成员之间所达成的同意，而且，它还指涉了社会和自然之间的双向吸收。这种暴力在印巴分治骚乱事件中得到了见证，它引发了有关生命的概念这一问题——我们并没有到达理智同意的终结，而是标准的终结。让我们想一想那些由暴力所制造的身体——女人们被剥光了衣服，赤身裸体地在大街上游行；或者想象一下政治口号涂在了这些的私处，以及最近在古贾拉特发生的故事，孕妇

---

① Michael Hardt and Antonio Negri, *Empire* (Cambridege, MA: Harvard University Press, 2000), 155—156.

② Fiona Ross, *Speech and Silence: Women's Testimony in the Truth and Reconciliation Commission* (London: Pluto Press, 2003).

的子宫被划开，腹中胎儿被拽出，并被杀害。

曼吉特让我明白这样一点：虽然嵌在亲属制度中的暴力是可说的，然而，其他形式的暴力，如印巴分治骚乱时期发生的暴力，它们不可能对文化做出任何宣称。曼吉特还告诉我，一个人可以通过言辞来描述这样的暴力，但是“好像是他触碰了这些语词，因此，也触碰到了生命本身，这种触碰要么被灼伤了，要么变得麻木不仁”。除此之外，我还懂得了，拒绝表述人类身体所遭遇的暴力，潜藏着很深的道德能量。亲身感受她的痛苦之后我才明白，为了将生命从自己曾经遭受的侵害中拯救出来，她毕生都要和这种有害的知识打交道；参与到日常之中，吞噬掉有害的知识，她教会我如何尊重“言说”和“展现”之间的边界。这也是我看待人类学公共角色的方式：通过为这种双重领域施加影响，我们可以从中搜集一些证据，来对抗官方的健忘症及其系统销毁证据的行为，并见证受害者和幸存者沉潜于日常之中的过程，由此，他们将生命与癫狂得散漫开来的言辞剥离开来——可谓是引导语词回家，从而肯定了生命的可能性。这些思考还得益于卡维尔的研究带给我的启发，或许曼吉特自己并没有说什么，而我们则把这种言语当成某种哲学语境，处理了哲学问题……但是，卡维尔的研究启发了我们：曼吉特在她的世界中所承担的精神实践，和我们在每个语词中看到的卡维尔所书写的精神实践之间没有距离。将这些语词类型整合起来，体会语词生命间的联系，这是我的人类学研究工作敬献给这个世界的一份思考。

附 录

苦难、合法性和治疗：博帕尔邦事件*

在本章中，我将探究一个具体问题：能否通过分析由国家的不同代理制造出的话语，发现其背后是否有一种潜在的、与宗教中的神义论相当的神义论，在面对苦难和恶的问题时维护着国家的合法性。社会的个体成员是否背负着痛苦的标记，成为归属某个社会的代价？我的民族志研究，集中于1985年12月博帕尔邦的工业灾难，以及政府为受害者提供补偿的干预措施**。但首先，我们需要探究，苦难在这个语境中意味着什么。

马克斯·韦伯在论神义论的经典文章中认为，苦难向个体提出了一个存在的、认知的问题：意义的丧失。宗教的宇宙观宣称，世界富有意义并由

* 本章出自达斯的书 *Critical Events*, Delhi: Oxford University Press, 1995。

** 在此致谢马本德拉·巴赫布(Upendra Baxi)，普拉山塔·普山(Prashanta Bhushan)，拉南尔·库马尔·达斯(Ranendra Kumar Das)，拉塔·库马尔(Radha Kumar)和凯博文(Arthur Kleinman)，他们为本章讨论的问题提供详尽的商榷意见。

神圣的正义所统治，而苦难导致的个体的疑问对此提出了威胁，且这些宇宙观必须寻求回答这些疑问。业论和恩典论就是这类神义论的例子，通过它们，宗教信仰被系统化，以回答这些问题。

韦伯为苦难问题提供的概念框架持续且稳定，我们能在某些人类学研究中看到。例如，在一篇论宗教的著名文章中，格尔茨谈到，苦难问题是一种“体验的挑战，在它面前，本来富有意义的某种生活模式可能分解成一片混沌的，这种混沌由无物之名（thingless names）和无名之物（nameless things）组成”。因此，“悖谬的是，苦难问题作为一种宗教问题，不是如何避免苦难，而是如何受苦，如何对待身体的痛苦、挫败和个人的损失；或徒劳地认为他人的痛苦是可容忍、承受的东西，也就是我们所说的，是禁得住苦难的东西”①。

然而，痛苦和苦难不仅仅是源于生活偶在性的个体体验，威胁着要破坏某种已知世界。它们也可以是由社会秩序本身积极创造并设置的体验。痛苦和苦难位于个体身体中，然而，它们承担着社会权威的印记，这种权威作用于社会成员驯服的身体之上。因此，我们需要考察各种社会机制。通过它们，制造痛苦和苦难的神义论——这两种手段使社会秩序合法化，而不是威胁这一秩序。需要补充的是，我并不认为个体毫无反抗地顺服这些体验，但我肯定，某种苦难理论一定脱离了传统的苦难问题的概念框架，这种问题仅仅是理智主义神义论的问题。相反，我们需要考量这样一种路径，通过它，个体和集体的辩证法在痛苦和苦难的语境下展开。我将通过博帕尔灾难指出，神义论理论并非仅仅属于宗教领域，它也属于其他领域，如官僚制、法律和医学。显然，这激励我们去考察现代制度中类似的相关问题，即，这些制度在面对众生的苦难时，如何维持并显示自身的合法性？而以往，这些问题仅仅由宗教提出来。

① Clifford Geertz, ‘Religion as a culture system’ in *The Interpretation of Cultures* (New York: Basic Books, 1973) 103: 87—126.

苦难的两个指向

关于苦难在人类生活中的位置有两种重要的表述,首先我将对它们做出区分,并说明这些指向如何能赋予苦难的意义以不同的方向。我称第一个指向为内在指向。它为苦难的意义创造了一种复杂的话语,根本目的在于使话语的制造者(而不是受害者)合法化。我称第二个指向为外在指向。它认为苦难是偶然的。它坦然承认,任何神义论在充分解释人们为什么受苦方面都是无能为力的,悖谬的是,它却承认某种新奇事物和治疗话语的出现。在博帕尔灾难中,我们将会看到,第一种指向如何体现在司法和医学话语中,从而为话语的制造者(如:科学职业和法院)提供了合法性,而第二个指向却被巧妙地压制了。

苦难的第一个指向,即内在指向,创造了一场运动,它出自两个不同但相关的时刻。在第一个时刻中,无意义的苦难发生在生活中,生活的不义得到认识;在第二个时刻中,苦难被转变为一场对生活的指控,因此使生活本身必须被证明。这一体现在权力话语中的指向,主张受苦者自身接受对苦难的责任。它以这样的方式遮蔽了无权者,即,无权者的苦难被某个不义的社会编造和分配,甚至,通过让个人为降临在身上的灾难负责的方式编造和分配无权者的苦难,从而使无权者无法驱除自身的苦难。无权者的宇宙观认为,神的无常和世事的绝对偶在性应该为他们生活的无序性负责;至少,这一观点潜在着要将受苦者从不得不自己为命运负责的状态下解放出来,也恰恰遮蔽了他们所遭受的压迫的真正来源。相反,掌权者的宇宙观并不给混乱留有余地。因为,如果这种宇宙观承认世界的偶在性和混乱的本质,那么,它潜在着要解除苦难被施加在无权者身上所借助的合法性结构。权力话语披着责任语言的外衣,终止于这样一个等式:痛苦等于惩罚,并且,生活的不义由苦难确证,它只能通过进一步的苦难得到救赎。这一话语构成了体系化思想的潜台词,这种潜台词体现在关于博帕尔悲剧事件的各种科学、官僚制和司法的讲法中。

苦难的第二个指向，即外在指向，认为存在当受谴责，但这一指向将诸神的无常、世界的不可理解，和生活的偶在性作为苦难的原因。这一指向，没有使受苦者内化自身的苦难，也没有假定一个有意义的世界、一位正义之神，或某种理解性的科学话语，通过它们，苦难能够得到充分的理解。难道这一指向为不负责任赋予某种积极的意义？通过放弃对意义的寻求，它悖谬地肯定了受苦者；它没有谴责生活，而是肯定了存在。[①]

官僚制、科学和司法对苦难的擅用

作为历史上最恶劣的灾难事件，博帕尔工业灾难举世闻名。与大规模绑架妇女或殉夫自焚危机不同（这归因于印度社会弊病，它们需要得到某个进步、文明国家的纠正），博帕尔毒气泄漏直接牵涉了现代社会的科学、法律和行政结构。通过分析它我们可以管窥到，苦难理论以何种途径进入现代性制度框架中。但是，在讨论博帕尔事件前，让我们先来考察一下化学灾难的某些一般性特点。

对化学灾难引发的法律和道德问题的著名研究有很多，其中之一是舒克（Schuck）对橘剂案的研究。这一案件体现了数以百万计的越战老兵为身患恶疾寻求司法补偿的努力，他们相信这一使人乏力的疾病是由暴露于橘剂所致，美军曾将这种除草剂用于破坏越军的青纱帐。最初，人们认为这种除草剂对人畜无害。然而，当遍布美国各地的越战老兵开始出现相似症状（包括癌症延期暴发）时，一种说法浮出水面：似乎橘剂对人类健康的威胁一度被严重低估了。

舒克阐释到，橘剂事件代表了一种新型案件，要求法官在理解侵权行为时广泛吸纳变动的量化尺度。案件的财政和人力需求令人吃惊。有1500家法律公司联网代表原告方。据估计，被告方，也就是负责橘剂制造的各家

---

① 德勒兹在论述中阐释了这两个路径，参见参阅 Giles Deleuze, *Nietzsche and Philosophy* (London: The Athlone Press, 1983)。

公司,仅为准备审讯就花费1亿美元。诉讼和行政系统开销足够惊人,但问题的焦点在于需求某种新型法学。尽管传统上,人身伤害侵权案"原本独立于某些争论,在这些争论中,法律的角色只是根据某种道德概念在假定的伤害者和受害者之间分配过失,亚里士多德将这一概念称作'矫正正义'(corrective justice)"[①]。但是,众多新型中毒侵权案牵涉了大量经济和社会利益。一份相对简单易懂的证据在这类案件中根本行不通,法院发现他们为了个体侵权定向法学在风险和利益间权衡,这种法学依赖于机械的因果观念,但它似乎并不适用。一般说来,众多中毒侵权案具有令人吃惊的本质,蕴涵了诸多科学和法律的复杂性,除此之外,其他社会危机也被牵涉到这样的法律论辩中。例如,在橘剂案中,法庭变成了舞台,象征性地再度上演越战及其困苦的场景。同样的法律程序被当做一场宣泄情感的舞台剧,通过它,越战老兵向公众表达了他们对社会给予他们种种悲惨待遇的不满:司法案件变成批评当代社会道德问题的契机。

其他观察家对此也有类似的阐释,他们认为,化学灾难和公众对灾难的反应为理解某个社会中的常态建构提供了契机。在一篇关于这一主题的精彩论文中,赖希注意到:

> 化学灾难的出现令人震惊。它们代表了一种非同寻常的事件,扰乱社会生活的正常流向。但悖谬的是,这类危机在社会中创造了一个面向常态的窗口。透过化学灾难的窗口,我们能窥视到平时不为人触及和注意到的政治和社会程序。[②]

这些政治和社会程序最重要的一个方面是:尽管围绕着这类灾难,不确定性无处不在(某种不确定性源于这样一个事实,即,环境中有毒的化学制品对人类的影响无法用机械论术语来描述),但是,官僚制决策的出现,就

① Peter H. Schuck, *Agent Orange on Trial: Mass Toxic Disasters in the Courts* (Cambridge: Harvard University Press, 1987).

② Michael R. Reich, Public and private responses to a chemical disaster in Janpan: The case of Kanemi Yusho. *Law in Japan: An Annual*(1982)15: 102—129.

好像它们以确定性为基础。中毒的受害者和他们的代言人常常反驳这些关于疾病和安全的官僚制定义,并且,试图将事件的范围从私人苦难扩大到公共政策的政治问题。赖希对发生在化学灾难案中的问题,特别是对受害者将问题带入公共良知领域时,所遭遇的困境的描述是明晰的。但是,他对化学灾难本质的分析(包括对日本的烹调油污染和美国动物饲养的分析)意味着,他强调对私人困境转变为公共问题的理解。他也指明了官僚制理性如何对抗这一转变。

然而,在博帕尔事件中,灾难从一开始就被体验为一场集体性灾难(collective disaster)。众多中毒侵权案中固有的法律复杂性,有组织的化工厂(特别是跨国公司)的权力,受害群体所面临的财务及组织困境,以及官僚制专家定义疾病时对规范的应用——所有这些归结为一点:受害者被自身的苦难否定了。这一否定并非仅仅通过压制和审查制度,而是通过对苦难的言说得以实现,这种言说以纯粹口头的方式建构了上述否定。语言在自身内部作为某种终结被有效使用,它创造了一种话语,其功能在于消解苦难的受害者具体且存在的真实性。

博帕尔事件

1984 年 12 月 2—3 日晚上某一时刻,贮藏在一个巨大容器里的 30—40 吨甲基异氰酸盐(MIC)从一家联合碳化公司泄露,这家工厂位于中央邦(Madhya Pradesh)的工业之都——博帕尔。对这种气体早期的描述是:一种蔓延的、黄色的,令人窒息和死亡的挥发性气体,对人的眼睛和肺部有强烈刺激。12 月 3—6 日,大约 2500 人由于吸入这种致命的挥发性气体而死亡[①]。

悲剧发生的一个月内,美国许多法庭的律师代表一些受害者提起诉讼。起先,在悲剧发生的一星期内,一些美国律师涌入博帕尔,从受害者那里获得代理权,为反对联合碳化公司及其印度附属机关而追踪案件。这些律师

① 参见 *The Lancet* 中关于博帕尔灾难的报道,1984 年 12 月 15 日。

被众人形容为“救护车狗仔队”,因为,据说他们的酬劳依赖于有多大可能分享所得的赔偿金。无论在哪一个案件中,印度政府都考虑到,如此大规模贫穷的受害者为反对一家颇具权势的跨国公司而追踪案件,其中困难重重,于是,在1985年3月通过了博帕尔毒气泄漏灾难法案(处理办法)。通过这一法案,印度政府根据它作为民之父母(parens parientiae)的原则,毅然担负起事故责任,并处理受害者善后事宜。

源于这一案件的法律和诉讼问题十分重要①,它们的确将成为正在进行的有关中毒侵权案争论的一部分②。在此,我将从这一复杂的网络中选取两种文本。其一是法庭中呈现的医学话语;其二是体现在两例法庭判决中的司法话语,也就是,印度最高法院分别于1989年12月22日和1991年2月16日下达的关于博帕尔法案宪法效力的判决。我们能从这些文本中清晰地看到:对博帕尔事件受害者的苦难进行的专业转化,这一转化打开了一扇窗,通过它,我们可以理解受害者的苦难如何能为权力合法性提供机会,通过当代印度的科学和国家中介,权力合法性在这一案件中得到了运用。

诉讼史

诉讼历史中,需要记住的主要事件如下:

1. 1985年3月,通过博帕尔法案后,印度政府稳定了源于博帕尔灾难的各方要求,并使自己成为唯一的法定权威,依赖于国家的民之父母功能来代表受害者。

---

① 对这些问题的一个简明清晰的勾勒,请见 Upendra Baxi and Amita Dhanda, *Valiant Victims and Lethal Litigation: The Bhopal Case* (Delhi: Indian Law Institute, 1990)。该书为这些问题的一种理解汇总了所有必要的法律档案。

② 特别参阅 M. D. Royce and J. Callahan, Isocyanates: An emerging toxic tort. *Environmental Law* (1988): 18, D. Rosenberg, The causal connection in mass exposure cases: Apublic law vision of the tort system? *Harvard Law Review* (1984): 97, Gill Elliot, *The Twentieth Century Book of the Dead* (New York: Alfred Knopf, 1965)。

2. 最初,该案件于 1985 年在纽约地方法院开庭审理,在法庭上,印度政府声称自己的司法系统没有能力处理由灾难导致的各类复杂的法律问题。印度政府的策略是,要么迫使碳化工厂在环境保护、安全规范以及工业风险义务方面服从美国法律,从而,根据美国的法律和赔偿标准(这是联合碳化公司渴望回避的)确保为受害者赔偿;要么保证碳化工厂作为一个跨国实体,置于印度法庭的管辖权下。这一点十分重要,因为碳化工厂的策略是,除了它在印度拥有较少资产的附属机构应当负有责任之外,否定任何实体存在。负责此案的法官基南在法庭上对此做出判决,宣布信任印度司法系统,并且要求碳化工厂服从印度法院的裁决[①]。

3. 1986 年,博帕尔地方法院开始举行案件听证会。1987 年,代表一些受害者组织的临时补偿办法提出来了,法官命令碳化工厂应该付 35 亿卢比作为临时补偿,这一补偿数字将根据最终的安置情况进行调整。碳化工厂向中央邦高等法院上诉反对这一判决,临时补偿金额降为 25 亿卢比。

4. 碳化工厂反对中央邦高等法院裁决,向最高法院提出上诉。1988 年 2 月 15 日,令受害者吃惊和失望的是,最高法院在听取临时补偿申请后做出判决,要求印度政府与碳化工厂合作,赔偿受害者 4.7 亿美元。法院做出的部分安置协议准予了碳化工厂及其附属机构豁免权,无论现在还是将来,它们不再承担博帕尔灾难引发的任何刑事及民事责任。

5. 虽然这个判决得到了某些重要的法学家的支持,却激起了广泛的抗议[②]。人们普遍相信,当权的国大党政府为了稳定秩序对法院施加了压力

---

① 见 Upendra Baxi and T. PAUL, *Mass Disasters and Multinational Liability: The Bhopal Case* (Delhi: Indian Law Institute, 1988), Upendra Baxi, 'The Bhopal victims in the labyrinth of the law: An Introduction' in *Valiant Victims and Lethal Litigation: The Bhopal Case* (Upendra Baxi and Amita Dhanda) (Delhi: Indian Law Institute, 1990)。

② 例如:在信中,就有关判决的不充分,知名的侵权案律师贝利(Melvin Belli)认为这一判决是他在 50 年处理侵权法生涯中见过的最"不道德"的判决(见 *Time of India*, 1989 年 3 月 7 日)。我自己的计算表明,即使半数要求是有效的,4.7 亿美元足够维持受害家庭善后最低收入 700 卢比,以及最低生活风险保障津贴,最多持续 10 年。我的计算没有包括医疗救治的开销。因此,无须进一步质疑权利问题,这笔赔款甚至不能保证受害家庭 20 年的生计。

或影响，并且，政府和碳化工厂进行了私下交易。不考虑这些主张的真实性或其他方面，这一秩序在某些法律基础上面临挑战。其中之一就是关于博帕尔法案的宪法效力，因为它剥夺了受害者说话的权利①。

6. 1989年12月22日，法院判决认为博帕尔法案具有宪法效力。法院没有被要求宣布决定，因为其他法官席将听证这一协议；然而，法院做出多次声明，为这一决定辩护。

7. 复议申请被提交到最高法院，它代表受害群体向决定提出挑战。1990年1月，印度人民党新政府当权，支持复议申请。最高法院在1991年10月公布的判决中表示支持自己原来的决议。但是取消了准予联合碳化公司的刑事豁免权，命令政府为受害者提供保险补助，并且意识到，万一MIC对人类机体的诱变影响得到证实，那么将来，未出生儿童可以获得重新起诉的权利。

我详细分析的这份特殊的文本是支持博帕尔法案的判决。它包含了对协议的明确辩护，这一辩护主要凭借了有关苦难的一种话语，并通过10月的那次判决得到了补充。从某种程度上讲，一次判决创造了一种支配话语，通过它，各种声音被化约为某种简单的逻辑结构，考察这些声音如何表现受害者的苦难是很重要的，相关的佐证非常多。

然而在讨论这一判决前，我简要地评述一下有关医学证据的各种争论，因为，它们对我接下来的分析具有一定的意义。

作为争论焦点的受害者身体

正如我所说，橘剂案和博帕尔案有某些相似之处。在前者中，法官做出全面协议，是因为他觉得，尽管人类的苦难变动不居，但法律的不确定性会使越战老兵陷入更深的困境，并且为化工公司带来风险。针对这个保护伞

① 参见1989年第268号，1986年第164号，1989年第981号和1986年第1551号的书面申请。

协议的赔偿金额有很多严厉的批评，舒克指出，据可靠了解，这个数额低于化工公司愿意偿付的金额。此刻，比起案件的这一方面，越战老兵感到愤怒这一事实更激发我们的关注，他们愤怒不仅因为协议，还因为化工公司拒绝认罪，政府拒绝承认自己的责任，同时，还因为某些谴责书甚至在没有开封的情况下退还被告方。博帕尔灾难的受害者在协议公布后表达的感情与这种愤怒相似。协议公布后，橘剂案中至少有一千名越战老兵作证，针对他们在法庭上得不到机会说出他们的苦难的情况，表达了愤怒和悲苦之情。正如舒克所引证的那样，法官的言辞承认了这一苦难：

> 伤心的年轻寡妇们曾经眼睁睁地看着年轻力壮的丈夫死于癌症；妻子们不得不与饱受痛苦的折磨而抑郁寡欢的丈夫生活在一起，众多母亲的孩子们受着各种各样先天缺陷的折磨，需要每日精心尽力的照料；坚强的男人们谈起由于自己大限将临而抛弃无助的家人时，泪水夺眶而出；站在一旁的妻子怀抱先天缺陷的孩子听着丈夫的话，这番情景总会勾起男人心头阵阵愁云；越战老兵们强压住满腔的怒火；残废和患病的人们忍受着剧痛和身上绿色真菌的蔓延；支援战场和红十字会救助的女性志愿者现在觉得自己遭到嫌弃，并且身染疾病，她们相信，这些病与橘剂有关。①

虽然法官承认这些苦难的真实性，但他仍然觉得，把罪责明确地抛给化工公司或政府，法庭不是做这一决断的恰当场所。正如他谈到的，他期望至少律师理解并且承认法庭在立证方面权力的局限："即使原告方作为一个整体很可能证明他们受到橘剂的伤害，但是，任何个体方都没有能力证明其伤害是由橘剂所致。"在这里，我不想评论公开的证据标准，以及上述因果观念是否适用于大多数中毒侵权案。我所感兴趣的是这样一个问题：我们是否见证了，在与受害者苦难相关时，出现两种可选择的法律法庭的图景？

---

① Peter H. Schuck, *Agent Orange on Trial: Mass Toxic Disasters in the Courts* (Cambridge: Harvard University Press, 1987): 174.

一种观点将法庭建构为一个公共空间，在这里，戏剧化表达针对的是，压迫在脆弱的人们身上的苦难，在这一案件中，这些人就是暴露在橘剂中有毒物质——“二噁英”（dioxin）面前的越战老兵。在这种观点中，个人苦难公共的、戏剧化重演迫使整个社会必须意识到越战老兵及其家人们伤残的身体和受损的心灵，而不是向公共视阈隐瞒这些，并且严肃思考罪责的问题。除此之外，法庭变成一个上演这些问题的合适空间，因为现代社会授予了它宣称真理的权威。

法官在严格限定的现代法庭本质的层面上宣称了第二种观点。按照这种观点，工业社会的经济繁荣所依赖的科学变革包含一些风险代价①。即便越战老兵的苦难是真实的，也不能被确证为由橘剂所致。因此，化工公司应当回应苦难，但是它们不应被认为对此负有罪责。事实上，法官温斯坦在一份非常含混的陈词中声称，公众初步会假定，暴露于橘剂的人们自称“他们的苦难是由于战争和战后经历所致”是有道理的。苦难是真实的，但是苦难的原因被广泛地归因于战时和战后经历的范围内。无法宣判任何一方当事人负有罪责。

起先，似乎越战老兵运用了某种宇宙观，通过它把苦难、赔偿和罪责关联起来，他们阐释出一套神义论，认为他们的苦难是由庞大的盈利公司的蓄意行为造成的，这些公司为了获利，无情地将人们遗弃给健康风险。相反，化工公司和做出协议的法官则持另一种世界观，即，世界是偶在的，这里的理由是，创造一个繁荣社会的过程必然会使一些人暴露在风险面前；化学灾难就是生活在现代世界中风险的一部分。罪责的问题与这一世界无关，关键是“风险规则”是什么。

这两种观点潜在着某种相似性：争论的双方都假定，受害者在法庭这种

---

① 对比贝克关于现代社会已经从工业社会转变为风险社会的阐释。参阅 Ulrich Beck，“From industrial society to risk society：Questions of survival，social structure，and ecological enlightenment” in *Cultural Theory and Culture Change*，ed. Mike Featherstone（London：Sage Publications，1992）：97—123。

空间中，通过获取证明自己遭受伤害的手段而成为一名原告①。但是，法官们在某种语境中要求确定性，在这种语境中，化工工厂既不知道也没有揭示出化学品的中毒危险，这一确定性剥夺了受害者**证明**自身遭受伤害的手段。实际上，受害者被告知，为了使自己的苦难得到司法识别，就要学习如何将他们的苦难转化为科学语言。但是，如果原告和被告被迫**只能**说科学语言，那么无疑，法律程序被导向两种不同的语域：一种是科学语言；另一种是受害者列举案件时紧张的表达。如果第二种证据最终被证明根本不是证据，那么，为什么苦难被当做展品陈列出来？我稍后将会论证，之所以允许这一点是因为，在语言符号本质中，苦难履行着某种装饰性功能，它使法律文本显得适合这一场合。② 语体功能与梦境中转喻的使用相似，在这里，虽然允许某种创伤的表达，但它与其他图景纠结在一起，以至于被完全淹没。

医学知识的建构

在博帕尔法庭开庭以前，医学知识在申诉中如何被建构起来，并且，它在审判中占据了什么位置？这种话语的建构是否有意地妨碍了受害者苦难的表述？

在此回想一下，泄漏时，人们对甲基异氰酸盐了解得很少。医学科学对吸入一剂量浓度的甲基异氰酸盐所导致的疾病完全没有了解。在悲剧发生的早期阶段，联合碳化公司官员声称 MIC 并不比催泪瓦斯更严重，而且它

① 有关这一区分的一份出色的讨论，可参见 Jean-Francous Lyotard, *The Differend: Phrases in Dispute* (Mineapolis: University of Minnesota Press, 1988)。

② William J. Witteveen, 'The rhetorical labors of Hercules'. Paper presented in the session on Hard Cases. International Association of Law and Semiotics, University of Pennsylvania.

只能引起表面创伤[1]。毒气泄漏的几个小时内，大量人员的伤亡被归因于受害者的行为。在泄漏发生的前几天内，三名医生参与了联合碳化公司的部分救助行动，其中一名叫彼得·哈尔勃格（Peter Halberg）的医生表示，MIC 形成的一片阴云紧贴大地，孩子们的死亡在于他们的肺发育不成熟，老年人是由于肺功能衰竭，而那些奔跑的人们的死因在于他们的肺部迅速扩张。这份报告声称，幸存者包括那些原地不动的人和用手帕蒙住脸的人（见丹宝及其他人的引述[2]）。虽然有一点是肯定的，那就是任何导致吸入更多有毒气体的行为会引发更大的伤害，但这份报告令人震惊的是，似乎甲基异氰酸盐的特性无可争议，当人们面对这种令人费解的现象时，试图逃跑的行为才是问题所在。

从毒气泄漏到 1989 年这一时期内，关于甲基异氰酸盐人们展开了许多研究工作，诸如动物实验研究、对幸存者的临床研究、流行病学调查和尸检报告。这种知识的产生主要有三个来源。第一是碳化工厂的科学家进行的大量动物实验；第二是在印度医学研究理事会（ICMR）指导下的临床研究，通过一具身体向政府（它代表受害者）提供医学证据。第三是某些独立的科学家，出于科学兴趣和对受害者的关怀而进行的实验研究和健康、生殖紊乱等小型调查。很难讲，这一医学知识的产物是不公正的。受害群体自身并不能制造科学知识。他们怀疑，碳化工厂的科学家设置实验可能是为了把甲基异氰酸盐对人类健康长期作用的重要性减少到最小。直到 1990 年，ICMR 科学家的工作对于受害者而言并非完全不适用，行政命令信任这一工作，但这些科学家似乎并没有严肃对待受害者的苦难。这方面的原因是

---

① 因此，1984 年 12 月 3 日灾难发生时，印度联合碳化股份有限公司的医务官员洛雅（L. D. Loya）做出声明："这种气体是无毒的。除了要求病人用湿毛巾遮住眼睛，无须再防护什么。"（见丹宝及其他人的引述，David Dembo, *Nothing to Lose but Our Lives*. Council of International and Public Affairs. New York, and Indian Law Institute, Delhi (1987): 42。)

② David Dembo, *Nothing to Lose but Our Lives*. Council of International and Public Affairs. New York, and Indian Law Institute, Delhi (1987): 42.

复杂多样的，其中之一是，医生从治疗者转变为求证事实的代理人，这一转变更使这一过程变得麻木不仁了①。

关于有毒化学物质影响的客观科学知识可能对法官有用，因而，大量中毒侵权案中的这第一条假设被诸多事实遮蔽了。化工厂继续使用有害的化学物质，仅仅在事故发生后，或者在曝光率低的案件中确立疾病类型后，才开始评估这些物质对人类健康的影响。然而，他们并不希望受害者提供证据，通过某种简单的因果链条，受害者将暴露于化学物质和他们的疾病类型勾连在一起。让我们看看受害群体如何在这一过程中应对。

开庭前，出现了下列代表了受害群体的医学事实：

第一，博帕尔灾难发生后，在对众所周知的异氰酸盐实验研究基础上确立了这样一种观点：MIC 是最有力量的肺部刺激物，也是最有力量的二级官能刺激物。MIC 的毒性与它异乎寻常的高压相关，因此，即使是短时间暴露在气体中，也可能导致严重后果。② MIC 引起的恶果之一是，由于坏死的上皮细胞、黏液、流质和纤维蛋白阻塞呼吸道，引起重度缺氧，从而导致瞬间死亡。动物实验研究以及对幸存者的临床观察进一步证实了，在气体中暴露程度不同会产生一套复杂的反应。支气管收缩、肺水肿等临床症状表明，在较高剂量水平上，幸存者中表现出致命的肺部损伤。在中度暴露水平上，表现出眼部损伤（包括角膜混浊，并且，患白内障的风险很大）。在相对较低

---

① 我冒险做一猜测：地方医院医生日常与病人打交道，他们回应病人苦难的方式与另外一些人不同，对这些人而言，病人是科学数据下的一部分人群，而制造数据是为了诉讼。事实上，疾病拒绝治愈，对待这些病人最好的方式是缓解症状和关怀相结合，这可能使这些医生心存戒备和焦虑。

② 见阿拉里斯等人对甲基异氰酸盐和其他 25 种已知的异氰酸盐及二异氰酸盐的毒性对比研究。Y. Alairs, Sensory and pulmonary irritation of methylisocyanate in mice and pulmonary irritation and possible cyanide lide effects of methyl isocyanate in guinea pigs, *Evironmental Health Perspective*(1987)：159—167。

暴露水平上,会发现官能和神经反应①。

第二,虽然碳化工厂的科学家试图强调,MIC 没有长期影响,但是,其他研究似乎认为长期影响是确定无疑的,包括慢性呼吸道症状、角膜混浊恶化和免疫系统紊乱。不仅是局部免疫系统可能改变,而且正如动物实验所显示的,还有持续的骨髓抑制和淋巴增生抑制反应。②

第三,一些复议申请人指明:最初科学家假设,暴露于 MIC 引起的大多数症状都是可逆的,但是,根据流行病学调查的结论显示,暴露人群中的疾病征兆和症状加剧了;现在,除慢性疲劳外,起初那些没有症状的人群还表现出了肺功能和眼功能紊乱的征兆;有关发病率的阶段流行率(period-prevalence)(区别于点流行率[point-prevalence]研究)调查揭示出,在一年中,暴露人群与非暴露人群相比患病时间更长;并且,儿童的健康已经恶化。除依赖于已发表的实验研究、临床报告、流行病学调查结果和 ICMR 报告中未发表的档案之外,复议申请还得到了一份宣誓书的支持,它来自于密歇根州立大学病理学系主任麦肯兹(Charles Mackenzie)博士,他主持了流行病学、临床学和实验研究。

另一方面,联合碳化公司主张,中央邦政府做出的医学分类已经表明,接受了体检的 359793 名原告中,只有 2574 人遭受严重伤害,40 人落下终身残疾,10534 人暂时残疾。他们声称,这次体检是由中央邦政府的医生做出的,他们用来评估伤害程度的方法比任何现行的临床观察或局部调查获得的结果更可靠。同时还宣称,许多人提出了错误的要求。代表联合碳化

① 见 L. Gassert, Long term pathology of lung, eyes and other organs following acute exposure of rats to methyl isocyanate, *The Lancet* (1987)72: 95—103。

② 安德森清楚地总结了这些长期影响,参阅 N. Anderson, Long term effects of methyl isocyanate, *The Lancet* (3 June, 1989)。也可以参看费马所描述的甲基异氰酸盐的长期影响是如何被某种巧妙的操作意见遮蔽的,这种操作意见认为,死亡是由氢氰酸引起的,它的致命性远远小于甲基异氰酸盐,但是在流行的想象中,这种物质被认为是最致命的毒剂,因为它与氰化物致死紧密相关。参阅 Daya R. Verma, Hydrogen cyanide and Bhopal, *The Lancet* (2 September, 1989)。

公司的申请援引了第一号ICMR手册，这份手册指出，在50%案例中，由受害者上报的确定紊乱的症状与病人的临床学、辐射学和病理学特征不相符①。

医学专业的权力判定诈病者，并且在听证过程中完全成为了证据。随便看些例子：灾难过后，联合碳化公司安排咨询顾问魏尔(H. Weill)博士为期一周的访问。停留一星期后，魏尔博士说，他没有机会检查受伤的人，也无法直接接触肺功能和病理学资料，他收集的片断信息使他做出一个非正式的推测：病人汇报症状时夸大其词了。

医学证据的提出代表了受害群体，碳化工厂处理它们的主要方式是简单的否定。我仅给出了这种辩护风格的一个例子，来说明受害者的健康以漫不经心的方式被对待。复议申请人这样讲述MIC造成的毒性危害：

> 申请人希望提出某些专业研究供法庭参考，这些研究说明，MIC引发并且已经引发了暴露人群的要害系统长期不可逆转的伤害。这些研究揭示出，MIC大概是已知的工业化学制品中最有杀伤力的官能和肺部刺激物。《环境健康观察》刊登的一份这类的研究添上了附录D。

联合碳化公司的申请对此的回应是："MIC并非是工业化学制品中最有杀伤力的官能和肺部刺激物。"复议申请人对此提出相反回应："MIC **大概**是最有杀伤力的官能和肺部刺激物。"事实上，这篇建立在这一说明基础之上的论文出现在一部书中，这部书报道了一次会议上对MIC的研究成果，而这次会议的主办方是联合碳化公司自己。该文总结道："很显然，MIC是一种有杀伤力的官能刺激物。迄今为止，我们发现，只有2,4-甲苯二异氰酸盐比MIC的杀伤力更大。可见，在这次生物鉴定中，MIC是检测物中最有杀伤力的肺部刺激物。"一个回应被迫做出结论：联合碳化公司律师在处理甲基异氰酸盐引发的毒性伤害本质这一重大问题时，的确有些草率。

---

① S. K. Jain and S. K. Dave, *Working Manual: On the Health Problems of Bhopal Gas Victims* (Delhi: ICMR and DST Centre for Visceral Mechanisms, 1986).

类似的例子不胜枚举：选择性的引证，忽略限定条件，并且以某种权威的声音否认确定性时所使用的其他文体策略。糟糕的是，联合碳化公司作为被告方引证科学文献时，试图证明受害者的苦难被过分夸大了，扮演民之父母的政府以制造文献而告终，文献中的一些关键句表明受害者夸大了他们的症状。政府声称，主观臆断的症状与已知的客观的疾病指控不相符。结果，受害者为这一事实负责，即，他们的疾病无法被现代医学所理解。

一种最具攻击性的生物学辩论可能声称，绝大多数受害者忍受的是营养不良或先前疾病的痛苦，如肺结核；因此，不可能把吸入 MIC 所引起的疾病和可能由复合因素导致的疾病（如肺病史）区分开来。这可能是说，因为人类并不像实验室动物，由吸入甲基异氰酸盐（对此，科学尚未具备明确的知识）导致的身体中毒不一定与所患疾病存在关系。甚至，对此还有一种新措辞表明，那些已经因为贫穷和疾病而生活无着的人们，简直就不能仅仅因为这次暴露于工业灾难而要求应得的补偿。苦难体验的专业转化狡猾地把科学语言编码，终止于对受害者自身苦难的谴责。

超过 30 万的人口居住在工厂附近的 36 个行政区中，确定受到了毒气影响，并且经受了整个不幸的苦难。然而，他们并不具备必须将他们的恐怖转化为法律、技术和科学形式的语言，在政治领域，只有这样的形式才有意义，苦难者的不满又必须在这一领域中讲出来。在医学语境中，只有通过一个缓慢和艰苦的过程，才可能在吸入甲基异氰酸盐和幸存者的疾病类型间建立因果联系。即使经过了这一过程，这因果关系也是或然的，因为人类的机体极为复杂，并且致癌和诱变结果要用 30 年（或一代人的时间）才能显现出来。同时，法庭上必须表述明确可能会导致一些医生称幸存者为诈病者——那些提出错误要求，夸大病情以及捏造症状的人。这一话语是极为无情的，它甚至为这样一个事实留出余地：可能存在一小部分比率的错误要求（假定受影响的平民紧张的经济状况）。通过医学专业，幸存者的苦难为权力操作提供了某种契机，不允许为巧妙地平衡这一关系提供治疗。

司法话语

在博帕尔法案下，政府运用它的民之父母功能来代表受害者。因为追踪案件的花费令受害者束手无策，所以，唤起这种国家的特殊权力是一项重要的司法创新。但是，我们需要进一步细致考察，当国家使用其民之父母功能时，它如何将自身建构为受害者的代理人。

在正常情况下，“民之父母”是指立法机关的内在权力和权威，为某些个人及个人财产提供保护，这是指那些无法为自己伸张正义的人，如未成年人、精神病患者和无行为能力者。博帕尔灾难的受害者已经被纳入到无法伸张正义者的范畴内。这一情况使人不得不这样看待：他们缺乏自行追踪案件能力等于司法上无行为能力。博帕尔法案在这一基础上遭到挑战，即，通过制定法案，政府将自己建构为受害者的代理人，并且夺走了他们被听证的权利。法案的某些部分被质疑：它们相当于一种赤裸裸的权力篡夺。这一观点和挑战的时机暗示出，政府以这种方式篡夺了权力，通过单边达成协议并授予联合碳化公司豁免权，它用这种权力损害了受害者的权利，并以此来否定了他们表达的愿望。因此，在这一案件中，监护等同于某种托词，通过这一托词，问题试图撇开受害者的利益而加以解决。

1988 年 2 月，总检察长代表政府陈述了对这一辩解的反驳，在法庭内外，他与联合碳化公司一道为协议辩护。在博帕尔法案辩护中，他辩论到，印度政府将这一灾难视为国家的一场大灾难。政府有权，也有义务，通过践行其作为民之父母的裁判权，或者在和它类似的原则中照看它的公民。他提醒法庭，他们不是在处理一两件案子，而是在面对一个庞大的受害群，由于贫穷并且丧失能力，他们无法追踪案件来对抗一家强大的跨国公司。他在辩论词中坚持道：

> 权利是不可或缺、具有价值的所有物，然而，权利也是某一个体能够依据，并且在没有障碍和羞耻的条件下才能要求并坚持的东西。

> 当权利被转让,是否允许这种转让,取决于通过转让来服务的大多数人的力量、紧迫性、权利的优越性,以及最大利益。
>
> 如果考虑到诉讼者的争论……也许可以在理论上维护权利,但是司法的目的就要牺牲了……受害者的同意需要建立在对集体福利和个人利益的了解和掌握的基础上。

在此需要指出,政府充当代理人是为了缺乏自行决断能力的残疾人群,这一问题近些年引发广泛的争论。人们普遍认可的是,在代表那些被宣布为无司法能力的人时,代理人不得不应用某种最大利益标准来做决断[①]。当然,对"最大利益"的解释是多种多样的。根据一种解释,从某个客观角度看,在不涉及病人实际假定偏好的条件下,最大利益标准要求代理人做明显增进病人好处的事情。这一观点在这一基础上遭到挑战,即,当且仅当一个代理人试图复制病人的决定(如果这个病人能够做出决定的话),那么,他就是根据病人的最大利益而行动的[②]。再现客观决定的利益,在反对过度的主观偏好时,能够以行善为名掩盖权力操作。

同样的问题摆在最高法院面前。在早期司法秩序中,最高法院曾经宣称它根据受害者的最大利益行事。但是,受害者对此提出争论。法庭如何为政府行为辩护;当受害者反对法庭通过协议的行为时,它又如何为自己辩护? 在这一语境中,受害者的"苦难"和"痛苦"似乎找到了它的真正原因:它允许司法系统创建一套文字话语,这一话语使政府作为人民护卫者的身份和司法系统作为法律规则的保护人合法化。

在判决中,法官支持博帕尔法案的宪法有效性。他们宣称:"我们的宪法使国家必须捍卫全体公民的权利,这是由宪法保障的。当公民不可能维护或捍卫这些权利时,国家必须出面保护,并且为公民的权利而战。"这个原则远远扩大了作为护卫者的国家权力,并且剥夺了人们正常的宪法权利,

---

① 见 *Deciding to Forego Life Sustaining Treatment: Ethical, Legal and Medical Issues in Treatment Decisions.* (U.S. Government Printing Office, March 1983)。

② 见 Critical Events 一书第四章,同上。

包括申请法庭判决权。法官意识到这一矛盾，进一步陈述道：

> 与国家政策指导结合时，国家有必要确保基本权利，从而有效地推卸其义务，并且，如果必要的话，出于这一目的，为能更好地保护这些权利并进一步地确保其安全（附加强调），也可剥夺个体受害者的部分权利和特权。

但是，这一不完备的协议以何种方式捍卫受害者的权利，或者导向“大多数人的最大利益”呢？这是总检察长和法官多次在法庭论辩中阐述的功利主义原则。

判决表明，早期判决指示双方达成协议，法院是按照受害者利益行事的。法院记录道：“这一基本动机促成了协议的结论，是对紧急救助的强制性需求，并且，法院宣布法律延迟是适时考虑到，公正和人道之间存在强制性义务，用以保障对受害者的直接救助。”这是对受害者苦难的首次援引。因为，有一种要提供直接救助的强制性需求存在，法庭出于人道考虑指示双方达成协议。法院完全忽略了，对直接救助的紧急需求恰恰是受害者曾经在申请中要求临时救助的内容，而这部分内容得到了低等法院的支持！此外，这一对援助的即刻需求被歪曲成协议的动机；判决中也没有指示政府提供这一直接救助的内容。既没有任何发放救助款的程序，也没有法院规划的时间表。因此，各种迹象表明，受害者的苦难不过是某种文字策略，并没有引起司法或政府的足够重视。

一个问题是，为什么法庭没有发现，在通过判决前，征求受害者自己对协议的意见是合适的，法官注意到之所以这样是因为双方高明的辩护律师表达出某种程度的不安和怀疑，“正如他们谈到的，针对达成协议的尝试，出现盲目甚至不负责任的批评，在这种情况下，对成功的预期是鉴于他们以往类似的谈判经验”。所以，现在我们发现，第一次达成一份不完备协议的必要性是受害者的“苦难”。第二次在处于保密状态下如法炮制，并把受害者当成一种既成事实（fait accompli）其必要性在于，受害者没有责任，也没有能力来理解这些影响其自身生活的问题。

总而言之,可这样概括上述情况:一家跨国公司从事于某种极其有毒的工业化学品的制造和贮藏,是因为印度政府发给了它经营执照。尽管工业异氰酸盐和二异氰酸盐的毒性是已知的,但是,跨国公司和它的印度附属公司以及印度政府都没有考虑到,在建造工厂和毒气泄漏这段时间内,探究制造和贮藏这种有毒物质引发对人类伤害的本质是重要或必要的。博帕尔人,特别是那些在工厂周围的人,并不曾得到有关这些工业活动会给他们带来危险的警告,既没有制定任何规则,也没有执行工厂的安排。所有这些活动的结果是,与印度"发展"和"工业化"相伴生,一夜之间,超过 30 万人突然被一场造成严重损害的疾病所打击,造成 2500 多人恶性死亡。然而,人们宣称,既不是跨国公司,也不是政府无能且不负责任,而是受苦者自己。

法庭如何制定出 4.7 亿总额这一特定赔偿金,作为给已确知受到影响的 30 万人的补偿?受害者是否有权宣称,在这一命令背后没有证据表明是运用了某种司法精神?事实是,在法庭宣布协议时,仅有一半原告完成医学检查,并且检查通过的程序也是十分不可靠的①。类似地,补偿目的决定了受害者的状况,它们建立在医学档案的基础上,根据医学保密原则,受害者或者他们的代理人无法利用这些档案。受害者无法质疑这些武断的官僚制决定。

12 月 22 日判决之后,通过受害程度评估程序,某些受害群体能够保护一批原始文件。在中央邦议会听证过程中,甚至发现有高等法院制造的数据在协议之后才出台,因此,它们没有为协议提供依据。此外,决定一份索赔情况的程序建立在某种评分系统的基础上:每种症状会得到一分,最后,加总这些得分。尽管,事实是,医学专刊描述 MIC 常常措辞为:已知的对人类最致命的气体,但评分系统使用由一个器官损害类推至另一器官损害的方式,而不是把全身伤害当作毒性入侵的结果。总之,那些无法以医院承认

① 仅提及一个事实:尽管对幸存者的临床研究表明,大、小气管的阻塞会随着时间进一步恶化,但是,肺功能检测只是在极小部分原告者身上进行的。通常这就假定了幸存者夸大了他们的症状。

的记录形式制造文案证据的病人，或者无法证明自己在灾难发生那几日得到处治的病人，在检查时，不管他们的健康状况如何，一律被宣布为“未受伤害者”[①]。无须规定，任何熟悉大灾难的人都知道，灾难发生的那一时刻最紧要的任务是得到救援，而不是小心翼翼地保存个人档案。然而，所有这些对人类和医学伦理不可思议且骇人听闻的漠视，在官僚制和法律必要性的基础上却被证明是正当的。法庭如何为协议制定出特定的赔偿总额呢，当这一问题一次又一次面临挑战时，法院在它自身的阐释秩序中注意到，赔偿金总额的合理性不仅是根据独立的量化结果，“也是因为，在协议争论的语境中，基于现实目的的合理想法必然是某种宽泛的评估，并且无法建立在精确的裁决评估基础之上。”换句话说，当受害者对法院评估受害程度的凭据，以及决定补偿所运用的原则进行调查时，尽管他们是盲目并且也是不负责任的，法院自己仅仅出于人道考虑，拒绝泄露医学上关于 MIC 导致的伤害范围和本质的信息。

那么，在最终的转化过程中，受害者的苦难被当做充分的理由来证明协议的正当性，并来支持政府的权力篡夺。为这一转化辩护的原则是，如果能够证明博帕尔法案是代表受害者利益的（高明的法官说，正如吃是对布丁的证据），则该法案将得到支持。因此，虽然法官们承认正义似乎没有得到伸张（因为受害者并没有得到听证机会），然而，他们也主张，为了更大的善能够容忍较小的伤害，这一原则表明：正义已然得到伸张。法官们关心的是表明他们自己的人道精神，并且保护他们身处其中的司法制度的合法性。受害者的“苦难”是一种有用的叙述策略，引发这一策略的目的在于：解释为什么受害者被忽略；为什么他们对协议的抗议被重新定义为不负责任且盲目之人的行为；也为了辩解这样一个事实，即，通过救济和帮助，政府和它为公共审查建立的医学机构取得了什么效果，法官们不觉得他们有义务质

---

① 了解诉讼理事会对受害者健康状况评估程序的合理批评，请参阅 C. Sathyamala, N. Vohra and K. Satish, *Against all odds: The Health States of the Bhopal Survivors* (Delhi, 1989)。

问这一问题;也为了忽略致命的异氰酸盐对人类健康影响所带来的知识;最终,也是为了混淆这样一个事实,即,他们完全没有做到将责任归结于意外事故,由此,把跨国公司的责任问题转换为它的仁慈问题。

显然,在判决过程中,人们十分关心那些危险的工业给社会整体带来的影响;只不过这些特定的受害群体的利益却无法得到充分保护。危险的技术导致的危害引发人们敏锐的反思。法官们谈到,一些重要的法理学原则触及了很多问题,自跨国公司为了经济利润追求这种危险的技术以来,这些问题便出现了。高明的法官们也注意到,需要改进国家政策,以保护国家利益免遭过度危险地追逐经济利益所带来的伤害。只有把人们的苦难纳入到这些法理学原则的改良进程中:

> 就目前的案例看,迫切需要对成千上万苦难的受害者的直接救助,而不能等到由司法程序及时解决这些问题,尽管它们很重要;数千人深重的苦难迫使法院倾向于做出直接救助的指示,法院认为,直接救助不应该从属于法律的不确定原则……

所有讨论都是建立在司法和官僚制层面上,最终,“受害者”完全变成某种抽象的范畴。法官们对到底有多少受害者,以及 MIC 给这些人身体和心灵上造成的破坏程度,似乎没什么概念。在博帕尔的一场流动演讲中,我听到一名不识字的妇女这样抵抗协议:“我们仅仅要求法官一件事——请到这里来,数数我们有多少人。”然而,在司法话语中,消解真正的受害者不过是为了把他们重新建构为语言对象,而每次涉及受害者和他们的苦难仅仅是促使了“苦难”具体化。

结　局

12 月 22 日的判决做出某种谦卑的司法结论:“我们最好记住……时间搅乱了许多相互斗争的信仰……一个人必须永远把自己的救赎下注在一些预言上面,这些预言建立在不确定的知识基础之上……我们的知识改变了:

我们对真理的看法也改变了……"

在法官们对博帕尔法案的宪法有效性做出判决时，并不需要为协议辩护。然而，直到他们为协议做出辩护时，都是以苦难需要改良为理由。一些组织代表个别受害者提交的复议申请在宪法、法律、事实和人道主义基础上挑战了协议。在这一点上把12月22日与10月3日更为详细的判决（这是由法官哈辛（K. N. Singh），文卡塔查利亚（M. N. Venkatachalliah）和欧查（N. D. Ojha）做出的判决）作对比，将会很有趣。对复议申请主要的争论之一是，在对待受害者数量和吸入单位剂量的甲基异氰酸盐引起的伤害类型上，法院被印度政府误导了。申请人主张，当法院草拟协议时，并未理解这一致命气体极度危险的本质和它的长期影响，而且，中央邦的索赔理事会对超过30万人进行的所谓医学检查是肤浅的，也很可能误导他人。仅举一例，虽然吸入如此大剂量浓度的MIC受到影响的主要器官是肺，但正如复议申请人所指出的，肺功能检测只针对了14%的案例。

对我而言，三位高明的法官做出的判决似乎承认：他们尚未理解甲基异氰酸盐造成的长期影响；也尚未弄清受害者的观点；并且暴露于有毒气体（尽管他们还没有显露出症状）的受害者索赔医疗监护费是合法的。我从有关这些问题的判决中摘录了一些：

> 虽然最初的假定是，MIC通过与水的强热反应而引起组织表面灼伤，它只不过会导致轻微和短期的伤害，然而现在，医学研究发现MIC不仅导致眼部和肺部组织表面损伤，而且，对包括肾脏、淋巴、免疫和循环系统等在内的整个身体系统造成伤害。

联合碳化公司的律师坚持认为MIC并不会造成任何长期影响，从这一事实来看，的确，对法官们而言，承认甲基异氰酸盐会引发免疫系统损伤是惊世骇俗的供认。法官们甚至还建议：

> 无论如何，UCC（联合碳化公司）的立场含蓄地承认，暴露于MIC无情地暗示出未来前景。然而，UCC催促印度联邦共和国在决定4.7亿美元的索赔时，必须权衡这些问题。

就承认甲基异氰酸盐极度危险的特性来看,法官们如何为协议总额辩护呢?他们为此主要做出两点辩论。首先,他们承认联合碳化公司律师摆出的观点,即,政府在签订协议时知道甲基异氰酸盐导致的任何长期影响,因此,政府必须承担未来的开销。其次,UCC已经完全信赖中央邦索赔委员会理事的早期书面陈述,即,对幸存者的医学分类是谨慎、可靠的。法庭所持的观点是,理事提交的书面陈述对于获取伤亡数据是一份充分的证据。

政府在一些方面被允许运用权力话语来制造自身的合法性。法官们没有注意到在他们自己的判决中存在矛盾,即,如果MIC不仅会引发组织表面的,而且还有免疫系统的损伤,那么,得出一份数据认为只有40人被发现终身残废,似乎歪曲了真相。评分系统依赖于对一个器官接着一个器官的评分方式,并没有获取与免疫系统伤害典型相关的慢性疾病类型。然而,受害群体希望让一家独立的医疗代理给病人检查的请求却遭到了拒绝。

索赔委员会理事的书面陈述依赖于一般原则,也依赖于对量值(作为隐喻)的运用。

> 医学备案实习做出某种独特的尝试……数百名具备本科及研究生学历的医生得到具有专业资格的工作者和辅助医务人员的帮助,借助于精密的设备为原告进行检查。由此不能就认为,所有这些人都与政府勾结起来歪曲整个实习结果①。

在这份书面陈述中,对量值的使用是宽泛的(如"数百名医生"),但是,对于涉及肺功能检验或运动承受力检验的具体问题的回应却没有兑现。对我而言,最后的分析似乎是,政府利用自己作为民之父母的地位取得了代表受害者的权利;与此同时,它利用自己的治安功能宣布,ICMR科学家实施的研究是机密的,甚至在一阶段,宣布准许受害者见到自己的医疗文档不利于维持公共秩序。这种保密状态保护医学档案不受检查的严密监视,并且

① 1989年12月5日的中央邦索赔委员会理事书面陈述,见W. P. 1988年第843号。

在法律的视阈中赋予其权威。有趣的是,联合碳化公司实施的实验研究在医学专刊中是可行的,在不调用联合碳化公司资源的情况下,孤立的医生在小型实验室中仍然能设置实验,得出与碳化公司科学家获取的相反的结果。[①] 仅举两例,麦肯兹医生和他的同事在对雄性大鼠研究的基础上指出,MIC 在生物体主体中引发了多种系统病变。类似的,在对暴露人群长达五年的研究基础上,麦肯兹医生能够证明,疾病的征兆和症状有所扩大,并在书面陈述中谈到,MIC 的影响似乎不是可逆的[②]。

与此相似,一位移居海外的印度科学家,任教于加拿大麦基尔大学的魏玛(Daya Verma)医生,撇开与受害者的利害关系来到博帕尔。灾难发生后,他立即赶往现场,在学童们的帮助下,在联合碳化工厂周围不同地点展开对暴露于 MIC 后自然流产现象的调查。他对大鼠和豚鼠的体内和体外研究同样表明,流产不仅是因为母体效应,也是因为 MIC 直接进入了胎儿的体内循环血液中。虽然我没有资格来判断上述研究的价值,然而,科学文献中论辩与反驳的出现有助于受害者反对联合碳化公司科学家的论点,即,MIC 只能引发表面伤害。相似的反驳不能作为举证来反对 ICMR 的研究,因为,它们都是作为机密文档呈交给法庭的。在迫使法庭认识到疾病的严重性方面,牺牲者的收获,主要来自对官方机构说法的反驳,他们的阅读常常与这些机构制造的医学文本“格格不入”。至少,受害者可以向独断的索赔方案(它是基于 ICMR 和索赔理事会建构的知识)提出挑战。悖谬的是,他们的失败是因为中央邦政府通过博帕尔法案和对医学报告的保密,既确立起它对文档的唯一权威,也明确了对索赔要求的分类,从而,政府创造了某种对知识的垄断控制。从受害者的这一观点来看,这不是一种处理有毒物质危

① 我并不是说联合碳化公司的科学家歪曲了科学数据。但是,实验的限定条件经常影响结果的取向。例如,如果暴露于小剂量浓度的甲基异氰酸盐一段时间后,就不可能再观察到 MIC 的长期影响。安德森,麦肯兹和费马在他们发表的大量论文中都涉及了这一点。

② 见 1989 年第 229 号复议申请。由查尔斯·D. 麦肯兹教授提交的书面陈述。他是密歇根大学病理学系主任、教授。

害的不确定性的最好办法，恰恰是因为，政府借口揭示事实，而不是出于受害者的利益，从而确立了对信息的绝对垄断！

然而，受害群体坚持得到听证的权利，并且坚持独立向法庭提交医学证据，而不是像以往那样通过政府，这是受害者取得的两点重要收获。从公共政策观点来看，暴露于某种未知的有毒物质危害中的人们，有权利索赔医疗监护费，法庭认识到这一点尤为重要。法官们认可受害者的观点，他们说："暴露人群可能尚未表现出直接的医学症状。即使暴露人群最终没有表现出明显的并发症，但是，考虑到有毒物质的危害所造成的长期潜伏影响，应该允许医疗监护费的索赔请求。"在阿耶斯诉杰克逊一案中[525 A 2d. 287 (N. J. 1987)]，法官们在早期判决中承认，"与基于高风险的索赔请求不同，医疗监护费的索赔依据另外一种出发点"。他们驳回了联合碳化公司律师纳里曼的请求，按照普通法，唯一的补偿形式是一笔总付裁决，即，针对所有起诉人以往、现在以及将来的损失付给一次性、整体性补偿的决定。法官们在做这一裁决时，就确立了某种公共政策原则，有毒物质危害所带来的任何风险通过这一原则可以使暴露人群有资格要求赔偿医疗监护费。法官们似乎已经意识到，协议总额不足以包含这一点，然而，他们被迫为自己制定出的协议辩护的同时，只能恳请 UCC 和 UCIL 并接受他们的承诺，即，为救治病人提供一家医院。

同样地，认识到未出生儿童和处于潜伏期病人的权利是很重要的，通过一些开放性条款，并且指导政府为暴露人群提供保障。

那么在这一看法中重要的问题是，科学家、官僚机构和法院如何对不确定性做出回应。这一关键的问题是由赖希[1]提出的，他说，在化学灾难案件中，官僚和科学家每次言说的时候就好像确定性是可能的，然而，从事件的本质来看，案件的事实是，确定性总是一个幻象。

传统侵权法解决的是人身伤害问题，而大量中毒侵权案要诉诸公共法

① Michael R. Reich, Environment politics and science: The case of PPBB contamination in Michigan, *American Journal of Public Health* (1983) 73: 302—313.

才更有意义，舒克及其他人在这两者间进行的多方面对比表明，这两类案件都必须要解决对受害者的公义问题。无疑，大量中毒侵权案中都有对巨大的经济和社会利益进行规范的问题；而在人身伤害案中这些问题并非那样明显。但是，人身伤害虽是个体体验，却反映了社会条件和社会选择，它们面对的是技术和生产之间的纽带，即，事故证据。比如，农业机械化后，农工面临的是事故频发的困境。与此相反，虽然牵涉了大量人群的博帕尔事件也见证了类似的事故，然而，个体的公义问题并没有简单地被忽视。1991年10月的判决就是在这两类问题间进行的一场运动。

在对博帕尔法案有效性判决中，法庭试图把人们的苦难当成某种修辞来显示出它的合法性，从而为协议辩护。同样，在10月的判决中，法官们从事了很多修辞工作，通过修辞，可以恰切地彰显出他们的人道精神，并使它传播开来。事实上，我斗胆这样认为：如果我们承认，这些机构自身以及它们在辩护中制造的话语，确保了统治的官僚制形式的合法性，那么，我们就可以更好地理解司法文辞的多样性。例如，橘剂案件曾运用的这些辩护之一就是，法官作为法律囚徒的形象。法官辛哈，文卡塔查利亚和欧查引述劳德·斯卡曼（Lord Scarman）时提及了这一点，并把它当成某种适用的模板："法官可能是最富智慧、创造性和想象力的人，尽管不像麦克白，但是，在面对诉讼人的证据和辩论时，他也可能'摆不掉疑虑、逃不脱恐惧，听凭它们牢牢地把自己攫住'，正是诉讼人为公正的法律改革限定了范围。"尽管如此，在早期，法官们恰恰是跳出了这一界限，在为了更大利益宽容较小危害的原则基础上，制定了协议，并且毅然担负起决定什么是更大利益的这一任务，或许，麦克白式的困扰一点点潜入他们的心头，挥之不去。他们这样写道：

> 整个问题，如果剥除法律的微妙的话，是道德和人道主义的问题。在法庭的协助下，交易在印度联邦共和国与联合碳化公司之间进行，谈判结果试图约束成百上千的无辜受害者。正如法律宣布的那样，在达成并通过协议之前，受害者有得到听证的权利……任何家长式的施恩

> 布惠，说那是为了他们的利益，这样的做法都是用错了地方。根据法庭宣布的法律批准协议之前，他们应该得到听证，或者，他们至少应该可以出示证据，在这一过程中，他们具有理性的参与感，知道协议是为了自己明显的利益，或者知道，至少不利的结果能够得到有效的抵消。我们认为，最终指导方针(J)将适用于实现上述最后一点预期情况。法律和程序技术都要为至高的正义和人道因素做出让步。

橘剂案呈现出许多道德剧的特点，通过它，上演了一部有关越南战争，以及老兵们对抗美国给予他们悲惨待遇的情感宣泄剧。博帕尔案件并不是服务于这一目的，但是，法庭为自己所做的辩护具有道德剧的雏形。这一案件并没有提供质问跨国公司、科学会以及为众多工业灾难受害者担负起责任的机会。在早期判决中，受害者经常遭到怀疑，幸运的是，在后来的审判中不再强调他们不负责任。或许，法庭意识到，在关于 MIC 对人类健康的长期危害这一问题上，自己被严重误导了。尽管那样，与这里分析的判决不同，首席法官能够做出独立判决，并找到了机会对持积极指向的法学教授予以反驳。如果我们考虑一下，这些判决不仅要面对当下的观众，而且也面对未来的观众的话，那么，看起来反讽的是，正是这些所谓“不负责任”的受害群体和持积极指向的法学教授们给予法官们更多的机会，来记录他们对有毒物质的危害本质的理解。

余　话

当叙事朝着不同的走向进行时，在符号学中，我们认为某种余话是一种不连续的环节。甚至，当一个故事讲完时，余话也可能成为记忆的重要资源而重新开启叙事。当情境的偶在性得到公开承认，并且救援行动把偶在性纳入考虑框架时，整个事件情节出现了这样的不连续环节。这一不寻常的环节应当引起特殊重视。

这一环节出现在 1990 年印度人民党新政府上台后，它用行政手段担负起救助受害者的工作。虽然,它在与联合碳化公司的斗争中完全服从法律规范,但它仍然决定支持受害者在各种复议申请中挑战原来的协议。此外,它还极其严肃地扮演了做受害者的护卫者的角色,并声称,受害者和政府之间没有任何冲突。新政府认识到急需救助后,着手临时救助方案,并且这一救助不依赖于诉讼的不确定性和官僚制的合理性。因此,在未来三年内,它为106000户家庭提供每月最低750卢比的救助金。支持这一方案需要总计360千万卢比,全部出自政府自己的金库,并且调整到足以对抗最终的协议。这背后的动机是废除某种合理性,正是因为它,那些已经被疾病毁灭的受害者为满足官僚主义者寻求恰切的凭证,从而遭到进一步迫害。这一措施使受害者从无行为能力、不负责任的人得到转型:那些渴求生存的人具有举足轻重的价值,也正是在这一时刻,政府在考虑到案件具有的极度复杂性后,担当了受害者的代理人。国家首先认识到司法和官僚制的合理性,并且决定自己吸收不确定性,而不是让受害者承担这笔花销。政府确立的行政范例并没有被最高法院遵循。因此,舒克在他有关橘剂案件一书中这样总结到:

> 为治理以后大量有毒物质暴露事故的法律,必须接受广泛、深刻和公开的辩论。因为,暴露事件具有某种因果不确定性、规模性和时空分散性的特点,以及橘剂案件中呈现出来的成本问题,法律主要应注意威慑力量、补偿办法和争论辩驳的非侵权技术。

橘剂案中的方法论具有"集体性、或然性和政策指向性"的特点,它应该适合于某种法律形式,这种形式是以"个体性、道德性和矫正性"为标准设计的,上述建议正是伴随着这样的认识而产生的。在我这篇阐述中,我认为,对我们而言,关键的问题是,在面临医学和官僚制确定性所受到的挑战时,法院现在能否形成一套法理学,在个体责任和集体正义之间,主要让受害者的苦难和权力实体的规范获得良好的平衡。

结　语

一种法律的符号学解释将法律视作某种正在进行的对话，在这一对话中，规则并非“置身局外”，因为它们不是某种待用的一组规范。相反，恰恰在规则整合成为一场对话时，它们才富有意义。作为对话，法律的特点在于，它拥有一套巧妙的策略来滤除有效力的论说，把它们定义在“合法论证范围之外”。然而，我们已经看到法官本人运用多种修辞技巧（包括合法语言的形象），通过它们发出信号：他们生产的审判文章适用于特定的情形：对一个受害者苦难的叙事性运用就是这样一种修辞方式。只要我们把法律看做对话，便可以将某些特定的审判视为暂时性的结论（正如卢曼所指出的，法律“作为暂时凝固的偏好”是有效的①）。我们在橘剂案中看到，令很多越战老兵感到遗憾的是，在他们“出庭作证之日”前，化工厂的处理办法结束了这场对话。同样，在博帕尔事件中，审判中大量使用了各种吊诡，多义词、膨胀的隐喻。在言说苦难时，这些修辞技巧就像剪刀，切断了苦难自身与受害者之间的关联，目的在于把苦难重塑为某种修辞方式，它使司法话语的制造者合法化。越是言说苦难，它越是被用来压灭受苦者。医生从治疗者转变为官僚，他们的工作是把人们归类就位。关注自身痛苦的受害者被转变为诈病者。在文学和诗歌中，诈病者生活在社会的边缘，展示其忧郁和身体的病态，成为一切社会弊病的表征。而在现代医学中，诈病的行为背负着工业规训的印记，就成为某种道德过错。特别是在博帕尔事件中，受害者的苦难和疾病挑战了医学的确定性，这种医学是由官僚制定义的，而受害者则被污名化。“如果我们不能通过自己的学科工具理解你的疾病，那么一定是你错了”，这一信息使得在诗歌中忧郁的诈病者，变成了对抗工业和官僚制的规训的懒惰的罪人。

人们在现代工业社会中承担着风险，我们需要重新展开他们经受的这

① Niklas Luhman, *Ausdifferenzeirung des Rechts* (Frankfurt: Suhrcamp, 1981).

场关于苦难意义的司法对话。如果它还会在另一场灾难中再度发生,那该是多么悲哀。博帕尔事件为重新理解与既有的国家神义论有关的苦难问题,提供了充足的遗产。其中,最重要的是责任,印度人民党新政府担负了直接责任,这是一个罕见的在政治上富于人性的时刻的例子,需要被复原,因为,正是它的"不负责任"肯定了它的存在。

在对一个受害者的描述中,利奥塔说道:"受害者在本质上不能证明自己遭受了不公。原告不但招致了伤害,而且除去了证明这是伤害的手段。一旦他失去了这些手段,便成为受害者。"①

为受害者代言的斗争必将永远是一场为了重获这些手段的斗争。

① Jean-Francois Lyotard, *The Differend*: *Phrases in Dispute* (Mineapolis: University of Minnesota Press, 1988):8.

致　谢

我的朋友、同事和学生慷慨相助，与我分享他们的观点，提出批评意见，帮我重新组织问题，我欠他们的太多，无论身在何处，我都很荣幸能拥有这番恩泽。在德里，我曾与布拉拉（Rita Brara），查特吉（Roma Chatterji）和莫赫塔（Deepak Mehta）展开激烈讨论，这二十多年，他们激发了我丰富的灵感。阿里夫（Yasmin Arif），普勒迪克沙·巴赫希（Pratiksha Baxi），阿夏·辛哈和玛尼·谢卡尔·辛哈（Mani Shekhar Singh）与我分享他们的研究和思考；特别是普勒迪克沙·巴赫希（Pratiksha Baxi），勤勤恳恳地督促我阅读几部重要的著作和论文，而我自己反倒忽略了这些文献。对于他们的帮助，我心存感激。

约翰·霍普金斯大学的同事为我安排了富足的空间，提供了睿智的讨论环境。我特别感谢纳维达·汗（Naveeda Khan），德博拉·普尔（Deborah Poole）和帕梅拉·雷诺兹（Pamela Reynolds），他们阅读了部分手稿，提出尖锐的批评。威廉·康诺利（William Connolly），亨特·德·弗里斯（Hent de Vries），乔纳森·戈德堡（Jonathan Goldberg），阿里·汗（Ali Khan），洛丽·伦纳德（Lori Leonard），保拉·马拉地（Paola Marrati）和米歇尔·穆思（Michael Moon)教授我文学,如果没有他们,我觉得这一研究远非我能力所及。感谢他们慷慨相助。在我的学术生涯中,我的研究生们是我欢乐的源泉。课堂之外,我从与他们的讨论中学到不少东西。普里古帕提·辛哈(Bhrigupati Singh),希拉文·贝尔蒂贡(Sylavain Perdigon)和阿伦·古德费洛(Aaron Goodfellow)对我的书提出了很高的标准,希望我没有让他们对这本书失望。

我在科隆坡(Colombo)的朋友,特别是普勒迪普·杰格纳坦(Pradeep Jeganathan)和拉提卡·库马拉斯瓦米(Radhika Coomaraswamy)对暴力问题的研究,成果令人惊羡。很欣慰地讲,我从他们那里学到很多。一直以来,我特别怀念尼兰·提鲁杰尔瓦姆(Neelan Thiruchelvam),他的想象力、勇气和对我作品抱有的信念,给予我力量。

与塔拉尔·阿萨德(Talal Asad),凯博文(Arthur Kleinman)和琼·凯博艺(Joan Kleinman)的友谊恩泽于我。他们不仅是我的合作者,同时,他们在生活和研究中树立起道德楷模。虽然,我和阿尔詹·阿帕杜拉伊(Arjun Appaduarai),加奥·比尔(Joao Biehl),珍妮特·卡斯滕(Janet Carston),史蒂文·卡顿(Steven Caton),劳伦斯·戈亨(Lawrence Cohen),克劳德·英伯特(Claude Imbert)和斯蒂芬妮·潘多夫(Stefania Pandolfo)只限于几次会议上打过交道,但是,每次交谈都收获珍贵。奥黛丽·康德利(Audrey Cantlie),克里斯托费·戴维斯(Christopher Davis),默里·拉斯特(Murray Last)和乔纳森·斯宾塞(Jonathan Spencer)跨过几大洲,和我讨论问题,分享观点,每次都筋疲力尽,如果没有他们对我的信任,我的学术生命会枯萎。对他们给予我的,我感激不尽。

我感谢阿尔詹·阿帕杜莱(Arjun Appadurai),塔拉尔·阿萨德(Talal Asad),史蒂文·卡顿(Steven Caton),劳伦斯·戈亨(Lawrence Cohen),瓦尔·丹尼尔(Val Daniel),米歇尔·赫茨菲尔德(Michael Herzfeld),凯博文(Kleinman),保罗·拉比诺(Paul Rabinow),雷纳·拉普(Rayna Rapp)和比约恩·威特罗克(Bjorn Wittrock),在那段浑浑噩噩的日子里,他们给予我力量和信念,他们对我的恩惠永长。

我很幸运得到了乌普萨拉 SCASS 短期研究基金,那段牧歌般的日子值得思考、记录。加州大学出版社两名不知名姓的评论员向我提出十分有益的建议,大卫·安德森(David Anderson),查龙·埃蒙斯(Chalon Emmons),兰迪·海曼(Randy Heyman)和编辑斯坦·霍尔威茨(Stan Holwitz)持之以恒,堪称典范。贝姬·丹尼尔(Becky Daniel)兴致勃勃地帮我整理手稿。萨哈尔·贾拉尔(Sahar Jalal)和托德·迈耶斯(Todd Meyers)帮我设想本书封皮的图案。我感谢他们的支持。

我对日常生活的热爱源于我的家庭:拉楠(Ramen),萨乌梅(Saumya),克里斯蒂娜(Christiana),基苏(Jishnu),卡罗莱娜(Carolina),桑迈(Sanmay)和珍妮弗(Jennifer),这份记忆也献给伊奥塔(Iota)和戴伊·帕亚(Dey Bhaiya),我依恋家人,也因亏欠他们而负疚。

在斯坦利·卡维尔(Stanley Cavell)的序言中,我感到,我们之间的友谊支撑了我的思考,特别是当我举步维艰的时候。我感激他。我也感激母亲的祝福。

我还要感谢如下出版商,他们允许我重制我早期出版的文献。第二章:"National Honor and Practical Kinship: Unwanted Women and Children," in *Conceiving the New World Order*, ed. Faye Ginsburg and Rayna Rapp (Berkeley: University of California Press, 1995);第三章:"Language and Body: Transactions in the Construction of Pain" in *Social Suffering*, ed. Arthur Kleinman, Veena Das, and Margaret Lock (Berkeley: University of California Press, 1997);第四章:"The Act of Witnessing: Violence, Poisonous Knowledge and Subjectivity" in *Violence and Subjectivity*, ed. Veena Das, Arthur Kleinman, Mamphele, and Pamela Reynolds (Berkeley: University of California Press, 2000);第五章早期版本:"Violence and the Work of Time" in *Signifying Identities: Anthropological Perspectives on Boundaries and Contested Values*, ed. Anthony P. Cohen (London: Routledge, 2000);第七章:"Crisis and Representation: Rumor and the Circulation of Hate," in *Disturbing Remains: Memory, History, and Crisis in the Twentieth Century*, ed. Michael Roth and Charles G. Salas (Los Angeles: Getty Research Institute, 2001);第八章:"Spatialization of

Violence: A 'Communal Riot' in Delhi," in *Unravelling the Nation: Sectarian Conflict and India's Secular Identity*, ed. Kaushik Basu and Sanjay Subrahmanyam (New Delhi: Penguin Books, 1996);第九章:"The Signature of the State: The Paradox of Illegibility," in *Anthropology in the Margins of the State*, ed. Veena Das and Deborah Poole (Santa Fe, NM: SAR Press, 2004). Copyright © 2004 by the School of American Research, Santa Fe, New Mexico;第十章早期版本:"Our Work to Cry: Your Work to Listen" in *Mirrors of Violence: Communities, Riots and Survivors in South Asia*, ed. Veena Das (Delhi: Oxford University Press, 1990);第十一章:"Trauma and Testimony: Implications for Political Community," *Anthropological Theory* 3, no. 3 (2003): 293—307。

微依那·达斯
2005年10月

译后记

这本书能够出版，首先我要感谢吴飞老师对我的指导和督促，吴老师审阅了我的全部译稿，辛苦修改了我的遗漏和错误。我还要感谢刘雪婷和潘建雷师兄，他们分别帮我校对了第一、二章和前言部分，特别是雪婷，熬夜帮我逐字逐句批改，令我深为自己的怠惰和粗心惭愧。本书印地语的翻译问题，我请教了北京大学印地语系2004级研究生孙剑峰师兄和社科院外文所的郑国栋师兄，他们热心为我解答，在此表示感谢。此外我还要感谢王楠师兄的批评和敦促，以及李洁和刘睿两位好友的鼓励。最后特别感谢远在西雅图的汤秋鸿这么多年来给予我的理解和支持，以及他对本书翻译工作的帮助。

最后恳请读者批评指正。

侯俊丹
2008年4月21日